KB169715

경성대학교 한국한자연구소
HK+ 한자문명연구사업단 한자총서 06

도서출판 3

James Legge

&

영한대역

제임스 레게의 **맹자** 역주

제1권

The Works of Mencius:
with a translation,
critical and exegetical notes,
prolegomena,
and copious indexes
By James Legge

James Legge
이진숙·박준원 역

Mencius

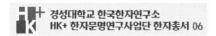
경성대학교 한국한자연구소
HK+ 한자문명연구사업단 한자총서 06

제임스 레게의 **맹자** 역주 제1권

The Chinese Classics: with a Translation, Critical and Exegetical Notes,
Prolegomena and Copious Indexes. By James Legge.
Vol. 2. *The Works of Mencius*

저자 제임스 레게(James Legge)
역자 이진숙·박준원
기획 하영삼
펴낸 곳 도서출판3
표지디자인 김소연

초판 1쇄 인쇄 2021년 1월 25일
초판 1쇄 발행 2021년 1월 31일

등록번호 제2020-000015호
전화 070-7737-6738
전자우편 3publication@gmail.com

ISBN: 979-11-87746-54-6 [94140]
       979-11-87746-53-9 [세트]

This work was supported by the Ministry of Education of the Republic of Korea and the
National Research Foundation of Korea (NRF-2018S1A6A3A02043693)

제임스 레게

孟子
맹자

제1책

제임스 레게(James Legge) 저
이진숙·박준원 역

일러두기

1. 레게는 맹자 한문에 없는 표현을 영역문에서 추가할 때 이탤릭체를 사용한다. 국역
   본문 번역문에서는 이를 [ ]로 표지한다.
2. 레게는 각주에서 영어 외의 외국어에서 또는 강조할 때 이탤릭체를 사용한다. 국역
   각주 번역문에서는 모든 이탤릭체를 [ ]로 표지한다.
3. 레게는 영역문에서 직접 대화는 ' '로, 대화 속의 대화에는 " "로 표지하였다. 국
   역 본문 번역문에서는 일반 국문 기호 사용법을 따라 직접 인용에는 " ", 대화 속의
   대화에는 ' '로 표지한다.

기획의 변

제임스 레게(James Legge, 1815~1897)는 영국 스코틀랜드 출신의 선교
사이자 한학자(漢學者)로서 옥스퍼드대학의 교수를 지냈다. 그는 동양의
사서삼경을 해설과 주해와 함께 최초로 영어로 번역하여, 동양철학을 서
양에 소개하는 데 크게 공헌했다. 그의 번역은 1800년대 말에 출판된 최
초의 영어 출판 본임에도 오늘날까지 여전히 영어권의 표준역본으로 공
인되고 있으며, 그의 경전 해설은 동양연구자들이라면 반드시 읽어야할
필독서다. 그래서 그를 단순한 선교사가 아니라 '선교사 학자(Missionary-
Scholars)'로서의 전범을 세웠다고 존숭하고 있다. 그리고 이 저작을 계기
로 서구 중국학은 그 이전과 이후로 나뉜다고 할 정도로 영향력이 지대
했다고 평가도 되고 있다. 그럼에도 유가 경전이 그 어느 나라보다 중시
되었던 한국에서 제임스 레게의 '중국고전'이 그간 번역 출간되지 않고
있었다. 레게의 역주와 해설이 무척 난해하고 복잡하여 국내의 학자들이
접근하기 쉽지 않다는 점을 고려한다 하더라도 우리의 학계의 편협성과
유가경전 연구에 대한 한계를 보여주는 현실임을 인정하지 않을 수 없다.

이러한 인식에 기초해 경성대학교 한국한자연구소에서는 제임스 레게
의 "중국경전" 시리즈(*The Chinese Classics* with a translation, critical and
exegetical notes, prolegomena, and copious indexes)를 번역 출간하기로 기
획하고 이름을 "제임스 레게의 사서삼경 번역 및 역주 총서"로 정하였다.
단순한 본문 번역만이 아닌 역주와 해설을 포함한 모두를 완역하고, 영어
원문까지 제공해 대조 가능하게 함으로써, 전문연구자들에게 편의까지 도
모하고 국내의 한학연구의 지평을 넓히고자 한다.

이제 그 첫 번째 결과물로 제임스 레게의 "사서삼경 번역 및 역주 총서"의 제2부인 『맹자』를 독자들에게 먼저 내놓는다. 완역하고 영어원문과 한문을 한국어 번역과 함께 실었다. 『맹자』는 본문 3책과 해설 1책으로 되었는데, 「양혜왕장구」(상하), 「공손추장구」(상하), 「등문공장구」(상하)가 제1권에, 「이루장구」(상하)와 「만장장구」(상하)가 제2권에, 「고자장구」(상하)와 「진심장구」(상하)가 제3권에 나누어 실렸으며, "레게의 『맹자』해설"(근간)이 제4권으로 편성되었다.

　　우리가 사용한 영어 원본은 1893년 판본(printed at the Clarendon Press, Oxford. Printed at the London missionary society's printing office in Hongkong.)을 사용하였다. 번역은 수고스럽게도 맹자 전문가인 한문학과 박준원 교수와 게일 연구와 영어 번역에 오랜 기간 동안 천착해 온 이진숙 교수께서 맡아주셨다. 노고에 감사드린다. 그리고 이 책의 번역이 기획되고 첫 작품이 나오기까지 제임스 레게 연구의 세계적 대가인 홍콩 침례대학(Hong Kong Baptist University)의 라우렌 피스터(Lauren F. Pfister, 費樂仁) 교수의 도움이 컸다. 이 자리를 감사를 드린다. 비록 이 시도가 한국에서 처음 이루어지는 '용감한' 작업이고 촉박한 시간 탓에 오류도 없지 않을 것으로 생각하지만, 앞으로의 유가경전 연구에 또 하나의 토대를 제공하고 시야를 넓힌다는 점에서 큰 의의를 가질 것이라 생각하며, 『논어』를 비롯한 사서와 『시경』, 『서경』, 『역경』도 순조롭게 출판되기를 기원한다.

2021년 1월 25일
경성대학교 한국한자연구소에서
하영삼 씀

제임스 레게 『맹자』 초역의 학술적 의의

『맹자』를 포함한 사서(四書)가 유럽에 소개된 것은 주로 예수회 소속 신부들의 역할이 컸다. 일찍이 마테오리치(Matteo Ricci, 1552~1610)는 선교를 위하여 사서를 라틴어로 번역했었다. 19세기에 들어와서 유교경전의 번역은 스코틀랜드 애버딘 출신 영국 선교사 제임스 레게(James Legge, 1815~1897)에 의해 새로운 전환의 계기가 마련된다.

레게는 대략 1843년경부터 유교의 기본서적인 『논어』, 『대학』, 『중용』, 『맹자』의 번역과 주해에 착수하였고, 후속작업으로 『춘추』, 『예기』, 『서경』, 『역경』, 『시경』 등을 잇달아 출간하였다. 레게가 영국과 서방에 소개한 유가경전들은 예상대로 커다란 호응을 일으켰다. 이후 번역자로서의 레게의 명성도 점점 높아져서 애버딘 대학은 그에게 박사학위를 수여하였고, 레게는 여러 차례 파리도 방문하게 되었다. 파리 방문 기간 동안 레게는 프랑스의 저명한 동양학자 줄리앙(Stanislas Aignan Julien, 1797~1873)과 함께 한학(漢學)에 대하여 수준 높은 토론을 진행했다. 이때에 토론을 나누었던 줄리앙의 견해가 이번에 간행된 레게 『맹자』 주석 여러 곳에 자주 인용되고 반영되어 있다.

레게의 후반부 번역과 주해 작업에 많은 도움을 준 중국인 학자 왕도(王韜, 1828~1897)는 1867년 고국으로 돌아가는 레게를 전송하는 <서양학자 레게의 귀국을 환송하면서[送西儒理雅各回國序]>라는 글에서 그의 업적을 다음과 같이 평가했다.

레게 선생은 붓을 들고 동방에서 유학을 공부해왔고, 자신의 모든 에너지를 십삼경(十三經) 연구에 바쳤다. 그는 경전의 이치에 통달해 있어 그 내용을 고증했고, 근원과 원칙을 탐구하여 자신 만의 독특한 견해를 구축해서, 범속한 사람들의 견해와는 매우 달랐다. 그는 경전을 평론할 때에도 일가의 학설을 주장하지 않고, 유아독존적인 태도로서 하나의 학설을 고집하지 않았다. 그는 저명한 학자의 장점과 정수를 고르게 취하여 하나로 연결시켰고, 공정(孔鄭)의 학문을 기초로 하여 주자(朱子)의 학문을 그 가운데에 조화시켰다. 그는 이렇게 한(漢)나라 때의 유학과 송(宋)나라 때의 주자학 어느 것에도 치우치지 않았다.

왕도는 레게가 일찍부터 『맹자』를 위시한 13경 연구에 전념하여왔음을 칭송하고, 그의 연구방법이 하나의 학설만을 고집하는 유아독존적인 접근이 아니라, 여러 학자들의 견해를 두루 반영하는 절충적 방법론을 취하고 있다고 보고 있다.

왕도의 언급대로 레게의 『맹자』의 번역에는 한나라 학자들의 견해뿐만 아니라, 송나라 주자의 대표적 해설서인 『맹자집주』와 여러 성리학자들의 견해를 상당부분 인용하여 수용하고 있다. 주자의 『맹자집주』가 이미 『맹자』 해석에서 상당한 권위를 갖고 있었기 때문에, 이것은 당연하고 자연스러운 현상이다. 따라서 이전부터 레게의 『맹자』 번역은 전반적으로 주자의 견해를 수용한 편이라는 학계의 세평(世評)이 있어 왔고, 『맹자집주』의 인용빈도로 볼 때 이것은 어느 정도 사실과 부합한다.

그러나 레게는 왕도의 평가처럼 『맹자』의 번역과 함께 수록된 방대한 분량의 각주를 통해 자신이 입수할 수 있는 모든 자료와 인맥을 총동원하여 다양한 견해를 폭넓게 반영하고 있다. 그는 중국역대와 당대의 수많은 경학연구가들을 참고했을 뿐만 아니라, 철저한 번역을 위해 각종 서적과 지명, 의상, 수치 등에 대한 분석과 고증을 시도했고, 심지어는 식물학자들의 견해까지 동원하고 있다. 이처럼 다양하고 엄청난 분량의 각주 때문에 번역 페이지 수가 늘어나고 출간시기가 상당기간 지체되기도 하였으나, 사실 레게 『맹자』 역주의 백미는 바로 이 풍성한 각주의 존재라고 할 수 있다. 『맹자』 전반에 대한 상세하고 흥미로운 모든 정보가 이 안에 녹아들어있기 때문이다.

레게는 정확하고 분명한 번역을 위하여 이러한 노고를 아끼지 않았다. 그 결과 뜻밖에도 본래의 『맹자』 한문원문에서는 난해해보였던 내용들이 레게 『맹자』 역문에서는 이해하기 쉬운 편안하고 간결한 새로운 이미지로 독자들에게 전해지는 효과가 곳곳에서 나타나고 있다. 상세한 각주를 통한 전달성이 강한 평이한 원문해석 방식, 이것이 바로 레게가 추구한 『맹자』 번역 전략인 것 같다.

그 중에서도 역자들과 기획자의 주목을 끌게 한 것은 레게의 『맹자』 진심(盡心) 하 제16장의 각주이다. 이 각주를 통해서 우리는 당시 중국에서 유통되는 『맹자』의 판본과 내용이 다른 우리나라(Corea)만의 판본이 따로 존재했다는 사실을 알게 된 것이다.

<16장 원문>
孟子曰, 仁也者, 人也, 合而言之, 道也.
맹자가 말했다. "인은 사람의 뚜렷한 특징이다. 인은 사람의 행동으로 구현되기 때문에 [마땅히 가야 할] 길이라 불린다."

<16장 각주>
이 장은 매우 수수께끼 같다. 합(合)은 합인우인신(合仁于人身), 즉 '인과 사람의 몸을 합하다'로, 도(道)는 『중용』의 '솔성지도(率性之道)'로 해석된다. 조기의 해석자들은 『논어』 제15권 제28장을 언급하는데 이는 매우 적절하다.
그러나 주희는 한국(Corea)에서 발견된 『맹자』의 판본에 '인야(人也)' 뒤에 '의야자의야, 운운(義也者宜也, 云云)' 등 '의', '예', '지'에 대한 설명이 뒤따른다고 언급한다. 그것이 원래의 읽기라고 한다면, 마지막 어구는 '모두 합해지고 명명된 이것들은 이성의 길이다'가 될 것이다.

주자의 『맹자집주』에서는 정자(程子)의 말을 인용하여 "或曰, 外國本, 人也之下, 有義也者 宜也. 禮也者 履也, 智也者 知也, 信也者 實也. 凡二十字.(어떤 사람이 말했다. '외국의 판본에 인야(人也) 아래에 의(義)는 마땅한 것이고, 예(禮)는 실천하는 것이고, 지(智)는 아는 것이고, 신(信)은 진실한 것이다'라는 구절이 있는데 모두 20자이다.)"라고 보충해서 설명하였다.

레게는 정자가 말한 이 20개의 글자가 추가로 기록되어 있는 '외국본(外國本)'이 바로 한국(Corea)에서 발견된 『맹자』 판본이라고 확정한 것이다. 그리고 이어서 한국에서 발견된 판본에 의하면, 이 부분의 해석이 '(20자가) 모두 합해지고 명명된 이것들은 이성의 길이다'라는 의미로 확장될 수 있다고 했다. 한국의 『맹자』 판본의 추가된 내용에 의해서 번역의 의미 확장이 이루어진 것이다.

레게의 철저한 분석과 검증 태도에 비추어 본다면, 그는 아마도 당시에 중국에서 유통되던 한국의 『맹자』 판본을 직접 확인했을 것으로 추측된다. 이러한 그의 한국판 『맹자』에 대한 확증작업은 동북아시아에서 『맹자』의 유통과정에 대한 서지적 연구를 진행하는 데에 매우 중요한 자료로 활용될 가능성이 크다.

또한 이미 잘 알려진 것처럼 레게가 겉으로 표방한 『맹자』 영역의 목적은, 중국에 선교하기 위해서는 유교의 힘을 알아야 하고, 유교의 경전에 대한 이해가 필수적이라는 사실을 절감했기 때문이었다. 그러나 레게는 『맹자』 역주의 곳곳에서 선교사라는 위치에서 자신만이 갖게 되는 독특한 견해를 주장하고 있다. 천주교 신부의 위치에서 결코 포기할 수 없는 유일신의 존재를 『맹자』의 번역에 반영하고 있는 것이다. 가령 레게는 『맹자』 진심(盡心) 하 제25장 제8절의 번역과 각주를 다음과 같이 풀이하고 있다.

<8절 원문>
聖而不可知之之謂神.
성인(聖人)이 우리의 지식 너머에 있을 때, 그는 신인(神人)으로 불린다.

<8절 각주>
우리는 '聖而不可知之之謂神'이라는 이 구절을 『중용』의 '지성여신'(至誠如神) 즉 '가장 완전한 성심을 소유한 사람은 신과 같다'라는 구절과 비교해 볼 수 있다. 『사서합강(四書合講)』은 맹자의 표현이 『중용』보다 더 강하다고 비판적으로 논평한다. 그러나 사실상 두 표현은 같은 의미이다.
혹자는 신(神)을 '신성한(divine)'으로 번역하는데, 이것은 결코 용납될 수 없는 번역이다. 그 분의 방식이 바다에 있고, 그분의 심판이 심해에 있는데, 그분의 영향력과 작용에 적합한 그 단어를 인간에게 사용함으로써 중국 작가들은 하나님의 특권을 무시한다.

레게는 하나님의 영역에 속하는 '신성한(divine)'이라는 용어를 함부로 사용한 중국 작가들의 번역을 용납할 수 없는 번역이라고 지적하고 있다. 이러한 관점은 유일신인 하나님의 개념과 존재를 부정하는 것으로, 그가 수용할 수 없는 것이었다. 그는 중국인들의 문화를 이해하고 포교를 위하여 자신이 직접 『맹자』의 번역에 나서고 있었지만, 선교사로서 자신이 신봉하는 종교의 절대적 개념인 '신성한' 유일신의 존재 자체를 부정할 수는 없었던 것이다. 이러한 관점은 레게 『맹자』의 번역과정에서 철저하게 지켜지는 부동의 원칙이었고, 레게 『맹자』 번역의 더 이상 물러설 수 없는 마지노선이었다.

그렇다면 레게의 『맹자』 번역 역주 출간이 갖는 학술사적 의의는 무엇일까? 이를 간략히 요약해보면 아마도 다음과 같은 결론이 나오지 않을까 싶다.

우선 이번 번역은 국내에서 아직까지 시도된 적이 없는 '초역'이라는 점에서 매우 중요한 의의를 가진다. 레게 『맹자』 번역의 온전한 실체가 학계에 제시된 것이다. 이번에 기획된 레게의 『맹자』 역주를 통해서, 기존의 『맹자』 해석서와 레게의 『맹자』 해석에 담긴 독특한 사유와 언어체계의 차이를 분석할 수 있는 가능성이 열렸다. 이제 우리는 기존의 성리학적 세계관에서 창출된 텍스트가 레게의 기독교적 사유체계로 어떻게 변환되어 해석되고 있는 지를 파악할 수 있을 것이다.

또한 레게가 번역한 맹자의 핵심적인 한자용어들이(性善, 仁義, 民本, 王道-霸道, 君子-小人, 浩然之氣 등) 어떠한 의미의 당시 영어용어로 구사되어서 서구의 의미망으로 스펙트럼처럼 전파되고 있는 지를 연구할 길이 열린 셈이다. 앞으로 레게의 『맹자』 역주에 관한 다양한 연구 성과들이 양산되기를 기대해본다.

항상 역자들을 독려하며 출간을 총괄 기획해 주신 한국한자연구소 하영삼 소장께도 감사의 뜻을 전한다.

2021년 1월 20일 후학 박준원은 삼가 쓰다.

차 례 (제1책)

차 례 (제1책)

제2권
공손추장구
公孫丑章句
o
상 하

차 례 (제1책)

차 례 (제2책)

기획의 변
제임스 레게 『맹자』 초역의 학술적 의의

차 례 (제2책)

차 례 (제3책)

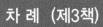

차 례 (제3책)

차 례 (제3책)

梁惠王章句 · 上

양혜왕장구 · 상

BOOK I

KING HUI OF LIANG

PART I

TITLE OF THE WORK.—孟子, 'The philosopher Măng.' The Work thus simply bears the name, or surname rather, of him whose conversations and opinions it relates, and is said to have been compiled in its present form by the author himself. On the use of 子, after the surname, see on Analects, I. i. The surname and this 子 were combined by the Romish missionaries, and latinized into Mencius, which it is well to adopt throughout the translation, and thereby avoid the constant repetition of the word 'philosopher,' Măng not being distinguished, like K'ung(Confucius), by the crowning epithet of 'The Master.'

TITLE OF THIS BOOK.—梁惠王章句上, 'King Hûi of Liang, in chapters and sentences. Part I. Like the Books of the Confucian Analects, those of this Work are headed by two or three characters at or near their commencement. Each Book is divided into two parts, called 上 下, 'Upper and Lower.' This arrangement was made by Châo Ch'î (趙歧), a scholar of the eastern Han dynasty (died A.D. 201), by whom the chapters and sentences were also divided, and the 章句上, 章句下 remain to the present day, a memorial of his work.

제1권

양혜왕장구(梁惠王章句)

상(上)

이 책의 제목은 맹자(孟子)로 영어로는 '철학자 맹'(Philosopher Măng)이다. '맹'은 이름, 더 정확하게는 '맹'씨 성을 의미한다. 이 책은 이 '맹'이라는 사람의 대화와 견해를 담고 있다. 그가 오늘날 전해지는 책을 직접 편찬했다고 한다. 나는 『논어』 제1권 제1장의 각주에서 성씨 뒤에 오는 글자 자(子)의 사용 방식을 설명하였다. 로마 가톨릭 선교사들은 성씨 맹(孟)과 자(子)를 결합하여 맹자를 'Mencius'라는 라틴어로 표기하였다. 맹자는 공자만큼 뛰어나지 않으므로 최고의 칭호인 'The Master'가 아닌 '철학자(The philosopher)'로 불린다. 그러나 나는 맹자를 'the philosopher Mang'이 아닌 'Mencius'로 번역하였다. 그것은 '철학자(philosopher)'라는 단어의 반복적인 사용을 피하고 공자와 구별하기 위해서이다.

제1권의 제목이 「양혜왕장구상(梁惠王章句上)」인 것은 양나라의 혜왕이 1권의 여러 장에서 등장하기 때문이다. 공자의 『논어』의 구성과 마찬가지로 『맹자』의 각 권의 제목은 시작 부분에 나오는 2~3명의 인물의 이름을 딴 것이다. 각 권은 상편과 하편으로 나뉜다. 이처럼 각 권을 상과 하, 장과 절로 배열한 이는 동한의 학자인 조기(趙歧, 201년도 사망)[1]이다. 이러한 조기의 업적을 기리며 오늘날도 내용 구성을 장구상(章句上)과 장구하(章句下)로 나눈다.

---

1) (역주) 조기(趙歧, 109~201)는 후한 때의 학자로 이름은 가(嘉)고 자는 빈경(邠卿). 지금의 섬서성 함양현(咸陽縣) 동부에 해당하는 경조(京兆) 장릉(長陵)이 그의 본관이다. 『맹자』 7권을 각각 상하(上下) 편으로 주를 달아 『맹자장구(孟子章句)』 14편을 저술하였다.

CHAPTER I

CH. 1. BENEVOLENCE AND RIGHTEOUSNESS MENCIUS'S ONLY TOPICS WITH THE PRINCES OF HIS TIME ; AND THE ONLY PRINCIPLES WHICH CAN MAKE A COUNTRY PROSPEROUS.

1. Mencius *went* to see king Hûi of Liang.

1. 'King Hûi of Liang.'—In the time of Confucius, Tsin(晉) was one of the great States of the nation, but the power of it was usurped by six great families. By B. C. 452, three of those were absorbed by the other three, viz. Wei, Châu, and Han (魏, 趙, and 韓), which continued to encroach on the small remaining power of their prince, until at last they extinguished the royal house, and divided the whole territory among themselves. The sovereign Wei Lieh(威烈), in his 23rd year, B. C. 402, conferred on the chief of each family the title of Marquis(侯). Wei, called likewise, from the name of its capital, Liang, occupied the south-eastern part of Tsin, Han and Châu lying to the west and north-west of it. The Liang, where Mencius. visited king Hûi, is said to have been in the present department of K'âi-fâng. Hûi, 'The Kindly', is the posthumous epithet of the king, whose name was Yung(罃). The title of *king* had been usurped by Ying, at some time before Mencius first visited him, which, it is said, he did in the 35th year of his government, B. C. 336. Mencius visited him on invitation, it must be supposed, and the simple 見=被招往見.

제1장

인의는 맹자가 당대의 제후들에게 설파한 유일한 주제이다. 또한 맹자는 인의만이 나라를 번성하게 만들 수 있는 유일한 원리라고 생각했다.

1절
孟子見梁惠王.

맹자가 양혜왕을 만나러 [갔다].

1절 각주

양혜왕. 공자 시대에 진(晉)은 제후국 가운데에서도 대국이었다. 그러나 그 나라의 6대 가문이 제후의 권력을 찬탈하였다. 기원전 452년 즈음 여섯 가문에서 세 가문인 위(魏)와 조(趙), 한(韓)이 나머지 세 가문을 흡수하였다. 위와 조, 한은 계속해서 진나라 제후의 남아 있는 미미한 세력마저 모두 빼앗은 후 마침내 제후의 가문을 없애고 자기들끼리 전체 영토를 나누었다. 당시 천자였던 주나라의 위열(威烈)은 기원전 402년 재위 23년째 되던 해에 위와 조, 한의 수장에게 후(侯)라는 작위를 내렸다. 수도인 양(梁)의 이름을 따서 '양'으로도 불리는 위(魏)는 진(晉)의 동남쪽을 차지했다.2) 한과 조는 진의 서쪽과 북서쪽에 있었다. 맹자가 혜왕을 방문한 곳인 양나라는 오늘날의 개봉부(開封府)에 있었다고 한다. 혜(惠)는 칭호로 '인자함'을 뜻한다. 그의 이름은 앵(罃)이었다.3) 양나라가 '왕'이라는 호칭을 찬탈한 것은 맹자의 첫 방문 즈음인 336년, 혜왕 재위 35년 때이다. 맹자가 혜왕의 초대를 받고 방문한 것으로 추정되므로 견(見)은 피초왕견(被招往見) 즉 초대받고 가서 알현하다를 뜻한다.

---

2) (역주) 위(魏)는 처음에는 안읍(安邑, 지금의 山西성 夏縣)에 도읍하였으나 기원전 364년 위(魏) 혜왕(惠王)이 안읍(安邑)으로부터 대량(大梁, 지금의 河南성 開封)으로 도읍을 옮겼다. 이 이후로 위(魏)를 양(梁)나라로 부르게 되었다.

3) (역주) 형(螢)으로 되었으나, 앵(罃)의 잘못이기에 바로 잡았다.

2. The king said, 'Venerable sir, since you have not counted it far to come here, a distance of a thousand *lî*, may I presume that you are provided with counsels to profit my kingdom?'

2. Mencius was a native of Tsâu (鄒), in Lû, the name of which is still retained in the Tsâu district of the department of Yen-châw(兗州), in Shantung. The king, in complimentary style, calls the distance from Tsâu to Liang a thousand *li*. It is difficult to say what was the exact length of the ancient *li*. At present, it is a little more than one-third of an English mile. The 亦, 'also,' occasions some difficulty.－With reference to what is it spoken? Some compare the 亦. . . 乎 with 不亦乎, Analects, I. i. Others say that the king refers to the many scholars who at the time made it their business to wander from country to country, as advisers to the princes:－'You *also*, like other scholars,'&c. Then, when Mencius, in par. 3, replies－亦有仁義, they say that he refers to Yâu, Shun, &c. as his models:－'I, like them,' &c. But this is too farfetched. Wang Yin-chih inclines to consider 亦 as for the most part merely a helping particle; especially does he regard it so after 不 in an interrogative clause. Observe the force of 將, delicately and suggestively putting the question.

2절

王曰, 叟, 不遠千里而來, 亦將有以利吾國乎.

왕이 말했다. "덕망이 높은 선생께서 천 리를 멀다 하지 않고 오셨으니, 내 나라에 이익이 될 조언을 하러 왔다고 생각해도 되겠습니까?"

2절 각주

맹자는 노나라에 있는 추 지역 사람이다. '추'의 이름은 산동의 연주(兗州) 부의 추 지역에 남아 있다. 왕은 맹자에게 경의를 표하기 위해 추 지역에 서 양나라까지의 거리를 천 리(里)라고 말한다. 고대에서 '리'의 정확한 길 이를 알기 어렵지만, 오늘날 영어에서 마일(mile)의 삼 분의 일보다 약간 더 멀다. 역(亦, 또한, also)이 무엇을 의미하는지 조금 알기 어렵다. 어떤 사람들은 역~호(亦~乎)를 『논어』 제1권 1장의 불역호(不亦乎)와 비교한 다. 다른 사람들은 왕이 유세객 즉 그 당시 이 나라 저 나라를 다니면서 제후들에게 조언하는 것을 업으로 삼는 여러 학자를 가리킨다고 보고 '당 신 [또한]', 다른 학자들과 마찬가지로' 해석한다. 그들은 또한 3절에서 역 유인의(亦有仁義, 또한 인의가 있을 뿐입니다)의 '亦'을 맹자가 모범으로 삼는 요순 등을 가리키는 것으로 보고 '나도 그들과 마찬가지로 . . .'로 해석한다. 그러나 이러한 해석은 무리가 있다. 왕인지[4]는 역(亦)을 주로 보조사로, 특히 의문절에서 불(不) 뒤에 오는 역(亦)을 보조사로 간주한다. 이 구절에서 미묘하게 암시적으로 의문을 제기하는 장(將)의 힘에 주목하 라.

---

4) (역주) 왕인지(王引之, 1766~1834)는 청나라의 훈고학자로 자는 백신(伯申)이고 호 는 만경(曼卿)이다. 그는 저명학자 왕념손(王念孫)의 장남이며 『경의술문(經義述聞) 』 32권과 『경전석사(經傳釋詞)』 10권을 저술했다.

3. Mencius replied, 'Why must your Majesty use that word "profit?" What I am provided with, are *counsels* to benevolence and righteousness, and these are my only topics.

3. 對,—marking the answer of an inferior, used from respect to the king. 曰 is 'to say,' followed directly by the words spoken. It is not 'to speak of.' 而已矣 mark very decidedly Mencius's purpose to converse only of 仁 and 義.

3절

孟子對曰, 王何必曰利, 亦有仁義而已矣.

맹자가 대답했다. "어찌 왕께서는 '이익'이라는 단어를 사용하십니까? 제가 가지고 온 것은 인의에 대한 [조언]입니다. 저는 오로지 이 주제에 대해서만 말하고자 합니다.

3절 각주

대(對)는 지위가 낮은 사람이 하는 대답이고 왕에 대한 존경을 표시한다. 왈(曰)은 '~에 대해 말하다'가 아니라, '~을 말하다'로 '왈(曰)' 바로 뒤에 언급할 말이 나온다. 이이의(而已矣)는 인(仁)과 의(義)에 대해서만 말하겠다는 맹자의 단호한 의지를 표지한다.

4. 'If your Majesty say, "What is to be done to profit my kingdom?" the great officers will say, "What is to be done to profit our families?" and the inferior officers and the common people will say, "What is to be done to profit our persons?" Superiors and inferiors will try to snatch this profit the one from the other, and the kingdom will be endangered. In the kingdom of ten thousand chariots, the murderer of his sovereign shall be *the chief of* a family of a thousand chariots. In the kingdom of a thousand chariots, the murderer of his prince shall be *the chief of* a family of a hundred chariots. To have a thousand in ten thousand, and a hundred in a thousand, cannot be said not to be a large allotment, but if righteousness be put last, and profit be put first, they will not be satisfied without snatching *all*.

4. 征,—here=取, 'to take.' 交征, 'mutually to take;' i. e. superiors from inferiors, and inferiors from superiors. 乘, in 4th tone, 'a carriage or chariot.' The sovereign's domain,—1,000 *li* square, produced 10,000 war chariots. A kingdom producing 1,000 chariots was that of a *hâu*, or marquis. He is here called 百乘之家, instead of 百乘之君, because the sovereign has just been denominated by that term. 後 and 先 are verbs. See Analects, VI. xx.

4절

王曰, 何以利吾國, 大夫曰, 何以利吾家, 士庶人曰, 何以利吾身, 上下交征利, 而國危矣, 萬乘之國, 弑其君者, 必千乘之家, 千乘之國, 弑其君者, 必百乘之家, 萬取千焉, 千取百焉, 不爲不多矣, 苟爲後義而先利, 不奪不饜.

왕께서, '내 나라를 이롭게 하려면 어떡해야 할 것인가'라고 하신다면, 고위 관리들은 '내 가문을 이롭게 하려면 어떡해야 할 것인가'라고 말할 것이고, 하급 관리와 일반 백성들은 '우리 몸을 이롭게 하려면 어떡해야 할 것인가'라고 말할 것입니다. 윗사람과 아랫사람이 상대방의 이익을 빼앗고자 하므로 나라가 위태로워질 것입니다. 만 대의 전차를 가진 나라에서 군주를 살해하는 자는 천 대의 전차를 가진 가문의 [수장]이겠지요. 천 대의 전차를 가진 나라에서 제후를 살해하는 자는 백 대의 전차를 가진 가문의 [수장]이겠지요. 만 대에서 천 대를 더 가지는 것, 천 대에서 백 대를 더 가지는 것이 많은 몫이 아니라고 말할 수 없겠지요. 그러나 의를 맨 뒤에 두고 이익을 맨 앞에 둔다면 그들은 [모든] 것을 빼앗을 때까지 만족하지 않을 것입니다.

4절 각주

여기서 정(征)은 취(取), '빼앗다'와 같다. 교정(交征)은 '서로 빼앗다로 즉 윗사람이 아랫사람에게서, 아랫사람이 윗사람에게서 '서로서로' 빼앗는 것을 말한다. 4성조의 승(乘)은 '마차 또는 전차'를 의미한다. 최고 통치자인 천자의 영역은 사방 천리(1,000 *li* square)로 만 대의 전차를 생산했다. 천 대의 전차를 생산하는 나라는 [후(侯)] 즉 후작의 영역이다. 여기서 그를 백승지군(百乘之君)이 아닌 백승지가(百乘之家)로 표현했는데, 이것은 바로 직전에 그를 가리켜 군(君)으로 명명했기 때문이다. 후(後)와 선(先)은 동사이다. 『논어』 제6권 20장을 보라.

5. 'There never has been a benevolent man who neglected his parents. There never has been a righteous man who made his sovereign an after consideration.

5. The 仁 and 義 here are supposed to result from the sovereign's example.

6. 'Let your Majesty also say, "Benevolence and righteousness, and let these be your only themes." Why must you use that word—"profit?"'

5절

未有仁, 而遺其親者也, 未有義, 而後其君者也.

어진 사람은 결코 부모를 소홀히 한 적 없고, 의로운 사람은 결코 군주를 후순위에 둔 적이 없습니다.

5절 각주
여기서 인(仁)과 의(義)는 군주가 모범을 보인 결과로 나타나는 것으로 추정된다.

6절

王亦曰, 仁義而已矣, 何必曰利.

또한, 왕께서는, '인과 의, 이것만을 말하라'라고 하십시오. 어찌하여 '이익'이라는 단어를 사용하십니까?"

CHAPTER II

CH. 2. RULERS MUST SHARE THEIR PLEASURES WITH THE PEOPLE. THEY CAN ONLY BE HAPPY WHEN THEY RULE OVER HAPPY SUBJECTS.

1. Mencius, *another day*, saw king Hûi of Liang. The king *went and stood with him* by a pond, and, looking round at the large geese and deer, said, "Do wise and good *princes* also find pleasure in these things?"

1. 王立,一, 'The king stood'; and the meaning is not that Mencius found him by the pond. The king seems to have received him graciously, and to have led him into the park. 於沼上,一compare Analects, VI. vii, but for which passage I should translate here一'over a pond,' i. e. in some building over the water, such as is still very common in China. 鴻 means 'large geese,' and 麋 is the name for a large kind of deer, but they are joined here, as adjectives, 鴈 and 鹿. 賢者=賢者之君, 'worthy princes.' It does not refer to Mencius, as some make it out. The reply makes this plain. The king's inquiry is prompted by a sudden dissatisfaction with himself, for being occupied so much with such material gratifications, and='Amid all their cares of government do these pleasures find a place with good princes?'

제2장

통치자는 백성과 기쁨을 나누어야 한다. 백성이 행복해야만 통치자도
행복할 수 있다.

1절
孟子見梁惠王, 王立於沼上, 顧鴻鴈麋鹿, 曰, 賢者亦樂此乎.

맹자는 [다른 날] 양나라의 혜왕을 만났다. 왕은 [맹자와] 함께 연못으로
[가서] 서서 큰 기러기와 사슴을 둘러보며 말했다. "현명하고 훌륭한 [제
후들도] 이런 것을 즐깁니까?"

1절 각주
왕립(王立)은 '왕이 서 있었다'이다. 맹자가 연못가에 있는 왕을 발견했다
는 의미가 아니라, 왕이 맹자를 맞이해서 정원으로 데리고 갔다는 뜻인
듯하다. 어소상(於沼上)은 『논어』 제6권 7장과 비교하라. 나는 이 문구를
여기서 '연못 위에' 즉 오늘날 중국에서도 여전히 크게 성행하는 '물 위에
지은 어떤 건물에서'로 번역하겠다. 홍(鴻)은 '큰 기러기', 미(麋)는 사슴 종
류에서도 큰 사슴을 지칭하는 이름이지만 여기서는 형용사로 안(鴈)과 녹
(鹿)을 수식한다. 현자(賢者)는 현자지군(賢者之君), 즉 '현명한 제후들'과
같다. 혹자는 '현자가 맹자를 가리킨다고 보지만 그렇지 않다. 이는 맹자
의 대답으로 명확해진다. 왕은 갑자기 자신이 물질적 탐욕에 사로잡혀 있
는 것이 못마땅하여 '나라를 다스리느라 온갖 근심이 있는 훌륭한 제후들
도 이러한 것들을 즐길까요'라고 불쑥 질문한 것이다.

2. Mencius replied, 'Being wise and good, they have pleasure in these things. If they are not wise and good, though they have these things, they do not find pleasure.

2절

孟子對曰, 賢者而後樂此, 不賢者, 雖有此不樂也.

맹자가 대답했다. "그들은 현명하고 훌륭하므로 이런 것들을 즐깁니다. 현명하고 훌륭하지 않다면 이런 것들이 있다 해도 즐기지 못합니다.

3. 'It is said in the Book of Poetry,

> He measured out and commenced his marvellous tower;
> He measured it out and planned it.
> The people addressed themselves to it,
> And in less than a day completed it.
> When he measured and began it,
> *he said to them*—Be not so earnest:
> But the multitudes came as if they had been his children.
> The king was in his marvellous park;
> The does reposed about,
> The does so sleek and fat:
> And the white birds came glistening.
> The king was by his marvellous pond;
> How full was it of fishes leaping about!"

'King Wăn used the strength of the people to make his tower and his pond, and yet the people rejoiced to do the work, calling the tower "the marvellous tower," calling the pond "the marvellous pond," and rejoicing that he had his large deer, his fishes, and turtles. The ancients caused the people to have pleasure as well as themselves, and therefore they could enjoy it.

3절

詩云, 經始靈臺, 經之營之, 庶民攻之, 不日成之, 經始勿亟,
庶民子來, 王在靈囿, 麀鹿攸伏, 麀鹿濯濯, 白鳥鶴鶴, 王在靈
沼, 於牣魚躍, 文王以民力爲臺爲沼, 而民歡樂之, 謂其臺曰靈
臺, 謂其沼曰靈沼, 樂其有麋鹿魚鼈, 古之人與民偕樂, 故能樂
也.

『시경』에서 이렇게 노래했습니다.

> '그가 경이로운 탑을 짓기 시작하여
> 측량하고 설계했다.
> 백성들이 자발적으로 그곳에 와서
> 하루도 채 지나지 않아 탑을 완성했다.
> 그가 탑을 측량하고 짓기 시작했을 때
> [백성들에게 "너무 애쓰지 않아도 된다"라고 말했다.
> 그러나 백성들은 그의 자식처럼 모여들었다.
> 왕이 이 경이로운 정원에 나와 보니,
> 암사슴들은 쉬며 누워있었고,
> 반지르르하고 토실토실했다.
> 백조는 반들반들 윤이 났다.
> 왕이 이 경이로운 연못가에 있으니
> 물고기가 한가득 뛰놀았다!'

문왕은 백성의 힘으로 탑과 연못을 만들었지만, 백성들은 그 일을 즐겁게
했습니다. 그들은 탑을 '경이로운 탑(영대, 靈臺)', 연못을 '경이로운 연못
(영소, 靈沼)'이라 부르며, 왕에게 큰 사슴과 물고기와 거북이 있는 것을
보고 기뻐했습니다. 옛사람들은 백성과 기쁨을 함께했으므로 즐길 수 있었
습니다.

3. See the Shih-ching, III, i, Ode VIII, st. 1, 2, The ode tells how his people delighted in king Wăn. For 鶴 the Shih-ching reads 翯. 於 is read wú, an interjection. 古之人 referring to king Wăn, but put generally.

3절 각주

『시경』「대아(大雅)·문왕지십(文王之什)·영대(靈臺)」제1~2연을 보라. 이 시는 문왕이 백성을 얼마나 기쁘게 하였는지를 말한다. 『시경』에서 학(鶴)은 학(鸖)으로 되어있다. '於'는 '오'로 발음되고 감탄사이다. 고지인(古之人)은 문왕을 가리키지만, 일반적 의미인 옛사람들로 옮겼다.

4. 'In the Declaration of T'ang it is said, "O sun, when wilt thou expire? We will die together with thee." The people wished *for Chieh's death*, though they should die with him. Although he had towers, ponds, birds, and animals, how could he have pleasure alone?'

4. See the Shû-ching, IV. Bk. I. i. 3;—T'ang's announcement of his reasons for proceeding against the tyrant Chieh. The words quoted are those of the people. Chieh had pointed to the sun, saying that, as surely as the sun was in heaven, so firm was he on his throne. The people took up his words, and pointing to the sun, thus expressed their hatred of the tyrant, preferring death with him to life under him. 時=是; 害 is read *ho*; 喪 in the 4th tone. Châo Ch'î gives quite another turn to the quotation, making the words an address of the people to T'ang:—'This day he (Chieh) must die. We will go with you to kill him.' Chû Hsî's view is to be preferred. I don't think that the last two clauses are to be understood generally:—'When the people wish to die with a prince,' &c. They must specially refer to Chieh.

4절

湯誓曰, 時日害喪, 予及女偕亡, 民欲與之偕亡, 雖有臺池鳥獸, 豈能獨樂哉.

「탕서」에 이르기를, '오, 태양이여, 너는 언제 사라질 것인가? 우리는 너와 함께 죽을 것이다'라고 합니다. 백성들은 걸과 함께 죽는다고 하더라도 [그의 죽음을] 원했습니다. 비록 걸에게 탑과 연못과 새 그리고 동물이 있다 하더라도 어찌 혼자서 즐길 수 있겠습니까?"

4절 각주.

『서경』「상서(商書)·탕서(湯書)」제3절을 보라. 「탕서」는 탕왕이 폭군 걸을 몰아내고자 하는 이유를 선언한 것이다. 인용 부분은 백성이 한 말이다. 걸은 태양을 가리키며 하늘에 태양이 있듯이 그의 왕좌도 확고하다고 말했다. 그러자 백성들은 그의 말을 되받아 태양을 가리키며 그의 지배하에 살기보다 그와 함께 죽겠다고 말하며 폭군에 대한 증오를 표현했다. 시(時)는 시(是)와 같고, 해(害)는 [갈]로 읽히고, 상(喪)은 4성조이다. 조기(趙歧)는 이 인용 부분을 백성이 탕왕에게 하는 말로 보아 '오늘 그(걸왕)는 죽어야 합니다. 우리는 당신과 함께 가서 그를 죽일 것입니다'로 매우 다르게 해석한다. 주희의 해석이 더 맞다. 나는 마지막 두 구절이 '백성들이 어떤 왕과 죽기를 원할 때'라는 포괄적 표현이 아니라 구체적으로 걸왕을 가리킨다고 생각한다.

CHAPTER III

CH. 3. HALF MEASURES ARE OF LITTLE USE. THE GREAT PRINCIPLES OF ROYAL GOVERNMENT MUST BE FAITHFULLY AND IN THEIR SPIRIT CARRIED OUT.

1. King Hûi of Liang said, 'Small as my virtue is, in the government of my kingdom, I do indeed exert my mind to the utmost. If the year be bad on the inside of the river, I remove *as many of* the people *as I can* to the east of the river, and convey grain to the country in the inside. When the year is bad on the east of the river, I act on the same plan. On examining the government of the neighbouring kingdoms, I do not find that there is any prince who exerts his mind as I do. And yet the people of the neighbouring kingdoms do not decrease, nor do my people increase. How is this?'

제3장

어중간한 조치는 별 소용이 없다. 온 마음을 다해 왕도정치의 대원리들을 충실하게 이행해야 한다.

1절

梁惠王曰, 寡人之於國也, 盡心焉耳矣, 河內凶, 則移其民於河東, 移其粟於河內, 河東凶, 亦然, 察隣國之政, 無如寡人之用心者, 隣國之民不加少, 寡人之民不加多, 何也.

양혜왕이 말했다. "나라를 다스리는 내 덕이 크다고 할 수는 없지만, 나는 온 마음을 다하고 있습니다. 그해 강의 안쪽이 흉년이 들면, 나는 [가능한 한] [많은] 사람들을 강의 동쪽으로 옮기고, 강의 안쪽 마을로 곡식을 보냅니다. 그해 강의 동쪽이 흉년이 들면 동일하게 조치합니다. 이웃 나라의 통치를 살펴봐도 나처럼 마음을 쓰는 제후가 없습니다. 그런데도 이웃 나라 백성도 감소하지 않고 내 나라 백성도 증가하지 않습니다. 이는 어째서 그렇습니까?"

1. The combination of particles—焉耳矣 gives great emphasis to the king's profession of his own devotedness to his kingdom. 寡人 was the designation of themselves used by the princes in speaking to their people,=寡德之人, 'I, the man of small virtue.' I shall hereafter simply render it by 'I.' Liang was on the south of the river, i. e. the *Ho*, or Yellow River, but portions of the Wei territory lay on the other side, or north of the river. This was called the inside of the river, because the ancient royal capitals had mostly been there, in the province of Chî(冀州), comprehending the present Shan-hsi; and the country north of the Ho, looked at from them, was of course 'within,' or on this side of it. 粟,—now used commonly for millet and maize, but here for grain generally. 加少, 加多; literally, 'add few, add many.' To explain the 加, it is said the expressions ='分外少, 分外多, 'not fewer, nor larger, than they should for such States be.'

1절 각주

결합 조사인 언이의(焉耳矣)는 왕이 자신의 국정 헌신을 공언하고 있음을 강조한다. 과인(寡人)은 제후가 백성에게 자신을 칭하는 표현으로, 과덕지인(寡德之人) 즉 '나, 덕이 적은 사람'이라는 것을 의미한다. 지금부터 나는 '과인'을 단순히 'I'로 번역할 것이다. 수도 '양' 지역은 강의 남쪽 즉 [하(河] 즉 황하의 남쪽에 있지만, 위나라 영토의 일부분은 다른 쪽 즉 강의 북쪽에 있다. 강의 북쪽이 강내(江內)로 불린 것은 고대의 왕도(王都)들이 대부분 이곳 즉 현재의 섬서(陝西)성 기주(冀州) 지역에 있었기 때문이다. 그리고 강의 북쪽에서 보았을 때 '황하'의 북쪽 지역은 당연히 강의 '안', 또는 이쪽이다. 속(粟)은 수수나 옥수수로 흔히 사용되지만, 여기서는 일반적인 곡식을 의미한다. '가소, 가다(加少, 加多)'는 문자 그대로 '조금 더하고, 많이 더하고'라는 의미이다. '가소, 가다(加少, 加多)'의 가(加)를 설명하자면 이 표현은 '분외소, 분외다(分外少, 分外多)' 즉 '나라가 존재하기 위해 필요한 것보다 더 적어지지도 않고, 더 많아지지도 않다'라는 표현과 같은 의미로 보기도 한다.

2. Mencius replied, 'Your majesty is fond of war;—let me take an illustration from war.—*The soldiers move forward to* the sound of the drums; and after their weapons have been crossed, *on one side* they throw away their coats of mail, trail their arms behind them, and run. Some run a hundred paces and stop; some run fifty paces and stop. What would you think if those who run fifty paces were to laugh at those who run a hundred paces?' The kind said, 'They should not do so. Though they did not run a hundred paces, yet they also ran away.' 'Since your Majesty knows this,' replied Mencius, 'You need not hope that your people will become more numerous than those of the neighbouring kingdoms.

2. 填然 is said to express the sound of the drum. In 鼓之, 鼓 is used as a verb, and 之 refers to 戰士, or soldiers. It was the rule of war to advance at the sound of the drum, and retreat at the sound of the gong. 是亦走也,—literally, 'this also,' i. e. the fifty paces, 'was running away.'

2절

孟子對曰, 王好戰, 請以戰喩, 塡然鼓之, 兵刃旣接, 棄甲曳兵
而走, 或百步而後止, 或五十步而後止, 以五十步笑百步, 則何
如. 曰, 不可, 直不百步耳, 是亦走也. 曰, 王如知此, 則無望民
之多於隣國也.

맹자가 대답했다. "왕께서 전쟁을 좋아하시니 전쟁을 예로 들겠습니다. 북
소리에 [군사들이 진격합니다.] 무기를 겨룬 후, [한쪽에서] 군사들이 갑옷
을 벗어버리고, 무기를 질질 끌며 도망칩니다. 어떤 이는 백 보를 도망치
다 서고, 어떤 이는 오십 보를 도망치다 섭니다. 오십 보 도망간 이들이
백 보를 도망간 이들을 비웃는다면 어떻겠습니까?" 왕이 말했다. "말이 안
되지요. 백 보를 도망간 것도 도망간 것은 마찬가지입니다." 맹자가 대답
했다. "왕께서 이를 아신다면 백성이 이웃 나라보다 많아질 것이라 기대하
지 마십시오

2절 각주

전연(塡然)은 북의 소리를 표현하는 것이다. 고지(鼓之)에서 고(鼓)는 동사
로 사용되고 지(之)는 전사(戰士) 즉 군사를 가리킨다. 북소리에 전진하고
징소리에 후퇴하는 것은 전쟁의 규칙이었다. 시역주야(是亦走也)는 문자
그대로, '이것 즉 오십 보 또한 도망치는 것이다'이다.

3. If the seasons of husbandry be not interfered with, the grain will be more than can be eaten. If close nets are not allowed to enter the pools and ponds, the fishes and turtles will be more than can be consumed. If the axes and bills enter the hills and forests *only* at the proper time, the wood will be more than can be used. When the grain and fish and turtles are more than can be eaten, and there is more wood than can be used, this enables the people to nourish their living and mourn for their dead, without any feeling against any. This condition, in which the people nourish their living and bury their dead without any feeling against any, is the first step of royal government.

3. Here we have an outline of the first principles of royal government, in contrast with the measures on which the king plumes himself in the 1st par. The 不 is not imperative = 'do not.' The first clauses of the various sentences are conditional. In spring there was the sowing; in summer, the weeding; and in autumn, the harvesting:—those were the seasons and works of husbandry, from which the people might not be called off. 勝, 1st tone. The dictionary explains it by 'to bear,' 'to be adequate to.' 穀不可勝食='there is no eating-power adequate to eat the grain.' 數, here read *tsû*, 'close-meshed.' The meshes of a net were anciently required to be large, of the size of four inches. People might only eat fish a foot long. 山 =wooded hills. 林 =forests in the plains. The time to work in the forests was, according to Chû Hsî, in the autumn, when the growth of the trees for the year was stopped. But in the Châu-li, we find various rules about cutting down trees,—those on the south of the hill, for instance, in midwinter, those on the north, in summer, &c., which may be alluded to. 無憾 I have translated, 'without any feeling against any,' the ruler being specially intended.

3절

不違農時, 穀不可勝食也, 數罟不入洿池, 魚鼈不可勝食也, 斧
斤以時入山林, 材木不可勝用也, 穀與魚鼈不可勝食, 材木不
可勝用, 是使民養生喪死無憾也, 養生喪死無憾, 王道之始也.

백성들이 농사철에 방해를 받지 않는다면, 곡식은 먹고도 남을 것입니다.
촘촘한 그물을 웅덩이나 연못에 던지지 않는다면, 물고기와 거북은 먹고도
남을 것입니다. 정해진 시기에[만] 도끼를 들고 산이나 숲으로 들어간다면,
목재는 쓰고도 남을 것입니다. 곡식과 물고기와 거북을 다 먹고도 남는다
면, 목재를 다 쓰고도 남는다면, 살아 있는 사람을 부양하고 죽은 사람을
애도할 수 있습니다. 그러면 다른 사람에게 적대적인 감정을 품지 않게
됩니다. 백성들이 적대감을 품지 않으며 산 사람을 먹일 수 있고 죽은 사
람의 장례를 치를 수 있는 이러한 조건의 충족이 바로 왕도정치의 첫 단
계입니다.

3절 각주

여기서 우리는 왕도정치의 제1원리에 대한 윤곽을 알 수 있다. 양혜왕 자신
이 1절에서 의기양양하게 말했던 통치 방법과 대조된다. 불(不)은 '하지 마라'
라는 명령문이 아니다. 여러 문장의 첫 구절은 조건적이다. 봄의 씨뿌리기,
여름의 잡초 뽑기, 가을의 추수는 농사철과 그 시기의 농사일을 가리킨다. 백
성들에게 이 일을 중지하게 할 수 없다. 승(勝)은 1성조이고, 사전에는 '참는
것', '~에 적당한 것'으로 설명한다. 곡불가승식(穀不可勝食)은 '그 곡식을 먹
기에 충분한 식력이 없다'와 같다. 수(數)는 여기서 [촉]으로 발음되고, '촘촘
한 그물망'을 의미한다. 그물망은 고대에는 4인치이다. 사람들은 길이가 12인
치인 물고기만 먹을 수 있다. 산(山)은 우거진 산을 의미한다. 임(林)은 평원
에 있는 숲을 의미한다. 주희에 따르면, 숲에서 일할 수 있는 시기는 가을철
로 그해 나무의 성장이 멈추는 때이다. 그러나 『주례(周禮)』에서 우리는 여러
벌목조항을 발견할 수 있다. 예를 들면 산의 남쪽에 있는 나무는 한겨울에,
산의 북쪽에 있는 나무는 여름에 자른다. 나는 특히 통치자를 염두에 두고
무감(無憾)을 '어떤 이(통치자)에게 적대적인 감정 없이'로 번역했다.

4. 'Let mulberry trees be planted about the homesteads with their five *mâu*, and persons of fifty years may be clothed with silk. In keeping fowls, pigs, dogs, and swine, let not their times of *breeding* be neglected, and persons of seventy years may eat flesh. Let there not be taken away the time that is proper for the cultivation of the farm with its hundred *mâu*, and the family of several mouths that is supported by it shall not suffer from hunger. Let careful attention be paid to education in schools, inculcating in it especially the filial and fraternal duties, and grey-haired men will not be seen upon the roads, carrying burdens on their backs or on their heads. It never has been that the ruler of a State, where such results were seen,—persons of seventy wearing silk and eating flesh, and the black-haired people suffering neither from hunger nor cold,—did not attain to the royal dignity.

4절

五畝之宅, 樹之以桑, 五十者, 可以衣帛矣, 雞5)豚狗彘之畜, 無失其時, 七十者, 可以食肉矣, 百畝之田, 勿奪其時, 數口之家, 可以無飢矣, 謹庠序之敎, 申之以孝悌之義, 頒白者, 不負戴於道路矣, 七十者衣帛食肉, 黎民不飢不寒, 然而不王者, 未之有也.

5무의 택지에 뽕나무를 심으면, 오십 세의 사람들이 비단옷을 입을 수 있습니다. 닭과 돼지, 개, 암퇘지를 키울 때 [번식] 때를 놓치지 않으면 칠십 세의 사람들이 고기를 먹을 수 있습니다. 100무의 농지를 경작할 때 적절한 때를 빼앗지 않으면 100무로 먹고사는 여러 명의 식구가 있는 가족이 배를 곯지 않을 것입니다. 학교 교육을 신중하게 하여 특히 효도와 우애를 가르치면 등이나 머리에 짐을 진 백발의 노인들이 길에 보이지 않을 것입니다. 칠십 세의 사람들이 비단옷을 입고 고기를 먹고, 검은 머리의 젊은 백성들이 굶주리거나 추위하지 않는 그런 제후국의 통치자가 천하의 왕이 되지 않았던 적이 없습니다.

---

5) (역주) 원문 '계(雞)'의 정자는 '계(鷄)'이다. 레게는 『맹자』 전편에 걸쳐 여러 차례 같은 의미의 한자들을 혼용하고 있다. 혼용한 한자들을 제시하면 다음과 같다. 間=閒, 途=塗, 如=若, 大 =太, 於=于. 饑=飢, 梛=椁(양혜왕), 汚=汗(공손추), 弟=悌, 畵=畫(등문공), 他=佗 (이루), 踰=窬(진심). 문맥상에서 각 한자들의 의미는 동일하므로, 이후는 다시 역주를 달지는 않았다.

4. The higher principles which complete royal government. We can hardly translate 畝 by 'an acre,' it consisting, at present at least, only of 240 square paces, or 1200 square cubits, and anciently it was much smaller, 100 square paces, of six cubits each, making a *mâu*. The ancient theory for allotting the land was to mark it off in squares of 900 *mâu*, the middle square being called the 公田, or 'government fields.' The other eight were assigned to eight husbandmen and their families, who cultivated the public field in common. But from this twenty *mâu* were cut off, and, in portions of two-and-a-half *mâu*, assigned to the farmers to build on, who had also the same amount of ground in their towns or villages, making five *mâu* in all for their houses. And to have the ground all for growing grain, they were required to plant mulberry trees about their houses, for the nourishment of silkworms, 鷄, 豚(a young pig) 狗(the grain-fed, or edible dog) 彘(the sow) 之畜,—literally, 'as to the nourishing of the fowl,' &c. 數口之家—the ground was distinguished into three kinds; best, medium, and inferior, feeding a varying number of mouths. To this the expression alludes 庠序. See on Book III, Pt. I. iii. 10. 王, 4th tone, 'to come to reign,' 'to become regnant sovereign.'

4절 각주

왕도정치를 완성하는 더 높은 원리들이 있다. 무(畝)를 에이커(acre)로 번역하기는 어렵다. 현재를 기준으로 보면 무(畝)는 적어도 240 평방 보(pace), 또는 1200 평방 큐빗이다. 옛날의 무는 이보다 훨씬 더 작아 100 평방 보, 500 평방 큐빗이었다. 옛날의 땅을 나누는 방식을 보면 900무마다 표시를 한다. 중앙의 땅은 공전(公田) 즉 '나라의 땅'이라 하고 나머지 8곳은 8명의 농부와 그 가족들에게 할당하고 공전은 공동으로 경작하였다. 그러나 공전에서 20무를 떼어 각각 2.5무의 비율로 8명의 농부에게 할당하고 각 농부는 또한 읍 또는 마을에서 동일한 크기의 땅인 2.5무를 할당받으므로 한 가구당 5무를 가진다. 그 땅을 모두 농경지로 하면 누에를 키울 뽕나무를 집 주위에 심어야 했다. 계(鷄), 돈(豚: 어린 돼지), 구(狗: 곡식을 먹는, 즉 식용 개), 체(彘: 암돼지), 지휵(之畜)[6]은 문자 그대로 '가금 등을 키우는 것에 대해서'이다. 수구지가(數口之家)란 땅을 최상위, 중간, 하위의 3등급으로 나누어 이 땅으로 여러 사람이 먹고사는 것을 의미한다. 수구지가(數口之家)는 바로 상서(庠序)를 암시한다. 제3권 제1편 제3장 제10절을 보라. 왕(王)은 4성조로, '통치하게 되다', '천자가 되다'를 의미한다.

---

6) (역주) 가축을 뜻할 때는 '축', 기르다라는 뜻일 때는 '휵'으로 구분하여 읽는다.

5. 'Your dogs and swine eat the food of men, and you do not make any restrictive arrangements. There are people dying from famine on the roads, and you do not issue the stores *of your granaries* for them. When people die, you say, "It is not owing to me; it is owing to the year." In what does this differ from stabbing a man and killing him, and then saying—"It was not I; it was the weapon?" Let your Majesty cease to lay the blame on the year, and instantly from all the nation the people will come to you.'

5. Mencius now boldly applies the subject, and presses home his faults upon the king. 食人食, the second 食 is read *tsze*, 4th tone. 檢 =制, 'to regulate.' The phrase 不知檢 is not easy;—the translation given accords with the views of most of the commentators.

5절

狗彘食人食, 而不知檢, 塗有餓莩, 而不知發, 人死, 則曰, 非
我也, 歲也, 是何異於刺人而殺之, 曰, 非我也, 兵也, 王無罪
歲, 斯天下之民至焉.

왕의 개와 돼지가 백성의 양식을 먹는데도 왕께서는 이를 단속하는 조처
를 취하지 않습니다. 길에 기근으로 죽어가는 백성이 있는데도 왕께서는
이들을 위해 [곡식 창고를] 열지 않습니다. 백성이 죽으면 왕께서는 '내
탓이 아니라 흉년 탓이다'라고 말합니다. 이는 사람을 칼로 찔러 죽인 후
'내가 아니라 무기가 그런 것이다'라고 말하는 것과 무엇이 다릅니까? 왕
께서 흉년 탓을 그만하면 즉시 천하의 백성들이 여기로 올 것입니다."

5절 각주

맹자는 이제 주제를 과감하게 적용하여 왕이 잘못을 절실히 느끼게 만든
다. 식인사(食人食)에서 두 번째 '食'는 4성조로 [사]로 발음된다.[7] 검(檢)
은 제(制), '규제하다'와 같다. 부지검(不知檢)은 번역이 쉽지 않아 대다수
주석가의 견해를 따랐다.

---

7) (역주) 食의 경우, '밥'을 뜻하면 '사', 음식을 먹다라는 뜻으로 쓰이면 '식'으로 읽는
다. '食人食'에서의 두 번째 食은 일반적으로 '식'으로 읽는데, 레게는 '사'로 읽을
것을 주장했다.

CHAPTER IV

CH. 4. A CONTINUATION OF THE FORMER CHAPTER, CARRYING ON THE APPEAL, IN THE LAST PARAGRAPH, ON THE CHARACTER OF KING Hûi's OWN GOVERNMENT.

1. King Hûi of Liang said, 'I wish quietly to receive your instructions.'

1. 安, 'quietly,' i. e. sincerely and without constraint. It is said 安對勉强, 看見其出于誠意.

2. Mencius replied, 'Is there any difference between killing a man with a stick and with a sword ?' *The king said*, 'There is no difference!'

3. 'Is there any difference between doing it with a sword and with *the style* of government?' 'There is no difference,' was the reply.

2~3. 有以異乎 =有所以異乎, literally, 'Is there whereby they are different?'

제4장

앞 장에 이어 이 장은 양혜왕의 통치 방식을 비판한다.

1절

梁惠王曰, 寡人願安承敎.

양혜왕이 말했다. "조용히 당신의 가르침을 받고 싶습니다."

1절 각주

안(安), '조용히,' 즉 제약 없이 진심으로라는 뜻이다. '안대면강, 간견기출 우성의'(安對勉强, 看見其出于誠意)라고 말해진다.

2절

孟子對曰, 殺人以梃與刃, 有以異乎. 曰, 無以異也.

맹자가 대답했다. "몽둥이로 사람을 죽이는 것과 칼로 사람을 죽이는 것에 어떤 차이가 있습니까?" [왕이] 말했다. "없습니다."

3절

以刃與政, 有以異乎. 曰, 無以異也.

"칼로 죽이는 것과 통치[유형으로] 죽이는 것에 어떤 차이가 있습니까?" [왕이] 말했다. "없습니다."

2~3절 각주

유이이호(有以異乎)는 유소이이호(有所以異乎)로 문자 그대로, '그들이 다른 점이 있습니까?'라는 뜻이다.

4. *Mencius then* said, 'In your kitchen there is fat meat; in your stables there are fat horses. *But* your people have the look of hunger, and on the wilds there are those who have died of famine. This is leading on beasts to devour men.

4. 野,— outside a town were the 郊(*chiâo*), *suburbs*, but without buildings; outside the *chiâo* were the 牧(*mú*), *pasture-grounds*; and outside the *mú* were the 野(*yê*), *wilds*.

5. 'Beasts devour one another, and men hate them *for doing so*. When *a prince*, being the parent of his people, administers his government so as to be chargeable with leading on beasts to devour men, where is his parental relation to the people?'

5. 且 has the force of 'and yet,' i. e. though they are beasts. So that a 'how much more' is carried on, in effect, to the rest of the paragraph 人 惡之,—惡, 4th tone, the verb. 惡在,—惡, 1st tone, =何. 'Being the parent of the people,' i. e. this is his designation, and what he ought to be.

4절

曰, 庖有肥肉, 廐有肥馬, 民有飢色, 野有餓莩, 此率獸而食人
也.

[맹자가] 말했다. "왕의 부엌에는 살찐 고기가 있고, 마구간에는 살찐 말이
있습니다. [그러나] 왕의 백성들은 배고픈 기색이고, 황야에는 기근으로 죽
어가는 자들이 있습니다. 이는 짐승을 데려다가 사람을 잡아먹게 하는 것
입니다.

4절 각주

야(野)를 살펴보면, 마을 밖에는 교(郊, 근교)가 있지만, 건물이 없다. 교
(郊) 밖에는 목(牧, 목초지)이 있고, 목(牧) 밖에는 야(野, 들판)가 있다.

5절

獸相食, 且人惡之, 爲民父母行政, 不免於率獸而食人, 惡在其
爲民父母也.

짐승은 서로를 잡아먹습니다. 사람들은 [이런 점 때문에] 짐승을 싫어합니
다. 백성의 부모가 되어 나라를 운영하면서 짐승을 끌어들여 백성을 잡아
먹게 한다면 [제후와] 백성이 어떻게 부모 자식의 관계에 있다고 할 수 있
겠습니까?

5절 각주

차(且)는 '그럼에도', 즉 '그들이 짐승임에도'라는 힘(force)을 가진다. 그래
서 '얼마나 더 많이'는 사실상 그 절의 나머지 부분까지 영향을 미친다.
인오지(人惡之)의 오(惡)는 4성조로 동사이다. 오재(惡在)의 오(惡)는 1성조
로 하(何, 어찌)와 같다. '백성의 부모 되는 것' 즉 이것이 바로 군주의 목
표이고 의무이어야 한다.

6. Chung-nî said, "Was he not without posterity who first made wooden images *to bury with the dead?*" *So he said,* because that man made the semblances of men, and used them *for that purpose:*⁻what shall be thought of him who causes his people to die of hunger?'

6. 俑,—in ancient times, bundles of straw were made, to represent men imperfectly, called 芻靈, and carried to the grave, and buried with the dead, as attendants upon them. In middle antiquity, i. e. after the rise of the Châu dynasty, for those bundles of straw, wooden figures of men were used, having springs in them, by which they could move. Hence they were called 俑, as if 俑=踊. By and by, came the practice of burying living persons with the dead, which Confucius thought was an effect of this invention, and therefore he branded the inventor as in the text. 其無後乎. —the 乎 is partly interrogative, and partly an exclamation =*nonne.* 爲, 3rd tone,—*because.* 如之何 is by some taken as ='what would he (viz. Confucius) have thought,' &c.? I prefer taking it as in the translation. The designation of Confucius by *Chung-ni* is to be observed. See Doctrine of the Mean, ii, 1.

6절

仲尼曰, 始作俑者, 其無後乎, 爲其象人而用之也, 如之何其使
斯民飢而死也.

중니께서 '[죽은 자를 매장하기 위해] 처음 목인상을 만든 이는 자손이 없
지 않겠느냐'라고 했습니다. [중니께서 그렇게 말한 것은] 그자가 사람과
유사한 것을 만들어 [그러한 목적으로] 사용했기 때문이었습니다. 하물며
자기 백성을 굶어 죽게 만드는 자를 어떻게 봐야 할까요?"

6절 각주

용(俑)은 고대에 사람의 형상을 나타내기 위해 짚으로 만든 인형으로, 추
령(芻靈)으로 불린다. 이것을 무덤에 넣어 죽은 사람을 시중들게 했다. 중
세 중국 즉 주나라의 건국 후 짚 대신 그 안에 용수철로 움직이는 목인
상을 사용했다. 이 목인상을 용(俑)이라 하는데 용(踊)과 같다. 그런 후 점
차 산 자를 죽은 자와 같이 매장하는 풍습이 나타났다. 공자는 순장 풍습
이 생긴 것은 목인상을 만든 결과라 여겨 처음 목인상을 만든 사람을 맹
비난하였다. 기무후호(其無後乎)의 호(乎)는 의문문이자 감탄문으로 '아니
란 말이냐'이다. 위(爲)는 3성조로 [왜냐하면]을 뜻한다. 혹자는 여지하(如
之何)를 '그 즉 공자는 어떻게 생각했을까?' 등으로 해석한다. 그러나 나의
해석은 번역문과 같다. 『중용』 제2장 1절처럼 공자를 [중니]로 명명하는
것에 주목해야 한다.

CHAPTER V

CH. 5. HOW A RULER MAY BEST TAKE SATISFACTION FOR LOSSES WHICH HE HAS SUSTAINED. THAT BENEVOLENT GOVERNMENT WILL RAISE HIM HIGH ABOVE HIS ENEMIES.

1. King Hûi of Liang said, 'There was not in the nation a stronger State than Tsin, as you, venerable Sir, know. But since it descended to me, on the east we have been defeated by Ch'î, and then my eldest son perished; on the west we have lost seven hundred *lî* of territory to Ch'in; and on the south we have sustained disgrace at the hands of Ch'û. I have brought shame on my departed predecessors, and wish on their account to wipe it away, once for all. What course is to be pursued to accomplish this?'

제5장

통치자가 손실의 지속을 막고 최상의 만족을 얻을 방법이 있다. 그것은 바로 인의 정치를 하는 것이다. 이렇게 하면 적보다 더 높은 곳에 오를 것이다.

1절

梁惠王曰, 晉國天下莫强焉, 叟之所知也, 及寡人之身, 東敗於齊, 長子死焉, 西喪地於秦七百里, 南辱於楚, 寡人恥之, 願比死者一洒之, 如之何則可.

양혜왕이 말했다. "존경하는 선생도 아시다시피, 천하에 진(晉)보다 더 강한 나라도 없었습니다. 그러나 나의 시대에 이르러, 우리는 동쪽으로는 제에 패했고, 그때 나의 장자가 죽었습니다. 우리는 서쪽으로는 진(秦)에게 7백 리의 영토를 빼앗겼습니다. 우리는 남쪽으로는 초(楚)에게 치욕을 당했습니다. 나는 선임자들에게 수치심을 안겨주었기에, 무슨 일이 있어도 그들을 위해 이 수치심을 씻어주고 싶습니다. 어떻게 해야 성공할 수 있을까요?"

1. After the partition of the State of Tsin by the three families of Wei, Châo, and Han (note, chap. i), they were known as the three Tsin, but king Hûi would here seem to appropriate to his own principality the name of the whole State. He does not, however, refer to the strength of Tsin before its partition, but under his two predecessors in the State of Wei. It was in the thirtieth year of his reign, and B. C. 340, that the defeat was received from Ch'î, when his oldest son was taken captive, and afterwards died. That from Ch'in was in the year B. C. 361, when the old capital of the State was taken, and afterwards peace had to be secured by various surrenders of territory. The disgrace from Ch'û was also attended with the loss of territory;—some say seven, some say eight, towns or districts. The nominative to the verbs 敗, 喪, and 辱, does not appear to be 寡人 so much as 晉. 寡人恥之 may be translated —'I am ashamed of these things,' but most commentators make 之 refer to 先人, Hûi's predecessors when Tsin was strong ; as in the translation. The same reference they also give to 死者; as not said generally of 'the dead,' those who had died in the various wars. This view is on the whole preferable to the other, and it gives a better antecedent for the 之, in 洒之. 一, =by one blow, one great movement. 洒=洗. 比, 4th tone, =爲, 'for.'

1절 각주

진(晉)이 위와 조, 한의 세 가문으로 분리된 후(1장을 참고하라) 세 가문은 삼진(三晉)으로 알려져 있었다. 여기서 양혜왕은 그의 나라를 '위'가 아닌 진으로 명명하고 있다. 그러나 그가 가리키는 것은 진나라가 세 가문으로 분리되기 전이 아니라 위나라의 두 선왕이 통치하던 때이다. 제나라에 패한 것은 양혜왕 재임 30년 기원전 340년으로 이때 양혜왕의 장자는 포로로 붙잡혀 사망했다. 진(秦)나라에 패한 것은 기원전 361년으로 이때 위나라는 옛 수도를 빼앗겼다. 그 후 여러 번 진나라에 영토를 내어주며 평화를 구해야 했다. 또한, 초나라에 굴욕을 당하고 영토를 잃었다. 혹자는 이때 일곱의 읍 또는 여덟의 읍(town) 또는 지역(district)을 빼앗겼다고 한다. 동사 패(敗)와 상(喪), 욕(辱)의 주어는 과인(寡人)이라기보다는 진(晉)으로 보인다. 과인치지(寡人恥之)를 '나는 이런 것들을 부끄러워한다'로 번역할 수도 있겠지만 대부분 주석가는 나처럼 지(之)를 선인(先人) 즉 양혜왕 이전의 진(晉)나라가 강했던 시기의 왕들을 가리키는 것으로 해석한다. 또한, 사자(死者)도 선인(先人)을 가리킨다. 전반적인 언급이 없으므로 사자를 여러 전쟁에서 사망한 이들도 해석할 수도 있다. 그러나 '선인'으로 보는 것이 더 적절한 이유는 이렇게 해석해야 세지(洒之)에서 지(之)의 선행사를 잘 설명할 수 있기 때문이다. 일(一)은 '일격으로', '하나의 큰 동작으로'를 의미한다. 세(洒)는 세(洗)와 같다. 4성조의 비(比)는 위(爲)처럼 '위하여'라는 뜻이다.

2. Mencius replied, 'With a territory which is only a hundred *lî* square, it is possible to attain to the royal dignity.

2. See Pt. II. ii. 1; but it seems necessary to take the 方 in this and similar cases as in the translation. There is a pause at 地:—'with territory, which is,' &c. This is the reply to the king's wish for counsel to wipe away his disgraces. He may not only avenge himself on Ch'î, Ch'in, and Ch'û, but he may make himself chief of the whole nation. How, is shown in the next paragraph.

2절

孟子對曰, 地方百里, 而可以王.

맹자가 대답했다. "사방 백리의 영토만 있어도 천하의 왕이 될 수 있습니다.

2절 각주

「양혜왕」 제2편의 제2장 제1절을 보라. 그러나 이 절 뿐만 아니라 유사한 예에서 방(方)을 나처럼 해석할 필요가 있다. 지(地)에 휴지(休止)가 있어, '영토가 있으면 ~이다' 등을 의미한다. 이것은 치욕을 씻게 해줄 조언을 원하는 양혜왕의 바람에 대한 맹자의 대답이다. 이렇게 하면 양혜왕은 직접 제와 진, 초에 복수도 하고 천하의 주인도 될 수 있다. 그 방법은 다음 절에 제시된다.

3. 'If Your Majesty will *indeed* dispense a benevolent government to the people, being sparing in the use of punishments and fines, and making the taxes and levies light, so causing that the fields shall be ploughed deep, and the weeding of them be carefully attended to, and that the strong-bodied, during their days of leisure, shall cultivate their filial piety, fraternal respectfulness, sincerity, and truthfulness, serving thereby, at home, their fathers and elder brothers, and, abroad, their elders and superiors,⎯you will then have a people who can be employed, with sticks which they have prepared, to oppose the strong mail and sharp weapons of the troops of Ch'in and Ch'û.

3. 省刑罰, 薄稅斂 are the two great elements of benevolent government, out of which grow the other things specified. 刑罰 can hardly be separated. The dictionary says that 刑 is the general name of 罰. If we make a distinction, it must be as in the translation ; 罰 is the redemption-fine for certain crimes. So 稅斂 together represent all taxes. Great differences of opinion obtain as to the significance of the individual terms. Some make 稅 to be the proportion of the land-produce paid to the government, and 斂 all other contributions. By some this explanation is just reversed. A third party makes 稅 to be the tax of produce, and 斂 the graduated *collection* thereof. This last view suits the connexion here. 易, read *i*, the 3rd tone, = 治. 壯者, at 30, a man is said to be 壯. Translators have rendered it here by 'the young,' but the meaning is the strong-bodied, ⎯ those who could be employed to take the field against the enemy. 可使 does not appear to be 'you can make or employ,' but to be passive with special reference to the 壯 者 above. 省, read *shǎng*. 撻, ⎯'to strike,' 'to smite,' ⎯here='to oppose.'

3절

王如施仁政於民, 省刑罰, 薄稅斂, 深耕易耨, 壯者以暇日, 修其孝悌忠信, 入以事其父兄, 出以事其長上, 可使制梃, 以撻秦楚之堅甲利兵矣.

왕께서 백성에게 [진정으로] 어진 통치를 베푸시어 형벌(punishment)과 벌금(fine)의 사용을 줄이고 세(tax)와 부가세(levy)를 가벼이 하십시오. 그러면 백성들은 밭을 깊게 갈고 잡초를 세심히 살필 수 있습니다. 몸이 튼튼한 장부는 농한기에 효심과 형제애, 신심, 진심을 수양할 수 있어 집에서는 아버지와 형을 섬기고, 밖에서는 연장자와 현인을 섬깁니다. 그러면 왕께서는 튼튼한 갑옷과 날카로운 무기를 갖춘 진과 초의 군대에 맞서기 위해 자발적으로 몽둥이를 드는 백성을 얻게 될 것입니다.

3절 각주

'생형벌, 박세렴(省刑罰, 薄稅斂)'은 어진 정치의 중요한 두 요인으로 이로부터 다른 세부사항이 생긴다. 형벌(刑罰)은 분리되기 어렵다. 사전에 의하면 형(刑)은 벌(罰)을 포괄하는 글자이다. 두 글자를 구분하고자 한다면 번역과 같다. 벌(罰)은 죄를 지었을 때 벌을 받는 대신 내는 벌금이다. 세렴(稅斂)은 한 단어로 각종 세금의 대표어이다. 각 글자에 대한 견해 차이가 매우 크다. 혹자는 세(稅)를 소출을 기준으로 나라에 내는 비례세로, 렴(斂)은 기타 모든 분담금(contribution)으로 본다. 혹자는 정반대로 설명한다. 제3의 의견은 세(稅)를 농산물에 매기는 세금(tax)으로, 렴(斂)을 그 농산물에 매기는 [누진금, graduated collection]으로 본다. 번역은 이 마지막 의견을 따랐다. 易는 3성조로 [이]로 발음되고 치(治)를 의미한다. 장자(壯者)에서 장(壯)은 서른 살의 남자를 의미한다. 번역가들은 지금까지 이를 '젊은이'로 옮겼지만 사실은 몸이 튼튼한 자를 의미한다. 전쟁이 나면 적에 맞서 이 사람들을 기용할 수 있다. 가사(可使)는 '당신이 시키거나 기용할 수 있다가 아니라 특별히 위의 장자(壯者)를 소극적으로 언급하는 것으로 보인다. 省은 '생'으로 발음된다. 달(撻)은 '치다' '쳐부수다'로, 여기서는 '반대하다'를 의미한다.

4. 'The *rulers of those States* rob their people of their time, so that they cannot plough and weed their fields, in order to support their parents. Their parents suffer from cold and hunger. Brothers, wives, and children are separated and scattered abroad.

4. 彼, 'they' or 'those,' i. e. the rulers of Ch'in and Ch'û. 養, the 4th tone. It is so toned in the case of children supporting their parents, and inferiors their superior. See in Analects, II. vii.

5. 'Those *rulers, as it were*, drive their people into pit-falls, or drown them. Your Majesty will go to punish them. In such a case, who will oppose your Majesty?

5. 夫, the 2nd tone, here=則.

4절

彼奪其民時, 使不得耕耨, 以養其父母, 父母凍餓, 兄弟妻子離
散.

[저들 공국의 통치자들은] 백성들의 시간을 **빼앗았습니다**. 백성들은 밭을
갈고 잡초를 뽑을 시간이 없어 부모를 봉양할 수 없습니다. 부모는 추위
와 배고픔으로 고통받고, 형제와 아내, 그리고 자식은 분리되어 사방으로
흩어집니다.

4절 각주

피(彼)는 '그들' 또는 '그 사람들'로 즉 진나라와 초나라의 통치자들을 말
한다. 양(養)은 4성조로, 자식이 부모를 봉양하고 아랫사람이 윗사람을 봉
양한다는 어조이다. 『논어』 제2권 제7장을 보라.

5절

彼陷溺其民, 王往而征之, 夫誰與王敵.

[말하자면] 저들 [통치자들이] 자기 백성들을 구덩이에 몰아넣거나 물에
빠트려 죽이고 있습니다. 왕께서 가서 그들을 벌할 것입니다. 그런 경우라
면 누가 왕에게 대적하겠습니까?

5절 각주

부(夫)는 2성조로 여기서는 즉(則)과 같다.

6. 'In accordance with this is the saying,—"The benevolent has no enemy." I beg your Majesty not to doubt *what I say*.'

6. 故, not 'therefore'; it may indicate a *deduction* from what precedes, or be simply an illustration of it. 勿疑, 'Do not doubt.' It is strange that Julien, in his generally accurate version, should translate this by '*ne cuncteris*.' Hesitancy would, indeed, be an effect of doubting Mencius's words, not the proverb just quoted, but specially the affirmation in par. 2. But the words may not be so rendered.

6절

故曰, 仁者無敵, 王請勿疑.

여기에 어울리는 '어진 자는 적이 없다'라는 말이 있습니다. 왕께서 [제
말을] 의심하지 마소서."

6절 각주

고(故)는 '그러므로'가 아니다. 선행한 것으로부터의 [추론]을 의미할 수 있
고 또는 단순히 그것의 예시일 수 있다. 물의(勿疑)는 '의심하지 말라'라는
뜻이다. 전반적으로 정확한 해석을 했던 줄리앙[8]이 이것을 [거절하지 마
라]로 번역한 것은 의아스럽다.[9] 왕이 망설이는 것은 맹자가 방금 인용한
격언 때문이 아니라, 맹자의 말, 특히 2절에서의 맹자의 단호한 말을 의심
했기 때문일 것이다. 그러나 다른 해석의 여지도 있다.

---

8) (역주) 줄리앙(Stanislas Aignan Julien, 1797~1873)은 프랑스인으로 40년 이상 파리
   대학에서 중국학 교수로 재직하였고 프랑스 역사에서 학문적으로 가장 존경받는 중국
   학자이다. 줄리앙은 라틴어로 맹자를 번역하였다. 번역서의 제목은 'Meng Tseu vel
   Mencium inter Sinenses philosophos, ingenio, doctrina, nominisque claritate Confuci
   o proximum'이다.

9) (역주) 서양의『맹자』번역은 이탈리아 선교사 마테오리치(Matteo Ricci, 利瑪竇, 15
   52~1610)에서부터 시작된다. 그는 1591년부터 사서를 번역하기 시작해 1594년『중국
   사서』를 완성했으나, 전하지는 않는다. 이를 이어 이탈리아 출신의 미셸 루기리(Mich
   ele Ruggieri, 羅明堅, 1543~1607)가 현존 최초의 서양 번역서인 라틴어『맹자』를
   번역하였으며, 필사본으로만 남고 출간되지는 않았다. 이후 이탈리아의 프로스페로 인
   토르체타(Prospero Intorcetta, 殷鐸澤, 1626~1696)와 포르투갈의 냐티우스 코스타(Ign
   atius Costa, 郭納爵, 1599~1666)가 번역하였으며, 1828년에는 영국의 데이비드(Colli
   e David, 柯大衛)가 최초의 영어『맹자』번역서를 출판했다. 그 뒤를 이어 이 책의
   저자인 제임스 레게(James Legge)가 1861년 번역본을 출간했다. 그 후 1877년에는
   독일의 파베르(Emst Faber, 花之安, 1839~1899)가 독일어 번역본을, 1895년에는 프
   랑스의 로페러(Séraphin Covreau, 顧賽芬, 1839~1899)가 불어와 라틴어로 된 번역본
   을, 1916년에는 빌헬름(Richard Wilhelm, 衛禮賢, 1873~1930)이 번역본을 내어 서
   구에 유가사상과『맹자』사상을 널리 알렸다.

CHAPTER VI

CH. 6. DISAPPOINTMENT OF MENCIUS WITH KING HSIANG. BY WHOM THE TORN NATION MAY BE UNITED UNDER ONE SWAY.

1. Mencius went to see the king Hsiang of Liang.

1. On the death of king Hûi, he was succeeded by his son *Ho* (赫), called here by his honorary epithet, Hsiang, ='The land-enlarger, and virtuous.' The interview here recorded seems to have taken place immediately after Ho's accession, and Mencius, it is said, was so disappointed by it that he soon left the country.

제6장

맹자가 양나라의 양왕에게 실망한다. 흩어진 나라를 하나의 세력으로 통일할 수 있는 자는 누구인가.

1절
孟子見梁襄王.

맹자가 가서 양나라의 양왕을 만났다.

1절 각주
양혜왕이 죽자 그의 아들 혁(赫)이 왕위를 계승했다. 혁은 여기서 영토를 넓힌 덕스러운 자를 의미하는 존칭인 양(襄)으로 불렸다. 여기에 기록된 대담은 혁이 왕위를 계승한 직후에 이루어진 듯하다. 맹자는 양왕에게 크게 실망하여 곧 양나라를 떠났다고 한다.

2. On coming out *from the interview*, he said to some persons, 'When I looked at him from a distance, he did not appear like a sovereign; when I drew near to him, I saw nothing venerable about him. Abruptly he asked me, "How can the kingdom be settled?" I replied, "It will be settled by being united under one *sway*."

2. 語, the 4th tone. The 人 probably refers to some friends of the philosopher, and is not to be taken generally. 卒, read ts'ú. 卒然,一 compare 率爾, Analects, XI. xxiv, 4. On 望之, 就之, compare Analects, XIX. ix. Châo Ch'î makes 定于一 to =ʻIt will be settled by him who makes benevolent government his one object.' But this is surely going beyond the text.

3. "Who can so unite it?"

2절

出語人曰, 望之不似人君, 就之而不見所畏焉, 卒然問曰, 天下惡乎定. 吾對曰, 定于一.

[대답을] 마치고 나온 직후 맹자가 몇몇 사람에게 말했다. "내가 그를 멀리서 보았을 때 그는 군주처럼 보이지 않았다. 가까이 다가갔을 때 그에게서 존경할 만한 어떤 것도 보지 못했다. 그가 나에게 '어떻게 하면 천하가 안정될 수 있겠습니까?'라고 갑자기 물었고 나는 '하나의 [지배력(sway)] 하에 통일됨으로써 안정될 것입니다'라고 대답했다.

2절 각주

어(語)는 4성조이다. 인(人)은 일반인이 아니라 맹자의 몇몇 친구를 가리킬 것이다. 卒은 [졸]로 읽힌다. 졸연(卒然)을 『논어』 제11권 제25장[10] 제4절의 솔이(率爾)와 비교하라. 망지(望之), 취지(就之)는 『논어』 제19권 제9장과 비교하라. 조기는 정우일(定于一)을 '어진 정치를 유일한 목표로 삼는 이가 나라를 안정시킬 것이다'로 해석한다. 그러나 이것은 분명 텍스트에 대한 과도한 해석이다.

3절

孰能一之.

'누가 그렇게 통일할 수 있습니까?'라고 그가 물었다.

---

10) (역주) 레게는 24장으로 오기했다.

4. 'I replied, "He who has no pleasure in killing men can so unite it."

5. "'Who can give it to him?"

5. The 與 is here explained, by Chû Hsî and others, as equivalent to 歸, founding, no doubt, on the 民歸之 in the end. But in Book V, Pt. I. v, we have a plain instance of 與, used in connexion with the bestowment of the throne, as in the translation which I have ventured to give, which seems to me, moreover, to accord equally well, if not better, with the rest of the chapter.

4절

對曰, 不嗜殺人者能一之.

나는 '사람을 죽이는 것을 좋아하지 않는 자가 천하를 통일할 수 있습니다'라고 대답했다.

5절

孰能與之.

'누가 그에게 천하를 줄 수 있습니까?'라고 그가 물었다.

5절 각주

주희 등은 틀림없이 제6절 마지막 부분의 민귀지(民歸之)에 근거해서 여기서 여(與)를 귀(歸)와 같은 의미로 해석한다. 그러나 나의 번역처럼 제5권 제1편 제5장에서 여(與)를 왕위 수여와 관련해서 사용한 명백한 예가 있다. 나의 번역이 완벽한 해석이 아닐 수 있지만, 이 장의 마지막 부분과 잘 어울린다.

6. 'I replied, "All the people of the nation will unanimously give it to him. Does your Majesty understand the way of the growing grain? During the seventh and eighth months, when drought prevails, the plants become dry. Then the clouds collect densely in the heavens, they send down torrents of rain, and the grain erects itself, as if by a shoot. When it does so, who can keep it back? Now among the shepherds of men throughout the nation, there is not one who does not find pleasure in killing men. If there were one who did not find pleasure in killing men, all the people in the nation would look towards him with outstretched necks. Such being indeed the case, the people would flock to him, as water flows downwards with a rush, which no one can repress."'

6. The 7th and 8th months of Châu were the 5th and 6th of the Hsiâ dynasty, with which the months of the present dynasty agree. 今夫一夫, the 1st tone, is used as in the Analects, XI. ix, 3. The 之 at the end is to be referred to 水, the whole, from 由=(猶), being an illustration of the people's turning with resistless energy to a benevolent ruler.

6절

對曰, 天下莫不與也, 王知夫苗乎, 七八月之間, 旱, 則苗槁矣,
天油然作雲, 沛然下雨, 則苗浡然興之矣, 其如是, 孰能禦之,
今夫天下之人牧, 未有不嗜殺人者也, 如有不嗜殺人者, 則天
下之民, 皆引領而望之矣, 誠如是也, 民歸之, 由水之就下, 沛
然孰能禦之.

나는 '천하의 모든 사람이 만장일치로 그에게 줄 수 있습니다. 왕께서는
낟알을 키우는 방식을 알고 있습니까? 7월과 8월에 가뭄이 심하면, 식물
이 마릅니다. 그때 구름이 하늘에 응집하고, 모인 구름은 억수 비가 되어
내립니다. 그러면 낟알은 마치 새싹처럼 스스로 일어섭니다. 낟알이 그렇
게 할 때, 누가 막을 수 있겠습니까? 천하의 인간 양치기들 가운에 사람
죽이는 것을 즐기지 않는 이가 한 명도 없습니다. 사람 죽이는 것을 즐기
지 않는 양치기가 한 명이라도 있다면, 천하의 온 백성이 목을 길게 빼고
그를 바라볼 것입니다. 정말로 그렇습니다. 백성들은 마치 물이 세차게 아
래로 흐르듯이 무리 지어 그에게 몰려갈 것입니다. 누구도 이를 막을 수
없습니다'라고 대답했다."

6절 각주

현 왕조인 청나라처럼 주나라의 7~8월은 하(夏)왕조의 5~6월에 해당한다.
금부(今夫)에서 부(夫)는 1성조로, 『논어』 제11권 제9장 제3절처럼 사용된
다. 마지막의 지(之)는 수(水)를 가리키고 유(由=猶) 이하부터는 백성들이
어진 통치자에게 저항 없이 안기는 것을 비유한 것이다.

CHAPTER VII

CH. 7. LOVING AND PROTECTING THE PEOPLE IS THE CHARACTERISTIC OF ROYAL GOVERNMENT, AND THE SURE PATH TO THE ROYAL DIGNITY.

This long and interesting chapter has been arranged in five parts. In the first part, pars. 1-5, Mencius unfolds the principle of royal government, and tells the king of Ch'i that he possesses it. In the second part, pars. 6-8, he leads the king on to understand his own mind, and apprehend how he might exercise a royal government. In the third, pars. 9-12, he unfolds how the king may and ought to carry out the kindly heart which he possessed. In the fourth part, pars. 13-17, he shows the absurdity of the king's expecting to gain his end by the course he was pursuing, and how rapid would be the response to an opposite one. In the last part, he shows the government that loves and protects the people in full development, and crowned with royal sway.

제7장

백성을 사랑하고 보호하는 것이야말로 왕도정치의 특징이자 천하의 왕이 되는 확실한 방법이다.

이 장은 길지만 재미있다. 이 장은 다섯 부분으로 나뉜다. 첫 번째 부분은 1~5절로, 맹자는 왕도정치의 원리를 전개하고, 제나라의 왕이 이것을 지니고 있음을 말한다. 두 번째 부분은 6~8절로, 맹자는 왕이 자기의 마음을 이해하고 왕도정치의 실행 방법을 이해하도록 이끈다. 세 번째는 9~12절로, 맹자는 왕에게 어진 마음의 실행 방법과 실행 이유를 설명한다. 네 번째는 13~17절로, 왕이 자기의 방식으로 왕도정치를 달성할 수 있다고 생각하자 맹자는 그의 어리석음을 보여주고 왕과 상반되는 방식이 왕도정치의 빠른 결과를 얻는 방식임을 보여준다. 마지막 부분에서, 맹자는 백성을 사랑하고 보호하는 왕도정치의 완성을 보여준다.

1. The king Hsüan of Ch'î asked, saying, 'May I be informed by you of the transactions of Hwan of Ch'î, and Wan of Tsin?'

1. King Hsüan('The Distinguished,' 聖善周聞曰宣), the second of his family, who governed in Ch'î, by surname T'ien (田), and named P'i-chiang (辟疆), began his reign, B. C. 332. By some the date of this event is placed 9 years earlier. The time of Mencius's visit to him is also matter of dispute;—see 'Life of Mencius,' in the Prolegomena. The ruler of Ch'î was properly only a duke (公 in posthumous title), or a marquis (while alive, 侯); the title of *king* was a usurpation. Hwan and Wăn, see Analects, XIV. xvi. They were the greatest of the five leaders of the princes, who played so conspicuous a part in the middle time of the Châu dynasty, but to whom Confucius and Mencius so positively refused their approval.

1절

齊宣王問曰, 齊桓晉文之事, 可得聞乎.

제나라의 선왕이 물었다. "제나라의 환공과 진나라의 문공의 거래에 대해 아는 바가 있습니까?"

1절 각주

선(뛰어난 자, 성선주문왈선[聖善周聞曰宣])왕은 '성이 규(嬀)이고,' 성씨가 전(田)이며, 이름은 벽강(辟疆)이다. 제나라의 위왕(威王)의 둘째 아들로 기원전 332년부터 제나라를 다스렸다. 혹자는 그의 등극을 이보다 9년 앞선 것으로 본다. 맹자가 그를 방문한 시기 또한 논란이 있다. 이는 서문(Prolegomena)에서 맹자의 생애를 보라. 제나라의 왕은 원래대로라면 공작(사후에는 공(公)으로 불림) 또는 후작(생전에는 후(侯)로 불림)에 불과하지만 [왕]을 참칭하였다. 환공과 문공은 『논어』 제14권 제26장을 보라. 두 사람은 오패에서 가장 막강한 세력을 가진 제후로 주나라 왕조의 중반기에 매우 두드러진 역할을 했다. 그러나 공자와 맹자는 아주 단호하게 환공과 문공을 인정하기를 거부했다.

2. Mencius replied, 'There were none of the disciples of Chung-nî who spoke about the affairs of Hwan and Wân, and therefore they have not been transmitted to these after-ages;—your servant has not heard them. If you will have me speak, let it be about royal government.'

2. 道 is a verb, ='to speak of,' in which sense it had formerly a tone different from its usage as a noun. 無以, 則王乎,—以 is taken by Chû Hsî as=已, which it is as well to acquiesce in. See Châo Ch'î's commentary for the all but impossibility of making any sense of the passage in any other way. 王, the 4th tone, and so generally throughout the chapter. As the royal title, it is in the 2nd tone, the simple name of dignity; as implying the attainment or exercise of that dignity, it is the 4th tone. By translating it by 'royal government,' 'royal sway,' we come nearer to giving Mencius's meaning than if we were to use any other term.

2절

孟子對曰, 仲尼之徒, 無道桓文之事者, 是以後世無傳焉, 臣未之聞也, 無以, 則王乎.

맹자가 대답했다. "중니의 제자 가운데 누구도 환공과 문공을 언급하지 않아 그 일은 후세대에 전해지지 않았습니다. 저도 듣지 못했습니다. 저에게 굳이 말하라 하신다면, 왕도정치에 대해 말해보겠습니다."

2절 각주

도(道)는 동사로 '~에 대해 말하다'라는 의미이다. 예전에는 이 의미의 '도'는 명사로 쓰이는 '도'와 성조가 달랐다. 주희는 '무이, 즉왕호'(無以, 則王乎)에서의 이(以)를 이(己)로 보는데 그의 해석이 맞다. 조기는 이 절을 다른 방식으로 해석하는 것이 불가능하다고 말한다. 조기의 주석을 참고하라. 이 절의 왕(王)은 4성조이다. 7장의 '王'은 전반적으로 4성조로 읽힌다. '왕'이 2성조이면 왕의 칭호를 나타내고 단순히 왕의 지위를 가리킨다. 천하의 왕이 되거나 왕권의 행사를 암시할 때 '왕'은 3성조이다. 왕(王)을 '왕도정치' 즉 '왕도통치'로 번역할 때 다른 어떤 용어보다 맹자의 의도에 가깝다.

3. The king said, 'What virtue must there be in order to attain to royal sway?' Mencius answered, 'The love and protection of the people; with this there is no power which can prevent a ruler from attaining to it.'

3. Here the nominatives of 'king' and 'Mencius' are dropped before 曰, as frequently afterwards. The 曰 just serves the purpose of our points of quotation. 保, 'to preserve,' 'to protect.' I translate it, according to Chû Hsî's account, as =愛護. A pause is to be made at 民, and 而王 joined to the remainder of the sentence.

3절

曰, 德何如, 則可以王矣. 曰, 保民, 而王莫之能禦也.

왕이 말했다. "어떤 덕이 있어야 왕도정치를 할 수 있습니까?" 맹자가 대답했다. "백성을 사랑하고 보호하는 것, 이것을 하면, 어떤 세력도 통치자가 왕도정치를 구현하는 것을 막지 못합니다."

3절 각주

주격 '왕'과 '맹자'는 뒤에서도 빈번히 그러하듯이 왈(曰) 앞에서 생략된다. 왈(曰)은 인용을 표지한다. 보(保)는 '보존하다' '보호하다'의 의미이다. 나는 주희의 설명에 따라 보(保)를 애호(愛護)로 번역한다. 민(民)에서 끊어야 하고, 이왕(而王)은 문장의 나머지 부분과 결합해야 한다.

4. *The king* asked again, 'Is such an one as I competent to love and protect the people?' *Mencius* said, 'Yes.' 'How do you know that I am competent for that?' 'I heard the following incident from Hû Ho:—"The king," said he, "was sitting aloft in the hall, when a man appeared, leading an ox past the lower part of it. The king saw him, and asked, Where is the ox going? The man replied, We are going to consecrate a bell with its blood. The king said, Let it go. I cannot bear its frightened appearance, as if it were an innocent person going to the place of death. The man answered, Shall we then omit the consecration of the bell? *The king* said, How can that be omitted? Change it for a sheep." I do not know whether this incident really occurred.'

4. The hall, or *t'ang*, here mentioned, was probably that where the king was giving audience, and attending to the affairs of government. 牛何之, —the 之 is the verb, =往. 舍,—also a verb, in 3rd tone. 諸~之, and at the same time with an indirect interrogative force. Chû Hsî explains 釁 鐘 from the meaning of 釁 as 'a crack,' 'a crevice,' saying:—'After the casting of a bell, they killed an animal, took its blood, and smeared over the crevices.' But the first meaning of 釁 is—'a sacrifice by blood,' and anciently 'almost all things,' connected with their religious worship, were among the Chinese purified with blood;—their temples, and the vessels in them. See the Lì Chî, Bk. XXII. The reference here is to the religious rite. The only thing is that, in using an *ox* to consecrate his bell, the prince of Ch'î was usurping an royal privilege.

4절

曰, 若寡人者, 可以保民乎哉. 曰, 可. 曰, 何由知吾可也. 曰,
臣聞之胡齕曰, 王坐於堂上, 有牽牛而過堂下者, 王見之, 曰, 牛
何之. 對曰, 將以釁鐘. 王曰, 舍之, 吾不忍其觳觫, 若無罪而就
死地. 對曰, 然則廢釁鐘與. 曰, 何可廢也, 以羊易之. 不識有諸.

[왕이] 다시 물었다. "나와 같은 사람이 백성을 사랑하고 보호할 수 있을까요?"
[맹자가] 대답했다. "있습니다." "내가 그렇게 할 수 있다는 것을 당신이 어떻게
아나요?" [맹자가] 대답했다. "나는 호흘에게서 다음의 사건에 대해 들었습니다.
'왕께서 전당 위에 앉아 있었는데, 어떤 사람이 소를 끌고 전당 아래를 지나고
있었다. 왕께서 그에게 '소를 끌고 어디로 가느냐?'라고 물으니, 그가 '우리는
이 소의 피로 흔종 즉 종을 신성하게 하고자 합니다'라고 대답했습니다. 그러자
왕께서 '풀어주어라. 소가 벌벌 떠는 모습을 차마 볼 수가 없구나. 마치 죄 없
는 자가 사지로 가는 것 같구나'라고 말했습니다. 그 사람이 '흔종을 생략할까
요?'라고 물으니 [왕께서] '어찌 생략할 수 있겠느냐? 소를 양으로 바꾸어라'라
고 하셨다고 합니다. 나는 이 사건이 실제 일어났는지는 잘 모르겠습니다."

4절 각주

여기서 언급된 홀(hall), 즉 [당, 堂]은 아마도 왕이 알현을 하고 조정을 살피는 곳
이었을 것이다. 우하지(牛何之)에서 지(之)는 동사로 왕(往) 즉 '가다'를 뜻한다. 사
(舍)도 동사로 3성조이다. '저~지(諸~之)'는 동시에 간접의문의 힘을 가진다.[11]
주희는 '그들은 종을 주조한 후에, 동물을 죽이고 피를 취하여 틈 위에 발랐다'라
고 말하면서, '균열' '틈으로서의 흔(釁)의 의미로부터 흔종(釁鐘)을 설명한다. 그
러나 흔(釁)의 첫 번째 의미는 '피에 의한 희생'이고 고대에 중국인들은 사원 그
리고 사원 내의 용기, 종교 의식과 관련된 '거의 모든 것'을 피로 정화하였다. 『예
기』 「제통(祭統)」[12]을 보라. 이 절은 종교의식과 관련 있다. 주목할 점은 '격이

---

11) (역주) 4절 본문은 저(諸)로만 끝나고 5절 본문은 유지(有之)로 시작한다. 4절 각주
   의 '諸~之'는 레게가 4절과 5절을 포함해서 설명한 것이다.

12) (역주) 레게는 『예기』 제22권(Li Chi, Bk. XXII)을 보라고 했으나 제22권은 「상대기
   (喪大記)」로 해당 내용이 없다. 레게는 제25권 「제통(祭統)」을 제22권으로 오기한
   것 같다.

낮은 제나라의 제후가 종을 신성하게 하기 위해 '소'를 사용함으로써 천자만의 '제사' 특권을 찬탈하고 있었다는 점이다.

******

5. *The king* replied, 'It did,' and *then Mencius* said, 'The heart seen in this is sufficient to carry you to the royal sway. The people all supposed that your Majesty grudged *the animal*, but your servant knows surely, that it was your Majesty's not being able to bear *the sight, which made you do as you did*.'

5. 愛 may be taken as the finite verb, ='you loved, i.e. grudged the animal,' or as ='to be niggardly,'—'you were parsimonious.'

5절

曰, 有之. 曰, 是心足以王矣, 百姓皆以王爲愛也, 臣固知王之
不忍也.

[왕이] 대답했다. "그런 일이 있었습니다." [맹자가] 말했다. "여기에서 보
이는 마음이면 왕께서는 왕도정치를 구현할 수 있습니다. 백성들은 모두
왕께서 동물을 아까워했다고 생각했지만, 저는 왕께서 [그 모습을] 차마
볼 수 없어 [그렇게 하셨다]는 것을 분명히 압니다."

5절 각주

애(愛)는 '너는 사랑했다, 즉 너는 그 동물을 아까워했다'처럼 정형 동사로
볼 수 있다. 또는 '인색한', '너는 인색했다'로도 볼 수 있다.

6. *The king* said, 'You are right. And yet there really was an appearance of what the people condemned. But though Chî be a small and narrow State, how should I grudge one ox? Indeed it was because I could not bear its frightened appearance, as if it were an innocent person going to the place of death, that therefore I changed it for a sheep.'

6. It is better to make a pause after 然, and give the meaning as in the translation. Châo Ch'î runs it on to the next clause. 誠有百姓者 is elliptical, and the particle 者 denotes this, requiring the supplement which 1 have given. 卽 acknowledges the truth of Mencius's explanation.

6절

王曰, 然, 誠有百姓者, 齊國雖褊小, 吾何愛一牛, 卽不忍其觳觫, 若無罪而就死地, 故以羊易之也.

[왕이] 말했다. "선생의 말이 맞습니다. 그럼에도 비난하는 백성이 정말 있는 것 같았습니다. 제나라가 작고 좁다지만 내가 어찌 소 한 마리를 아까워하겠습니까? 소가 두려워하는 모습이 마치 죄 없는 자가 사지로 가는 것 같아 차마 볼 수 없었기에 소를 양으로 바꾸라고 했던 것입니다."

6절 각주

번역처럼 연(然)의 뒤를 끊어서 해석하는 것이 좋다. 조기는 '然'을 다음 구절과 이어서 함께 해석한다. 성유백성자(誠有百姓者)에서 단어가 생략되어 있고, 어조사 자(者)가 이것을 표시하기 때문에 나처럼 의미를 보충해서 번역할 필요가 있다. 즉(卽)은 맹자의 말이 사실임을 인정한다.

7. *Mencius* pursued, 'Let not your Majesty deem it strange that the people should think you were grudging *the animal*. When you changed a large one for a small, how should they know *the true reason*? If you felt pained by its being led without guilt to the place of death, what was there to choose between an ox and a sheep?' The king laughed and said, 'What really was my mind in the matter? I did not grudge the expense of it, and changed it for a sheep!—There was reason in the people's saying that I grudged it.'

7. 隱=痛. 是誠何心哉 expresses the king's quandary. He is now quite perplexed by the way in which Mencius has put the case.

7절

曰, 王無異於百姓之以王爲愛也, 以小易大, 彼惡知之, 王若隱 其無罪而就死地, 則牛羊何擇焉. 王笑曰, 是誠何心哉, 我非愛 其財, 而易之以羊也, 宜乎百姓之謂我愛也.

[맹자가] 계속해서 말했다. "백성들이 왕께서 [그 동물을] 아까워한다고 생 각하는 것을 이상하게 여기지 마십시오. 왕께서 큰 것을 작은 것으로 바 꾸었을 때 그들이 [그 진정한 이유를] 어떻게 알겠습니까? 왕께서 그 동물 이 죄 없이 사지에 끌려가는 것을 보고 고통을 느꼈다면, 소와 양을 선택 할 때 거기에 무엇이 있었습니까?" 왕이 웃으며 말했다. "이 일에서 나의 마음은 진정 무엇이었나요? 양으로 바꾼 것은 소가 아까워서가 아니었는 데 내가 소가 아까워서 그렇게 했다고 백성이 생각했을 수도 있었겠네요"

7절 각주

은(隱)은 통(痛)이다. 시성하지재(是誠何心哉)는 왕의 곤경을 표현한다. 왕 은 이제 맹자가 그 사건을 해석하는 방식에 꽤 당황해한다.

8. 'There is no harm *in their saying so*,' said *Mencius*. 'Your conduct was an artifice of benevolence. You saw the ox, and had not seen the sheep. So is the superior man affected towards animals, that, having seen them alive, he cannot bear to see them die; having heard their dying cries, he cannot bear to eat their flesh. Therefore he keeps away from his slaughter-house and cook-room.'

8. 仁術,―compare Analects, VI. xxviii. 3, 仁之方. We must take the two words 庖廚 together as indicating the kitchen, where the victims were both killed and cooked.

8절

曰, 無傷也, 是乃仁術也, 見牛, 未見羊也, 君子之於禽獸也,
見其生, 不忍見其死, 聞其聲, 不忍食其肉, 是以君子遠庖廚也.

"[그들이 그렇게 말해도] 나쁠 것은 없습니다." [맹자가] 말했다. "왕의 행동이 인의 구현 방식이었습니다. 왕께서는 소를 보았지만, 양을 보지 못했습니다. 군자도 동물에게 영향을 받습니다. 군자는 동물이 살아 있는 것을 본 후 차마 죽어가는 것을 볼 수 없고, 울부짖으며 죽어가는 것을 들은 후 차마 그 고기를 먹을 수 없습니다. 그래서 군자는 포주 즉 도살장-주방을 멀리합니다."

8절 각주

인술(仁術)은 『논어』 제6권 제28장 제3절의 인지방(仁之方)과 비교해 보라. 포주(庖廚)는 제물을 죽이고 요리하는 일을 모두 하는 부엌을 의미한다.

9. The king was pleased, and said, 'It is said in the Book of Poetry, "The minds of others, I am able by reflection to measure;"—this is verified, my Master, in your discovery of my motive. I indeed did the thing, but when I turned my thoughts inward, and examined into it, I could not discover my own mind. When you, Master, spoke those words, the movements of compassion began to work in my mind. How is it that this heart has in it what is equal to the royal sway?'

9. 說=悅. For the ode, see the Book of Poetry, II, v, Ode IV, st. 4, where the 他人 has a special reference. 夫子之謂也,—literally, '(This was) a speaking about you, my master.'

9절

王說曰, 詩云, 他人有心, 予忖度之, 夫子之謂也, 夫我乃行之, 反而求之, 不得吾心, 夫子言之, 於我心有戚戚焉, 此心之所以 合於王者何也.

왕이 기뻐하며 말했다. "『시경』에 '타인의 마음을, 나는 성찰하여 가늠할 수 있다'라고 했습니다. 선생이 내 마음의 동기를 발견함으로써 이 말을 입증했습니다. 내가 그렇게 한 것은 맞지만, 내 마음을 들여다보고 그 마음을 살펴보았지만, 나의 마음을 알 수 없었습니다. 선생이 이런 말을 하니, 연민이 내 마음에서 움직이기 시작했습니다. 이 마음 안에 있는 것이 왕도정치와 동일한 것인지 어떻게 알 수 있습니까?"

9절 각주

열(說)은 열(悅)이다. 인용된 시는 『시경』「소아(小雅)·소민지십(小旻之什)·교언(巧言)」4연을 참고하라. 이 시에서 타인(他人)은 특별한 인물을 지시한다. 부자지위아(夫子之謂也)는 문자 그대로는 '선생, (이것은) 당신을 말하는 것이었다.'라는 뜻이다.

10. *Mencius* replied, 'Suppose a man were to make this statement to your Majesty:—"My strength is sufficient to lift three thousand catties, but it is not sufficient to lift one feather;—my eyesight is sharp enough to examine the point of an autumn hair, but I do not see a waggon-load of faggots;"—would your Majesty allow what he said?' 'No,' *was the answer, on which Mencius proceeded,* 'Now here is kindness sufficient to reach to animals, and no benefits are extended from it to the people.—How is this? Is an exception to be made here? The truth is, the feather is not lifted, because strength is not used; the waggon-load of firewood is not seen, because the eyesight is not used; and the people are not loved and protected, because kindness is not employed. Therefore your Majesty's not exercising the royal sway, is because you do not do it, not because you are not able to do it.'

10. 復, read *fù*, the 4th tone, often meaning to report the execution of a mission, as in the phrase-復命. Here it is ='to inform.' 獨可與,—in order to bring out the force of the 獨, 'only,' it is necessary to make two sentences of this in English. 不爲也, it is said, =不肯爲, 'not willing to do it,' but it is better to add nothing to the simple text. We have here, indeed, the famous distinction of 'moral' and 'physical' ability.

10절

曰, 有復於王者曰, 吾力足以擧百鈞, 而不足以擧一羽, 明足以
察秋毫之末, 而不見輿薪, 則王許之乎. 曰, 否. 今恩足以及禽
獸, 而功不至於百姓者, 獨何與, 然則一羽之不擧, 爲不用力焉,
輿薪之不見, 爲不用明焉. 百姓之不見保, 爲不用恩焉, 故王之
不王, 不爲也, 非不能也.

[맹자가] 대답했다. "가령 어떤 사람이 왕에게 이런 진술을 한다고 가정해
봅시다. '저의 힘은 3천 근을 충분히 들 수 있지만, 깃털 하나를 들기에는
부족합니다. 저의 시력은 추호의 점을 살필 만큼 충분히 예리하지만, 수레
에 실린 나뭇단을 보지 않습니다.' 그러면 왕께서는 그의 말을 받아들이겠
습니까?" "아니오"[라고 말하자, 이에 맹자가 말했다.] "지금 여기에는 친
절한 마음이 동물에게 미칠 만큼 충분하지만, 그 친절의 혜택이 동물에게
서 백성으로 확대되지 않습니다. 어째서입니까? 이것은 예외로 둬야 합니
까? 진리는, 깃털이 들리지 않는 것은 힘을 사용하지 않기 때문입니다. 수
레에 실린 나뭇단이 보이지 않는 것은 시력을 사용하지 않기 때문입니다.
백성들이 사랑받지 못하고 보호받지 못하는 것은 은덕을 베풀지 않기 때
문입니다. 왕께서 왕도를 펼치지 않는 것은 하지 않기 때문이지, 할 수 없
기 때문이 아닙니다."

10절 각주

復은 4성조로, [복]으로 읽히고, 때로 복명(復命)에서처럼 임무의 집행을 보
고하는 것을 의미한다. 여기서는 '알리다'의 의미이다. 독(獨)에서 유일하게
(the only)의 힘을 끌어내기 위해서 이 부분을 두 개의 영어 문장으로 만들
어야 했다. 불위야(不爲也)는 '하려고 하지 않는'을 뜻하는 불긍위(不肯爲)
라고도 하지만, 텍스트에 아무것도 추가하지 않는 것이 더 좋다. 우리는
여기서 그 유명한 '도덕적' 능력과 '신체적' 능력의 구분을 보게 된다.

11. *The king* asked, 'How may the difference between the not doing a thing, and the not being able to do it, be represented?' *Mencius* replied,'In such a thing as taking the T'âi mountain under your arm, and leaping over the north sea with it, if you say to people—"I am not able to do it," that is a real case of not being able. In such a matter as breaking off a branch from a tree at the order of a superior, if you say to people—"I am not able to do it," that is a case of not doing it, it is not a case of not being able to do it. Therefore your Majesty's not exercising the royal sway, is not such a case as that of taking the T'âi mountain under your arm, and leaping over the north sea with it. Your Majesty's not exercising the royal sway is a case like that of breaking off a branch from a tree.

11. 形,—'the form,' 'or figure:'—literally, 'How may the figure . . . be differenced?' 語人,—語, in 4th tone, = 告.

11절

曰, 不爲者, 與不能者之形, 何以異. 曰, 挾太山以超北海, 語
人曰, 我不能, 是誠不能也, 爲長者折枝, 語人曰, 我不能, 是
不爲也, 非不能也, 故王之不王, 非挾太山以超北海之類也, 王
之不王, 是折枝之類也.

[왕이] 물었다. "어떤 것을 하지 않는 것과 할 수 없는 것의 차이를 어떻
게 표현할 수 있습니까?" [맹자가] 대답했다. "태산을 팔에 끼고 북해를
뛰어넘는 것과 같은 일에서, 왕께서 백성들에게 '나는 그것을 할 수 없다'
라고 말한다면 그것은 할 수 없는 것의 실제 예입니다. 윗사람의 명으로
나뭇가지를 꺾는 것과 같은 일에서, '나는 할 수 없다'라고 한다면 그것은
하지 않는 것의 예이지 할 수 없는 것의 예가 아닙니다. 왕께서 왕도를
행하지 않는 것은 태산을 팔에 끼고 북해를 뛰어넘는 그런 일이 아닙니다.
왕께서 왕도를 행하지 않는 것은 나뭇가지를 꺾는 그런 일과 같습니다.

11절 각주

형(形)은 '형태' 혹은 '형상'으로 직역하면 '형상이 어떻게······다를 수 있겠
습니까?'이다. 어인(語人)에서 어(語)는 4성조로, 고(告)와 같은 의미이다.

12. 'Treat with the reverence due to age the elders in your own family, so that the elders in the families of others shall be similarly treated; treat with the kindness due to youth the young in your own family, so that the young in the families of others shall be similarly treated:—do this, and the kingdom may be made to go round in your palm. It is said in the Book of Poetry, "His example affected his wife. It reached to his brothers, and his family of the State was governed by it."—The language shows how *king Wăn* simply took his *kindly* heart, and exercised it towards those parties. Therefore the carrying out his kindness of heart *by a prince* will suffice for the love and protection of all within the four seas, and if he do not carry it out, he will not be able to protect his wife and children. The way in which the ancients came greatly to surpass other men, was no other but this:—simply that they knew well how to carry out, so as to affect others, what they themselves did. Now your kindness is sufficient to reach to animals, and no benefits are extended from it to reach the people.—How is this? Is an exception to be made here?

12절

老吾老, 以及人之老, 幼吾幼, 以及人之幼, 天下可運於掌, 詩
云, 刑于寡妻, 至于兄弟, 以御于家邦, 言擧斯心加諸彼而已,
故推恩, 足以保四海, 不推恩, 無以保妻子, 古之人, 所以大過
人者, 無他焉, 善推其所爲而已矣, 今恩足以及禽獸, 而功不至
於百姓者獨何與.

집에서 나이를 존중하여 노인을 공경하십시오. 그러면 다른 집의 노인도
유사한 대접을 받을 것입니다. 집에서 아이를 그 어림을 생각하여 친절하
게 대하십시오. 그러면 다른 집의 아이도 유사한 대접을 받을 것입니다.
이렇게 하면 나라가 당신의 손바닥에서 움직이게 될 것입니다. 『시경』에
이르길, '그의 예가 아내에게 영향을 미쳤다. 그 예는 형제들에게 미쳤고
공국을 다스리는 그의 가문은 이 예로 다스려졌다.'라고 했습니다. 이 시
는 [문왕이] 그저 [친절한] 마음을 내었을 뿐인데 그 마음이 사람들에게
영향을 미치는 방식을 잘 보여줍니다. 그래서 [제후의] 친절한 마음의 구
현이 사해의 모든 이를 사랑하고 보호하기에 충분합니다. 행하지 않는다면
아내와 자식을 보호할 수 없을 것입니다. 옛사람들이 누구보다 훌륭했던
것은 다름 아닌 바로 이것 때문이었습니다. 즉 그들은 자신의 행위가 어
떻게 해야 다른 사람에게 영향을 줄 수 있는지를 잘 알았습니다. 이제 왕
의 은혜는 동물에게 이를 만큼 충분하지만, 백성에게 확장되지 않아 그들
에게 어떠한 혜택도 주지 않습니다. 그것은 어째서입니까? 여기에 예외를
둬야 합니까?

12. Châo Ch'î makes the opening here =' Treat as their age requires your own old (English idiom seems to require the 2nd person), and treat the old of others in the same way,' but there seems to be a kind of *constructio pregnans*, conveying all that appears in the translation. 天下可運於掌 is made by most commentators to mean—'you may pervade the kingdom with your kindness so easily.' But I must believe that it is the *effect,* and not the *means*, which is thus represented. For the ode, see the Shih-ching, III. I. Ode VI st. 2. The original celebrates the virtue of king Wǎn, and we must translate in the third person, and not in the first.' 御=迓, but the meaning is disputed. Here Chû Hsî explains it by 治. The philosopher now introduces a new element into his discourse. It is no longer the 不忍之心, 'the heart that cannot bear,' i. e. the humane heart, which is necessary to raise to the royal sway, but it is 推此心, 'the *carrying out* of this heart.' All may have the heart, but all may not be gifted, so to carry it out that it shall affect all others. We cannot wonder that the princes whom Mencius lectured should have thought his talk 迂闊, *transcendental.*

12절 각주

조기는 첫 부분을 다음과 같이 해석한다. '그들의 나이가 요구하는 대로 당신 자신의 노인을 대우하라(영어 관용어는 2인칭을 요구하는 듯하다). 그리고 다른 노인들도 같은 방식으로 대우하라.' 그러나 번역으로는 [함축된 의미]가 충분히 드러나지 않는 것 같다. 천하가운어장(天下可運於掌)에 대해 대부분의 주석가들은 '당신은 왕국을 은혜로 가득 채울 수 있다'라고 해석한다. 그러나 나는 이것이 나타내고자 하는 것이 [수단]이 아니라 [결과]라고 확신한다. 이 시는 『시경』「대아(大雅)·문왕지십(文王之什)·사제(思齊)」 2연을 참고하라. 『시경』은 문왕의 덕을 기리기 때문에 우리는 1인칭이 아닌 3인칭으로 번역해야 한다. 어(御)는 아(迓)이지만 그 의미는 논란의 여지가 있다. 주희는 어(御)를 치(治)로 설명한다. 맹자는 이제 담론에 새로운 요소를 도입한다. 왕도에 도달하는 데 필요한 것은 불인지심(不忍之心, '참을 수 없는 마음') 즉 인간적인 마음이 아니라, 추차심(推此心, '이 마음을 [실행하는 것]')임을 보여준다. 누구나 마음을 가질 수는 있지만, 모두가 재능이 있는 것도 아니고, 마음을 행동으로 옮겨 다른 모든 사람에게 영향을 줄 수 있는 것도 아니다. 맹자의 가르침을 받은 군주는 그와의 대화가 우활(迂闊) 즉 [초월적]이라 생각했을 것으로 추정된다.

13. 'By weighing, we know what things are light, and what heavy. By measuring, we know what things are long, and what short. The relations of all things may be thus determined, and it is of the greatest importance to estimate *the motions of* the mind. I beg your Majesty to measure it.

13. The first 度 is 4th tone, *tû*, 'a measure,' the instrument for measuring. But both it and 權 are equivalent to active verbs. 心爲甚 means, that the mind, as affected from without, and going forth to affect, may be light or heavy, long or short, i. e. may be right or wrong, and that in different degrees;─and that it is more important to estimate the character of its action, than to weigh or measure other things.

13절

權, 然後知輕重, 度, 然後知長短, 物皆然, 心爲甚, 王請度之.

무게를 달면 어떤 것이 가볍고 어떤 것이 무거운지 압니다. 재어보면 어떤 것이 길고 어떤 것이 짧은지 압니다. 모든 것의 관계는 이렇게 결정되는데, 가장 중요한 것은 마음의 [움직임을] 가늠하는 것입니다. 왕께서는 재어보소서!

13절 각주

첫 번째 度는 4성조로 [도]로 읽히며 측정 도구인 '자'이다. 그러나 도(度)와 권(權)은 모두 능동사의 역할을 하고 있다. 심위심(心爲甚)이란 마음이란 외부의 영향을 받고 또 계속해서 외부에 영향을 주는 것처럼 가벼울 수도 무거울 수도, 길 수도 짧을 수도 있는 것이다. 즉 옳을 수도 그릇될 수도 있고 그 정도가 다를 수 있다는 의미로, 다른 것의 무게를 달아보거나 측정하는 것보다 마음이 작동하는 특징을 가늠하는 것이 더 중요하다는 의미이다.

14. 'You collect your equipments of war, endanger your soldiers and officers, and excite the resentment of the other princes;—do these things cause you pleasure in your mind?'

14. Here Mencius helps the king to measure his mind. 抑,—about the same as our 'come now,' or 'well then.' Further on, its equally accepted meaning of 'or' suits the connexion better.

15. The king replied, 'No. How should I derive pleasure from these things? My object in them is to seek for what I greatly desire.'

14절

抑王興甲兵, 危士臣, 構怨於諸侯, 然後快於心與.

왕께서는 전쟁 장비를 모으고, 군사와 신하들을 위태롭게 하고, 다른 제후들을 자극하여 분노하게 합니다. 이런 것들이 왕의 마음을 기쁘게 합니까?"

14절 각주

여기서 맹자는 왕이 자신의 마음을 가늠해보도록 돕는다. 억(抑)은 영어의 '정말요(come now),' 또는 '자 그리고(well then)'와 매우 유사하다. 이에 더하여, 억(抑)은 '또는(or)'의 의미도 있는데 이 문장에서 이 연결 의미가 더 잘 어울릴 수도 있다.

15절

王曰, 否, 吾何快於是, 將以求吾所大欲也.

왕이 대답했다. "아닙니다. 어찌 내가 이런 것에서 기쁨을 얻을 수 있겠습니까? 내가 그렇게 하는 목적은 크게 원하는 것을 구하기 위해서입니다."

16. *Mencius* said, 'May I hear from you what it is that you greatly desire?' The king laughed and did not speak. *Mencius* resumed, '*Are you led to desire it*, because you have not enough of rich and sweet food for your mouth? Or because you have not enough of light and warm *clothing* for your body? Or because you have not enough of beautifully coloured objects to delight your eyes? Or because you have not voices and tones enough to please your ears? Or because you have not enough of attendants and favourites to stand before you and receive your orders? Your Majesty's various officers are sufficient to supply you with those things. How can your Majesty be led to entertain such a desire on account of them?' 'No,' said *the king*; 'my desire is not on account of them.' *Mencius* added, 'Then, what your Majesty greatly desires may be known. You wish to enlarge your territories, to have Ch'in and Ch'û wait at your court, to rule the Middle Kingdom, and to attract to you the barbarous tribes that surround it. But doing what you do to seek for what you desire is like climbing a tree to seek for fish.'

16. The 與 are all interrogative, in the 2nd tone, and the 爲 are all in the 4th tone. 便, read *p'ien*, the 2nd tone, joined with the next character. 可知已,一已 gives a positiveness to the assertion. 辟, read as, and=闢. 緣木 from the use of the phrase here, has come to be used for 'to climb a tree,' but it simply is一'from a tree.'

16절

曰, 王之所大欲, 可得聞與. 王笑而不言. 曰, 爲肥甘不足於口
與, 輕煖不足於體與, 抑爲采色不足視於目與, 聲音不足聽於
耳與, 便嬖不足使令於前與, 王之諸臣, 皆足以供之, 而王豈爲
是哉. 曰, 否, 吾不爲是也. 曰, 然則王之所大欲, 可知已, 欲辟
土地, 朝秦楚, 莅中國, 而撫四夷也, 以若所爲, 求若所欲, 猶
緣木而求魚也.

[맹자가] 대답했다. "왕께서 크게 원하는 것이 무엇인지 말씀해주시겠습니
까?" 왕이 웃으면서 말하지 않았다. [맹자가] 다시 말했다. "[왕께서 그것
을 바라게 된] 것은 입에 들어갈 기름지고 단 음식이 충분하지 않아서입니
까? 아니면 몸에 필요한 가볍고 따듯한 [의복이] 충분하지 않아서입니
까? 아니면 왕의 눈을 기쁘게 할 아름답게 채색된 물건이 충분하지 않아
서입니까? 왕 앞에 서서 명령을 받을 부하들과 총아들이 충분하지 않아서
입니까? 왕의 여러 신하가 그것들을 충분히 제공합니다. 그것들 때문에 그
와 같은 욕망을 품게 된 것입니까?" [왕이] 대답했다. "아닙니다. 나의 욕
망은 그것들 때문이 아닙니다." [맹자가] 덧붙였다. "그러면, 왕께서 크게
원하는 것을 알 수 있을 것 같습니다. 왕의 소망은 영토를 확장하고, 진나
라와 초나라가 왕의 조정에서 기다리고, 중국을 통치하고, 중국을 둘러싼
야만족을 당신 쪽으로 끌어당기려는 것이겠지요. 그러나 원하는 바를 얻기
위한 왕의 행동은 물고기를 잡기 위해 나무에 오르는 것과 같습니다."

16절 각주

여(與)는 모두 질문하는 것으로, 2성조이다. 위(爲)는 모두 4성조이다. 便은
[편]으로 읽히고, 2성조로 다음 글자와 결합한다. 가지이(可知已)에서 이
(已)는 단언임을 확실하게 보여준다. 辟은 벽(闢)과 발음과 의미가 같다.
연목(緣木)은 여기서 '나무에 오르는 것'으로 사용되었지만, 단순히 '나무
에서'를 뜻한다.

17. *The king* said, 'Is it so bad as that?' 'It is even worse,' was the reply. 'If you climb a tree to seek for fish, although you do not get the fish, you will not suffer any subsequent calamity. But doing what you do to seek for what you desire, doing it moreover with all your heart, you will assuredly afterwards meet with calamities.' *The king* asked, 'May I hear *from you the proof of* that?' *Mencius* said, 'If the people of Tsâu should fight with the people of Ch'û, which of them does your Majesty think would conquer?' 'The people of Ch'û would conquer.' 'Yes;—and so it is certain that a small country cannot contend with a great, that few cannot contend with many, that the weak cannot contend with the strong. The territory within the *four* seas embraces nine divisions, each of a thousand *lî* square. All Ch'î together is but one of them. If with one part you try to subdue the other eight, what is the difference between that and Tsâu's contending with Ch'û? For, *with such a desire*, you must turn back to the proper course *for its attainment.*

17. The 殆, an introductory part.,='yes, and.' 蓋亦反其本矣 is spoken with reference to the king's object of ambition:—'By the course you are pursuing you cannot succeed, for, if you wish to do so, you must also turn back to the root of success.'

17절

王曰, 若是其甚與. 曰, 殆有甚焉, 緣木求魚, 雖不得魚, 無後
災, 以若所爲, 求若所欲, 盡心力而爲之, 後必有災. 曰, 可得
聞與. 曰, 鄒人與楚人戰, 則王以爲孰勝. 曰, 楚人勝. 曰, 然則
小固不可以敵大, 寡固不可以敵衆, 弱固不可以敵彊, 海內之
地, 方千里者九, 齊集有其一, 以一服八, 何以異於鄒敵楚哉,
蓋亦反其本矣.

[왕이] 말했다. "그것이 그렇게 나쁩니까?" 맹자가 대답했다. "그보다 훨씬
더 나쁩니다. 왕께서 물고기를 잡으러 나무에 오른다면, 물고기를 잡지 못
하더라도, 그 후 재앙으로 고통받지는 않을 것입니다. 그러나 왕께서 바라
는 바를 얻기 위해 하는 것은, 게다가 온 마음을 다하여 하는 것은, 분명
나중에 재앙을 초래할 것입니다." [왕이] 물었다. "왜 그런지 [말씀해 주시
겠습니까?]" [맹자가] 말했다. "추나라의 백성들이 초나라의 백성들과 싸운
다면, 왕께서는 누가 이길 것으로 생각합니까?" "초나라의 백성이 이길 것
입니다." "그렇습니다. 그래서 소국은 대국과 상대할 수 없고, 경쟁할 수
없는 것이 분명합니다. 적은 것이 많은 것과 겨룰 수 없고, 약한 것이 강
한 것과 겨룰 수 없습니다. [사]해 내의 영토 안에 9개의 나라가 있고, 각
나라는 사방 천 리입니다. 제나라를 모두 합한다 해도 단지 한 개의 나라
에 불과합니다. 한 부분으로 다른 여덟 부분을 잠재우고자 한다면, 추나라
가 초나라와 겨루는 것과 뭐가 다르겠습니까? [그런 바람을 성취하려면]
왕께서는 본래의 길로 돌아가야 합니다.

17절 각주

태(殆)는 도입 부분으로 '그렇습니다, 그리고'를 의미한다. 개역반기본의(蓋
亦反其本矣)는 왕이 추구하는 야망의 대상을 가리킨다. 즉 '당신이 추구하
는 방법으로는 성공할 수 없다. 당신이 성공하기를 원한다면 성공의 근본
으로 되돌아가야 하기 때문이다'를 의미한다.

18. 'Now if your Majesty will institute a government whose action shall be benevolent, this will cause all the officers in the kingdom to wish to stand in your Majesty's court, and all the farmers to wish to plough in your Majesty's fields, and all the merchants, both travelling and stationary, to wish to store their goods in your Majesty's market-places, and all travelling strangers to wish to make their tours on your Majesty's roads, and all throughout the kingdom who feel aggrieved by their rulers to wish to come and complain to your Majesty. And when they are so bent, who will be able to keep them back?'

18. 野, 'fields,' here; not 'wilds.' 出於,一'to come forth in,' i. e. to pass from their own States into yours, 欲疾,一'feeling aggrieved, but must restrain their feelings.'

18절

今王發政施仁, 使天下仕者, 皆欲立於王之朝, 耕者, 皆欲耕於
王之野, 商賈, 皆欲藏於王之市, 行旅, 皆欲出於王之塗, 天下
之欲疾其君者, 皆欲赴愬於王, 其若是, 孰能禦之.

이제, 왕께서 나라를 세우고 통치를 어질게 하면, 천하의 모든 관리가 왕
의 조정에 서기를 원할 것이고, 모든 농부가 왕의 전답에서 경작하기를
원할 것이며, 이동하거나 정착한 모든 상인이 물건을 왕의 시장에 보관하
기를 원할 것이고, 여행하는 모든 이방인이 왕의 길을 따라 이동하기를
원할 것이며, 자신의 통치자에게 괴롭힘을 당한다고 느끼는 천하의 모든
이들이 왕에게 와서 하소연하기를 원할 것입니다. 그들이 왕을 따르고자
하면 어느 누가 막을 수 있겠습니까?"

18절 각주

야(野)는 여기서 '전답'으로 '들'이 아니다. 출어(出於)는 '~에서 나오는 것',
즉 그들의 공국에서 당신의 공국으로 지나가는 것을 의미한다. 욕질(欲疾)
은 '괴롭힘을 당한다고 느끼지만, 그 감정을 억제해야 하는 것'을 의미한다.

19. The king said, 'I am stupid, and not able to advance to this. I wish you, my Master, to assist my intentions. Teach me clearly; although I am deficient in intelligence and vigour, I will essay and try to carry your instructions into effect.'

20. *Mencius* replied, 'They are only men of education, who, without a certain livelihood, are able to maintain a fixed heart. As to the people, if they have not a certain livelihood, it follows that they will not have a fixed heart. And if they have not a fixed heart, there is nothing which they will not do, in the way of self-abandonment, of moral deflection, of depravity, and of wild license. When they thus have been involved in crime, to follow them up and punish them;—this is to entrap the people. How can such a thing as entrapping the people be done under the rule of a benevolent man?

20. 辟, read as, and =僻. 罔, 'en-net,' i. e. to entrap. 無不爲已13),一已, see on par. 16.

---

13) (역주) 레게 각주 원문의 '無所不爲已'은 '無不爲已'의 오기이므로 수정하였다.

19절

王曰, 吾惛, 不能進於是矣, 願夫子輔吾志, 明以教我, 我雖不敏, 請嘗試之.

왕이 말했다. "나는 어리석어 여기서 더 나아갈 수 없습니다. 선생이 나의 뜻을 도와주길 바랍니다. 나에게 분명한 가르침을 주세요. 내 비록 불민하지만, 선생의 가르침을 실천하도록 노력할 것입니다."

20절

曰, 無恒産, 而有恒心者, 惟士爲能, 若民則無恒産, 因無恒心, 苟無恒心, 放辟邪侈, 無不爲已, 及陷於罪, 然後從而刑之, 是罔民也, 焉有仁人在位, 罔民而可爲也.

[맹자가] 대답했다. "교육받은 사람만이 확실한 생업이 없이도 확고한 마음을 유지할 수 있습니다. 백성은 확실한 생업이 없다면, 확고한 마음을 가지지 않을 것입니다. 백성이 확고한 마음을 가지고 있지 않다면, 자포자기와 도덕적 해이, 방탕, 방종으로 흐르는 것을 막을 길이 없습니다. 그들이 이렇게 범죄에 연루되었을 때 따라가서 처벌하는 것, 이것은 백성들에게 덫을 놓은 것입니다. 백성에게 덫을 놓은 것과 같은 일이 어떻게 어진 사람이 통치하는 나라에서 일어날 수 있습니까?

20절 각주

벽(辟)은 벽(僻)으로 읽히고 '후미지다'라는 뜻이다. 망(罔)은 '그물로 잡다' 즉 '덫을 놓다'라는 의미이다. 무불위이(無不爲已)에서 이(已)는 제16절을 보라.

21. 'Therefore an intelligent ruler will regulate the livelihood of the people, so as to make sure that, for those above them, they shall have sufficient wherewith to serve their parents, and, for those below them, sufficient wherewith to support their wives and children; that in good years they shall always be abundantly satisfied, and that in bad years they shall escape the danger of perishing. After this he may urge them, and they will proceed to what is good, for in this case the people will follow after it with ease.

21. 終身, generally means 'the whole life.' Perhaps we should translate, 'If some years be good, they will all their lives have plenty'; i. e. they will in those years lay by a sufficient provision for bad years. This supposes that the people have felt the power of the instruction and moral training that is a part of royal government, which, however, is set forth as consequent on the regulation of the livelihood. Similarly, below. 之善,一之 is the verb, =往. 民之從之也輕,—Julien censures Noel here for rendering 從之 by '*ipsi (principi) obsequentur*,' and rightly. But I am not sure that the error is not rather in the rendering of 從 than in that of 之. The prince is supposed to exemplify, as well as to urge to, the good course, and the well-off people have no difficulty in following him.

21절

是故明君制民之産, 必使仰足以事父母, 俯足以畜妻子, 樂歲
終身飽, 凶年免於死亡, 然後驅而之善, 故民之從之也輕.

그러므로 영민한 통치자는 백성의 생업을 규제하여 그들이 위로는 부모를
봉양하기에 충분하고 아래로는 처자식을 부양하기에 충분한 양식을 마련
할 수 있게 하고, 또한 그들이 풍년에는 매우 만족하고 흉년에는 죽음의
위험을 피할 수 있게 해야 합니다. 그런 후에야 백성을 부추겨 선한 것으
로 나아가도록 할 수 있습니다. 그렇게 해야 쉽게 백성이 선한 것을 따라
갈 수 있기 때문입니다.

21절 각주

종신(終身)은 일반적으로 '전 생애'를 의미한다. 아마도 우리는 '몇 년이
풍년이면, 그들은 평생 풍족할 것이다'로, 즉 '그들은 흉년에 대비해 그 몇
년 동안 충분한 식량을 비축할 것이다'로 번역해야 한다. 이것은 백성들이
왕도의 일부분인 가르침과 도덕적 훈련의 힘을 느끼지만, 생계의 규제가
이루어진 후에 선한 것이 시작된다는 것을 전제로 한다. 아래도 유사하다.
지선(之善)의 지(之)는 동사로 왕(往)을 뜻한다. 줄리앙은 노엘(Noel)[14]이
민지종지야경(民之從之也輕)의 종지(從之)를 [그들은(원리는) 순응하다]로
옮긴 것에 대해 비판하였는데, 그 비판은 적절하다. 그러나 나는 종(從)보
다는 지(之)의 번역에 더 문제가 있다는 지적에 대해서는 잘 모르겠다. 군
주는 백성에게 선한 길을 권할 뿐만 아니라 모범을 보여야 한다. 백성이
먹고사는 데 지장이 없을 때 군주를 어려움 없이 따를 수 있다.

---

14) (역주) 노엘(François Noël, 1651~1729)은 벨기에인 예수회 신자로 맹자를 라틴어로
　　번역하였다. 노엘은 맹자를 가장 먼저 서구 세계에 소개한 번역가로서 동서양 문화
　　교류사에서 중요한 위치를 점한다.

22. 'Now, the livelihood of the people is so regulated, that, above, they have not sufficient wherewith to serve their parents, and, below, they have not sufficient wherewith to support their wives and children. *Notwithstanding* good years, their lives are continually embittered, and, in bad years, they do not escape perishing. In such circumstances they only try to save themselves from death, and are afraid they will not succeed. What leisure have they to cultivate propriety and righteousness?

23. 'If your Majesty wishes to effect this *regulation of the livelihood of the people*, why not turn to that which is the essential step to it?

23. 反其本, as in par. 17, but with reference to the immediate subject.

22절

今也, 制民之産, 仰不足以事父母, 俯不足以畜妻子, 樂歲終身苦, 凶年不免於死亡, 此惟救死, 而恐不贍, 奚暇治禮義哉.

오늘날, 백성의 생업을 규제하긴 하지만, 위로는 부모를 봉양하기에 충분하지 않고 아래로는 처자식을 부양하는데 충분하지 않습니다. 풍년임에도 [불구하고], 백성의 삶은 여전히 비참하고 흉년에는 죽어가는 것을 피하지 못합니다. 그와 같은 상황에서 그들은 오로지 죽음에서 벗어나기 위해 애쓸 뿐이고 죽을까 봐 두려워합니다. 무슨 여유가 있어 예와 의를 함양하겠습니까?

23절

王欲行之, 則盍反其本矣.

왕께서 [백성의 생계를 규제하는 일을] 실행하고자 한다면, 왜 가장 필요한 단계로 돌아가지 않습니까?

23절 각주

반기본(反其本)은 제17절과 달리 주제를 직접 가리킨다.

24. 'Let mulberry-trees be planted about the homesteads with their five *mâu*, and persons of fifty years may be clothed with silk. In keeping fowls, pigs, dogs, and swine, let not their times of breeding be neglected, and persons of seventy years may eat flesh. Let there not be taken away the time that is proper for the cultivation of the farm with its hundred *mâu*, and the family of eight mouths that is supported by it shall not suffer from hunger. Let careful attention be paid to education in schools, ─the inculcation in it especially of the filial and fraternal duties, and grey-haired men will not be seen upon the roads, carrying burdens on their backs or on their heads. It never has been that the ruler of a State where such results were seen,─the old wearing silk and eating flesh, and the black-haired people suffering neither from hunger nor cold,─did not attain to the royal dignity.'

24. See ch. iii, the only difference being that, for 數口之家 there, we have 八口之家, eight mouths being the number which 100 *mâu* of medium land were computed to feed.

24절

吾畝之宅, 樹之以桑, 五十者, 可以衣帛矣, 鷄豚狗彘之畜, 無失其時, 七十者, 可以食肉矣, 百畝之田, 勿奪其時, 八口之家, 可以無飢矣, 謹庠序之敎, 申之以孝悌之義, 頒白者, 不負戴於道路矣, 老者衣帛食肉, 黎民不飢不寒, 然而不王者, 未之有也.

5무의 택지에 뽕나무를 심으면, 오십 세의 사람들이 비단옷을 입을 수 있습니다. 닭와 돼지, 개, 암퇘지를 키울 때 [번식할] 때를 놓치지 않으면 칠십 세의 사람들이 고기를 먹을 수 있습니다. 100무의 농지를 경작할 때 적기를 빼앗지 않으면 100무로 먹고사는 여덟 식구의 가족이 배를 곯지 않습니다. 학교 교육을 신중하게 하여 특히 효도와 우애를 가르치면 등이나 머리에 짐을 진 백발의 노인들이 길에 보이지 않을 것입니다. 칠십 세의 사람들이 비단옷을 입고 고기를 먹고, 검은 머리 백성들이 굶주리거나 추워하지 않는 공국을 만든다면 그 나라의 통치자가 천하의 왕이 되지 않았던 적이 없습니다."

24절 각주

제3장을 보라. 유일한 차이는 제3장의 수구지가(數口之家)가 여기서는 팔구지가(八口之家)로 된 것이다. 팔구지가(八口之家)는 100무(畝)의 중급 땅으로 여덟 식구로 된 가족을 먹여 살리는 것으로 추정된다.

梁惠王章句·下

양혜왕장구·하

BOOK II
KING HUI OF LIANG
PART II

제1권
양혜왕장구(梁惠王章句)
하(下)

CHARTER I

CH. 1. HOW THE LOVE OF MUSIC MAY BE MADE
SUBSERVIENT TO GOOD GOVERNMENT, AND TO A PRINCESS
OWN ADVANCEMENT.

The chapter is a good specimen of Mencius's manner,—how he slips
from the point in hand to introduce his own notions, and would win
princes over to benevolent government by their very vices. He was no
stern moralist, and the Chinese have done well in refusing to rank him
with Confucius.

제1장

음악을 사랑하는 것이 훌륭한 정치와 군주 자신의 발전에 도움이 될 수 있을까.

이 장은 맹자의 [설득] 방식을 드러내는 아주 좋은 예이다. 즉 맹자는 자신의 개념을 도입하기 위해 현재의 논점에서 살짝 벗어나서 제후들의 악을 [지적함으로써] 그들이 어진 정치를 펼치도록 설득하는 방식을 취한다. 맹자는 엄격한 도덕주의자가 아니었다. 중국인들은 맹자를 공자와 동급에 두는 것을 거부하는데 이러한 판단은 적절했다.

1. Chwang Pâ'o, seeing Mencius, said to him, 'I had an interview with the king. His Majesty told me that he loved music, and I was not prepared with anything to reply to him. What do you pronounce about that love of music?' Mencius replied, 'If the king's love of music were very great, the kingdom of Ch'î would be *near to a state of good government!*'

1. Chwang Pâo appears to have been a minister at the court of Ch'î. The 曰 preceding 好樂如何 is unnecessary. If we translate it, we must render-'He then said.' But the paraphrasts all neglect it. 庶幾(the 1st tone) is a phrase, signifying 'near to'; sometimes we find 庶 alone, as in Analects, XI. xviii. 1. The subject, nearness to which is indicated, is often left to be gathered from the context, as here. The 王之好樂甚 is a platitude. It should be the text of the chapter, but Mencius proceeds to substitute 樂 *lo* for 樂 *yo*, in his own manner.

1절

莊暴見孟子曰, 暴見於王, 王語暴以好樂, 暴未有以對也. 曰,
好樂何如. 孟子曰, 王之好樂甚, 則齊國其庶幾乎.

장포가 맹자를 만난 후 말했다. "왕을 알현했습니다. 왕께서는 음악을 좋
아한다고 하셨는데 제가 미처 대답하지 못했습니다. 왕께서 음악을 사랑하
는 것을 어떻게 보십니까?" 맹자가 대답했다. "왕께서 음악을 매우 사랑한
다면, 제나라는 [선한 정치를 펼치는 국가에] 근접할 것입니다!"

1절 각주

장포는 제나라의 조정의 신하였던 것 같다. 호악여하(好樂如何)[15] 앞의
왈(曰)은 불필요한 글자이다. 이것을 번역한다면, '그런 다음 그는 말했다'
로 옮겨야 한다. 그러나 주석가들은 모두 이를 간과했다. 서기(庶幾[1성
조])는 '~에 가까운'을 의미한다. 『논어』 제11권 제18장 제1절에서처럼 서
(庶)는 때로 단독으로도 이것을 의미한다. 언급된 주제는 여기에서처럼 때
로 맥락에서 파악해야 한다. 왕지호악심(王之好樂甚)은 상투어이다. 그러
나 여기 1장에서 맹자는 좋아할 '요'를 즐길 '락'으로 자기 식으로 바꾼다.

---

15) (역주) 각주의 '好樂如何'는 '好樂何如'의 오기이다.

2. Another day, *Mencius*, having an interview with the king, said, 'Your Majesty, *I have heard*, told the officer Chwang, that you love music;— was it so?' The king changed colour, and said, 'I am unable to love the music of the ancient sovereigns; I only love the music that suits the manners of the *present* age.'

  2. 直, as in last Pt. chap. iii. 2; observe how final 耳 adds to the force of 'only.' 'former kings.' 'Ancient sovereigns,'(i.e. Yâo, Shun, Yü, T'ang, Wǎn, and Wû) is a better of 先王 than 'former kings.'

2절

他日見於王, 曰, 王嘗語莊子以好樂, 有諸. 王變乎色, 曰, 寡
人非能好先王之樂也, 直好世俗之樂耳.

다른 날, [맹자가] 왕과 면담하면서 말했다. "제가 듣기로는, 왕께서는 신
하 장포에게 음악을 좋아한다고 말씀하였다지요. 그렇습니까?" 왕이 안색
이 바뀌면서 말했다. "나는 옛날 군주들의 음악을 좋아할 수 없고, 단지
[현] 시대의 방식에 어울리는 음악을 좋아할 뿐입니다."

2절 각주

직(直)은 1편 3장 2절에서와 같다. 끝의 이(耳)가 어떻게 '단지'의 의미를
더하는지 주목하라. 선왕(先王)을 'former kings(이전 왕들)'로 번역하기보다
'ancient sovereigns'(옛날 군주들, 즉 요, 순, 우, 탕, 문, 무)로 번역하는 것
이 더 낫다.

3. *Mencius* said, 'If your Majesty's love of music were very great, Ch'î would be near to *a state of good government!* The music of the present day is just like the music of antiquity, *as regards effecting that.*'

3. 由＝猶

4. *The king* said, 'May I hear from you the proof of that?' *Mencius* asked, 'Which is the more pleasant,—to enjoy music by yourself alone, or to enjoy it with others?' 'To enjoy it with others,' was the reply. 'And which is the more pleasant,—to enjoy music with a few, or to enjoy it with many?' 'To enjoy it with many.'

4. 可得聞與, as in the preceding chapter. 獨樂樂,—the second 樂 is *lo*, 'joy,' 'pleasure.' So, in the next clause, and after 孰.

3절

曰, 王之好樂甚, 則齊其庶幾乎, 今之樂, 由古之樂也.

[맹자가] 말했다. "왕께서 음악을 매우 좋아하신다면, 제나라는 [선정을 하는 국가에] 근접할 것입니다. 현시대와 고대의 음악은 [효과에서] 매우 유사합니다."

3절 각주

유(由)는 유(猶)이다.

4절

曰, 可得聞與. 曰, 獨樂樂, 與人樂樂, 孰樂. 曰, 不若與人. 曰, 與少樂樂, 與眾樂樂, 孰樂. 曰, 不若與眾.

[왕이] 말했다. "그 증거를 들을 수 있을까요?" [맹자가] 물었다. "왕께서는 혼자 음악을 즐기는 것과 다른 사람과 함께 음악을 즐기는 것 중 어느 것이 더 즐겁습니까?" "다른 사람과 함께 즐기는 것입니다." "몇몇 사람과 음악을 즐기는 것과 많은 사람과 음악을 즐기는 것 중 어느 것이 더 즐겁습니까?" "많은 사람과 즐기는 것입니다."

4절 각주

가득문여(可得聞與)는 앞장과 같다. 독락악(獨樂樂)에서 두 번째 글자인 락(樂)은 '洛'로 '즐거움', '기쁨'을 의미한다. 다음 구에서는 숙(孰) 뒤에 온다.

5. *Mencius proceeded*, 'Your servant begs to explain *what I have said about* music to your Majesty.

  5. 爲 (the 4th tone) 王 , 'for the sake of Your Majesty.'

5절

臣請爲王言樂.

[맹자가 계속 말했다.] "소신이 음악[에 대해 생각해 왔던 것]을 왕께 설명하겠습니다.

5절 각주

위왕(爲[4성조]王)은 '왕을 위하여'이다.

6. 'Now, your Majesty is having music here.－The people hear the noise of your bells and drums, and the notes of your fifes and pipes, and they all, with aching heads, knit their brows, and say to one another, "That's how our king likes his music! But why does he reduce us to this extremity of *distress*?－Fathers and sons cannot see one another. Elder brothers and younger brothers, wives and children, are separated and scattered abroad." Now, your Majesty is hunting here.－The people hear the noise of your carriages and horses, and see the beauty of your plumes and streamers, and they all, with aching heads, knit their brows, and say to one another, "That's how our king likes his hunting! But why does he reduce us to this extremity of *distress*?－Fathers and sons cannot see one another. Elder brothers and younger brothers, wives and children, are separated and scattered abroad." Their feeling thus is from no other reason but that you do not allow the people to have pleasure as well as yourself.

6. 鼓樂, 鼓 is a verb, = 作. The ancient dictionary, the 說文, makes a difference between this, and the same word for 'drum,' saying this is formed from 攴, named *p'û*, while the other is formed from 支. The difference of form is now not regarded. 於此, 'here,' used as we use *here* in English, putting a case with little local reference. 舉=俱 or 皆, 'all.' 蹙頞 expresses anguish, not anger. 夫 is here the introductory particle, and is better rendered by *but* than *now*. It will be seen that the preceding 吾王之好鼓樂 is incomplete. The paraphrasts add, to complete it, 固然已.

6절

今王鼓樂於此, 百姓聞王鐘鼓之聲, 管籥之音, 擧疾首蹙頞而相告曰, 吾王之好鼓樂, 夫何使我至於此極也, 父子不相見, 兄弟妻子離散, 今王田獵於此, 百姓聞王車馬之音, 見羽旄之美, 擧疾首蹙頞而相告曰, 吾王之好田獵, 夫何使我至於此極也, 父子不相見, 兄弟妻子離散, 此無他, 不與民同樂也.

지금 왕께서 여기서 음악을 듣고 있습니다. 백성들이 왕의 종과 북의 소리와 저와 피리의 곡조를 듣고, 모두 머리가 아파 이마를 찡그리며 서로에게 말합니다. '우리 왕은 음악을 저런 식으로 좋아하는구나! 그런데 왕은 어찌하여 우리에게 이러한 극심한 [고통을] 주는가? 아버지와 아들이 서로 만날 수 없다. 형과 아우, 아내와 아이들은 헤어져 멀리 흩어진다.' 지금 왕께서 여기서 사냥을 하고 있습니다. 백성들이 왕의 마차와 말의 소리를 듣고 왕의 깃털과 띠의 아름다움을 보고, 모두 머리가 아파 이마를 찡그리며 서로에게 말합니다. '우리 왕은 사냥을 저런 식으로 좋아하는구나! 그런데 왕은 어찌하여 우리에게 이러한 극심한 [고통을] 주는가? 아버지와 아들은 서로 만날 수 없다. 형과 아우, 아내와 아이들은 헤어져 멀리 흩어진다.' 백성들이 이렇게 느끼는 것은 다른 이유 때문이 아니라 왕께서 그들도 같이 즐기도록 허락하지 않기 때문입니다.

6절 각주

고악(鼓樂)에서 고(鼓)는 동사로 작(作)의 뜻이다. 옛날 사전인 『설문(說文)』은 이 글자와 [북에 해당하는 글자를 구분하는데, 전자의 형태는 '복, 攴'에서, 후자는 지(支)에서 유래한 것이라고 한다. 형태의 차이는 지금은 고려되지 않는다. 어차(於此)는 영어 'here,' '여기에서'의 의미로 작은 공간에서 일어나는 일에 사용된다. 거(擧)는 구(俱)나 개(皆)로 '모두(all)'를 의미한다. 축알(蹙頞)은 화를 표현한 것이 아니라 고뇌를 나타낸다. 여기서 부(夫)는 도입하는 어조사로, [이제, now] 보다 [그러나, but]로 옮기는 것이 좋다. 주석가들은 앞의 오왕지호고악(吾王之好鼓樂)이 불완전하다고 생각하여 고연이(固然已)를 덧붙여 완성시켰다.

7. 'Now, your Majesty is having music here. The people hear the noise of your bells and drums, and the notes of your fifes and pipes, and they all, delighted, and with joyful looks, say to one another, "That sounds as if our king were free from all sickness! If he were not, how could he enjoy this music?" Now, your Majesty is hunting here.一The people hear the noise of your carriages and horses, and see the beauty of your plumes and streamers, and they all, delighted, and with joyful looks, say to one another, "That looks as if our king were free from all sickness! If he were not, how could he enjoy this hunting?" Their feeling thus is from no other reason but that you cause them to have their pleasure as you have yours.

7. 田 is used synonymously with 畋, 'to hunt.' 聲 and 音 are to each other much as our sound or noise and tone or note. 音 is applied appropriately to the fifes and pipes, and also to the carriages and horses, having reference to the music of the *bells* with which these were adorned. Of 羽旄 Chû Hsî simply says that they were 旌屬, 'belonging to the banners.' The 羽 were feathers adorning the top of the flag-staff; the 旄, a number of ox-tails suspended on a rope, one after another, from the top. 與民同樂, compare Pt. I. ii. 3.

7절

今王鼓樂於此, 百姓聞王鐘鼓之聲, 管籥之音, 舉欣欣然有喜
色而相告曰, 吾王庶幾無疾病與, 何以能鼓樂也, 今王田獵於
此, 百姓聞王車馬之音, 見羽旄之美, 舉欣欣然有喜色而相告
曰, 吾王庶幾無疾病與, 何以能田獵也, 此無他, 與民同樂也.

지금 왕께서 여기서 음악을 듣고 있습니다. 백성들이 왕의 종소리와 북소
리 저와 피리의 곡조를 듣고 그들 모두 기뻐하며 즐거운 표정으로 서로에
게 말합니다. '우리 왕이 마치 모든 질병에서 벗어난 것 같구나! 아니면,
어떻게 이 음악을 즐길 수 있겠는가?" 지금 왕께서는 여기서 사냥을 하고
있습니다. 백성들이 왕의 마차와 말의 소리를 듣고, 왕의 깃털과 띠를 보
고, 그들 모두 기뻐하며 즐거운 표정으로 서로에게 말합니다. '우리 왕이
마치 모든 질병에서 벗어난 것 같구나! 아니면, 어떻게 이 사냥을 즐길 수
있겠는가?' 그들이 이렇게 느끼는 것은 다른 이유 때문이 아닙니다. 왕께
서 백성들이 함께 즐길 수 있도록 했기 때문입니다.

7절 각주

전(田)은 '사냥하다'의 전(畋)과 동의어로 사용된다. 성(聲)과 음(音)은 영어
에서 소리 또는 소음과 어조 또는 곡조와 매우 유사하다. 음(音)은 저와
피리에, 또한 마차와 말에 적절히 비유되고, 말과 마차에 장식된 종이 달
려 내는 '종, bells'의 음악에도 적절하게 적용된다. 우모(羽旄)에 대해 주희
는 이를 '깃발에 속하는'을 의미하는 정속(旌屬)으로 본다. 우(羽)는 깃대의
머리를 장식하는 깃털이고, 모(旄)는 깃대의 머리에서 끈에 차례로 달린
수많은 소꼬리를 의미한다. 여민동락(與民同樂)은 제1편 제2장 제3절과 비
교해보라.

8. 'If your Majesty now will make pleasure a thing common to the people and yourself, the royal sway awaits you.'

8절

今王與百姓同樂, 則王矣.

왕께서 이제 즐거운 것을 백성과 더불어 즐긴다면 왕도를 갖추게 될 것입니다.”

CHAPTER II

CH. 2. How A RULER MUST NOT INDULGE HIS LOVE FOR PARKS AND HUNTING TO THE DISCOMFORT OF THE PEOPLE.

1. The king Hsüan of Ch'î asked, 'Was it so, that the park of king Wăn contained seventy square *lî*?' Mencius replied, 'It is so in the records.'

1. 傳, the 4th tone, 'a record,' an historical narration handing down events to futurity(傳於後人). 方七十里 must be understood—'containing seventy square *li*,' not 'seventy *li* square.' In the 日講, the meaning of 方 here (not similarly, however, in Pt. I. v. 2; vii, 17) is given by 四圍, 'in circumference.' The glossarist on Châo Ch'î explains it by 方潤, which, I think, confirms the meaning I have given. The book or books giving account of this park of king Wăn are now lost.

제2장

통치자가 정원과 사냥에 탐닉하여 백성을 불편하게 해서는 안 된다.

1절

齊宣王問曰, 文王之囿, 方七十里, 有諸. 孟子對曰, 於傳有之.

제나라의 선왕이 물었다. "문왕의 정원은 70 평방 리라고 하던데, 그렇습니까?" 맹자가 대답했다. "문헌에 따르면 그렇습니다."

1절 각주

전(傳, 4성조)은 '문헌'의 의미로 사건을 후세에 전하는 역사기록물이다(전어후인[傳於後人]). 방칠백리(方七十里)는 '사방 70리(seventy *li* square)'가 아니라 '70 평방 리(seventy square li)'로 보아야 한다. 『일강』(日講)16)에서는 여기에서 방(方)의 의미를 사위(四圍, 둘레)로 본다. 이는 제1편 제5장 제2절과 제7장 제11절과 다른 해석이다. 조기의 해석자들은 방(方)을 방활(方濶)로 설명하는데, 이는 나의 해석을 뒷받침해준다. 문왕의 정원을 설명하는 서적 또는 책들은 오늘날에는 없다.

---

16) (역주) 『일강』(日講)은 『일강사서해의(日講四書解義)』로 보인다. 청나라 강희재(1661~1722) 때의 경연록(經筵錄), 나사리(喇沙里), 진정경(陣廷敬) 등이 찬집(撰集)하였다. '사위'(四圍)는 '사방의 둘레'라는 뜻이고 '방활'(方濶)은 '사방이 넓다'는 의미이다.

2. 'Was it so large as that?' exclaimed *the king*. 'The people,' said *Mencius*, 'still looked on it as small.' *The king* added, 'My park contains *only* forty square lî, and the people still look on it as large. How is this?' 'The park of king Wan,' was the reply, 'contained seventy square lî, but the grass-cutters and fuel-gatherers had the privilege of entrance into it; so also had the catchers of pheasants and hares. He shared it with the people, and was it not with reason that they looked on it as small?

2. 芻者蕘者 are distinguished thus: 'gatherers of grass to feed animals, and gatherers of grass for fuel.' Observe how these nouns, and 雉 and 兎 that follow, get a verbal force from the 者;—the fodderers, the pheasanters, &c.

2절

曰, 若是其大乎. 曰, 民猶以爲小也. 曰, 寡人之囿, 方四十里, 民猶以爲大, 何也. 曰, 文王之囿, 方七十里, 芻蕘者往焉, 雉兎者往焉, 與民同之, 民以爲小, 不亦宜乎.

[왕이] 소리쳤다. "그렇게나 컸습니까?" [맹자가 말했다]. "백성들은 그럼에도 작다고 생각했습니다." [왕이] 덧붙였다. "나의 정원은 40 평방 리에 [불과하지만] 백성들은 그럼에도 크다고 생각합니다. 이는 어째서입니까?" "문왕의 정원은 70 평방 리이지만 풀 베는 사람들과 땔나무 구하는 이들이 그 안에 들어갈 특권이 있었습니다. 꿩이나 토끼를 잡는 자들도 마찬가지였습니다. 문왕은 정원을 백성과 나누었으니 이것이 백성들이 작다고 생각한 이유가 아니겠습니까?

2절 각주

추자요자(芻者蕘者)는 '동물을 먹이기 위해 풀을 베는 자, 땔감을 얻기 위해 풀을 베는 자'라는 특별한 의미가 있다. 명사 추(芻)와 요(蕘)와 그리고 이어지는 치(雉)와 토(兎)가 자(者)로부터 동사의 힘을 가지는 방식을 보라. 그리하여 그 의미는 꼴 베는 자와 꿩을 사냥하는 자 등이 된다.

3. 'When I first arrived at the borders *of your kingdom*, I inquired about the great prohibitory regulations, before I would venture to enter it; and I heard, that inside the barrier-gates there was a park of forty square *lî*, and that he who killed a deer in it, was held guilty of the same crime as if he had killed a man.—Thus those forty square *lî* are a pitfall in the middle of the kingdom. Is it not with reason that the people look upon them as large?'

3. 郊 is used here in the sense simply of 'borders,' and on the borders of the various States there were 'passes' or 'gates,' for the taxation of merchandise, the examination of strangers, &c. 麋鹿, see Pt. I. ii. 1. These forest laws of Ch'î were hardly worse than those enacted by the first Norman sovereigns of England, when whoever killed a deer, a boar, or even a hare, was punished with the loss of his eyes, and with death if the statutes were repeatedly violated.

3절

臣始至於境, 問國之大禁, 然後敢入, 臣聞郊關之內, 有囿方四十里, 殺其麋鹿者, 如殺人之罪, 則是方四十里, 爲阱於國中, 民以爲大, 不亦宜乎.

처음 [제나라의] 국경에 도착했을 때, 들어서기 전에 크게 금하는 규제에 관해 물었습니다. 금문(barrier-gate) 안에 40평방 리의 정원이 있는데 그곳의 사슴을 죽이는 자는 사람을 죽이는 것과 동일한 범죄를 저지른 것으로 본다고 들었습니다. 그러므로 이 40평방 리는 나라의 중앙에 있는 함정이지요. 이것 때문에 백성들이 크다고 생각하는 이유가 아니겠습니까?"

3절 각주

교(郊)는 여기서 단순히 '경계'의 의미로 사용되고, 여러 나라의 국경에서는 상품에 세금을 부과하거나 이방인을 검사하기 위한 '검문소(passes)' 또는 '관문'이 있었다. 미록(麋鹿)은 제1편 제2장 제1절을 보라. 제나라의 산림법은 사슴과 돼지, 심지어 토끼를 죽이면 눈을 멀게 하고, 반복해서 위법할 때는 사형에 처하는 법을 집행했던 영국의 첫 노르만 군주들의 법과 별반 다르지 않다.

CHAPTER III

CH. 3. HOW FRIENDLY INTERCOURSE WITH NEIGHBOURING KINGDOMS MAY BE MAINTAINED, AND THE LOVE OF VALOUR MADE SUBSERVIENT TO THE GOOD OF THE PEOPLE, AND THE GLORY OF THE PRINCE.

1. The king Hsüan of Ch'î asked, saying, 'Is there any way *to regulate one's maintenance of* intercourse with neighbouring kingdoms?' Mencius replied, 'There is. But it requires a perfectly virtuous *prince* to be able, with a great *country*, to serve a small one,—as, for instance, T'ang served Ko, and king Wan served the Kwan barbarians. And it requires a wise *prince* to be able, with a small *country*, to serve a large one,—as the king T'âi served the Hsün-yü, and Kâu-ch'ien served Wû.

1. The two first 事 differ in meaning considerably from the two last, and they are explained by 撫字周恤 and 聽從服役, i. e. 'cherishing,' and 'obeying,' respectively, but the translation need not be varied. For the affairs of T'ang with Ko, see III. Pt. II. v. Of those of king Wǎn with the Kwǎn tribes we have nowhere an account, which satisfies Mencius's reference to them. Both Châo Ch'î and Chû Hsî make reference to the Shih-ching, III, i, Ode III, st. 8; but what is there said would seem to be of things antecedent to king Wǎn. Of king T'âi and the Hsün-yü, see below, chap. xv. A very readable, though romanced account of Kâu-ch'ien's service of Wu is in the Lieh Kwo Chih(列國志), Bk. lxxx. 是故 and 故, 'therefore,' introducing illustrations of what has been said, are=our 'as.'

제3장

이웃 나라와의 친교를 유지하는 방식이 무엇인가 그리고 용기를 사랑하는 것이 백성의 선과 군주의 영광을 높이는 데 도움이 되는가.

1절

齊宣王問曰, 交隣國有道乎, 孟子對曰, 有, 惟仁者, 爲能以大事小, 是故湯事葛, 文王事昆夷, 惟智者, 爲能以小事大, 故太王事獯鬻, 句踐事吳.

제나라의 선왕이 물었다. "이웃 나라와의 교류 [유지를 규제할] 방법이 있습니까?" 맹자가 대답했다. "있습니다. 그러나 큰 [나라]로 작은 [나라]를 섬기기 위해서는 군주의 덕이 완벽해야 합니다. 탕왕이 갈을 섬기고 문왕이 오랑캐 곤을 섬긴 것과 같습니다. 작은 [나라]로 큰 나라를 섬기기 위해서는 [군주가] 현명해야 합니다. 태왕이 훈육을 섬기고 구천이 오나라를 섬긴 것과 같습니다.

1절 각주

처음 앞의 두 개의 사(事)는 그 뒤의 두 개의 사(事)와 그 의미가 상당히 다르다. 각각 무자주휼(撫字周恤), '소중하게 여기는' 그리고 청종복역(聽從服役), '순종하는'으로 설명된다. 그러나 번역에서 두 의미를 구별할 필요가 없다. 탕왕과 갈의 사건은 제3권 제2편 제5장을 보라. 문왕과 곤이의 사건은 맹자의 언급을 뒷받침해 줄 설명서를 찾을 수 없다. 조기와 주희는 모두 『시경』「대아(大雅)·문왕지십(文王之什)·면(綿)」8연을 언급한다. 그러나 『시경』에서 언급한 것은 문왕 이전의 일들이다. 태왕과 구천에 대해서는 아래 제15장을 보라. 구천이 오나라를 섬긴 낭만적이지만 매우 재미있는 이야기는 『열국지(列國志)』29권을 보라. '그러므로'를 뜻하는 시고(是故)와 고(故)는 앞에서 언급된 것의 예를 소개하므로 영어의 'as'에 해당한다.

2. 'He who with a great *State* serves a small one, delights in Heaven. He who with a small *State* serves a large one, stands in awe of Heaven. He who delights in Heaven, will affect with his love and protection the whole kingdom. He who stands in awe of Heaven, will affect with his love and protection his own kingdom.

2. 天, says Chû Hsî, 理而已矣, 'Heaven is just principle, and nothing more.' It is a good instance of the way in which he and others often try to expunge the idea of a governing Power and a personal God from their classics. Heaven is here evidently the superintending, loving Power of the universe Châo Ch'î says on the whole paragraph:—'The sage delights to pursue the way of Heaven, just as Heaven overspreads every thing;—as was evidenced in T'ang and Wăn's protecting the whole kingdom. The wise measure the time and revere Heaven, and so preserve their States;—as was evidenced in king T'âe and Kâu-ch'ien.' This view gives to 天 a positive, substantial meaning, though the personality of the Power is riot sufficiently prominent. The commentator 王觀濤 says:—'The Heaven here is indeed the Supreme Heaven, but after all it is equivalent to principle and nothing more!' 保, as in Pt. I. vii.

2절

以大事小者, 樂天者也, 以小事大者, 畏天者也, 樂天者, 保天下, 畏天者, 保其國.

큰 [나라]로 작은 나라를 섬기는 자는 하늘(天, Heaven)을 즐깁니다. 작은 [나라]로 큰 나라를 섬기는 자는 하늘을 경외합니다. 하늘을 즐기는 자는 사랑과 보호로 천하에 영향을 끼칠 것입니다. 하늘을 경외하는 자는 사랑과 보호로 자신의 나라에 영향을 끼칠 것입니다.

2절 각주.

주희는 '천, 이이이의(天, 理而已矣)', 즉 '하늘은 원리(principle)일 뿐 다른 무엇이 아니다'라고 했다. 이것은 주희와 여러 주석자가 통치하는 힘(governing Power)과 인간적인 신(personal God)의 개념을 경서에서 삭제하는 방식을 보여주는 좋은 예이다. 하늘은 여기서 분명히 우주를 관장하고 사랑하는 힘이다. 조기는 전체 구절을 '성인은 하늘의 도(way of Heaven)를 추구하는 것을 즐기는데, 하늘은 모든 것을 아우른다(overspread). 이는 탕왕과 문왕이 천하를 보호하는 것과 같다. 현명한 자는 시기를 살피고 하늘을 경외함으로써 나라를 보존한다. 이것은 태왕과 구천의 예로 알 수 있다'로 해석한다. 이 견해는 '하늘'에 적극적이고 실체적인 의미를 부여하지만, 하늘의 힘에서 인간성(personality)이 충분히 두드러지지 않는다. 주석가 왕관도(王觀濤)[17]는 '여기서 천(天)은 최고의 하늘(Supreme Heaven)이지만, 결국 원리와 등가이고 그 이상은 전혀 아니다!'라고 말한다. 보(保)는 제1편 제7장 제3절과 같다.

---

17) (역주) 명나라 때의 학자로, 그와 관련된 저작으로는 『왕관도선생사서가훈(王觀濤先生四書家訓)』(19권, 明王納諫纂輯, 明萬曆四十五年(1617), 『신전왕관도선생역경강의(新鐫王觀濤先生易經講意)』(4권, 明王納諫著集, 王鼎鎮重訂, 明崇禎16年(1643) 刊本) 등이 전한다.

3. 'It is said in the Book of Poetry, "I fear the Majesty of Heaven, and will thus preserve its favouring decree."'

3. See the Shih-ching, IV, i, Bk. I, Ode VII, st. 3. 保, 'to preserve,' 'to keep.' 時 is here taken=是; not so in the ode. The final 之 refers to the decree or favour of Heaven.

4. The king said, 'A great saying! But I have an infirmity;—I love valour.'

5. I beg your Majesty,' was the reply, 'not to love small valour. If a man brandishes his sword, looks fiercely, and says, "How dare he withstand me?"—this is the valour of a common man, who can be the opponent only of a single individual. I beg your Majesty to greaten it.

5. Observe the verbal meaning of 大.

3절

詩云, 畏天之威, 于時保之.

『시경』에 이르기를 '나는 하늘의 위엄(Majesty of Heaven)을 두려워하므로 하늘이 선호하는 명령을 보존할 것이다'라고 했습니다."

3절 각주

『시경』「周頌 淸廟之什 我將」 제3연을 보라[8]. 보(保)는 '보존하다,' '지키다'이다. 여기서 시(時)는 시(是)와 같지만, 『시경』에서는 그렇지 않다. 마지막의 지(之)는 하늘의 명령 또는 호의를 가리킨다.

4절

王曰, 大哉言矣, 寡人有疾, 寡人好勇.

왕이 말했다. "참으로 훌륭한 말씀입니다. 그런데 나에게 취약한 점이 있는데 그것은 내가 용기(valour)를 좋아한다는 것입니다."

5절

對曰, 王請無好小勇, 夫撫劍疾視曰, 彼惡敢當我哉, 此匹夫之勇, 敵一人者也, 王請大之.

맹자가 대답했다. "왕께서 작은 용기를 사랑하지 마소서! 어떤 사람이 칼을 매만지며 사납게 쳐다보며 '어떻게 감히 나를 대적하리오?'라고 말합니다. 이것은 필부의 용기입니다. 그는 한 사람의 적수가 될 뿐입니다. 왕께서는 용기를 크게 하소서.

5절 각주

대(大)의 동사적 힘을 보라.

---

18) (역주) 我將, 祀文王於明堂也. 我將我享, 維羊維牛, 維天其右之. 儀式刑文王之典, 日靖四方. 伊嘏文王, 旣右饗之. 我其夙夜, <u>畏天之威, 于時保之.</u>

6. 'It is said in the Book of Poetry,

"The king blazed with anger,
And he marshalled his hosts,
To stop the march to Chü,
To consolidate the prosperity of Châu,
To meet the expectations of the nation."

This was the valour of king Wăn. King Wăn, in one burst of his anger, gave repose to all the people of the kingdom.

6. See the Shih-ching, III. i. Ode VII. st. 5, where we have 按 for 遏, and 旅 for 莒. 莒 is the name of a State or place, the same probably that in the ode is called 共. 以遏徂莒, 'to stop the march to Chü,' unless we take, with some, 徂 also to be the name of a place.

6절

詩云, 王赫斯怒, 爰整其旅, 以遏徂莒, 以篤周祜, 以對于天下, 此文王之勇也, 文王一怒, 而安天下之民.

『시경』에 이르기를,

> '왕이 타오르는 분노로
> 군대를 정비하고
> 려(莒)로 가는 진군을 막아
> 주의 번영을 공고히 하고
> 천하의 기대에 부응하였다.'

라고 하였습니다. 이것이 문왕의 용기입니다. 문왕은 한 번 성을 내어 천하의 백성을 편안하게 했습니다.

6절 각주

『시경』「대아(大雅)·문왕지십(文王之什)·황의(皇矣)」5연을 보라. 『시경』은 알(遏)이 아닌 안(按)으로 그리고 려(莒)가 아닌 려(旅)로 되어있다. 려(莒)는 나라 이름 또는 지명으로, 『시경』의 공(共) 지역과 동일한 것으로 보인다. 몇몇 주석가들은 이알조려(以遏徂莒)의 조(徂)를 지명으로 본다. '조'가 지명이 아니라면 '려로 가는 군대를 막다'라는 의미이다.

7. 'In the Book of History it is said, "Heaven having produced the inferior people, made for them rulers and teachers, with the purpose that they should be assisting to God, and therefore distinguished them throughout the four quarters of the land. Whoever are offenders, and whoever are innocent, here am I *to deal with them*. How dare any under heaven give indulgence to their refractory wills?" There was one man pursuing a violent and disorderly course in the kingdom, and king Wû was ashamed of it. This was the valour of king Wû. He also, by one display of his anger, gave repose to all the people of the kingdom.

7. See the Shû-ching, V. i. Sect. I. 7, but the passage as quoted by Mencius is rather different from the original text. 惟曰 其助上帝,— literally 'just saying, They shall be aiding to God.' The sentiment is that of Paul, in Rom. xiii.1-4. 'The powers ordained of God are the ministers of God.' In 天下曷敢有越厥志 there is an allusion to the tyrant Chieh, who is the 一人 in Mencius's subjoined explanation.

7절

書曰, 天降下民, 作之君, 作之師, 惟曰, 其助上帝, 寵之四方, 有罪無罪, 惟我在, 天下曷敢有越厥志, 一人衡行於天下, 武王恥之, 此武王之勇也, 而武王亦一怒, 而安天下之民.

『서경』에 이르길, '하늘이 열등한 백성을 낸 후 하나님(God)을 보조할 수 있는 통치자와 스승을 만들어내어 천하에 두각을 드러내게 했다. 죄지은 자가 누구든, 결백한 자가 누구든, 여기 있는 나는 [그들을 다스릴 것이다]. 하늘 아래 감히 누가 그들이 뒤틀린 의지에 탐닉하도록 내버려 두겠는가?'라고 하였습니다. 천하에 폭력적이고 무질서한 길을 좇는 한 사람이 있어 무왕이 그것을 부끄러워하였습니다. 이것이 무왕의 용기입니다. 그 또한 한 번의 분노로 천하의 백성을 편안하게 하였습니다.

7절 각주.

『서경』「주서(周書)·태서상(泰誓上)」제7절을 보라. 그러나 맹자가 인용한 문구는 원문과 다소 다르다. '유왈, 기조상제(惟曰, 其助上帝)'는 문자 그대로, '단지 말함으로써 그들은 하나님(God)을 도울 것이다'라는 의미이다. 그 느낌은 바울이 『로마서』 13장 1~4절의 '하나님이 정하신 권세는 하나님의 사자들이다'에서 찾아볼 수 있다. 천하갈감유월궐지(天下曷敢有越厥志)에서 인유하는 것은 폭군 주왕으로, 맹자는 이어지는 부분에서 그를 일반인 즉 일인(一人)으로 설명한다.

8. 'Let now your Majesty also, in one burst of anger, give repose to all the people of the kingdom. The people are only afraid that your Majesty does not love valour.'

8. 惟恐 is, by some, taken—'The people would only be afraid,' the preceding clause being ='If Your Majesty,' &c. I think the present tense is preferable.

8절

今王亦一怒, 而安天下之民, 民惟恐王之不好勇也.

왕께서도 한 번의 분노로 천하의 백성을 편안하게 하십시오. 백성들은 왕께서 용기를 좋아하지 않을까 두려워할 뿐입니다."

8절 각주

유공(惟恐)에 대해 혹자는 앞의 구절이 '왕께서~라면'이기 때문에 '백성들이 단지 두려워할 것이다'로 해석한다. 나는 현재시제가 더 적절하다고 본다.

CHAPTER IV

CH. 4. A RULER'S PROSPERITY DEPENDS ON HIS EXERCISING A RESTRAINT UPON HIMSELF, AND SYMPATHIZING WITH THE PEOPLE IN THEIR JOYS AND SORROWS.

1. The king Hsüan of Ch'î had an interview with Mencius in the Snow palace, and said to him, 'Do men of talents and worth likewise find pleasure in these things?' Mencius replied, 'They do; and if people *generally* are not able *to enjoy themselves*, they condemn their superiors.

1. 'The Snow palace' was a pleasure-palace of the princes of Ch'î. Most commentators say that the king had lodged Mencius there, and went to see him, but it may not have been so. Perhaps they only had their interview there. 賢者亦有此樂乎 is different from the question, in nearly the same words, in Pt. I. ii, 賢者 being there 'worthy princes,' and here 'scholars,' men of worth generally, with a reference to Mencius himself. 人不得,-人 is to be taken as =民, 'the people,' men generally, and 不得, it is said, 是不得安居之樂, 非指雪宮, is='do not get the pleasure of quiet living and enjoyment, not referring to the Snow palace.' 非其上,一 非 is used as a verb, ='to blame,' 'to condemn.' So in the next paragraph.

제4장

통치자는 자제하고 백성과 즐거움과 슬픔을 나눌 때 더욱 번창한다.

1절

齊宣王見孟子於雪宮, 王曰, 賢者亦有此樂乎. 孟子對曰, 有,
人不得, 則非其上矣.

제나라의 선왕이 설궁에서 맹자와 면담했을 때 말했다. "재능 있고 현명한
사람들도 이런 것에서 기쁨을 찾습니까?" 맹자가 대답했다. "그러합니다.
백성들은 [일반적으로] [즐겁지] 못하면 윗사람을 비난합니다.

1절 각주

'설궁'은 제나라의 제후들이 향락을 즐기는 궁이다. 대부분의 주석가들은
왕이 맹자를 그곳에 유숙시킨 후 그를 만나러 갔다고 말하지만 그렇지 않
을 수도 있다. 아마도 그들은 그곳에서 면담만 했을 것이다. 현자역유차락
호(賢者亦有此樂乎)의 현자(賢者)는 제1편 1장 2절의 현자(賢者)와 다른
의미이다. 1편에서의 '현자'는 '현명한 제후'이고, 여기서는 '학자들' 즉 일
반적인 현명한 사람들로 바로 맹자를 가리킨다. 인부득(人不得)에서 인
(人)은 민(民), '백성들'로, 일반적으로 사람들을 의미하고, 부득(不得)은 '시
부득안거지락, 비지설궁(是不得安居之樂, 非指雪宮)'으로 '조용한 삶의 즐
거움과 쾌락을 얻지 못한다고, 설궁을 가리키는 것이 아니다'를 의미한
다. 비기상(非其上)의 비(非)는 동사로 '비난하다', '비판하다'의 의미이다.
다음 절도 마찬가지이다.

2. 'For them, when they cannot enjoy themselves, to condemn their superiors is wrong, but when the superiors of the people do not make enjoyment a thing common to the people and themselves, they also do wrong.

3. 'When a ruler rejoices in the joy of his people, they also rejoice in his joy; when he grieves at the sorrow of his people, they also grieve at his sorrow. A sympathy of joy will pervade the kingdom ; a sympathy of sorrow will do the same:—in such a state of things, it cannot be but that the ruler attain to the royal dignity.

3. I have given the meaning of the phrases 樂以天下 憂以天下, which sum up the preceding part of the paragraph, and are not to be understood as spoken of the ruler only. The 合講 says:—'These two sentences are to be explained from the four preceding sentences. The phrase 天下 is only a forcible way of saying what is said by 民. The 以 is to be explained as if we read—不以一身, 乃以天下耳, *'the joy and sorrow is not with (i. e. from] one individual, but from the whole kingdom.'* 王, the 4th tone.

2절

不得而非其上者, 非也, 爲民上, 而不與民同樂者, 亦非也.

백성이 스스로 즐길 수 없을 때 윗사람을 비판하는 것도 잘못이지만, 백성의 윗사람이 백성과 함께 즐길 수 없는 것도 잘못입니다.

3절

樂民之樂者, 民亦樂其樂, 憂民之憂者, 民亦憂其憂, 樂以天下, 憂以天下, 然而不王者, 未之有也.

통치자가 백성이 즐기는 것을 즐거워할 때 백성 또한 그가 즐기는 것을 즐거워합니다. 통치자가 백성이 슬퍼하는 것을 슬퍼할 때 백성 또한 그가 슬퍼하는 것을 슬퍼합니다. 천하가 기쁨을 함께하고, 천하가 슬픔을 함께할 것이므로 그런 상태라면 통치자가 천하의 왕이 되지 않을 수 없습니다.

3절 각주

나는 '낙이천하, 우이천하(樂以天下, 憂以天下)'를 이 절의 앞부분의 요약으로 본다. 그래서 이 절이 통치자만을 언급한 것은 아닌 것으로 해석했다. 『합강』(合講)[19]에서는 '이 두 구절은 앞의 네 구절로 설명될 수 있다. 천하(天下)는 민(民)을 강하게 말한 것이다. 이(以)는 불이일신, 내이천하이'(不以一身, 乃以天下耳), 즉 [기쁨과 슬픔은 한 개인과(즉, 으로부터)가 아니라 천하로부터 나온다]로 설명해야 한다'라고 했다. 왕(王)은 4성조이다.

---

19) (역주) 『합강』(合講)은 진심장의 각주에서 언급된 『사서합강(四書合講)』과 동일 책으로 보인다. 이는 청나라 때의 옹복(翁複)의 저작이며, 『논어』 10권, 『맹자』 7권, 『대학』과 『중용』 각 1권으로 되었다. 그는 이외에도 『사서인물고(四書人物考)』, 『사서도고(四書圖考)』, 『작아재시경준주합강(酌雅齋詩經遵注合講)』(8권)과 『도해(圖解)』(1권) 등을 지었다.

4. 'Formerly, the duke Ching of Ch'î asked the minister Yen, saying, "I wish to pay a visit of inspection to Chwan-fû, and Cbâo-wû, and then to bend my course southward along the shore, till I come to Lang-yê. What shall I do that my tour may be fit to be compared with the visits of inspection made by the ancient sovereigns?"

4. 晏子, see Confucian. Analects, V. xvi. The duke Ching occupied the throne for 58 years from B.C. 546-488. Chwan-fû and Châo-wû were two hills, which must have been on the north of Ch'î, and looking in the waters now called the Gulf of Pei-chih-lî. Lang-yê was the name both of a mountain and an adjacent city, referred to the present department of Chû-shăng, in Ch'ing-châu. 修=作爲, 'to do.'

4절

昔者, 齊景公問於晏子曰, 吾欲觀於轉附朝儛, 遵海而南, 放于琅邪, 吾何修, 而可以比於先王觀也.

예전에 제나라의 경공이 안자에게 '나는 전부산과 조무산을 시찰한 후 해변을 따라 남쪽으로 내려가 낭야에 가려고 합니다. 나의 여행이 어떠해야 옛 군주들의 시찰에 견줄 수 있는 바른 방문이 되겠습니까?'라고 물었습니다.

4절 각주

안자(晏子)는 공자의 『논어』 제5권 제16장을 보라. 경공은 기원전 546~488년 사이 58년간 재위하였다. 전부산[20]과 조무산[21]은 산의 이름으로 제나라의 북쪽에 있었고 오늘날 Pei-chih-li 만이라 불리는 바다에 면해 있었다. 낭야는 산의 이름[22]이기도 하고 인근 도시의 이름이기도 하며 현재 청주(青州)의 Chu-shang 부를 가리킨다. 수(修)는 작위(作爲), '하는 것'을 의미한다.

---

20) (역주) 오늘날 말하는 지부산(之罘山)이나 지부산(芝罘山)을 말하며 산동성 연대시에 있다. 달리 북도(北島)나 북산(北山)으로도 불렸다. 진시황이 순행했던 곳으로 유명하다..

21) (역주) 초순(焦循)의 『쟁자정의(孟子正義)』에 의하면, 소석산(김石山)을 말하는데, 지금의 산동성 영성시(榮成市) 동북쪽에 있다. 『삼재약기(三齊略記)』에 의하면 진시황이 석교(石橋)를 만들어 바다로 건너가 일출을 감상했다고 했다. 청 광서(光緒) 연간의 『등주부지(登州府志)』에서는 소석산(김石山)이 상산(成山)의 동쪽에 있다고 했는데, 『산동통지(山東通志)』에서는 소석산(김石山)과 성산(成山)은 원래 같은 산이라고 했다.

22) (역주) 낭아산은 기원전 219년 진시황이 순행하였던 곳으로 여기에 낭아대(琅邪臺)와 석비(石碑)를 세웠다고 한다.

5. 'The minister Yen replied, "An excellent inquiry! When the Son of Heaven visited the princes, it was called a tour of inspection, that is, be surveyed the *States* under their care. When the princes attended at the court of the Son of Heaven, it was called a report of office, that is, they reported their administration of their offices. Thus, neither of the proceedings was without a purpose. *And moreover*, in the spring they examined the ploughing, and supplied any deficiency *of seed*; in the autumn they examined the reaping, and supplied any deficiency of yield. There is the saying of the Hsiâ dynasty,－If our king do not take his ramble, what will become of our happiness? If our king do not make his excursion, what will become of our help? That ramble, and that excursion, were a pattern to the princes.

5. 巡狩23), see the Shû-ching, II. i. 8, 9. 狩 is used as =守. It does not seem necessary to repeat the 巡狩 and 述職 in the translation. This tour of inspection appears to have been made, under the Châu dynasty, once in twelve years, while the princes had to present themselves at court(朝, read *ch'âo*) once in six years. From 春, 'in the spring,' the practices appropriate to the various princes, as well as the sovereign, are described, though, as appears from the last clause, with special reference to the latter. 豫 or 預=遊. By 一遊一預 the spring and autumn visitations are intended, each called 一.

---

23) (역주) 레게의 각주 원문에는 '狩巡'로 오기되어 '巡狩'로 수정함.

5절

晏子對曰, 善哉問也, 天子適諸侯曰巡狩, 巡狩者, 巡所守也, 諸侯朝于天子曰述職, 述職者, 述所職也, 無非事者, 春省耕, 而補不足, 秋省斂, 而助不給, 夏諺曰, 吾王不遊, 吾何以休, 吾王不豫, 吾何以助, 一遊一豫, 爲諸侯度.

재상인 안자가 말했다. '참으로 훌륭한 질문입니다. 천자가 제후를 방문하는 것을 순수(巡狩)라고 하는데 이때 그는 제후가 다스리는 [공국]을 살핍니다. 제후가 천자의 조정에 참여하는 것을 술직(述職)이라 하는데 이때 그들은 직무의 행정을 보고했습니다. 모든 행사에는 목적이 있었습니다. [게다가], 제후들은 봄에 밭 갈기를 살피고, [씨앗이] 부족하면 채워주었습니다. 가을에는 수확을 살피고 생산량이 부족하면 채워주었습니다. 하나라의 속담에 왕이 소요하지 않는다면 누가 우리를 행복하게 하겠는가? 왕이 유람하지 않는다면 누가 우리를 돕겠느냐고 했습니다. 천자의 소요와 유람은 제후들이 따라야 할 모범이었습니다.

5절 각주

순수(巡狩)는 『서경』「하서(夏書)·우공(禹貢)」제1장 8-9절을 보라. 수(狩)는 수(守)로 사용된다. 순수와 술직을 번역에서 반복할 필요는 없는 것 같다. 천자의 '순수'는 주나라에서 12년에 한 번 시행된 것 같지만, 제후들은 6년에 한 번 천자의 조정(朝, [조])에 참석하여 보고해야 했다. 천자뿐만 아니라 여러 제후가 봄(春)부터 해야 할 적절한 관행들이 기술되어 있다. 마지막 구절을 보면 천자를 특별히 가리키고 있는 듯하다. 예(豫) 또는 예(預)는 유(遊)와 같다. 일유일예(一遊一預)에서 일(一)은 각각 봄과 가을로 봄과 가을의 방문을 의미한다.

6. ' "Now, the state of things is different.─A host marches *in attendance on the ruler*, and stores of provisions are consumed. The hungry are deprived of their food, and there is no rest for those who are called to toil. Maledictions are uttered by one to another with eyes askance, and the people proceed to the commission of wickedness. Thus the royal ordinances are violated, and the people are oppressed, and the *supplies of* food and drink flow away like water. *The rulers* yield themselves to the current, or they urge their way against it; they are wild; they are utterly lost:─these things proceed to the grief of the inferior princes.

6. 師, properly a body of 2,500 men, but here generally =a host, a multitude. 睊睊胥讒 民乃作慝 are referred to the people, and the next two clauses to the princes. Yet the 乃 after 民 would rather indicate a different subject for the clause before. 諸侯憂,─諸侯, by Chû Hsî and others, is explained as in the translation, though this view seems rather forced. Châo Ch'î makes them refer to the princes proper; but how can it be said that these things in which they delighted were a 'grief' to them?

6절

今也不然, 師行而糧食, 飢者弗食, 勞者弗息, 睊睊胥讒, 民乃
作慝, 方命虐民, 飮食若流, 流連荒亡, 爲諸侯憂.

지금은 상황이 다릅니다. 다수가 [통치자를 수행하여] 나아가므로 식량 창
고가 비어갑니다. 배고픈 자들이 먹을 것을 빼앗기고 징발된 이들은 쉬지
못합니다. 서로 흘기고 욕을 하면서 백성들은 사악한 일을 계속합니다.
이리하여 [왕의] 명이 위반되고 백성들이 억압을 받고 음식과 음료수
가 물처럼 [흘러] 낭비됩니다. [통치자들은] 그 흐름에 굴복하고 또는
그 흐름에 거슬러 고집부리다 광폭해지고 완전히 자신을 상실합니다.
이런 일들은 그들보다 낮은 지위인 제후의 슬픔으로 이어집니다.

6절 각주

사(師)는 본래 2,500명의 일단으로 여기서는 대개 무리(host), 다수
(multitude)를 의미한다. '견견서참, 민내작특'(睊睊胥讒 民乃作慝)은 백성들
을 가리키고, 그다음 두 구절은 제후들을 가리킨다. 그러나 민(民) 뒤에
오는 내(乃)는 앞 구절과 주어가 다름을 암시한다. 나는 제후우(諸侯憂)에
대한 해석을 주희와 다른 해석가들을 따랐지만 다소 무리가 있다. 조
기는 그들 즉 통치자들이 제후들을 가리키는 것으로 보지만 이렇게
해석하면 그들이 기뻐하는 것이 어떻게 그들에게 '슬픔'이 된다는 것
인지 알기 어렵다.

7. ' "Descending along with the current, and forgetting to return, is what I call yielding to it. Pressing up against it, and forgetting to return, is what I call urging their way against it. Pursuing the chase without satiety is what I call being wild. Delighting in wine without satiety is what I call being lost.

8. ' "The ancient sovereigns had no pleasures to which they gave themselves as on the flowing stream; no doings which might be so characterized as wild and lost.

9. It is for you, my prince, to pursue your course." '

7절

從流下而忘反, 謂之流, 從流上而忘反, 謂之連24), 從獸無厭, 謂之荒, 樂酒無厭, 謂之亡.

물이 흐르는 대로 따라 내려가서 돌아오는 것을 망각하는 것을 굴복 즉유(流)라 합니다. 물을 억지로 거슬러 올라간 후 돌아오는 것을 망각하는 것을 고집 즉 련(連)이라 합니다. 만족을 모르고 사냥감을 쫓는 것을 광폭즉 황(荒)이라 합니다. 만족을 모르고 술을 즐기는 것을 상실 즉 망(亡)이라 합니다.

8절

先王無流連之樂, 荒亡之行.

옛날의 왕들은 흐르는 물에서 하듯 자신을 내던지는 일을 즐기지 않았고, 광폭해지는 일도 정신을 잃는 일도 하지 않았습니다.

9절

惟君所行也.

제후께서는 자신의 길을 추구해야 합니다'라고 말했습니다.

---

24) (역주) 레게는 '從流下, 而忘反, 謂之流, 從流上而忘反, 謂之連'에서 '從流下, 而忘反'으로 끊었으나, 이어지는 '從流上而忘反'을 보면 '從流下而忘反'으로 붙이는 것이 타당하다. 레게의 『맹자』에는 이처럼 끊기에 관한 오류가 간혹 보인다. 따라서 명백한 오류는 수정했다.

10. 'The duke Ching was pleased. He issued a proclamation throughout his State, and went out and occupied a shed in the borders. From that time he began to open his granaries to supply the wants of the people, and calling the Grand music-master, he said to him—"Make for me music to suit a prince and his minister pleased with each other." And it was then that the Chî-shâo and Chio-shâo were made, in the words to which it was said, "Is it a fault to restrain one's prince?" He who restrains his prince loves his prince.'

10. 太師, see Analects, VIII. xv. 徵(read *chî*, the 3rd tone) and 角 are the names of two of the five notes in the Chinese scale, the fourth and the third. 招 is used for 韶, the name given to the music of Shun. This was said to be preserved in Ch'î, and the same name was given to all Ch'î music. The Chî-shâo and Chio-shâo were, I suppose, two tunes or pieces of music, starting with the notes 徵 and 角, respectively.

10절

景公說, 大戒於國, 出舍於郊, 於是始興發, 補不足, 召太師曰, 爲我作君臣相說之樂, 蓋徵招角招是也, 其詩曰, 畜君何尤, 畜君者, 好君也.

경공이 기뻐했습니다. 그는 온 나라에 포고문을 낸 후 나가서 국경의 한 창고를 점거했습니다. 그때부터 그는 창고를 열어 백성들이 부족한 것을 채워주기 시작했습니다. 그는 최고 악사인 태사를 불러 '나를 위해 제후와 신하가 서로 즐길 수 있는 음악을 지어라'라고 말했습니다. 치소와 각소라는 음악이 만들어진 것은 바로 이때였습니다. 그 가사에 '제후를 말리는 것이 잘못인가?'라고 했습니다. 그가 제후를 말리는 것은 사랑하기 때문입니다."

10절 각주

태사(太師)는 『논어』 제8권 제15장을 보라. 치(徵, 3성조)와 각(角)은 중국의 5음계 중 3번째와 4번째 음계를 가리키는 이름이다. 소(招)는 순(Shun) 임금의 음악에 붙여진 이름인 소(韶)이다. 이것은 '치'에 보존된 것으로 전해지고 동일한 명칭이 모든 '치' 음악에 주어진다. 치소와 각소는 모두 음악의 두 곡조 또는 작품으로 추정되고 각각 치(徵)와 각(角)의 음계로 시작한다.

CHAPTER V

CH. 5. TRUE ROYAL GOVERNMENT WILL ASSUREDLY RAISE TO THE SUPREME DIGNITY, AND NEITHER GREED OF WEALTH, NOR LOVE OF WOMAN, NEED INTERFERE WITH ITS EXERCISE.

However his admirers may try to defend him, here, and in other chapters, Mencius, if he does not counsel to, yet suggests, rebellion. In his days, the Châu dynasty was nearly a century distant from its extinction. And then his accepting the princes, with all their confirmed habits of vice and luxury, and telling them those need not interfere with the benevolence of their government, shows very little knowledge of man, or of men's affairs.

제5장

진정한 왕도정치를 하면 그는 최고의 지위에 오를 것이다. 그가 재물에 대한 탐욕이 있다고 해도 여색을 좋아한다고 해도 왕도정치를 행하는 데 방해되지 않는다.

추종자들이 이 장과 다른 장에서 맹자가 반역하라고 간언한 것은 아니라고 아무리 옹호해도 맹자가 반역을 암시하고 있는 것은 맞다. 맹자의 사망 후 1세기도 안 되어 주나라가 멸망했다. 맹자는 자신이 활동하던 시기의 사악하고 사치스러운 습관을 모두 지닌 제후들을 용인하면서 그들의 이러한 습관이 어진 정치를 행하는데 전혀 방해되지 않는다고 말한다. 맹자의 이러한 발언은 인간과 인간사에 대한 지식의 부족을 많이 드러낸다.

1. The king Hsüan of Ch'î said, 'People all tell me to pull down and remove the Hall of Distinction. Shall I pull it down, or stop *the movement for that object?*'

1. 明堂,—not 'the *Ming* or Brilliant Hall.' It was the name given to the palaces occupied in different parts of the country by the sovereigns in their tours of inspection mentioned in the last chapter. See the Book of Rites, Bk. XII. The name *Ming* was given to them, because royal government, &c., were 'displayed' by means of them. The one in the text was at the foot of the T'âe Mountain in Ch'î, and as the Son of Heaven no longer made use of it, the suggestion on which he consulted Mencius was made to king Hsüan. In 毀諸已乎 we have two questions, —'Shall I destroy it(諸, the interrogative of hesitancy, so common in Mencius), or, Shall I stop?'

1절

齊宣王問曰, 人皆謂我毀明堂, 毀諸已乎.

제나라의 선왕이 말했다. "사람들이 모두 나에게 명당을 허물어 없애라고 합니다. 허물까요? 아니면 [그 목적을 위한 행동을] 막을까요?"

1절 각주

명당(明堂)은 좋을 곳을 의미하는 [명당]이 아니다. 명당(明堂)은 4장에서 언급했던 천자가 나라의 여러 지역을 순방할 때 거주하던 궁들을 이르는 말이다. 『예기』「명당위(明堂位)」를 보라. 이 궁을 [명]이라 부른 것은 왕도(王道) 등이 명당을 통해 '드러나기' 때문이었다. 본문의 명당은 제나라의 태산 아래에 있었다. 천자(Son of Heaven)가 이제는 명당을 이용하지 않았기 때문에 제나라의 선왕이 맹자에게 이에 대한 조언을 구하고 맹자가 대답했다. 훼저이호(毀諸已乎)에는 두 가지 질문이 있다. '내가 그것을 파괴할까요(諸는 망설이면서 하는 의문으로 맹자가 자주 사용하는 글자이다) 또는 '내가 멈출까요?'라는 의미이다.

2. Mencius replied, 'The Hall of Distinction is a Hall appropriate to the sovereigns. If your Majesty wishes to practise the true royal government, then do not pull it down.'

2. The first and third 王 here might have the 4th tone; they quite differ from the second, which is merely the style of king Hsüan. I may give here a note from the 集證(Pt. I. i. 1) on the force of the terms 君 and 王;一'He who is followed by the people till they form *a flock* (羣) is a *chün*. He to whom they turn and go (往之), is a *wang*. Thus the title *wang* expresses the idea of the people's turning and resorting to him who holds it, but the possessor of a State can barely be called a *Chün*. It is only the possessor of the whole kingdom, who can be styled *wang*.'

2절

孟子對曰, 夫明堂者, 王者之堂也, 王欲行王政, 則勿毀之矣.

맹자가 대답했다. "명당은 천자의 전당입니다. 왕께서 진정한 왕도정치의 구현을 원한다면, 명당을 허물지 마십시오."

2절 각주

여기서 첫 번째와 세 번째 왕(王)은 4성조로, 제나라의 선왕을 가리키는 두 번째 왕(王)과는 그 의미가 완전히 다르다. 나는 군(君)과 왕(王)의 힘에 대해 언급한 『집증(集證)』(Pt. I. i. i)[25]의 한 부분을 말하고자 한다. '백성들이 '무리, 羣'를 형성할 때까지 따르는 이를 가리켜 [군, 君]이라 한다. 백성들이 돌아서서 가는(往之) 이를 가리켜 [왕, 王]이라 한다. 그리하여 왕이라는 명칭에는 백성들이 왕이라 불리는 이에게 돌아가서 의존한다는 생각이 표현되어 있다. 그러므로 한 공국의 주인을 [군]으로 부르지 않는다. [왕]이라는 명칭은 천하의 주인에게만 붙인다.

---

25) (역주) 『집증』(集證)은 『사서경주집증』(四書經注集證)으로 보인다. 청나라 오창종(吳昌宗)이 광서(光緒) 26년(1900년)에 편찬한 책이다. 그러나 레게의 생몰년 1815-1897과 부합되지 않는다. 1900년 이전에 간행되어 유통되다가 1900년에 오창종이 다시 편찬한 책인지 확인이 필요하다.

3. The king said, 'May I hear from you what the true royal government is?' 'Formerly,' was the reply, 'king Wăn's government of Ch'î was as follows:—The husbandmen *cultivated for the government* one-ninth of the land; the descendants of officers were salaried; at the passes and in the markets, *strangers* were inspected, but *goods* were not taxed: there were no prohibitions respecting the ponds and weirs; the wives and children of criminals were not involved in their guilt. There were the old and wifeless, or widowers; the old and husbandless, or widows; the old and childless, or solitaries; the young and fatherless, or orphans:—these four classes are the most destitute of the people, and have none to whom they can tell their wants, and king Wăn, in the institution of his government with its benevolent action, made them the first objects of his regard, as it is said in the Book of Poetry,

"The rich may get through *life well*;
But alas! for the miserable and solitary!"'

3절

王曰, 王政可得聞與. 對曰, 昔者文王之治岐也, 耕者九一, 仕
者世祿, 關市譏而不征, 澤梁無禁, 罪人不孥, 老而無妻曰鰥,
老而無夫曰寡, 老而無子曰獨, 幼而無父曰孤, 此四者, 天下之
窮民, 而無告者, 文王發政施仁, 必先斯四者, 詩云, 哿矣富人,
哀此煢獨.

왕이 말했다. "진정한 왕도정치가 무엇인지 말씀해주시겠습니까?" 맹자가
대답했다. "예전에 문왕이 기산을 통치할 때 다음과 같이 했습니다. 농부
는 [농사를 지어 국가에] 그 땅의 9분의 1을 세금으로 냈습니다. 관리의
자손들은 급료를 받았습니다. 관문과 시장에서 [이방인들이] 검문을 받았
지만, [물건에] 세금을 부과하지 않았습니다. 연못과 둑은 전혀 금지하지
않았습니다. 범죄자의 범죄에 그 처자식은 연좌되지 않았습니다. 아내 없
는 늙은이를 홀아비라 하고, 남편 없는 늙은이를 과부라 하며, 자식 없는
늙은이를 고독자라고 하며, 아버지가 없는 어린애를 고아라 합니다. 이 네
집단은 백성 가운데서도 가장 곤궁한 백성입니다. 그들이 필요한 것을 대
신 말해 줄 사람이 없습니다. 그래서 문왕은 정부를 세워 어진 정치를 펼
칠 때 그들을 가장 먼저 고려하였습니다. 『시경』에서 말했습니다.

> "부자들은 [잘] 살아갈 수 있다.
> 불쌍하구나! 비참하고 고독한 사람들이여!"

3. Ch'î was a double-peaked hill, giving its name to the adjoining country, the old State of Châu. Its name is still retained in the district of Ch'î-shan, in Făng-hsiang, the most western department of Shen-hsî, bordering on Kan-sû. 耕者九一, a square *li* was divided into nine parts, each containing 100 *mâu* ; eight farming families were located upon them, one part being reserved for government, which was cultivated by the joint labours of the husbandmen;—See III. Pt. I. iii. 仕者世祿,— 'officers, hereditary emolument'; that is, descendants of meritorious officers, if men of ability, received office, and, even if they were not, they had pensions, in reward of the merit of their fathers. 'Ponds and weirs,'—it is not to be understood that the *ponds* were artificial. 先斯四, —先 is the verb. For the ode, see the Shih-ching, II. iv. Ode VIII. st. 13, where for 營 we find 悍.

3절 각주

기산은 봉우리가 두 개인 산으로, 주나라가 제후국이었을 때 그 인근 지역을 함께 일컫는 이름이다. 기산이라는 이름은 감숙(Kan-su)의 지경인 Shen-hsi의 가장 서쪽인 봉상(鳳翔) 지역의 기산(岐山)에 아직도 남아 있다. 경자구일(耕者九一)은 1평방 리를 9등분하고, 각 부분은 100무를 포함한다. 8개의 농가가 그 위에 위치하고, 나라를 위해 남겨둔 한 부분을 농부들이 공동 경작한다. 제3권 제1편 제3장을 보라. 사자세록(仕者世祿)은 '세습 녹봉을 받는 관리'로 즉 공신의 후손이 능력이 있으면 관직을 받고, 능력이 없다 해도 선조들의 공적에 대한 보답으로 연금을 받았다. '연못과 둑'에서 [연못]은 인공 연못이 아니다. 선사사(先斯四)에서 선(先)은 동사이다. 시는 『시경』 「소아(小雅)·기부지십(祈父之什)·정월(正月)」13연을 보라. 『시경』에서는 경(笁)이 경(惸)으로 되어 있다.

4. The king said, 'O excellent words!' *Mencius* said, 'Since your Majesty deems them excellent, why do you not practise them?' 'I have an infirmity,' said the king; 'I am fond of wealth.' The reply was, 'Formerly, Kung-lîu was fond of wealth. It is said in the Book of Poetry,

"He reared his ricks, and filled his granaries,
He tied up dried provisions and grain,
In bottomless bags, and sacks,
That he might gather his people together, and glorify his State.
With bows and arrows all-displayed,
With shields, and spears, and battle-axes, large and small,
He commenced his march."

In this way those who remained in their old seat had their ricks and granaries, and those who marched had their bags of provisions. It was not till after this that he thought he could begin his march. If your Majesty loves wealth, give the people power to gratify the same feeling, and what difficulty will there be in your attaining the royal sway?'

4절

王曰, 善哉言乎. 曰, 王如善之, 則何爲不行. 王曰, 寡人有疾, 寡人好貨. 對曰, 昔者, 公劉好貨, 詩云, 乃積乃倉, 乃裹餱糧, 于橐于囊, 思戢用光, 弓矢斯張, 干戈戚揚, 爰方啓行, 故居者有積倉, 行者有裹糧也, 然後可以爰方啓行, 王如好貨, 與百姓同之, 於王何有.

왕이 말했다. "참으로 훌륭하신 말씀입니다!" [맹자가] 말했다. "왕께서 이 말이 훌륭하다고 생각하신다면, 왜 실행하지 않으십니까?" 왕이 말했다. "나에게 병이 있는데, 나는 재물을 좋아합니다." "예전에, 공류는 재물을 좋아했습니다. 『시경』에서 공류를 두고 말했습니다.

> '노적을 거두어 창고를 채웠고
> 말린 식량과 낱알을
> 바닥없는 자루와 전대에 넣고 묶어
> 백성들을 함께 모아, [그의 공국을] 영광되게 했다.
> 활과 화살을 모두 내어놓고
> 방패와 창을 들고, 크고 작은 도끼를 들고
> 진군을 시작했다.'

이런 방식으로 옛 자리에 남아 있던 사람들에게는 노적과 창고가 있었고, 진군하는 이들에게는 식량 자루가 있었습니다. 이렇게 하고 나서야 그는 진군을 시작할 수 있다고 생각했습니다. 왕께서 재물을 좋아한다면, 백성들이 왕처럼 재물을 좋아하는 감정을 만족시킬 수 있도록 그들에게 힘을 주십시오. 그러면 왕께서 왕도정치를 펼치는데 무슨 어려움이 있겠습니까?"

4. 公劉, 'The duke Liû,' was the great-grandson of Hàu-chî, the high ancestor of the Châu family. By him the waning fortunes of his house were revived, and he founded a settlement in 豳(*Pin*), the present Pin-châu(邠州), in Shen-hsî. The account of his doing so is found in the ode quoted, Shih-ching, III. ii. Ode IV. st. 1. For 乃 we have in the Shih-ching 廼 and for 戢, 輯. 積, read *ts'ze*, in 4th tone, 'to store up,' 'stores.' Chû Hsî explains:—'stores in the open air.'

4절 각주

공류(公劉) 즉 공작 류(duke Lieu)는 주나라의 시조인 후직(后稷)의 증손자이었다. 그는 기울어가는 가문을 부활시켰고, 섬서성 빈(豳) 지역에 정착지를 세웠다. 그의 이러한 행적은 『시경』「대아(大雅)·생민지십(生民之什)·공류(公劉)」 제1연에 인용된 노래에서 찾을 수 있다. 『시경』에는 내(乃)가 아닌 내(迺)로, 집(戢)이 아닌 집(輯)으로 되어 있다. '積'은 4성조로 '적'으로 발음되고, '저장하다', '창고'를 뜻한다. 주희는 이를 '실외 창고'로 해석한다.

5. The king said, 'I have an infirmity; I am fond of beauty.' The reply was, 'Formerly, king T'âi was fond of beauty, and loved his wife. It is said in the Book of Poetry,

"Kû-kung T'an-fû
Came in the morning, galloping his horse,
By the banks of the western waters,
As far as the foot of Ch'î hill,
Along with the lady of Chiang;
They came and together chose the site for their settlement."

At that time, in the seclusion of the house, there were no dissatisfied women, and abroad, there were no unmarried men. If your Majesty loves beauty, let the people be able to gratify the same feeling, and what difficulty will there be in your attaining the royal sway?'

5. The king T'âi (see the Doctrine of the Mean, chap. xviii) was the ninth in descent from Kung Liû, by name T'an-fû (in 3rd tone). He removed from Pin to Ch'î, as is celebrated in the ode, Shih-ching, III, i, Ode III, st. 2. 古公=先公, 'the ancient duke,' T'an-fû's title, before it was changed into 大王, 'the king, or sovereign, T'âi.'

5절

王曰, 寡人有疾, 寡人好色. 對曰, 昔者大王好色, 愛厥妃, 詩云, 古公亶父, 來朝走馬, 率西水滸, 至于岐下, 爰及姜女, 聿來胥宇, 當是時也, 內無怨女, 外無曠夫, 王如好色, 與百姓同之, 於王何有.

왕이 말했다. "나에게는 허물이 있습니다. 나는 미를 좋아합니다." 이에 맹자가 대답했다. "예전에, 태왕은 미를 좋아하여 아내를 사랑했습니다. 『시경』에서 태왕을 두고 이르길,

> '고공단보는
> 아침에 말을 달려
> 서쪽의 강둑에 이르러
> 멀리 기산 아래에서
> 강씨 부인과 함께
> 와서 살 곳을 골랐다.'

라고 했습니다. 그 당시 집에 격리되어 있어도 만족하지 않는 여인이 없었고 밖에서 결혼하지 않는 남자가 없었습니다. 왕께서 미를 사랑한다면, 백성들도 왕처럼 미를 사랑하는 감정을 만족시킬 수 있도록 하십시오. 그러면 왕께서 왕도정치를 펼치는데 무슨 어려움이 있겠습니까?"

5절 각주

태왕(『중용』제18장을 보라)은 공류의 9대손으로 그의 이름은 단보(3성조)였다. 그를 기리는 『시경』「대아(大雅)·문왕지십(文王之什)·면(綿)」 2연에서 알 수 있듯이 그는 빈(豳) 지역에서 기산(岐山)으로 이동했다. 고공(古公)은 선공(先公)으로 '옛날의 공작이라는 뜻이며 '단보'를 가리키는 칭호이다. 고공은 이후에 '왕 또는 최고통치자 태'를 의미하는 태왕으로 바뀐다.

CHAPTER VI

BRINGING HOME HIS BAD GOVERNMENT TO THE KING OF CH'î.

1. Mencius said to the king Hsüan of Ch'î, 'Suppose that one of your Majesty's ministers were to entrust his wife and children to the care of his friend, while he himself went into Ch'û to travel, and that, on his return, *he should find that* the friend had let his wife and children suffer from cold and hunger;—how ought he to deal with him?' The king said, 'He should cast him off.'

1. 之楚,一之 is the verb=往. 比, in the 4th tone,=乃, as in Analects, XI. xxv. 4, 5. 凍 and 餒=active, *hiphil* verbs. It is better to prefix 'suppose that,' or 'if' to the whole sentence, in the translation, as the cases in the remaining paragraph cannot well be put directly, as this might be. The replies suggest the renderings of 如之何, which I have given.

제6장

맹자는 제나라의 왕이 통치를 잘못하고 있음을 절실히 느끼게 한다.

1절

孟子謂齊宣王曰, 王之臣, 有託其妻子於其友, 而之楚遊者, 比
其反也, 則凍餒其妻子, 則如之何. 王曰, 棄之.

맹자가 제나라의 선왕에게 물었다. "왕의 한 신하가 처자식을 친구에게 맡기고 초나라로 여행을 떠났습니다. 돌아왔을 때 그 친구가 처자식을 추위와 배고픔의 고통을 겪도록 내버려 둔 것을 [알았다고] 가정해보십시오. 그는 그 친구를 어떻게 처리해야 하겠습니까?" 왕이 말했다. "내쫓아야지요."

1절 각주

지초(之楚)의 지(之)는 왕(往)으로 동사이다. 비(比)는 4성조로 『논어』 제11권 제15장 제4~5절의 급(及)과 같은 의미이다. 동(凍)과 뇌(餒)는 능동 동사이다. 나머지 구절의 사례들이 직접 잘 표현되지 않기 때문에 번역 시전체 문장 앞에 'suppose that,' 또는 'or'을 붙이는 것이 더 좋다. 나의 여지하(如之何)의 번역에 왕의 대답이 암시되어 있다.

2. *Mencius* proceeded, 'Suppose that the chief criminal judge could not regulate the officers *under him*, how would you deal with him?' The king said, 'Dismiss him.'

> 2. 士師, see on Analects, XVIII. ii. 治 is the second tone. In the next paragraph, it is the 4th. The two instances well illustrate the difference of signification, which the tone makes.

3. *Mencius again said*, 'If within the four borders *of your kingdom* there is not good government, what is to be done?' The king looked to the right and left, and spoke of other matters.

2절

曰, 士師不能治士, 則如之何. 王曰, 已之.

[맹자가] 말을 이었다. "범죄자를 다루는 대법관이 [그 아래의] 관리들을 다스리지 못한다면, 왕께서는 그를 어떻게 처리하시겠습니까?" 왕이 말했다. "파면해야지요."

2절 각주

사사(士師)는 『논어』 제18권 제2장을 보라. 치(治)는 2성조이다. 다음 절에서는 4성조이다. 이 두 개의 예는 성조에 따라 달라지는 의미의 차이를 잘 보여준다.

3절

曰, 四境之內不治, 則如之何. 王顧左右而言他.

[맹자가 다시] 말했다. "[나라의] 사경(四境) 내에서 선정이 이루어지지 않는다면, 어떻게 해야 하겠습니까?" 왕은 좌우를 살피더니 다른 것에 대해 말했다.

CHAPTER VII

CH. 7. THE CARE TO BE EMPLOYED BY A PRINCE IN THE EMPLOYMENT OF MINISTERS; AND THEIR RELATION TO HIMSELF, AND THE STABILITY OF HIS KINGDOM.

1. Mencius, having an interview with the king Hsüan of Ch'î, said to him, 'When men speak of "an ancient kingdom," it is not meant thereby that it has lofty trees in it, but that it has ministers *sprung from families which have been noted in it* for generations. Your Majesty has no intimate ministers even. Those whom you advanced yesterday are gone to-day, and you do not know it.'

1. On the idiom 之謂, see Prémare, on character 之; but the samples which he adduces are not quite similar to those in this passage. Literally, the opening sentence would be:—'That which is called an ancient kingdom, is not the saying(之謂) of saying it has lofty trees; it is the saying of—it has hereditary ministers.' The 謂 in 非謂 might be omitted, and yet it adds something in the turn of the sentence. As opposed to 今日, 昔者='yesterday.' Châo Ch'î strangely mistakes the meaning of the last clause, which he makes to be:—'Those whom you advanced on the past day, do evil to-day, and you do not know to cut them off!'

제7장

맹자가 제후에게 관리를 기용할 때의 주의 사항과 관리기용이 왕과 나라의 안정에 미치는 영향에 대해 말한다.

1절
孟子見齊宣王曰, 所謂故國者, 非謂有喬木之謂也, 有世臣之謂也, 王無親臣矣, 昔者所進, 今日不知其亡也.

맹자가 제나라의 선왕을 알현한 후 말했다. "사람들이 '고대왕국'에 대해 말할 때 그 나라에 우뚝 솟은 나무들이 있다는 것이 아니라 [그 나라에는 명망 있는 가문 출신의] 신하들이 대대로 있다는 뜻입니다. 왕께서는 [심지어] 친밀한 신하조차 없습니다. 왕께서 어제 기용했던 이들이 오늘은 가고 없는데도 이를 알지 못합니다."

1절 각주
관용어인 지위(之謂)에 대해서는 프레마르(Prémare)[26]의 지(之)를 찾아보라. 그러나 그의 예문들은 이 단락과 조금 다르다. 문자 그대로 문장의 시작은 '고대왕국이라 불리는 것은 그것이 우뚝 솟은 나무를 가진다고 말하는 것을 일컬음(之謂)이 아니라 세습 관리가 있음을 일컬음이다. 비위(非謂)에서 위(謂)는 생략될 수 있지만, 이 글자로 문장이 바뀔 때 어떤 의미가 더해진다. 금일(今日)과 반대로, 석자(昔者)는 '어제'를 의미한다. 조기는 마지막 구절의 의미를 '왕께서 지난날 기용했던 자들이 오늘 악을 저지르는 데도 그들을 내칠 줄을 모르나니!'로 이상하게 잘못 해석한다.

---

26) (역주) 'Prémare'는 『중국어 지식』(*Notitia linguje sinicje*, 1831)의 저자인 ,조제프 앙리 프레마르(Joseph H. Prémare, 1666~1736)를 가리킨다.

2. The king said, 'How shall I know that they have not ability, and so avoid employing them at all?'

2. 舍=捨, the 3rd tone, 'to let go,' 'to dismiss.'

3. The reply was, 'The ruler of a State advances to office men of talents and virtue only as a matter of necessity. Since he will thereby cause the low to overstep the honourable, and distant to overstep his near relatives, ought he to do so but with caution?

3. 如不得已,－literally, 'as a thing in which he cannot stop.' Compare the Chung Yung, xx, 13.

2절

王曰, 吾何以識其不才而舍之.

왕이 말했다. "그들이 능력이 없는지 어떻게 알고 기용하는 것을 피하겠습니까?"

2절 각주

사(舍)는 사(捨, 3성조)로 '놓다' '파면하다'의 의미이다.

3절

曰, 國君進賢, 如不得已, 將使卑踰尊, 疏踰戚, 可不愼與.

맹자가 대답했다. "한 공국의 통치자는 재주 있고 유덕한 사람을 부득이한 경우에만 기용해야 합니다. 왕은 낮은 자를 영광된 자보다 높일 수 있고, 먼 자를 가까운 친척보다 높일 수 있으므로 신중해야 하지 않겠습니까?

3절 각주

여부득이(如不得已)는 문자 그대로 '그가 막을 수 없는 것으로'이다. 『중용』제20장 13절과 비교해 보라.

4. 'When all those about you say,—"This is a man of talents and worth," you may not therefore believe it. When your great officers all say,—"This is a man of talents and virtue," neither may you for that believe it. When all the people say,—"This is a man of talents and virtue," then examine into the case, and when you find that the man is such, employ him. When all those about you say,—"This man won't do," don't listen to them. When all your great officers say,—"This man won't do," don't listen to them. When the people all say,—"This man won't do," then examine into the case, and when you find that the man won't do, send him away.

4. 未可, 'you may not *yet* believe that the man is so and so.' See on Analects, XIII. xxiv.

4절

左右皆曰賢, 未可也, 諸大夫皆曰賢, 未可也, 國人皆曰賢, 然後察之, 見賢焉, 然後用之, 左右皆曰不可, 勿聽, 諸大夫皆曰不可, 勿聽, 國人皆曰不可, 然後察之, 見不可焉, 然後去之.

주위에 있는 모든 사람이 '이 사람은 재주 있고 자격이 있는 사람입니다'라고 말할 때 그리하기 때문에 그 말을 믿지 않아도 됩니다. 모든 고관이 '이 사람은 재주 있고 유덕한 사람입니다'라고 말할 때 그리하기 때문에 그 말을 믿지 않아도 됩니다. 당신의 모든 백성이 '이 사람은 재주 있고 유덕한 사람입니다'라고 말할 때 그 경우를 살핀 후 그 사람이 그런 사람임을 안 연후에 그를 기용하십시오. 주위에 있는 모든 사람이 '이 사람은 적합하지 않습니다'라고 말할 때 그 말을 듣지 마십시오 당신의 모든 고관이 '이 사람은 적합하지 않습니다'라고 말할 때 그 말을 듣지 마십시오. 백성들이 모두 '이 사람은 적합하지 않습니다'라고 말할 때 그때 그 경우를 살핀 후 그 사람이 적합하지 않다는 것을 안 연후에 그를 내치십시오.

4절 각주

미가(未可)는 [그럼에도] 그 사람이 그렇고 그렇다는 것을 믿지 않을 수도 있다는 것이다. 『논어』 제13권 제24장을 보라.

5. 'When all those about you say,—"This man deserves death," don't listen to them. When all your great officers say,—"This man deserves death," don't listen to them. When the people all say,"This man deserves death," then inquire into the case, and when you see that the man deserves death, put him to death. In accordance with this we have the saying, "The people killed him."

6. 'You must act in this way in order to be the parent of the people.'

6. Compare the Great Learning, Commentary x, 3. We may use the second person in translating, or more indefinitely, the third.

5절

左右皆曰可殺, 勿聽, 諸大夫皆曰可殺, 勿聽, 國人皆曰可殺,
然後察之, 見可殺焉, 然後殺之, 故曰國人殺之也.

주위에 있는 모든 사람이 '이 사람은 죽어 마땅합니다'라고 할 때 그 말을
듣지 마십시오. 대부들이 모두 '이 사람은 죽어 마땅합니다'라고 할 때 그
말을 듣지 마십시오. 백성들이 모두 '이 사람은 죽어 마땅합니다'라고 할
때 그 경우를 살펴 그 사람이 죽어 마땅하다는 것을 파악한 후에 그를 처
형하십시오. 우리에게는 이에 어울리는 '백성들이 그를 죽였다'라는 속담
이 있습니다.

6절

如此, 然後可以爲民父母.

왕께서 이렇게 하여야만 백성의 부모가 될 수 있습니다."

6절 각주

『대학』 전(傳) 10장 3절과 비교하라. 이 절은 2인칭 또는 비특정된 3인칭
으로 번역될 수 있다.

CHAPTER VIII

CH. 8. KILLING A SOVEREIGN IS NOT NECESSARILY REBELLION NOR MURDER.

1. The king Hsüan of Ch'î asked, saying, 'Was it so, that T'ang banished Chieh, and that king Wû smote Châu?' Mencius replied, 'It is so in the records.'

1. Of T'ang's banishment of Chieh, see the Shû-ching, IV. ii. iii; and of the smiting of Châu, see the same, V. i.

2. *The king* said, 'May a minister then put his sovereign to death?'

2. 弑 is the word appropriated to regicide, which Mencius in his reply exchanges for 誅. 臣, 'a minister.' i. e. here, a subject.

제8장

군주를 살해하는 것이 반드시 반역이나 살인을 의미하는 것은 아니다.

1절

齊宣王問曰, 湯放桀, 武王伐紂, 有諸. 孟子對曰, 於傳有之.

제나라의 선왕이 물었다. "탕왕이 걸왕을 추방하고, 무왕이 주왕을 쳤습니까?" 맹자가 대답했다. "기록물에는 그렇다고 합니다."

1절 각주

탕왕이 걸왕을 추방한 것은 『서경』「상서(商書)·중훼지고(仲虺之誥)」제3절을 보고 무왕이 주왕을 친 것은 『서경』「주서(周書)·태서중(泰誓中)」제3절을 보라.

2절

曰, 臣弑其君可乎.

[왕이] 말했다. "[그러면] 신하가 그의 군주를 처형해도 됩니까?"

2절 각주

시(弑)는 시해에 적합한 글자로, 맹자는 대답할 때 이를 주(誅)로 바꾼다. 신(臣)은 '대신'으로 여기서는 신하(subject)를 의미한다.

3. *Mencius said*, 'He who outrages the benevolence *proper to his nature*, is called a robber; he who outrages righteousness, is called a ruffian. The robber and ruffian we call a mere fellow. I have heard of the cutting off of the fellow Châu, but I have not heard of the putting a sovereign to death, *in his case*.'

3. 賊, as a verb,=傷害, 'to hurt and injure,' as in the Analects, several times. 'To outrage' answers well for it here. In the use of 夫, Mencius seems to refer to the expression 獨夫紂, Shû-ching, V. i. Sect. III. 4.

3절

曰, 賊仁者, 謂之賊, 賊義者, 謂之殘, 殘賊之人, 謂之一夫, 聞
誅一夫紂矣, 未聞弑君也.

[맹자가] 대답했다. "[그의 본성에 고유한] 인을 해치는 자를 강도라 합니
다. 의를 해치는 이를 악당이라 부릅니다. 강도와 악당을 우리는 그런
놈이라 부릅니다. 나는 주(紂)라는 그런 놈을 처형했다는 말은 들었어
도, [그의 경우에] 군주를 처형했다는 말은 듣지 못했습니다."

3절 각주

적(賊)은 『논어』에서 여러 번 그러했듯이 동사로서 상해(傷害), '상하게 하
고 상처를 입힌다'를 뜻한다. '격분하게 하다'는 여기서 이에 대한 적절한
대답이다. 부(夫)를 쓸 때, 맹자는 『서경』 「주서(周書)·태서하(泰誓下)」 제4절
의 독부주(獨夫紂)[27]를 참조한 듯하다.

---

27) (역주) 『서경』에서는 독부주(獨夫紂)가 아니라 주왕의 다른 이름인 독부수(獨夫受)
로 되어있다.

CHAPTER IX

CH. 9. THE ABSURDITY OF A RULER'S NOT ACTING ACCORDING TO THE COUNSEL OF THE MEN Off TALENTS AND VIRTUE, WHOM HE CALLS TO AID IN HIS GOVERNMENT, BUT REQUIRING THEM TO FOLLOW HIS WAYS.

In one important point Mencius's illustrations fail. A prince is not supposed to understand either housebuilding or stone-cutting; he must delegate those matters to the men who do. But government he ought to understand, and he may not delegate it to any scholars or officers.

제9장

재주 있고 유덕한 사람들의 조언을 따르지 않는 통치자는 어리석다.
통치자는 통치를 도울 현명한 사람을 부리지만, 자신의 방식을 강요
한다.

맹자는 중요한 한 가지에서 잘못된 예를 들었다. 제후가 집짓기 또는 돌
깎기를 이해할 필요가 없다. 그는 그 일을 전문가에게 맡기면 된다. 그러
나 통치자는 통치에 관한 것을 알아야 한다. 신하가 문관이든 무관이든
그들에게 통치를 위임해서는 안 된다.

1. Mencius, having an interview with the king Hsüan of Ch'î, said to him, 'If you are going to build a large mansion, you will surely cause the Master of the workmen to look out for large trees, and when he has found such large trees, you will be glad, thinking that they will answer for the intended object. Should the workmen hew them so as to make them too small, then your Majesty will be angry, thinking that they will not answer for the purpose. Now, a man spends his youth in learning *the principles of right government*, and, being grown up to vigour, he wishes to put them in practice;—if your Majesty says to him, "For the present put aside what you have learned, and follow me," what shall we say?

1. The 工師 was a special officer having charge of all the artisans, etc;— see the Lî Chî, IV, Sect. I. iii, 13, and Sect. IV. i. 17. 勝, 'the 1st tone, see Pt. I. iii. 3. 其任(the 4th tone),—its use,' i.e. the building of the house. The 之 after 學 and 行 are to be understood as referring to 仁 and 義, or as in the translation, 壯 denotes the maturity of thirty years, when one was supposed to be fit for office.

1절

孟子見齊宣王曰, 爲巨室, 則必使工師求大木, 工師得大木, 則王喜, 以爲能勝其任矣, 匠人斲而小之, 則王怒, 以爲不勝其任矣, 夫人幼而學之, 壯而欲行之, 王曰, 姑舍女所學而從我, 則何如.

맹자가 제나라의 선왕을 알현하고 말했다. "왕께서 대저택을 짓고자 한다면, 반드시 대장인에게 큰 나무를 구하게 할 것입니다. 공사(工師)가 큰 나무를 발견하면 왕께서는 기뻐하여 그것이 의도한 목적에 부합하리라 생각할 것입니다. 장인이 나무를 쪼개어 너무 작게 만들면 왕께서는 화를 내며 그것이 그 목적에 부합하지 못하리라 생각할 것입니다. 이제, 한 사람이 어린 시절을 [올바른 정치의 원리를] 배우는데 보내고, 성인이 된 후 열의를 가지고 배운 것을 실행하기를 원합니다. 만약 왕께서 그에게, '당분간 네가 배운 것을 제쳐두고, 나를 따르라'라고 한다면, 뭐라고 해야 합니까?

1절 각주

공사(工師)는 모든 장인을 책임지는 특별 관리였다. 『예기』「월령(月令)」제1편 제3장 제13절과 제4편 제1장 제17절을 보라.[28] 승(勝)은 1성조로, 제1편 제3장 제3절을 참고하라. 기임(其任[4성조])은 '그것의 사용' 즉 집을 짓는 것이다. 학(學)과 행(行) 뒤에 오는 지(之)는 번역처럼 인과 의를 가리키는 것으로 보아야 한다. 장(壯)은 관직을 맡기에 적합한 배움의 기간으로 추정되는 30년 동안의 성숙을 함의한다.

---

28) (역주) 『예기』의 분류는 레게의 『예기』 영역본의 분류를 따른 것이다.

2. 'Here now you have a gem unwrought, *in the stone*. Although it may be worth 240,000 *taels*, you will surely employ a lapidary to cut and polish it. But when you come to the government of the State, then you say,—"For the present put aside what you have learned, and follow me." How is it that you herein act so differently from your conduct in calling in the lapidary to cut the gem?'

2. The 鎰 was twenty-four Chinese ounces or *taels* (of gold). Chû Hsî, after Châo Ch'î, erroneously makes it twenty ounces. The gem in question, worth so much, would be very dear to the king, *and yet* he would certainly confide to another the polishing of it:—why would he not do so with the State? 國家,—the kingdom, embracing the families and possessions of the nobles. 女=汝. 教, the 1st tone, =使 or 令, 'to make,' not 'to teach.' From 至於, however, was explained by Châo Ch'î (and many still follow him) thus:—'But in the matter of the government of your State, you say,—For the present put aside what you have learned, and follow me. In what does this differ from your teaching—i. e. wishing to teach—the lapidary to cut the gem?' This is the interpretation which Julien adopts in his translation. The other upon the whole appears to me the better. The first 則 is a difficulty in Châo Ch'î's view; the second, in the other. But the final 哉 turns the balance in its favour, and accordingly I have adopted it.

2절

今有璞玉於此, 雖萬鎰, 必使玉人彫琢之, 至於治國家, 則曰, 姑舍女所學而從我, 則何以異於敎玉人彫琢玉哉.

지금 왕에게 [돌에 있는] 가공되지 않은 보석이 있습니다. 240,000 양(taels)의 값어치가 있다 해도 왕께서는 분명 그것을 자르고 다듬을 세공사를 고용할 것입니다. 그런데 왕께서 한 공국을 통치하는 일에서, '당분간 네가 배운 것을 제쳐두고 나를 따르라'라고 합니다. 왕께서는 세공사를 불러 보석을 자르게 한 일과 어찌 그리 다르게 행동하십니까?"

2절 각주

일(鎰)은 중국에서 24온스 또는 양(taels)에 해당하는 금이다. 주희는 조기와 마찬가지로 이를 20온스로 잘못 이해했다. 문제의 보석은 매우 가치 있으므로 왕에게 매우 소중할 것이다. [그럼에도] 그는 다른 사람을 믿고 그에게 보석 세공을 맡길 것이다. 그런데 왜 공국의 일은 그렇게 하지 않는가? 국가(國家), 왕국에는 귀족 가문과 그들의 재산이 있다. 여(女)는 여(汝)이다. 교(敎)는 1성조로 사(使) 또는 령(令)으로 '하게 하는 것'이지 '가르치는 것'이 아니다. 그러나 지어(至於) 이하를 조기와 그의 추종자들은 다음과 같이 해석한다. '그러나 국가 통치의 문제에서 왕께서는 당분간 네가 배운 것을 제쳐두고 나를 따르라. 이것이 왕께서 세공사에게 보석을 자르도록 가르치는 것 즉 가르치고 싶은 것과 무엇이 다르겠습니까?' 줄리앙은 조기의 이 해석을 받아들여 번역하였다. 나는 주희의 해석이 전반적으로 더 낫다고 본다. 첫 번째 즉(則)은 조기의 해석으로는 설명하기 어렵다. 두 번째 즉(則)은 주희의 해석으로는 설명하기 어렵다. 그러나 마지막의 재(哉)는 주희의 해석이 맞는 듯하다. 그리하여 나는 주희의 해석을 받아들인다.

CHAPTER X

CH. 10. THE DISPOSAL OF KINGDOMS RESTS WITH THE MINDS OF THE PEOPLE. VOX POPULI VOX DEI.

We shall find this doctrine often put forth very forcibly by Mencius. Here the king of Ch'î insinuates that it was the will of Heaven that he should take Yen, and Mencius sends him to the will of the people, by which only the other could be ascertained.

1. The people of Ch'î attacked Yen, and conquered it.

1. The State of Yen (the 1st tone) lay north-west from Ch'î, forming part of the present province of Chih-lì. Its prince, a poor weakling, had resigned his throne to his prime minister, and great confusion ensued, so that the people welcomed the appearance of the troops of Ch'î, and made no resistance to them.

제10장

왕국의 폐기 여부는 백성의 마음에 달렸다. 백성의 목소리는 신의 목소리이다.

우리는 맹자가 이 교리를 매우 강하게 설파하는 것을 자주 보게 된다. 여기서 제나라의 왕은 연나라를 취한 것이 하늘의 뜻이었음을 넌지시 말한다. 이에 맹자는 백성의 뜻을 언급하며 하늘의 뜻은 오로지 백성의 뜻으로 알 수 있다고 말한다.

1절

齊人伐燕勝之.

제나라의 사람들이 연나라를 공격하고 정복하였다.

1절 각주

연(1성조)나라는 제나라의 북서쪽에 위치하며 오늘날의 직례(直隸) 성의 일부분에 해당한다. 연나라의 왕은 약골로 왕위를 재상에게 물려주었다. 그 이후 연나라에 대혼란이 이어졌다. 그래서 백성들은 제나라의 군대가 온 것을 환영하고 전혀 저항하지 않았다.

2. The king Hsüan asked, saying, 'Some tell me not to take possession of it for myself, and some tell me to take possession of it. For a kingdom of ten thousand chariots, attacking another of ten thousand chariots, to complete the conquest of it in fifty days, is an achievement beyond *mere* human strength. If I do not take possession of it, calamities from Heaven will surely come upon me. What do you say to my taking possession of it?'

2. 擧之 is explained as ＝勝之, 'to conquer it'; but 擧 has not this signification. Literally, we might render 'and *up* with it.'

2절

宣王問曰, 或謂寡人勿取, 或謂寡人取之, 以萬乘之國, 伐萬乘之國, 五旬而擧之, 人力不至於此, 不取, 必有天殃, 取之何如.

제나라의 선왕이 물었다. "혹자는 나에게 나 자신을 위해서 연나라를 취하지 말라 하고 혹자는 취하라고 합니다. 만 대의 전차가 있는 나라가 만 대의 전차가 있는 나라를 공격하여 50일 안에 그 나라를 완전히 정복하는 것은 [단순한] 인간의 힘을 넘어선 업적입니다. 내가 연나라를 취하지 않는다면, 하늘의 재앙이 분명히 나에게 떨어질 것입니다. 내가 연나라를 취하는 것에 대해 당신은 어떻게 생각하십니까?"

2절 각주

거지(擧之)는 승지(勝之), '그것을 정복하는 것'으로 설명되지만, 거(擧)에는 이 의미가 없다. 문자 그대로 옮기면, '그리고 그것을 [위로] 함께 하는'를 의미한다.

3. Mencius replied, 'If the people of Yen will be pleased with your taking possession of it, then do so.—Among the ancients there was *one* who acted on this principle, namely king Wû. If the people of Yen will not be pleased with your taking possession of it, then do not do so.—Among the ancients there was *one* who acted on this principle, namely king Wăn.

3. The common saying is that king Wăn 三分天下有其二, 'had possession of two of the three parts of the kingdom.' Still he did not think that the people were prepared for the entire extinction of the Yin dynasty, and left the completion of the fortunes of his house to his son, king Wû.

3절

孟子對曰, 取之而燕民悅, 則取之, 古之人有行之者, 武王是也,
取之而燕民不悅, 則勿取, 古之人有行之者, 文王是也.

맹자가 대답했다. "연나라의 백성들이 왕께서 연나라를 취하는 것을 기뻐
한다면 그렇게 하십시오. 옛사람 가운데서 이 원리에 따라 행동한 [사람
이]가 바로 무왕입니다. 연나라의 백성들이 왕께서 연나라를 취하는 것을
기뻐하지 않는다면 그렇게 하지 마십시오. 옛사람 가운데서 이 원리에 따
라 행동한 [사람이]가 바로 문왕입니다.

3절 각주

흔히 속담에는 문왕은 삼분천하유기이(三分天下有其二) 즉 '나라의 삼 분
의 이를 차지하였다'라고 한다. 문왕은 백성들이 은나라의 멸망에 준비되
지 않았다고 생각하였기에 아들 무왕에게 가문의 영광을 완성하는 대업을
맡겼다.

4. 'When, with *all the strength of* your country of ten thousand chariots, you attacked another country of ten thousand chariots, and *the people brought* baskets of rice and vessels of congee, to meet your Majesty's host, was there any other reason for this but that they hoped to escape out of fire and water ? If you make the water more deep and the fire more fierce, they will in like manner make another revolution.'

4. 食, read *tsze*, 4th tone, 'rice.' 漿 is properly congee, but here used generally for beverages; some say wine. 壺, 'a goblet,' 'a jug,' 'a vase,' a vessel for liquids generally.ーThe first paragraph, it is said, is constructed according to the rules of composition employed by Confucius in his 'Spring and Autumn,' The 人 refusing honor to the king of Ch'î. 伐 expresses the ill deserts of Yen. And 勝之 intimates that the conquest was from the disinclination of Yen to fight, not from the power of Ch'î.

4절

以萬乘之國, 伐萬乘之國, 簞食壺漿, 以迎王師, 豈有他哉, 避水火也. 如水益深, 如火益熱, 亦運而已矣.

만 대의 전차가 있는 제나라가 [모든 힘을 다해], 만 대의 전차를 가진 다른 나라를 공격하는데, 왕의 군대를 맞이하기 위해 쌀을 담은 바구니와 죽을 담은 통을 [백성들이 가지고 왔다면] 달리 다른 이유가 있었겠습니까? 그들은 단지 물과 불에서 도망치기를 원했기 때문이지요. 왕께서 물을 더 깊게 하고 불을 더 타오르게 한다면, 그들은 같은 방식으로 [또다시] 돌아설 것입니다."

4절 각주

'食'는 [새로 발음되고 4성조로 '쌀'을 의미한다. 장(漿)은 본래 죽을 의미하지만 여기서 일반적으로 음료수로 사용되고 혹자는 술이라 말한다. 호(壺)는 '술잔' '주전자' '화병'으로 일반적으로 액체를 담을 수 있는 통을 말한다. 1절은 공자의 『춘추』의 구성 방식을 따른 것으로 인(人)은 제나라의 왕을 존칭으로 부르기를 거부한 표현이다. 벌(伐)은 연나라의 황폐한 사막을 표현한다. 승지(勝之)는 그 정복이 제나라의 힘 때문이 아니라, 연나라가 싸우기를 꺼렸기 때문이라는 것을 암시한다.

CHAPTER XI

CH. 11. AMBITION AND AVARICE ONLY MAKE ENEMIES AND BRING DISASTERS. SAFETY AND PROSPERITY LIE IN A BENEVOLENT GOVERNMENT.

1. The people of Ch'î, having smitten Yen, took possession of it, *and upon this*, the princes of the various States deliberated together, and resolved to deliver Yen *from their power*. The king Hsüan said *to Mencius*, 'The princes have formed many plans to attack me:—how shall I prepare myself for them?' Mencius replied, 'I have heard of one who with seventy *lî* exercised all the functions of government throughout the kingdom. That was T'ang. I have never heard of *a prince* with a thousand lî standing in fear of others.'

   1. 將 before 謀救 indicates the execution of the plans to be still in the future. 者 in 諸侯~者 makes the clause like one in English beginning with a nominative absolute. 待之, literally, 'await them.'

제11장

야심과 탐욕은 적을 만들고 재앙을 가져올 뿐이다. 어진 정치는 안정과 번영으로 이어진다.

1절

齊人伐燕取之, 諸侯將謀救燕. 宣王曰, 諸侯多謀伐寡人者, 何以待之, 孟子對曰, 臣聞七十里, 爲政於天下者, 湯是也, 未聞以千里畏人者也.

제나라의 사람들이 연나라를 친 후 연나라를 취하였다. [이에 따라] 여러 공국의 제후들이 함께 심사숙고하여 [제나라의 세력에서] 연나라를 구하고자 결심했다. 제나라의 선왕이 [맹자에게] 말했다. "제후들이 나를 공격하기 위해 많은 계획을 세웠다 하니, 그들에 대비해 나는 어떻게 해야 합니까?" 맹자가 대답했다. "70리를 가지고서 나라의 모든 통치 기능을 행사했던 이에 대해 들었습니다. 그 사람은 탕왕입니다. 나는 1,000리를 가진 [제후가] 다른 사람을 두려워한다는 말을 들어본 적이 없습니다."

1절 각주

모구(謀救) 앞의 장(將)은 계획의 실행이 아직 미래에 있음을 암시한다. 제후~자(諸侯~者)에서 자(者)로 인해 이 절이 독립 주격으로 시작하는 영어문장으로 보인다. 대지(待之)는 문자 그대로 '그들을 기다리다'이다.

2. 'It is said in the Book of History, As soon as T'ang began his work of executing justice, he commenced with Ko. The whole kingdom had confidence in him. When he pursued his work in the east, the rude tribes on the west murmured. So did those on the north, when he was engaged in the south. Their cry was—"Why does he put us last?" Thus, the people looked to him, as we look in a time of great drought to the clouds and rainbows. The frequenters of the markets stopped not. The husbandmen made no change *in their operations*. While he punished their rulers, he consoled the people. *His progress* was like the falling of opportune rain, and the people were delighted. It is said *again* in the Book of History, "We have waited for our prince *long*; the prince's coming will be our reviving!"

2. See the Shû-ching, IV. ii. 6. Mencius has introduced the clause 天下信之, and there are some other differences from the original text. Ko was a small territory, which is referred to the present district of Ning-ling (寧陵) in Kwei-teh(歸德), in Honan. 望雲霓,—the modern commentators ingeniously interpret:—'The people look for rain in drought, and murmured at his not coming, as they dread the appearance of a rainbow, on which the rain will stop.' This is perhaps, over-refining, and making too much of the 望. Châo Ch'î says:—'The rainbow appears when it rains, so people, in time of drought, long to see it.' The second quotation is from the same paragraph of the Shû-ching, where we have 予 for 我.

2절

書曰, 湯一征, 自葛始, 天下信之, 東面而征, 西夷怨, 南面而
征, 北狄怨, 曰, 奚爲後我, 民望之, 若大旱之望雲霓也, 歸市
者不止, 耕者不變, 誅其君, 而吊其民, 若時雨降, 民大悅, 書
曰, 徯我后, 后來其蘇.

『서경』에 이르기를, 탕왕이 정의를 행하는 일을 갈에서 시작했다고 합니
다. 천하가 탕왕을 신임하였습니다. 탕왕이 동쪽에서 그 일을 추구했을 때,
서쪽의 무례한 부족들이 투덜거렸습니다. 그가 남쪽에서 그 일을 행할 때
북쪽에서도 그리했습니다. 그들은 '왜 그는 우리를 마지막에 두는가?'라고
외쳤습니다. [이리하여], 백성들이 그를 바라는 것이 우리가 큰 가뭄 때에
구름과 무지개를 바라는 것과 같았습니다. 시장에 가던 사람은 시장에 가
는 것을 멈추지 않았습니다. 농부들은 [하던 일을] 변함없이 계속했습니다.
탕왕은 지배자를 처벌하는 동안 백성들을 위로했습니다. 백성들은 [그의
진전을] 마치 단비가 내리는 것처럼 기뻐했습니다. 『서경』에서 [다시] 이
르기를, '우리는 우리의 제후를 [오랫동안] 기다려왔으니 제후의 도래는
우리의 부활이 될 것이다!'라고 했습니다.

2장 각주

『서경』「상서(商書)·중훼지고(仲虺之誥)」제6절을 보라. 맹자는 천하신지(天
下信之)의 구절을 도입하였는데 원전과는 약간 차이가 있다. 갈은 그 땅
이 작고, 오늘날의 하남(河南) 귀덕(歸德) 영능(寧陵) 지역을 가리킨다. 망
운예(望雲霓)를 현대 주석가들은 다음과 같이 교묘하게 해석한다. '백성들
이 가뭄에 비를 기다리고 그가 오지 않는 것에 투덜대는 것은 무지개가
나오면 비가 멈추기 때문에 무지개를 두려워하기 때문이다' 이것은 지나
친 세분화로 망(望)을 과도하게 확대하여 해석한 것이다. 조기는 '무지개
는 비가 올 때 나타나기에 백성들은 가뭄 때 무지개를 보기를 원한다'라
고 말한다. 두 번째 인용은 『서경』의 동일 절에서 나온 것이다. 『서경』에
서는 아(我) 대신 여(予)로 되어있다.

3. 'Now *the ruler of* Yen was tyrannizing over his people, and your Majesty went and punished him. The people supposed that you were going to deliver them out of the water and the fire, and brought baskets of rice and vessels of congee, to meet your Majesty's host. But you have slain their fathers and elder brothers, and put their sons and younger brothers in confinement. You have pulled down the ancestral temple *of the State*, and are removing to *Ch'î* its precious vessels. How can such a course be deemed proper? *The rest of* the kingdom is indeed *jealously* afraid of the strength of Ch'î; and now, when with a doubled territory you do not put in practice a benevolent government;—it is this which sets the arms of the kingdom in motion.

3. Compare last chapter. 若, in 若殺云云, is not our 'if,' but rather 'since.' The critics say 是指數之詞, 不作設詞看, 'it is demonstrative, not conditional.' 父兄,－父 is not *fathers* only, but *uncles* as well. 其宗廟, 其重器,－其 ='its or his,' i.e, the kingdom's *or* the prince's, not their, the people's.

3절

今燕虐其民, 王往而征之, 民以爲將拯己於水火之中也. 簞食
壺漿以迎王師, 若殺其父兄, 係累其子弟, 毀其宗廟, 遷其重器,
如之何其可也, 天下固畏齊之彊也, 今又倍地, 而不行仁政, 是
動天下之兵也.

지금 연나라의 [통치자가] 백성들을 압제하고 있었기에 왕께서 가서 그를
벌하였습니다. 백성들은 왕께서 자신들을 물과 불에서 구해 줄 것으로 생
각하여 왕의 군대를 맞이하기 위해 쌀이 담긴 바구니와 죽이 든 통을 가
지고 왔습니다. 그러나 왕께서는 그들의 아버지와 형을 칼로 베고, 그들의
아들과 동생을 감금했습니다. [그 공국의] 종묘를 허물고 귀중한 기물을
제나라로 옮기고 있습니다. 어떻게 그런 과정이 올바르다 할 수 있겠습니
까? 천하의 [다른] 나라들이 제나라의 힘을 사실상 [시기하며] 두려워합니
다. 왕께서는 영토가 두 배가 된 지금도 어진 정치를 행하지 않으니 이로
인해 천하의 군대가 일어나게 될 것입니다.

3절 각주

제10장과 비교하라. 약살운운(若殺云云)에서 약(若)은 영어의 'if'가 아니라
'since'이다. 주석가들은 '시지수지사, 부작설사간(是指數之詞, 不作設詞看)'
즉 '이것은 행위를 가리키는 것이지 조건을 나타내는 것이 아니다'라고 말
한다. 부형(父兄)에서 부(父)는 [아버지]뿐만이 아니라 [숙부]도 의미한다.
기종묘(其宗廟), 기중기(其重器)에서 기(其)는 '그것의 또는 그의'로 '그들
의, 백성들의'를 의미하는 것이 아니라 '그 나라의 [또는] 제후의'를 의미한
다.

4. 'If your Majesty will make haste to issue an ordinance, restoring *your captives*, old and young, stopping *the removal of* the precious vessels, *and saying that, after* consulting with the people of Yen, you will appoint them a ruler, and withdraw from the country;—in this way you may still be able to stop *the threatened attack.*'

4. 旄, 4th tone, used for 耄, 'people of eighty and ninety.' The clauses after the first are to be understood as the substance of the order or ordinance, which Mencius advised the king to issue.

4절

王速出令, 反其旄倪, 止其重器, 謀於燕衆, 置君而後去之, 則
猶可及止也.

왕께서는 서둘러 법령을 내리어, [포로로 잡은] 노인과 어린아이를 돌려보
내고, 귀중한 기물을 옮기는 것을 중지하고, 연나라의 백성들과 상의한
[후]에 그들의 통치자를 임명하고 그 나라에서 물러난다고 말하십시오. 이
렇게 한다면 당신은 [위협적인 공격을] 막을 수 있을 것입니다."

4절 각주

모(旄)는 4성조로 모(耄), '80세와 90세의 노인'을 의미한다. 첫 구절 이후
는 맹자가 왕에게 조언하는 명령 또는 법령의 실질적 내용으로 보아야 한
다.

CHAPTER XII

CH. 12. THE AFFECTIONS OF THE PEOPLE CAN ONLY BE SECURED THROUGH A BENEVOLENT GOVERNMENT. AS THEY ARE DEALT WITH BY THEIR SUPERIORS, SO WILL THEY DEAL BY THEM.

1. There had been a brush between Tsâu and Lû, when the duke Mû asked *Mencius*, saying, 'Of my officers there were killed thirty-three men, and none of the people would die in their defence. Though I sentenced them to death *for their conduct*, it is impossible to put such a multitude to death. If I do not put them to death, then there is *the crime unpunished of* their looking angrily on at the death of their officers, and not saving them. How is the exigency of the case to be met?'

1. Tsâu, the native State of Mencius, was a small territory, whose name is still retained, in the district of Tsâu-hsien, in Yen-châu, in Shan-tung. 鬨 is explained—'the noise of a struggle.' It is a brush, a skirmish. Tsâu could not stand long against the forces of Lû. Mû,—'the Dispenser of virtue, and Maintainer of righteousness, outwardly showing inward feeling,'—is the posthumous epithet of the duke. 有司 are to be taken together, ='officers';—see Analects, VIII. iv. 莫之死 is to be completed 莫(or 莫肯)爲之死; compare Analects, XIV. xvii. 則疾視云云 is not to be translated,—'they will hereafter look angrily on, &c.;' the reference is to the crime that had taken place.

제12장

백성의 애정은 어진 정치를 통해서만 얻을 수 있다. 통치자들이 백성에게 하는 대로 백성도 그들에게 할 것이다.

1절

鄒與魯鬨, 穆公問曰, 吾有司死者, 三十三人, 而民莫之死也, 誅之, 則不可勝誅, 不誅, 則疾視其長上之死而不救, 如之何則可也.

추나라와 노나라 간에 작은 충돌이 있었다. 그때 목공이 [맹자에게] 물었다. "나의 관리 중에 33명이나 죽었습니다. 그런데 목숨을 걸고 그들을 구하려는 부하가 없었습니다. [이 때문에] 이들을 죽이려고 했지만, 그 수가 많아 죽이기가 어렵습니다. 내가 이들을 처형하지 않는다면, 화가 나서 관리들의 죽음을 좌시하고 구하지 않았던 그들의 범죄는 그냥 묻히고 맙니다. 이 시급한 사건을 어떻게 처리하면 좋겠습니까?"

1절 각주

추나라는 맹자의 고국으로 소국이었고 현재 그 이름은 산동(山東), 연주(兗州), 추현(鄒縣) 지역에 남아 있다. 홍(鬨)은 '분쟁의 소음'으로 작은 다툼, 소규모 충돌을 의미한다. 추나라는 노나라의 군대에 오래 맞설 수가 없었다. 목공은 공작의 사후 칭호로 '목'은 미덕의 발산자이고 의의 보유자로 내부의 감정을 밖으로 드러낸다는 의미이다. 유사(有司)는 한 단어로 '관리'로 해석해야 한다. 이는 『논어』 제8권 제4장을 보라. 막지사(莫之死)는 막[막궁]위지사(莫[莫肯]爲之死)로 마무리되어야 하는데, 『논어』 제14권 제17장과 비교하라. 즉질시운운(則疾視云云)은 '그들은 그 이후로 화가 나서 볼 것이다 등'으로 번역해서는 안 되고, 이것이 가리키는 것은 이미 발생했던 범죄이다.

2. Mencius replied, 'In calamitous years and years of famine, the old and weak of your people, who have been found lying in the ditches and water-channels, and the able-bodied who have been scattered about to the four quarters, have amounted to several thousands. All the while, your granaries, O prince, have been stored with grain, and your treasuries and arsenals have been full, and not one of your officers has told you *of the distress*. Thus negligent have the superiors *in your State* been, and cruel to their inferiors. The philosopher Tsăng said, "Beware, beware. What proceeds from you, will return to you again." Now at length the people have paid back the conduct of their officers to them. Do not you, O prince, blame them.

2. 凶年 = years of pestilence, and other calamities, such as are immediately described. 夫, 1st tone, indicates the application of the saying. 今而後='now at last.'—They had long been wishing to show their feeling, but only now had they found the opportunity. 反之,一之 refers to the 有司.

2절

孟子對曰, 凶年饑歲, 君之民, 老弱轉乎溝壑, 壯者散而之四方者, 幾千人矣, 而君之倉廩實, 府庫充, 有司莫以告, 是上慢而殘下也, 曾子曰, 戒之戒之, 出乎爾者, 反乎爾者也, 夫民今而後得反之也, 君無尤焉.

맹자가 대답했다. "재앙의 해와 기근의 해에, 왕의 백성 가운데 노약자들은 도랑과 수로에 쓰러져 있었고, 몸을 쓸 수 있는 장부들은 사방으로 흩어졌습니다. 그 수가 수천 명에 달했습니다. 왕이시여, 이 모든 일이 발생하는 동안 왕의 창고에는 곡식이 쌓여 있고 보물과 무기가 가득했지만, 어느 관리도 왕에게 [백성의 곤경에 대해] 말하지 않습니다. [나라의] 높은 사람들은 매우 태만하고 아랫사람들에게 잔인하게 굽니다. 증자가 '경계하고, 경계하라. 너에게서 나간 것은 너에게 다시 돌아올 것이다'라고 말했습니다. 이제 백성들이 마침내 관리들의 행동을 갚아 주었습니다. 왕이시여, 백성들을 비난하지 마십시오.

2절 각주

흉년(凶年)은 역병과 다른 재앙들이 발생한 해로 이에 관한 기술이 바로 이어진다. 부(夫)는 1성조로 속담의 적용을 암시한다. 금이후(今而後)는 '이제 마침내'로, 그들이 오랫동안 감정을 드러내기를 원했지만, 지금에서야 비로소 그 기회를 찾았다는 뜻이다. 반지(反之)에서 지(之)는 유사(有司)를 가리킨다.

3. 'If you will put in practice a benevolent government, this people will love you and all above them, and will die for their officers.'

  3. 其上,一embracing the prince and officers generally; 其長(the 3rd tone), the officers only. 死其長, to be supplemented, as in par. 1.

3절

君行仁政, 斯民親其上, 死其長矣.

만약 왕께서 어진 정치를 행한다면, 백성들은 그들 위에 있는 당신과 모두를 사랑하고 그들의 관리를 위해 죽을 것입니다."

3절 각주

기상(其上)은 제후와 관리들을 포함하는 의미이다. 기장(其長, 3성조)은 관리들만을 가리킨다. 사기장(死其長)은 1절처럼 보충하여 해석해야 한다.

CHAPTER XIII

CH. 13. A PRINCE SHOULD DEPEND ON HIMSELF, AND NOT RELY ON, OR TRY TO PROPITIATE OTHER POWERS.

1. The duke Wăn of Tăng asked *Mencius*, saying, 'Tăng is a small kingdom, and lies between Ch'î and Ch'û. Shall I serve Ch'î? Or shall I serve Ch'û?'

1. T'ăng still gives its name to a district of Yen-châu in the south of Shan-tung. North of it was Ch'î, and, in the time of Mencius, Ch'û had extended its power so far north as to threaten it from the south. 間, 4th tone, 'to occupy a space between.'

제13장

제후는 자신을 믿어야지 다른 세력에 의존하거나 비위를 맞추려고 해서는 안 된다.

1절

滕文公問曰, 滕小國也, 間於齊楚, 事齊乎, 事楚乎.

등나라의 문공이 [맹자에게] 물었다. "등나라는 작은 나라로 제나라와 초나라 사이에 놓여 있습니다. 제나라를 섬겨야 합니까? 아니면 초나라를 섬겨야 합니까?"

1절 각주

등나라는 산동(山東)의 남쪽인 연주(兗州) 지역에 그 이름이 남아 있다. 등나라의 북쪽에는 제나라가 있었고 맹자가 살던 시대에 남쪽의 초나라가 등나라를 위협하고 있었다. 간(間)은 4성조로 '~사이의 공간을 차지하는 것'을 의미한다.

2. Mencius replied, 'This plan *which you propose* is beyond me. If you will have me counsel you, there is one thing *I can suggest*. Dig deeper your moats; build higher your walls; guard them as well as your people. *In case of attack*, be prepared to die *in your defence*, and have the people so that they will not leave you—this is a proper course.'

2. 無已, 則有一焉,—compare Pt. I. vii. 2,—無以, 則王乎. 斯, 池—'these,' = your 'moats.' 效死,—效,= 致, as that is used in Analects, I. vii, *et al.* A good deal must be supplied here in the translation, to bring out Mencius's counsel.

2절

孟子對曰, 是謀非吾所能及也, 無已, 則有一焉, 鑿斯池也, 築斯城也, 與民守之, 效死而民弗去, 則是可爲也.

맹자가 대답했다. "[제안하신] 계획은 제가 미칠 수 있는 바가 아닙니다. 공께서 조언하라고 하신다면 [제가 드릴 수 있는] 제안은 하나입니다. 해자를 더 깊어 파고, 성벽을 더 높이 쌓아서, 공의 백성들과 해자와 성벽을 지키십시오 [공격을 받으면] 죽을 각오로 [방어하고], 백성들이 공을 떠나지 않게 하십시오. 이것이 올바른 길입니다."

2절 각주

'무이, 즉유일언(無已, 則有一焉)'은 제1편 제7장 제2절의 '무이 즉왕호(無以, 則王乎)'와 비교하라. 사(斯)는 '이것들'로 지(池) 즉 '해자'이다. 효사(效死)에서 效(효)는 『논어』 제1권 제7장 등에서 사용된 致(치)와 같은 의미이다. 맹자의 조언을 파악하기 위해서 번역할 때 보충을 많이 해야 한다.

CHAPTER XIV

CH. 14. A PRINCE, THREATENED BY HIS NEIGHBOURS, WILL FIND HIS BEST DEFENSE AND CONSOLATION IN DOING WHAT IS GOOD AND RIGHT.

Mencius was at his wit's end, I suppose, to give duke Wăn an answer. It was all very well to tell him to do good, but the promise of an royal descendant would hardly be much comfort to him. The reward to be realized in this world in the person of another, and the reference to Heaven, as to a fate more than to a personal God, are melancholy. Contrast Psalm xxxvii. 3,—'Trust in the Lord and do good; so shalt thou dwell in the land, and verily thou shalt be fed.'

1. The duke Wăn of T'ăng asked Mencius, saying, 'The people of Ch'î are going to fortify Hsieh. *The movement* occasions me great alarm. What is the proper course for me to take in the case?'

1. 薛 was the name of ancient principality, adjoining T'ăng. It had long been incorporated with Ch'î, which now resumed an old design of fortifying it,—that is, I suppose, of repairing the wall of its principal town, as a basis of operations against T'ăng.

제14장

제후가 이웃 나라의 위협에 직면했을 때 최상의 방어와 국력 강화는 선과 의를 행하는 것이다. 나는 맹자가 문공에게 대답할 때 당황했을 것으로 생각한다.

문공에게 선을 행하도록 조언한 것은 매우 잘한 일이지만, 그에게 미래의 왕손을 거론한 것은 큰 위안을 주지 못했을 것이다. 자기 자신이 아닌 다른 사람이 이 세계에서 보상을 받는 것과 인간적인 하나님이 아닌 운명과 관련해서 하늘을 언급하는 것은 우울한 일이다. 『시편』 제37장 3절과 대조해보라. '여호와를 의뢰하여 선을 행하라. 땅에 거하여 그의 성실로 먹을 것을 구할 것이다.'

1절

滕文公問曰, 齊人將築薛, 吾甚恐, 如之何則可.

등나라의 문공이 [맹자에게] 물었다. "제나라의 백성들은 설 지역을 요새로 만들려고 합니다. 나는 [그러한 움직임에] 매우 놀랐습니다. 이 경우 내가 취해야 할 바른길은 무엇입니까?"

1절 각주

설(薛)은 등나라에 인접한 고대 도시의 이름이었다. 설 지역은 오랫동안 제나라에 속해 있었고 제나라는 이제 설 지역을 요새로 만들고자 하는 오래된 계획을 그때 재개했다. 나는 제나라가 실 지역의 성벽을 보수한 것은 이 지역을 본거지로 삼아 등나라에 대비한 작전을 펼치기 위해서라고 본다.

2. Mencius replied, 'Formerly, when king T'âi dwelt in Pin, the barbarians of the north were *continually* making incursions upon it. He *therefore* left it, went to the foot of mount Ch'î, and there took up his residence. He did not take that situation, as having selected it. It was a matter of necessity with him.

2. See chap. iii, and also the next. 去之岐山下,—it is best to take 之 here as the verb, = 往.

3. 'If you do good, among your descendants, in after generations, there shall be one who will attain to the royal dignity. A prince lays the foundation of the inheritance, and hands down the beginning *which he has made*, doing what may be continued *by his successors*. As to the accomplishment of the great result, that is with Heaven. What is that Ch'î to you, O prince? Be strong to do good. That is all your business.'

3. 君子,—generally, 'a prince.' 垂統,—統, 'the end of a cocoon, or clue,' 'a beginning.' 若夫, the 夫 is not a mere expletive, but is used as in Analects, XI. ix. 3, *et al.*, 'as to this—the accomplishing,' &c. 彊, the 3rd tone, is the verb.

2절

孟子對曰, 昔者, 大王居邠, 狄人侵之, 去之岐山之下居焉, 非
擇而取之, 不得已也.

맹자가 대답했다. "예전에 태왕이 빈 지역에 있을 때, 북쪽 야만인들이
[계속해서] 그곳을 침입했습니다. [그래서] 태왕은 빈 지역을 떠나 기산의
기슭으로 가 머물기로 했습니다. 태왕이 그 상황을 선택해서 그러한 조치
를 한 것이 아니었습니다. 그것은 그에게는 부득이한 일이었습니다.

2절 각주
3장과 4장을 보라. '거지기산하'(去之岐山下)에서 지(之)를 동사 왕(往)으로
보는 것이 가장 적절하다.

3절

苟爲善, 後世子孫必有王者矣, 君子創業垂統, 爲可繼也, 若夫
成功, 則天也, 君如彼何哉, 彊爲善而已矣.

제후께서 선을 행하면, 여러 세대가 지난 후 후손 가운데에서 천하의 왕
이 되는 자가 있을 것입니다. 제후는 세습의 토대를 마련하고 [그가 시작
한 업적]을 물려줍니다. 그러면 [그의 계승자가] 그 일을 이어나갈 것입니
다. 위대한 업적을 쌓는 것에 대해 말하자면 그것은 하늘에 달려 있습니
다. 제후시여, 당신에게 저 제나라는 무엇입니까? 선을 행하여 강해지십시
오. 그것이 제후께서 하실 일입니다."

3절 각주
군자(君子)는 일반적으로 '제후'를 의미한다. 수통(垂統)에서 통(統)은 '고치
또는 실마리의 끝부분', '시작'을 의미한다. 약부(若夫)에서 부(夫)는 단순한
허사가 아니라 『논어』 제11권 제9장 제3절처럼 '이에 대해, 즉 완수하는
것' 등을 의미한다. 강(彊)은 3성조로 동사이다.

CHAPTER XV

CH. 15. TWO COURSES OPEN TO PRINCE PRESSED BY HIS ENEMIES;—FIGHT OR DEATH.

1. The duke Wăn of T'ăng asked Mencius, saying, 'T'ăng is a small State. Though I do my utmost to serve those large kingdoms *on either side of it*, we cannot escape *suffering from them*. What course shall I take that we may do so?' Mencius replied, 'Formerly, when king T'âi dwelt in Pin, the barbarians of the north were *constantly* making incursions upon it. He served them with skins and silks, and still he suffered from them. He served them with dogs and horses, and still he suffered from them. He served them with pearls and gems, and still he suffered from them. Seeing this, he assembled the old men, and announced to them, saying, "What the barbarians want is my territory. I have heard this,—that a ruler does not injure his people with that wherewith he nourishes them. My children, why should you be troubled about having no prince? I will leave this." *Accordingly*, he left Pin, crossed the mountain Liang, *built* a town at the foot of mount Ch'î, and dwelt there. The people of Pin said, "He is a benevolent man. We must not lose him." Those who followed him looked like crowds hastening to market.

제15장

적의 압박을 받는 제후에게 남은 두 가지 길은 도주 아니면 죽음뿐이다.

1절

滕文公問曰, 滕小國也, 竭力以事大國, 則不得免焉, 如之何則可. 孟子對曰, 昔者, 太王居邠, 狄人侵之, 事之以皮幣, 不得免焉, 事之以犬馬, 不得免焉, 事之以珠玉, 不得免焉, 乃屬其耆老而告之曰, 狄人之所欲者, 吾土地也, 吾聞之也, 君子不以其所以養人者害人, 二三子, 何患乎無君, 我將去之, 去邠, 踰梁山, 邑于岐山之下居焉, 邠人曰, 仁人也, 不可失也, 從之者如歸市.

등나라의 문공이 맹자에게 물었다. "등나라는 작은 나라입니다. [양쪽에 있는] 대국들을 섬기기 위해 모든 노력을 다하지만 우리는 [그들로 인해 겪는 고통을] 피할 수 없습니다. 나는 어떤 길을 택해야만 합니까?" 맹자가 대답했다. "옛날에 태왕께서 빈 지역에 거주할 때, 북쪽 야만인들이 계속해서 그곳을 침범했습니다. 그는 가죽과 비단을 주며 그들을 섬겼지만, 여전히 고통을 받았습니다. 개와 말을 주며 섬겼지만, 여전히 고통을 받았습니다. 진주와 보석을 주며 섬겼지만, 여전히 고통을 받았습니다. 이를 보고 태왕께서는 노인들을 불러 '야만인들이 원하는 것은 나의 땅이다. 나는 통치자는 백성을 부양하는 장소, 그것으로 백성을 다치게 하지 않는다고 들었다. 나의 자녀들아, 제후가 없다고 해서 너희들이 왜 고통을 받겠는가? 나는 이곳을 떠날 것이다'라고 선포했습니다. [이에 따라] 그는 빈 지역을 떠나 양산을 넘어 기산 아래에 성읍을 [세우고] 그곳에서 살았습니다. 빈 지역의 사람들이 '그는 어진 사람이다. 우리는 그를 놓쳐서는 안 된다.'라고 말했습니다. 그를 따르는 사람들이 서둘러 시장으로 가는 무리와 같았습니다.

1. Compare chap. iii. 屬, read *chû*, the 4th tone, 'to assemble,' 'meet with.' 耆, 'a sexagenarian.' 二三子,—see Analects, VII. xxiii, *et al*. The 何患乎無君 seems to mean: 'If I remain here, I am sure to die from the barbarians. I will go and preserve your ruler for you.' So th paraphrast in the 備旨. The 日講, however, says:—'My children, why need you be troubled about having no prince ? When I am gone, whoever can secure your repose, will be your prince and chief. I will leave this, and go elsewhere.' 歸市 is different rather the same phrase in chap. vii. There it means traders, here market-goers generally.

1절 각주

제3장과 비교하라. 屬은 [촉]으로 읽고, 4성조로 '모으다' '~와 만나다'를 의미한다. 기(耆)는 60대 노인을 의미한다. 이삼자(二三子)는 『논어』 제7권 제23장 등을 보라. '하환호무군'(何患乎無君)은 '내가 여기 머문다면 나는 분명 야만인들로 인해 죽을 것이다. 나는 가서 너희들을 위해 통치자를 지킬 것이다'를 의미한다. 『비지』(備旨)[29]의 주석가들 또한 이렇게 해석했다. 그러나 『일강』(日講)』은 '나의 자녀들아, 제후가 없다고 해서 고통받을 필요가 어디에 있겠는가? 내가 가고 없을 때 너희에게 평화를 주는 이는 누구든 너희들의 제후와 수장이 될 것이다. 나는 이곳을 떠나 다른 곳으로 갈 것이다'로 해석한다. 귀시(歸市)는 제7장의 동일 어구와 그 의미가 약간 다르다. 제7장에서는 상인을 의미하지만 여기서는 일반적으로 시장에 가는 사람들을 의미한다.

---

29) (역주) 『비지』(備旨)는 주희의 『맹자집주』를 다시 해설한 주석서이다. 명나라 홍무 연간(1367~1318) 때 활약한 등림(鄧林)이 지었다.

2. '*On the other hand*, some say, "*The kingdom* is a thing to be kept from generation to generation. One individual cannot undertake to dispose of it in his own person. Let him be prepared to die for it. Let him not quit it."

2. This paragraph is to be understood as spoken *to* a ruler, in his own person. Compare chap. vii. 爲 = 專, 'to take the whole disposal of,' to deal with. It is not to be referred to the 守. The paraphrasts make the whole spoken by the ruler;—thus:—'The territory of the State was handed down by my ancestors to their descendants, that they should keep it from generation to generation. It is not what I can assume in my person the disposal of. If calamities and difficulties come, my course is to fight to the death to keep it. I may not abandon it, and go elsewhere.' The meaning comes to the same. But the 勿 is against this construction.

3. 'I ask you, prince, to make your election between these two courses.'

2절

或曰, 世守也, 非身之所能爲也, 效死勿去.

[반면에] 혹자는 '[왕국은] 자자손손 지키는 것이다. 한 개인이 자기가 나서 나라를 없앨 수는 없다. 죽을 각오로 나라를 지켜야 한다.'라고 말합니다.

2절 각주

이 단락은 통치자에게 직접 말하는 것으로 보아야 한다. 제7장과 비교하라. 위(爲)는 전(專)으로 '마음대로 처분하다' '~를 처리하다'를 뜻한다. 이것은 수(守)를 가리키는 것이 아니다. 주석가들은 이 절 전체를 통치자가 말하는 것으로 보고, '공국의 영토는 나의 조상들이 후손에게 물려준 것이다. 후손들은 대대손손 지켜야 한다. 내가 개인적으로 처분할 수 있는 것이 아니다. 재앙과 곤경에 직면할 때 내가 가야 할 길은 목숨을 걸고 싸워 지키는 것이다. 나는 이 땅을 버리고 다른 곳으로 갈 수 없다'로 해석한다. 그러나 물(勿)은 이러한 문장 구성에 어긋난다.

3절

君請擇於斯二者.

제후께서 이 두 길에서 하나를 선택하시길 바랍니다."

CHAPTER XVI

CH. 16. A MAN'S WAY IN LIFE IS ORDERED BY HEAVEN. THE INSTRUMENTALITY OF OTHER MEN IS ONLY SUBORDINATE.

1. The duke P'ing of Lû was about to leave *his palace,* when his favourite, one Tsang Ts'ang, made a request to him, saying, 'On other days, when you have gone out, you have given instructions to the officers as to where you were going. But now, the horses have been put to the carriage, and the officers do not yet know where you are going. I venture to ask.' The duke said, 'I am going to see the scholar Măng.' 'How is this?' said the other. 'That you demean yourself, prince, in paying the honour of the first visit to a common man, is, I suppose, because you think that he is a man of talents and virtue. By such men the rules of ceremonial proprieties and right are observed. But on the occasion of this Măng's second mourning, his observances exceeded those of the former. Do not go to see him, my prince.' The duke said, 'I will not.'

제16장

한 사람이 평생 가야 할 길은 하늘이 정한다. 다른 사람들의 도움은 단지 부차적이다.

1절

魯平公將出, 嬖人臧倉者, 請曰, 他日君出, 則必命有司所之,
今乘輿已駕矣, 有司未知所之, 敢請. 公曰, 將見孟子. 曰, 何
哉, 君所爲輕身, 以先於匹夫者, 以爲賢乎, 禮義由賢者出, 而
孟子之後喪踰前喪, 君無見焉. 公曰諾.

노나라의 평공이 [궁을] 막 떠나려고 할 때 총신인 장창이 여쭈었다. "전에는 나가실 때 관리들에게 어디로 갈 것인지 지시를 내렸습니다. 그러나지금, 말을 마차에 매었는데도 관리들은 군주께서 어디로 가는지 아직 몰라 감히 여쭈어보겠습니다." 평공이 말했다. "맹 학자님을 만나러 갈 것이다." 장창이 여쭈었다. "무엇 때문이신지요? 제후께서 자신을 낮춰 먼저방문하여 평민에게 영광을 주는 것은 그 사람이 재주 있고 유덕하다고 추정할 때입니다. 그와 같은 사람들은 적절한 예와 올바름을 지킵니다. 그러나 이 맹씨는 두 번째 상(모친상)을 첫 번째 상(부친상)보다 더 크게 치렀습니다. 그러니 제후시여, 그에게 가지 마십시오." 그러자 평공이 말했다.
"그리하겠다."

1. The duke P'ing (i. e. 'The Pacificator') had been informed of Mencius's worth, it appears, by Yo-chăng, and was going out, half-ashamed at the same time to do so, to offer the due respect to him as a professor of moral and political science, by visiting him and asking his services. The author of the 四書拓餘說 approves of the view that the incident in this chapter is to be referred to the 4th year of the sovereign 赧, B. C. 311, but the chronology of the duke P'ing is very confused. 所之, 之 =往. 何哉 is an exclamation of surprise, extending back to 前喪. In 以爲賢 乎, the 乎 is hardly so much as an interrogation. I have given its force by一'I suppose.' 出 does not indicate the origin of rites and right, but only their exhibition. The first occasion of Mencius's mourning referred to was that, it is said, for his father. But his father died, according to the received accounts, when he was only a child of three years old. We must suppose that the favourite invented the story. I have retained the surname Măng here, as suiting the paragraph better than Mencius.

1절 각주

평공(즉 평화주의자)은 악정자에게서 맹자의 덕에 대해 전해 듣고 방문하려고 하면서도 도덕 정치학 교수인 맹자에게 합당한 예를 갖추어 방문하여 예식에 관해 묻는 것을 약간 창피하게 생각했다. 『사서탁여설』(四書拓餘說)의 저자는 이 장에서 말하는 사건을 기원전 311년 난(赧)왕 재위 4년 때의 일이라 했지만 평공의 일대기는 매우 혼란스럽다. 소지(所之)의 지(之)는 왕(往, 가다)이다. 하재(何哉)는 놀람의 감탄사로 전상(前喪)으로 이어진다. '이위현호'(以爲賢乎)에서 호(乎)는 의문문을 나타내는 것이 아니다. 나는 'I suppose'로 이 의미를 강조했다. 출(出)은 적절함과 올바름의 기원을 나타내지 않지만 단지 출현함을 나타낸다. 언급된 맹자의 첫 번째 상은 부친상으로 전해진다. 그러나 맹자의 아버지는 공식 기록에 따르면, 그가 겨우 3살이었을 때 사망했다고 한다. 평공의 총신이 이 이야기를 조작했다고 보는 것이 맞다. 나는 이 단락의 의미를 더 잘 나타내기 위해 맹자(Mencius)를 쓰지 않고 성씨인 맹(Măng)을 썼다.

2. The officer Yo-chăng entered *the court*, and had an audience. He said, 'Prince, why have you not gone to see Măng K'o?' The duke said, 'One told me that, on the occasion of the scholar Măng's second mourning, his observances exceeded those of the former. It is on that account that I have not gone to see him.' 'How is this!' answered Yo-chăng. 'By what you call "exceeding," you mean, I suppose, that, on the first occasion, he used the rites appropriate to a scholar, and, on the second, those appropriate to a great officer; that he first used three tripods, and afterwards five tripods.' *The duke* said, 'No; I refer to the greater excellence of the coffin, the shell, the grave-clothes, and the shroud.' Yo-chăng said, 'That cannot be called "exceeding." That was the difference between being poor and being rich.'

2. 樂正 is a double surname. This individual, whose name was K'o(克;一 see par. 3), was a disciple of Mencius. The surname probably arose from one of his ancestors having been the music master of some State, and the name of his office passing over to become the designation of his descendants. The tripods contained the offerings of meat used in sacrifice. The sovereign used nine, the prince of a State seven, a great officer five, and a scholar three. To each tripod belonged its appropriate kind of flesh.

2절

樂正子入見曰, 君奚爲不見孟軻也. 曰, 或告寡人曰, 孟子之後
喪踰前喪, 是以不往見也. 曰, 何哉, 君所謂踰者, 前以士, 後
以大夫, 前以三鼎, 而後以五鼎與. 曰, 否, 謂棺槨衣衾之美也.
曰, 非所謂踰也, 貧富不同也.

관리인 악정자가 [조정에] 들어와 평공을 알현하며 말했다. "제후시여, 어
째서 맹가(孟軻)를 만나지 않으십니까?" [평공이] 말했다. "어떤 사람이 나
에게 맹 학자의 두 번째 상이 첫 번째 상보다 더 성대했다고 했다. 내가
그를 만나러 가지 않은 것을 바로 이 때문이다." 악정자가 말했다. "그럴
리가요! '더 성대하다'라는 말씀은 제가 추정컨대 첫 번째 상 때 맹공이
학자로서의 적절한 예식을 준수했지만, 두 번째 상 때는 대부로서의 적절
한 예식을 치렀다는 뜻입니까? 전에는 세 개의 솥을, 그 이후는 다섯 개
의 솥을 사용했다는 뜻입니까?" [평공]이 말했다. "아니오 나는 관과 곽,
수의와 수침이 더 성대했음을 말한 것이오." 악정자가 말했다. "그것은
'더 성대했다'라기 보다는 빈과 부의 차이가 있었기 때문입니다."

2절 각주

악정(樂正)은 복성의 성씨이다. 이 사람의 이름은 극(克)(제3장을 보라)으
로 맹자의 제자였다. 그의 성씨는 아마도 어떤 공국의 악사였던 조상에게
서 유래한 듯하다. 그 관직의 이름이 전승되어 그의 후손을 가리키는 명
칭이 되었다. 세 발 솥은 제사에 사용되는 고기를 담는 제기이다. 천자는
세 발 솥을 9개, 공국의 제후는 7개, 대부는 5개, 학자는 3개를 사용했다.
육고기 종류에 따라 각기 다른 세 발 솥이 사용되었다.

3. *After this*, Yo-chăng saw Mencius, and said to him, 'I told the prince about you, and he was consequently coming to see you, when one of his favourites, named Tsang Ts'ang, stopped him, and therefore he did not come according to his purpose.' *Mencius* said, 'A man's advancement is effected, it may be, by others, and the stopping him is, it may be, from the efforts of others. *But* to advance a man or to stop his advance is *really* beyond the power of other men. My not finding *in* the prince of Lû *a ruler who would confide in me, and put my counsels into practice*, is from Heaven. How could that scion of the Tsang family cause me not to find *the ruler that would suit me*?'

3. 君爲來,一爲, 4th tone, = 'therefore,' i. e. in consequence of what Yo-chăng had said, the duke was going to visit Mencius. 尼 is read in the 3rd and 4th tones, both with the same meaning, = 止, 'stop.' 不遇魯侯[30] is not spoken merely with reference to the duke's not coming, as he had purposed, to meet him. The phrase 不遇 really conveys all the meaning in the translation, however periphrastic that may seem. With this reference of Mencius to Heaven, compare the language of Confucius, Analects, VII. xxi; IX. v; XIV. xxxviii.

---

30) (역주) 레게 맹자 원문의 '不遇魯侯'가 각주에는 '不遇魯君'으로 되어 '不遇魯侯'로 수정하였다.

3절

樂正子見孟子曰, 克告於君, 君爲來見也, 嬖人有臧倉者沮君, 君是以不果來也. 曰, 行或使之, 止或尼之, 行止非人所能也, 吾之不遇魯侯, 天也, 臧氏之子, 焉能使予不遇哉.

[이 이후] 악정자가 맹자를 만나 말씀드렸다. "제가 선생님에 대해 제후에게 말씀드린 후 제후께서 선생님을 만나러 올 예정이었습니다. 그런데 장창이라는 총애받는 신하가 군주께서 못 가게 방해하는 바람에 오지 못하게 되었습니다." [맹자가] 말했다. "한 사람이 나아가는 것은 다른 사람들 때문일 수 있고, 그를 멈추게 하는 것도 다른 사람이 애썼기 때문일 수 있다. [그러나] 한 사람을 나아가게 하거나 나아감을 멈추게 하는 것은 [사실상] 다른 사람의 힘을 넘어서는 것이다. 내가 노나라 군쥬[에게서] [나를 신뢰하고 조언을 실행할 만한 통치자임을] 발견하지 못한 것은 하늘의 뜻이다. 어찌 장가의 그런 행동이 [나에게 어울리는 통치자를] 찾지 못하게 된 이유가 될 수 있겠는가?"

3절 각주

군위래(君爲來)에서 위(爲)는 4성조로 '그리하여' 즉 악정자가 평공에게 말씀드린 결과 평공이 맹자를 방문할 예정이었다라는 의미이다. 닐(尼)은 3성조와 4성조로 읽히며, 그 의미는 지(止)로 '멈추다'이다. 불우노후(不遇魯侯)는 단지 평공이 의도한 대로 맹자를 만나러 오지 않은 것만을 가리켜 말한 것이 아니다. 불우(不遇)는 완곡하지만 번역에서 표현한 모든 의미를 담고 있다. 맹자가 하늘을 언급하는 것과 관련해서는 『논어』 제7권 제22장, 제9권 제5장, 제14권 제38장에서 공자를 나타내는 표현과 비교해 보라.

公孫丑章句 · 上

공손추장구 · 상

BOOK II

KUNG-SUN CHAU

PART I

TITLE OF THIS BOOK.

The name of Kung-sun Ch'âu, a disciple of Mencius, heading the first chapter, the book is named from him accordingly. On 章句上, see note on the title of the first Book.

제2권

공손추장구(公孫丑章句)

상(上)

이 책의 제목에 대하여

제2권의 제목은 제1장의 서두에 나오는 맹자의 제자인 공손추의 이름을 따른 것이다. 장구상(章句上)은 제1권의 제목 각주를 보라.

CHAPTER I

CH. 1. WHILE MENCIUS WISHED TO SEE A TRUE ROYAL GOVERNMENT AND SWAY IN THE KINGDOM, AND COULD EASILY HAVE REALIZED IT, FROM THE PECULIAR CIRCUMSTANCES OF THE TIME, HE WOULD NOT, TO DO SO, HAVE HAD RECOURSE TO ANY WAYS INCONSISTENT WITH ITS IDEA.

1. Kung-sun Ch'âu asked *Mencius*, saying, 'Master, if you were to obtain the ordering of the government in Ch'î, could you promise yourself to accomplish anew such results as those realized by Kwan Chung and Yen?'

1. Kung-sun Ch'âu, one of Mencius's disciples, belonged to Ch'î, and was probably a cadet of the ducal family. The sons of the princes were generally 公子; their sons again, 公孫, 'ducal grandsons,' and those two characters, became the surname of *their* descendants, who mingled with the undistinguished classes of the people. 當路, literally, 'in a way.' Châo Ch'î says, 當仕路, 'in an official way,' and Chû Hsî, 居要地, 'to occupy an important position.' The gloss in the 備旨 says: '當路 is 操政柄, to grasp the handle of government.' The analogous phrase一當道 is used now to describe an officer's appointment. 管仲,一see Confucian Analects, III. xxii; XIV. x, xvii, xviii. 晏子,一see Confucian Analects, V. xvi; Mencius, Bk. I. Pt. II. iv.

제1장

맹자는 진정한 왕도정치가 실현되기를 원했다. 그 시대의 특수한 상황을 이용해 이를 쉽게 실현할 수도 있었을 것이다. 그러나 그는 왕도 사상에 어긋나는 방식에 기대어 왕도정치를 실현하는 것을 원하지 않았다.

1절

公孫丑問曰, 夫子當路於齊, 管仲晏子之功, 可復許乎.

공손추가 [맹자에게] 물었다. "선생님께서 만약 제나라를 통치할 수 있는 자리에 있다면, 관중과 안자의 성과를 다시 이룰 수 있겠습니까?"

1절 각주

공손추는 맹자의 제자로 제나라 사람인데, 아마도 공작가의 손자이었을 것이다. 제후의 아들은 일반적으로 공자(公子)이고, 이 공자의 아들을 공손(公孫), '공작의 손자'라 했다. 공손(公孫)이라는 두 글자는 이후 공작가 후손의 성씨가 되었고 [그] 후손들이 평민층과 섞이면서 원래의 공작가후손이라는 뜻은 없어지게 되었다. 당로(當路)는 문자 그대로 '어떤 방식으로'라는 뜻인데, 조기는 당사로(當仕路), 즉 '관리의 방식'으로, 주희는 거요지(居要地), 즉 '요직을 차지하다'로 해석했다. 『비지』(備旨)의 용어 해설을 보면 당로(當路)는 조정병(操政柄), 즉 통치의 손잡이를 쥐는 것으로 풀이한다. 유사어구인 당도(當道)는 오늘날 말로 '관리의 임명'으로 풀이된다. 관중은 공자의 『논어』 제3권 제22장, 제14권 제10장, 제17장, 제18장을 보라. 안자는 『논어』 제5권 제16장과 『맹자』 제1권 제2편 제4장을 보라.

2. Mencius said, 'You are indeed a *true* man of Ch'î. You know about Kwan Chung and Yen, and nothing more.

3. 'Some one asked Tsăng Hsî, saying, "Sir, to which do you give the superiority,─to yourself or to Tsze-lû?" Tsang Hsî looked uneasy, and said, "He was an object of veneration to my grandfather." "Then," pursued the other, "Do you give the superiority to yourself or to Kwan Chung?" Tsăng Hsî, flushed with anger and displeased, said, "How dare you compare me with Kwan Chung? Considering how entirely Kwan Chung possessed *the confidence of* his prince, how long he enjoyed the direction of the government of the State, and how low, *after all*, was what he accomplished,─how is it that you liken me to him?"

3. Tsăng Hsî was the grandson, according to Châo Ch'î and Chû Hsî, of Tsăng Shăn, the famous disciple of Confucius. Others say he was Shăn's son. It is a moot point. 孰賢,─compare Analects, XI. xv. 蹴然, according to Chû, is 不安貌, as in the translation. The dictionary gives it, 敬貌, 'the appearance of reverence.' 先子,─we see what a wide application this character 子 has. 何曾,─曾 is not to be taken as if it wore the sign of the present complete tense, though in the dictionary this passage is quoted under that signification of the character. It is here=則 or 乃. For more than 40 years Kwan Chung possessed the entire confidence of the duke Hwan.

2절

孟子曰, 子誠齊人也, 知管仲晏子而已矣.

맹자가 말했다. "너는 [진정한] 제나라 사람이구나. 너는 관중과 안자만 알고 그 이상은 모르는구나.

3절

或問乎曾西曰, 吾子與子路孰賢, 曾西蹴然曰, 吾先子之所畏也, 曰, 然則吾子與管仲孰賢, 曾西艴然不悅曰, 爾何曾比予於管仲, 管仲得君, 如彼其專也, 行乎國政, 如彼其久也, 功烈, 如彼其卑也, 爾何曾比予於是.

어떤 사람이 증서에게 '선생님과 자로 중 누가 더 뛰어납니까?'라고 물었다. 그러자 증서가 불편한 기색을 띠며 '그분은 조부께서 존경하던 분이시다'라고 말했다. 그가 계속해서 '그럼, 선생님과 관중 중 누가 더 뛰어납니까?'라고 물었다. 그러자 증서가 기분이 상해 얼굴이 붉어지며 '네 어찌 감히 나를 관중과 비교하느냐? 관중은 제후의 두터운 [신임]을 받으면서 아주 오랫동안 나라를 다스렸다. 그런데도 그의 [최종] 업적은 너무도 미미했다. 어째서 나를 그와 비교하느냐?'라고 말했다.

3절 각주

조기와 주희는 증서를 공자의 유명한 제자인 증자의 손자라고 하고, 어떤 이는 증자의 아들이라 하는데, 의견이 분분하다. 숙현(孰賢)은 『논어』제11권 제15장과 비교하라. 주희에 따르면 축연(蹴然)은 불안모(不安貌)이고, 번역은 주희의 해석을 따랐다. 사전은 경모(敬貌)를 '존경의 모양으로 풀이한다. 선자(先子)의 자(子)에서 우리는 이 글자의 광범위한 사용의 한 예를 볼 수 있다. 하증(何曾)은 비록 사전에서 이 문구를 인용할 때 증(曾)을 현재완료시제의 표지로 보았지만, 그렇게 해석해서는 안 된다. 여기서는 즉(則) 또는 내(乃)를 의미한다. 관중은 40년 넘게 환공의 완전한 신임을 받았다.

4. 'Thus,' concluded Mencius, 'Tsăng Hsî would not play Kwan Chung, and is it what you desire for me that I should do so?'

4. 爲我,—爲, 4th tone, 'on my behalf.' Sun Shih(孫奭), the paraphrast of Châo Ch'î, takes it as =以爲:—'Do you think that I desire to do so ?' This does not appear to be Ch'î's own interpretation.

4절

曰, 管仲, 曾西之所不爲也, 而子爲我願之乎.

맹자가 말을 맺었다. "이렇듯 증서도 관중을 상대하려고 하지 않았는데, 너는 나를 위하여 내가 정말 그렇게 하기를 원하느냐?"

4절 각주

위아(爲我)에서 위(爲)는 4성조로 '나를 위하여'를 의미한다. 손석(孫奭)[31]은 여기서의 '爲'를 조기가 이위(以爲) 즉 "너는 내가 그렇게 하기를 원한다고 생각하느냐?"로 해석했다고 받아들이지만, 조기가 그렇게 해석한 것 같지 않다.

---

[31] (역주) 손석(孫奭, 962~1033)은 자가 종고(宗古)이고 박주(博州) 박평(博平) 즉 지금의 산동성 임평현(荏平縣) 박평진(博平鎭)사람이다. 북송 때의 정치가이자 경학자이자 교육자이다. 경학으로 이름을 날렸으며, 평생 유학의 도를 실천했다. 『경전휘언(經典徽言)』, 『오경절해(五經節解)』, 『악기도(樂記圖)』, 『오복제도(五服制度)』 등을 저술했다. 또 13경 주소(注疏) 중 『맹자주소(孟子注疏)』의 "소(疏)"의 완성자이다.

5. *Kung-sun Ch'âu* said, 'Kwan Chung raised his prince to be the leader of all the other princes, and Yen made his prince illustrious, and do you still think it would not be enough for you to do what they did?'

5. 管仲晏子, 猶不足爲與, a literally, 'and are Kwan Chung and Yen still not sufficient to be played?'

6. *Mencius* answered, 'To raise Ch'î to the royal dignity would be as easy as it is to turn round the hand.'

5절

曰, 管仲以其君覇, 晏子以其君顯, 管仲晏子, 猶不足爲與.

[공손추가] 말했다. "관중은 그의 제후인 환공을 다른 모든 제후의 우두머리로 만들었고, 안자는 그의 제후인 경공의 명성을 높였습니다. 그런데도 선생님은 여전히 그들의 성과가 부족하다고 생각하시는지요?"

5절 각주

'관중안자, 유부족위여(管仲晏子, 猶不足爲與)'는 문자 그대로, '관중과 안자가 여전히 대적할 상대로 부족하다는 것입니까?'라는 뜻이다.

6절

曰, 以齊王, 由反手也.

[맹자가] 대답했다. "제나라를 천하의 왕 자리에 올리는 것은 손을 뒤집는 것만큼이나 쉬운 일이다."

7. 'So!' returned the other. 'The perplexity of your disciple is hereby very much increased. There was king Wăn, moreover, with all the virtue which belonged to him; and who did not die till he had reached a hundred years:—and still *his influence* had not penetrated throughout the kingdom. It required king Wû and the duke of Châu to continue his course, before that influence greatly prevailed. Now you say that the royal dignity might be so easily obtained:—is king Wăn then not a sufficient object for imitation?'

7. 若是—'in this case'; but by using our exclamatory *So!* the spirit of the remark is brought out. 且 introduces a new subject, and a *stronger one* for the point in hand. king Wăn died at 97.—Ch'âu uses the round number. 今言王若易然=今言王齊若是之易然, 'Now you say that Ch'î might be raised to the royal sway thus easily.'

7절

曰, 若是, 則弟子之惑滋甚, 且以文王之德百年而後崩, 猶未洽
於天下, 武王周公繼之, 然後大行, 今言王若易然, 則文王不足
法與.

공손추가 말했다. "그렇군요! 그렇지만 이 제자는 매우 당혹스럽습니다.
더구나 문왕은 모든 덕을 지녔고 백 살에 사망했음에도 [그의 영향력은]
왕국에 두루 미치지 못했습니다. 그의 영향력이 널리 퍼지기 위해서는 무
왕과 주공이 그의 길을 계속 이어가야만 했습니다. 지금 선생님께서는 천
하의 왕이 되기는 아주 쉽다고 말씀하십니다. 그럼 그 말은 문왕이 본받
을 만한 대상이 아니라는 말씀입니까?"

7절 각주

약시(若是)는 '이 경우에'라는 뜻이다. 그러나 감탄사 'So!'로 번역함으로써
그 말의 느낌이 더 잘 드러나게 된다. 차(且)는 현 주제보다 [더 강력한]
새로운 주제의 도입을 표지한다. 문왕은 97세에 죽었는데, 공손추가 대략
적인 나이를 사용해서 '백 살'이라고 했다. 금언왕약이연(今言王若易然)은
금언왕제약시지이연(今言王齊若是之易然)으로 '지금 선생님께서는 제나라
가 이렇게 쉽게 천하의 왕위에 오를 수도 있다고 말씀하십니다'라는 의미
이다.

8. *Mencius* said, 'How can king Wăn be matched? From T'ang to Wû-ting there had appeared six or seven worthy and sage sovereigns. The kingdom had been attached to Yin for a long time, and this length of time made a change difficult. Wû-ting had all the princes coming to his court, and possessed the kingdom as if it had been a thing which he moved round in his palm. *Then*, Châu was removed from Wû-ting by no great interval of time. There were still remaining some of the ancient families and of the old manners, of the influence also which had emanated *from the earlier sovereigns*, and of their good government. Moreover, there were the viscount of Wei and his second son, their Royal Highnesses Pî-kan and the viscount of Ch'î, and Kâo-ko, all men of ability and virtue, who gave their joint assistance to Châu *in his government*. In consequence of these things, it took a long time for him to lose *the throne*. There was not a foot of ground which he did not possess. There was not one of all the people who was not his subject. So it was on *his side*, and king Wăn at his beginning had only a territory of one hundred square lî. On all these accounts, it was difficult for him *immediately to attain to the royal dignity*.

8절

曰, 文王何可當也, 由湯至於武丁, 賢聖之君六七作, 天下歸殷
久矣, 久, 則難變也, 武丁朝諸侯, 有天下, 猶運之掌也, 紂之
去武丁, 未久也, 其故家遺俗, 流風善政, 猶有存者, 又有微子
微仲, 王子比干, 箕子, 膠鬲, 皆賢人也, 相與輔相之, 故久而
後失之也, 尺地, 莫非其有也, 一民, 莫非其臣也, 然而文王猶
方百里起, 是以難也.

[맹자가] 말했다. "어떻게 문왕께 대적할 상대가 있겠느냐? 탕왕에서 무정
에 이르기까지 6~7명의 성현 군주가 있었다. 그 나라는 오랫동안 은에 속
해 있었기에, 이 긴 시간으로 인해 변화하기가 어려웠다. 무정은 모든 제
후를 그의 조정에 오게 만들었고 왕국을 손바닥 위의 물건처럼 완벽히 장
악했다. [그때], 주왕과 무정의 시간적 거리는 그리 멀지 않았다. 그래서
오래된 가문과 옛 풍속, [초기 군주들과] 그들이 펼친 훌륭한 통치의 영향
력이 여전히 남아 있었다. 게다가, 미자와 그의 둘째 아들 미중, 왕자 비
간, 기자, 교격과 같은 능력 있고 유덕한 사람들이 주왕의 통치를 함께 도
왔다. 이 때문에, 주왕이 [왕위에서] 내려오는 데 오랜 시간이 걸렸다. 그
가 소유하지 않은 땅이 한 군데도 없었고, 그의 신하가 아닌 백성이 한
명도 없었다. 그래서 형세는 [주왕의 편이었고] 문왕은 초기에 겨우 100
평방 리의 땅밖에 없었다. 이 모든 이유로 문왕이 [즉시 천하의 왕이 되는
것이] 어려웠다.

8. From T'ang to Wû-ting (B.C.1765－1323), there were altogether 18 sovereigns, exclusive of themselves, and from Wû-ting to Châu (1323－1153) seven. 朝, *ch'âo*, 2nd tone, used as in Bk. I, Pt. I. vi. 16, *et al.* 微子, 比干, 箕子, Analects, XVIII. i. The latter two are 王子, as being uncles of Châu, 'royal sons.' 微仲 was the second son (some say brother) of 微子. Kâo-ko was a distinguished man and minister of the time,－whose worth was first discovered by king Wăn, but who continued loyal to the house of Yin. 輔相,－相, 4th tone. 失之,－之 refers to the throne. 文王猶方云云,－猶, the opp. of former cases, takes the place of 由.

8절 각주

탕왕부터 무정까지(기원전 1776~기원전 1323) 두 왕을 제외하고 모두 18명의 군주가 있었고, 무정에서 주왕(기원전 1323~기원전 1153)까지 7명의 군주가 있었다. [조, 朝는 2성조로 제1권 제1편 제7장 제16절 등에서 사용된 의미와 같다. 미자(微子)와 비간(比干), 기자(箕子)는 『논어』18장 1절을 보라. 비간과 기자는 주왕의 숙부로 왕자(王子)였다. 미중(微仲)은 미자(微子)의 둘째 아들이었다(혹자는 형제라 한다). 교격(膠鬲)은 주왕 시대의 유명한 대신이다. 문왕이 은나라 신하인 교격의 진가를 처음 발견했다. 그러나 그는 계속해서 은나라에 충성했다. 보상(輔相)에서 상(相)은 4성조로 읽힌다. 실지(失之)에서 지(之)는 왕위를 가리킨다. 문왕유방운운(文王猶方云云)에서 유(猶)는 앞의 사례들과 반대됨을 나타내며 由(유) 대신 사용된다.

9. 'The people of Ch'î have a saying—"A man may have wisdom and discernment, but that is not like embracing the favourable opportunity. A man may have instruments of husbandry, but that is not like waiting for the *farming* seasons." The present time is one in which *the royal dignity* may be easily attained.

9. 鎡基,—written variously, 兹基, 鎡錤,—was the name for a *hoe*.

9절

齊人有言曰, 雖有智慧, 不如乘勢, 雖有鎡基, 不如待時, 今時
則易然也.

제나라 사람들에게 이런 속담이 있다. '어떤 사람이 지혜와 분별력이 있을
수 있어도, 그것이 호기를 얻는 것만 못하다. 어떤 사람에게 농기구가 있
어도, 그것이 [농사]철을 기다리는 것만 못하다.' 지금의 시대는 [천하의
왕이] 쉽게 될 수 있는 시기이다.

9절 각주

자기(鎡基)는 자기(兹基)나 자기(鎡鐯) 등으로 다양하게 표기되는데 [괭이]
를 의미한다.

10. 'In the flourishing periods of the Hsiâ, Yin, and Châu dynasties, *the royal* domain did not exceed a thousand lî, and Ch'î embraces so much territory. Cocks crow and dogs bark to one another, all the way to the four borders of the State:—so Ch'î possesses the people. No change is needed for the enlarging of its territory: no change is needed for the collecting of a population. If its ruler will put in practice a benevolent government, no power will be able to prevent his becoming sovereign.

10. 夏后, 殷, 周, see Analects, III. xxi. 辟=闢. The last sentence, as in Bk. I, Pt. I. vii. 3.

10절

夏后殷周之盛, 地未有過千里者也, 而齊有其地矣, 鷄鳴狗吠
相聞, 而達乎四境, 而齊有其民矣, 地不改辟矣, 民不改聚矣,
行仁政而王, 莫之能禦也.

하나라와 은나라, 주나라가 번성하던 시기에, [왕의] 영역은 천 리를 넘지
않았는데, 제나라는 이미 그만큼의 영토를 가지고 있다. 제나라의 네 곳의
국경에 이르는 모든 길에는 수탉이 울고 개가 서로 짖을 만큼 백성들이
많이 있다. 제나라는 영토를 더 확장할 필요도 없고 인구를 더 모을 필요
도 없다. 통치자가 어진 정치만 한다면 그 어떤 세력도 그가 군주가 되는
것을 막을 수 없을 것이다.

10절 각주

하후(夏后), 은(殷), 주(周)는 『논어』 제3권 제21장을 보라. 벽(辟)은 벽(闢)
이다. 마지막 문장은 제1권 제1편 제7장 제3절과 같다.

11. 'Moreover, never was there a time farther removed than the present from the rise of a true sovereign: never was there a time when the sufferings of the people from tyrannical government were more intense than the present. The hungry readily partake of any food, and the thirsty of any drink.'

11. The 爲 in 易爲食, 易爲飮 is perplexing. We might put it, in the 3rd tone, and 食 and 飮 in the same. But in Bk. VII. Pt. I. xxvii, we have the expressions 饑者甘食, 渴者甘飮, where 食 and 飮 must have their ordinary tones. Stress therefore is not to be laid on the 爲. Perhaps the expressions='easily do eating, easily do drinking.'

11절

且王者之不作, 未有疏於此時者也, 民之憔悴於虐政, 未有甚
於此時者也, 饑者易爲食, 渴者易爲飲.

게다가 오늘날처럼 진정한 군주가 출현하지 않았던 적이 결코 없었다. 오
늘날처럼 백성들이 폭군의 통치로 극심한 고통을 받고 있었던 적도 없었
다. 굶주린 자는 어떤 음식이라도, 목마른 자는 어떤 음료수라도 기꺼이
먹을 것이다.

11절 각주.

이위식(易爲食), 이위음(易爲飲)에서 위(爲)의 의미는 혼란스럽다. 위(爲)는
3성조로, 식(食)과 음(飲)도 3성조로 보아야 한다. 그러나 제7권 제1편 제
27장에 기자감식(饑者甘食), 갈자감음(渴者甘飲)이라는 표현이 있는데 여
기서 '식'과 '음'은 평성조이어야 하고 위(爲)에 강세를 주어서는 안 된다.
각각의 의미는 '쉽게 먹게 되고, 쉽게 마시게 되다'가 된다.

12. 'Confucius said, "The flowing progress of virtue is more rapid than the transmission of *royal* orders by stages and couriers."

12. The distinction between 置 and 郵 is much disputed. Some make the former a foot-post, but that is unlikely. It denotes the slower conveyance of dispatches, and the other the more rapid. So much seems plain. See the 集證, *in loc.*

13. 'At the present time, in a country of ten thousand chariots, let benevolent government be put in practice, and the people will be delighted with it, as if they were relieved from hanging by the heels. With half the merit of the ancients, double their achievements is sure to be realized. It is only at this time that such could be the case.'

13. 猶解倒懸,─Chû Hsî simply says: 倒懸喻困苦, "倒懸 expresses bitter suffering.' Literally, it is 'as if they were loosed from being turned upside down and suspended.'

12절

孔子曰, 德之流行, 速於置郵而傳命.

공자께서는 '덕이 흘러가는 속도는 파발꾼이 [왕의] 명을 전달하는 속도보다 빠르다'라고 했다.

12절 각주

치(置)와 우(郵)를 구별할 때 논란의 여지가 많다. 어떤 이는 치(置)를 걸어서 전달하는 것으로 해석하지만 그럴 가능성은 낮다. 치(置)는 파발의 전달 속도가 더 느린 것을, 우(郵)는 더 빠른 것을 의미한다. 그러면 의미가 명백해진다. 『집증』(集證)을 보라.

13절

當今之時, 萬乘之國, 行仁政, 民之悅之, 猶解倒懸也, 故事半古之人, 功必倍之, 惟此時爲然.

지금 시기에 만 대의 전차가 있는 나라에서 어진 정치가 실행된다면 백성들은 마치 거꾸로 매달렸다 풀려난 것처럼 기뻐할 것이며, 옛사람들이 가진 장점의 절반만 있어도 두 배의 업적을 달성할 수 있다. 지금이야말로 그런 일이 일어날 수 있는 바로 그 시기이다."

13절 각주

유해도현(猶解倒懸)에 대해, 주희는 이를 단순하게 도현유곤고(倒懸喩困苦)라 하여 도현(倒懸)이 쓰라린 고통을 표현한다고 해석한다. 도현(倒懸)은 문자 그대로는 '거꾸로 매달려 있다 풀려난 것처럼'을 의미한다.

CHAPTER II

CH. 2. THAT MENCIUS HAD ATTAINED TO AN UN-
-PERTURBED MIND; THAT THE MEANS BY WHICH HE HAD
DONE SO WAS HIS KNOWLEDGE OF WORDS AND THE
NOURISHMENT OF HIS PASSION-NATURE; AND THAT IN THIS
HE WAS A FOLLOWER OF CONFUCIUS.

The chapter is divided into four parts:—the first, pars. 1—8, showing generally that
there are various ways to attain an unperturbed mind; the second, pars. 9, 10,
exposing the error of the way taken by the philosopher Kâo; the third, pars. 11—
17, unfolding Mencius's own way; and the fourth, pars. 18—28, showing that
Mencius followed Confucius, and praising the Sage as the first of mortals. It is
chiefly owing to what Mencius says in this chapter about the nourishment of the
passion nature, that a place has been accorded to him among the sages of China,
or in immediate proximity to them. His views are substantially these :—Man's
nature is composite; he possesses moral and intellectual powers (comprehended by
Mencius under the term 心 'heart,' 'mind,' interchanged with 志, 'the will'), and
active powers (summed up under the term 氣, and embracing generally the
emotions, desires, appetites). The moral and intellectual powers should be supreme
and govern, but there is a close connexion between them and the others which
give effect to them. The active powers may not be stunted, for then the whole
character will be feeble. But on the other hand, they must not be allowed to take
the lead. They must get their tone from the mind, and the way to develop them
in all their completeness is to do good. Let them be vigorous, and the mind clear
and pure, and we shall have the man whom nothing external to himself can
perturb,—Horace's *justum et tenacem propositi virum*. In brief, if we take the
sanum corpus of the Roman adage, as not expressing the mere physical body, but
the emotional and physical nature, what Mencius exhibits here, may be said to be
'*mens sana in corpore sano*.' The attentive reader will, I think, find the above
thoughts dispersed through this chapter, and be able to separate them from the
irrelevant matter (that especially relating to Confucius), with which they are put
forth.

제2장

맹자가 부동심에 도달했다는 것과 언어 지식과 열정-본성의 수양으로 그 경지에 도달했다는 점에서 그를 공자의 계승자로 볼 수 있다.

제2장은 네 부분으로 나뉜다. 첫 번째는 제1~8절로 부동심을 얻는 다양한 방식을 전체적으로 보여준다. 두 번째는 제9~10절로 고자가 취한 방식의 오류를 드러낸다. 세 번째는 제11~17절로 맹자의 독특한 방식으로 전개된다. 네 번째는 제18~28절로 맹자가 공자를 따르고 있음을 보여주고 공자를 최고의 성인으로 칭송한다. 맹자는 이 장의 열정-본성을 수양하는 것을 다룬 사상 덕분에 중국의 성현들과 동급의 자리에 또는 그들과 매우 근접한 자리에 오를 수 있었다. 맹자의 견해는 구체적으로 다음과 같다. 인간의 본성은 복합체로 도덕적이고 지적인 힘과 능동적 힘을 소유한다. 맹자는 전자를 '心'이라는 글자 즉 마음(heart)과 정신(mind)으로 보았고 이것은 '志' 즉 의지(will)와 상호교환가능하다. 후자는 '氣'라는 글자로 요약가능하고 일반적으로 감정과 욕망 그리고 식욕 등을 포함한다. 도덕적이고 지적인 힘이 최상의 위치에서 나머지를 통솔해야 하지만 이 힘과 이 힘에 영향을 주는 다른 힘들은 긴밀히 결합되어 있다. 능동적 힘의 발달을 막지 말아야 한다. 그러면 전체의 성격이 약해지기 때문이다. 그렇지만 능동적 힘이 주도권을 가져서는 안 된다. 능동적 힘은 마음과 연결되어야 하고 완전해지기 위해서는 선을 행해야 한다. 이 힘을 활기차게 하면 마음은 명쾌하고 순수해진다. 그러면 그 사람은 자기 밖의 어떤 것에도 동요되지 않을 것이다. 즉 그는 호라티우스[32]가 말한 '바르고 확고한 목적'을 가진 사람이 될 것이다. 간단하게, 로마 격언인 건강한 육신을 단순히 물리적[몸]이 아니라 감정적이고 물리적인 성질을 표현한 것으로 본다면, 맹자가 여기서 보여주고 있는 것은 [건강한 육신과 건강한 마음]이라고 볼 수 있다. 주의 깊은 독자들은 이 관념이 이 장 전체에 드러나 있다는 것을 알게 될 것이다. 또한, 이러한 독자들은 맹자의 사상과 특히 공자와 관련된 부분에서 제시되는 불필요한 문제를 분리할 수 있을 것이다.

---

32) (역주) 호라티우스(Flaccus Quintus Horatius, B.C.65~B.C.8)는 고대 로마 시대의 시인이다.

1. Kung-sun Ch'âu asked *Mencius*, saying, 'Master, if you were to be appointed a high noble and the prime minister of Ch'î, so as to be able to carry *your* principles into practice, though you should thereupon raise the ruler to the headship of all the other princes, or *even* to the royal dignity, it would not be to be wondered at.—In such a position would your mind be perturbed or not?' Mencius replied, 'No. At forty, I attained to an unperturbed mind.'

1. 加 'to add,' and generally 'to confer upon,' is here to be taken passively,—'If on you were conferred the dignity of, &c.' 相, 4th tone. 卿相 are not to be separated by an *or*, as 霸王 must be; see on 公卿, Analects, IX. xv. Ch'âu's meaning is that, with so great an office and heavy a charge, the mind might well be perturbed:—would it be so with his master? With Mencius's reply, compare Confucius's account of himself, Analects, II. iv. 3.

1절

公孫丑問曰, 夫子加齊之卿相, 得行道焉, 雖由此霸王不異矣, 如此, 則動心否乎. 孟子曰, 否, 我四十不動心.

공손추가 [맹자에게] 물었다. "선생님께서 제나라의 고위 귀족과 재상으로 임명되어 원리를 실행에 옮길 수 있게 되어 제나라의 제후를 다른 모든 제후의 우두머리로 올린다고 해도 [심지어] 그를 천하의 왕의 자리에 올려 놓는다고 해도 그것이 그렇게 놀랄 일은 아니겠지요. 그런데 그런 자리에서 선생님의 마음이 흔들릴까요? 흔들리지 않을까요?" 맹자가 대답했다. "흔들리지 않을 것이다. 40세에 나는 이미 부동심을 얻었다."

1절 각주

가(加)는 '더하다'이고 일반적으로 '~에 수여하다'인데 여기서는 수동적으로 받는 것으로 보아야 한다. '만약 당신에게 ~의 위엄 등이 수여된다면'이라는 뜻이다. 상(相)은 4성조로 패왕(霸王)과 마찬가지로 경상(卿相)을 경 [또는] 상으로 분리해서는 안 된다. 이는 『논어』 제9권 제15장 공경(公卿)의 주석을 보라. 공손추의 말은 '그토록 대단한 관직과 무거운 책임을 지고 있으면 마음이 쉽게 동요될 수 있다는데 선생님도 그러실까요?'라는 의미이다. 맹자의 대답을 『논어』 제2권 제4장 제3절에서 공자의 대답과 비교해보라.

2. *Ch'âu* said, 'Since it is so with you, my Master, you are far beyond Măng Păn.' 'The *mere* attainment,' said *Mencius*, 'is not difficult. The scholar Kâo had attained to an unperturbed mind at an earlier period of life than I did.'

2. Măng Păn was a celebrated bravo, who could pull the horn from an ox's head, and feared no man. Kâo is the same who gives name to the 6th Book of Mencius. 是不難 is not to be understood so much with reference to the case of Măng Păn, as to the mere attainment of an unperturbed mind, without reference to the way of attaining to it.

3. *Ch'âu* asked, 'Is there any way to an unperturbed mind?' The answer was, 'Yes.

3. 道 here =方法, 'way,' or 'method.'

2절

曰, 若是, 則夫子過孟賁遠矣. 曰, 是不難, 告子先我不動心.

공손추가 말했다. "그렇다면, 선생님께서는 맹분보다도 훨씬 뛰어나십니다." [맹자가] 말했다. "도달하는 것은 그렇게 어렵지 않다. 고자는 나보다 더 젊은 나이에 부동심에 이르렀다."

2절 각주

맹분은 유명한 장사로 황소 뿔을 뽑을 수 있고, 어떤 사람도 두려워하지 않았다. 『맹자』 제6권의 제목의 주인공인 고자도 마찬가지였다. 시불난(是不難)은 맹분의 경우를 가리키는 것이라기보다는 부동심에 이르는 것으로 보아야 하고, 이때 부동심에 이르는 방법은 제외된다.

3절

曰, 不動心有道乎. 曰, 有.

[공손추가] 물었다. "부동심에 이르는 방법이 있습니까?" 맹자가 말했다. "그렇다."

3절 각주

도(道)는 여기서는 '길' 혹은 '방법'이다.

4. 'Pî-kung Yû had this way of nourishing his valour:—He did not flinch from any strokes at his body. He did not turn his eyes aside from any thrusts at them. He considered that the slightest push from any one was the same as if he were beaten *before the crowds* in the market-place, and that what he would not receive from *a common man* in his loose large garments of hair, neither should he receive from a prince of ten thousand chariots. He viewed stabbing a prince of ten thousand chariots just as stabbing a fellow dressed in cloth of hair. He feared not any of all the princes. A bad word addressed to him be always returned.

4. Pi-kung Yû was a bravo, belonging probably to Wei (衛), and connected with its ruling family. 不膚撓(2nd tone), 不目逃, literally, 'not skin bend, not eye avoid.' The meaning is not that he had first been wounded in those parts, and still was indifferent to the pain, but that he would press forward, careless of all risks. 思 covers down to 視.一毫挫,='the least push,'=disgrace. 市朝(ch'âo, 2nd tone) are not to be separated, and made—'the market place or the court.' The latter character is used, because anciently the different parties in the markets were arranged in their respective ranks and places, as the officers in the court. But compare Analects, XIV. xxxviii. 1. 褐寬博= 褐寬博之夫(or 賤).

4절

北宮黝之養勇也, 不膚撓, 不目逃, 思以一毫挫於人, 若撻之於
市朝, 不受於褐寬博, 亦不受於萬乘之君, 視刺萬乘之君, 若刺
褐夫, 無嚴諸侯, 惡聲至, 必反之.

북궁유가 용기를 키우는 방식은 이러하였다. 누가 그의 몸을 쳐도 움찔하
지 않았다. 누가 그를 찔러도 눈도 돌리지 않았다. 누가 아주 살며시 미는
것을 시장에서 [군중 앞에서] 두들겨 맞는 것과 같은 것으로 생각했다. 헐
렁한 베옷을 입은 [천한 사람에게] 받기 싫은 것은 1만 대의 전차가 있는
제후에게서도 받기 싫어했다. 1만 대의 전차가 있는 제후를 칼로 찌르는
것을 헐렁한 베옷을 입은 동료를 찌르는 것과 같다고 생각했다. 그는 어
떤 제후도 두려워하지 않았다. 그는 누가 그에게 나쁜 말을 하면 항상 갚
아주었다.

4절 각주

북궁유는 아마도 위나라의 힘이 센 장사로 통치계급과 관련이 있었던 것
같다. 불부요불목도(不膚撓[2성조]不目逃)는 문자 그대로, '피부가 움찔하지
않고 눈이 피하지 않다'라는 뜻이다. 그가 이런 부위에 먼저 상처를 입었
지만, 여전히 그 고통에 무심하다는 의미가 아니라, 모든 위험에도 상관하
지 않고 앞으로 진격한다는 의미이다. 사(思)는 시(視)의 의미까지 포함한
다. 일호좌(一毫挫)는 '최소한의 밀침' 즉 모욕을 말한다. 시조(市朝, 2성조)
를 '시장과 조정'으로 분리해서는 안 된다. 여기서 조(朝)가 사용된 것은 옛
날에 시장의 여러 계파가 조정의 관리들처럼 각각의 등급과 장소에 따라
자리를 배정받기 때문이었다. 이를 『논어』 제14권 제38장 제1절과 비교하
라. 갈관박(褐寬博)은 갈관박지부[천](褐寬博之夫[賤])[33]이다.

---

33) (역주) 갈관박지부(褐寬博之夫)는 헐렁한 베옷을 입은 사람, 즉 천한 사람을 뜻한
다, 『시경』 「칠월(七月)」에서 "옷도 없고 베옷도 없으니 어떻게 한 해를 보낼꼬?(無
衣無褐, 何以卒歲?)"라고 하여 의(衣)와 갈(褐)이 대칭을 이루고 있다. 정현은 이의
주석에서 "귀한 사람은 옷(衣)이 없고, 천한 이는 베옷(褐)이 없네."라고 풀이했다.
천한 사람이 입던 베옷으로 보인다. 『설문해자』에서는 갈(褐)을 거친 베옷(粗衣)"이
라고 풀이했다.

5. 'Mǎng Shih-shê had this way of nourishing his valour:—He said, "I look upon not conquering and conquering in the same way. To measure the enemy and then advance; to calculate the chances of victory and then engage:—this is to stand in awe of the opposing force. How can I make certain of conquering? I can only rise superior to all fear."

5. There is a difficulty with the 施 in 孟施舍, as this gentleman in the end of the paragraph simply calls himself 舍. Hence the 施 is made like our 'h'm;'—Mǎng H'm-shê. The use of $\hat{A}$ before the name, especially in the south of China, is analogous to this. Notwithstanding the 所 in the first clause of this paragraph, we need not translate differently from the first clause of the preceding. 三軍,—see Analects, VII. x; used here simply for 'the enemy.'

5절

孟施舍之所養勇也, 曰, 視不勝猶勝也, 量敵而後進, 慮勝而後
會, 是畏三軍者也, 舍豈能爲必勝哉, 能無懼而已矣.

맹시사가 용기를 키우는 방식은 이러하였다. 맹시사가 말했다. '나는 이기
지 않는 것과 이기는 것을 같은 방식으로 바라본다. 적을 헤아린 뒤에 전
진하고 승리의 가능성을 계산하고 교전한다면, 이것은 적의 세력을 두려워
하는 것이다. 내가 어찌 승리를 확신할 수 있겠는가? 나는 단지 모든 두
려움을 뛰어넘을 뿐이다.'

5절 각주

맹시사(孟施舍)의 시(施)를 해석하는 데 어려움이 있다. 이 점잖은 사람이
이 절의 마지막 부분에서 자신을 단순히 사(舍)라 칭했기 때문이다. 이리
하여 시(施)는 우리의 '음(h'm)'과 같은 것으로 보이므로 맹시사는 맹음사
가 된다. 특히 중국 남쪽에서 이름 앞에 A를 사용하는 것이 이와 유사
하다. 소(所)가 있는 이 절의 첫 어구를 소(所)가 없는 앞 절의 첫 어구와
다르게 해석할 필요는 없다. 삼군(三軍)은 『논어』 제7권 제10장 제2절을
보라. 여기 제5절에서는 단순히 '적군'을 의미한다.

6. 'Măng Shih-shê resembled the philosopher Tsăng. Pî-kung Yû resembled Tsze-hsiâ. I do not know to the valour of which of the two the superiority should be ascribed, but yet Măng Shih-shê attended to what was of the greater importance.

6. 孰賢一as in last chapter. Pi-kung Yû thought of others,一of conquering; Măng Shih-shê of himself,一of not being afraid. The basis of the reference to the two disciples is the commonly received idea of their several characters. Tsăng Shăn was reflective, and dealt with himself. Tsze-hsiâ was ambitious, and would not willingly be inferior to others.

6절

孟施舍似曾子, 北宮黝似子夏, 夫二子之勇, 未知其孰賢, 然而
孟施舍守約也.

맹시사는 증자와 유사했고, 북궁유는 자하와 유사했다. 두 사람 가운데서
누구의 용기가 더 훌륭한지 모르겠지만 맹시사는 더 중요한 것에 주목했
다.

6절 각주

숙현(孰賢)은 제1장에서의 쓰임과 같다. 북궁유는 다른 사람들에 대해서,
그리고 이기는 것에 대해 생각했지만, 맹시사는 자기 자신에 대해서, 그리
고 두려워하지 않는 것에 대해 생각했다. 증자와 자하를 이렇게 언급하는
것은 그들이 이러한 몇몇 특징을 가지고 있다고 사람들이 일반적으로 생
각하기 때문이다. 증자는 반성적이고 자기 자신을 다스렸다. 반면 자하는
야심이 있었고 자발적으로 자신을 다른 사람들보다 낮추는 일이 없었다.

7. 'Formerly, the philosopher Tsăng said to Tsze-hsiang, "Do you love valour? I heard an account of great valour from the Master. *It speaks thus*:—'If, on self-examination, I find that I am not upright, shall I not be in fear even of a poor man in his loose garments of hair-cloth? If, on self-examination, I find that I am upright, I will go forward against thousands and tens of thousands.'"

7. Tsze-hsiang was a disciple of Tsăng. 縮,—properly, the straight seams, from the top to the edge, with which an ancient cap was made, metaphorically used for 'straight,' 'upright.' 吾不惴焉=吾豈不惴焉, the interrogation being denoted by the tone of the voice. Still the 焉 is the final particle, and not the initial 'how,' with a different tone, as Julien supposes.

7절

昔者, 曾子謂子襄曰, 子好勇乎, 吾嘗聞大勇於夫子矣, 自反而不縮, 雖褐寬博, 吾不惴焉, 自反而縮, 雖千萬人, 吾往矣.

예전에 증자가 자양에게 이렇게 말했다. '너는 용기를 좋아하느냐? 나는 스승님께서 큰 용기에 대해 '스스로 살펴서 바르지 않다는 것을 안다면 심지어 헐렁한 베옷을 입은 가난한 사람에게도 두려움을 느끼지 않겠느냐? 스스로 살피어 바르다는 것을 안다면 수천수만에 맞서 앞으로 갈 것이다'라고 말씀하신 것을 들은 바 있다.'

7절 각주

자양은 증자의 제자이다. 축(縮)은 원래 맨 위에서 밑단까지 이어지는 일자형의 바느질법으로 옛날에 모자를 만드는 방식이었다. 비유적으로 '곧은' '바른'의 의미로 사용된다. 오불췌언(吾不惴焉)은 오기불췌언(吾豈不惴焉)으로, 의문의 어조가 들어 있다. 언(焉)은 종결사이지, 줄리앙이 생각하는 것처럼 다른 성조를 가진 어두에 쓰인 'how'가 아니다.

8. *Yet,* what Măng Shih-shê maintained, being *merely* his physical energy, was after all inferior to what the philosopher Tsăng maintained, which was *indeed* of the most importance.'

8. Here we first meet the character 氣, so important in this chapter. Its different meanings may be seen in Morrison and Medhurst. Originally it was the same as 气, 'cloudy vapor.' With the addition of 米, 'rice,' or 火, 'fire,' which was an old form, it should indicate 'steam of rice,' or 'steam' generally. The sense in which Mencius uses it is indicated in the translation and in the preliminary note. The sense springs from its being used as correlate to 心, 'the mind,' taken in connexion with the idea of 'energy' inherent in it, from its composition. Thus it signifies the lower portion of man's constitution; and here, that lower part in its lowest sense,—animal vigour or courage. The 又 refers to what had been conceded to Shê in par. 6. I translate as if there were a comma or pause after the two 守.

8절

孟施舍之守氣, 又不如曾子之守約也.

[그럼에도], 맹시사가 지켰던 것은 [그저] 육체적인 에너지(氣, energy)이다. 결국 증자가 지켰던 것보다 낮은 것이다. 증자가 지키고자 했던 것이야말로 [사실상] 가장 중요하다.”

8절 각주

기(氣)라는 매우 중요한 글자가 처음으로 이 장에서 등장한다. 모리슨[34]과 메드허스트[35]는 ‘氣’를 다르게 해석한다. ‘氣’의 어원은 기(气)= ‘흐릿한 수증기’와 같았다. 여기에 미(米)=‘쌀’ 또는 더 옛날 형태인 화 (火)=‘불’이 첨가되어 ‘쌀의 흐름’ 또는 ‘흐름’을 일반적으로 의미한다. 맹자의 ‘氣’의 의미는 나의 번역과 예비 각주에 있다. 그 의미는 그 글자의 구성에서부터 그 속에 내재된 ‘에너지’의 관념과 결부되어 심 (心)=‘정신(mind)’과 등가로 사용되면서부터 생겨난다. 이리하여 기(氣) 는 사람의 구성체(constitution)에서 더 낮은 부분을 의미하고, 여기서는 가장 낮은 부분인 동물의 활기 혹은 용기를 의미한다. 우(又)는 제6절에서 맹시사와 증자가 유사하다고 언급했던 부분을 가리킨다. 나는 두 개의 수(守) 뒤에 쉼표나 중지가 있는 것처럼 번역했다.

---

34) (역주) 로버트 모리슨(Robert Morrison, 羅伯特·馬禮遜, 1782~1834)은 영국에서 태어난 스코틀랜드 선교사이다. 청나라 가경 12년(1807)에 런던 선교사 협회는 그를 중국의 광주로 파견했다. 그는 외국에서 중국으로 온 최초의 개신교 선교사였으며, 영국 동인도 회사에서 25년간 일한 바 있다. 그는 『성경』 전문을 중국어로 번역하고 출판한 것을 포함해 광주에서 많은 문화 활동을 했으며, 중국 역사상 최초의 중국어-영어 사전인 『화영자전(華英字典)』을 편집 출판했다. 그리고 자신의 의료 지식으로 마카오에서 최초의 중서 의학 협동 클리닉을 열었다. 그는 중국에서 개신교 선교의 역사를 연 인물이다.

35) (역주) Walter Henry Medhurst(1796~1857)를 말한다. 중국어 이름은 맥도사(麥都思) 인데, 스스로 묵해노인(墨海老人)이라 불렀다. 19세기 때의 저명한 영국출신 선교사이 자 중국학자이다. 영국 런던 선교회 소속의 모리슨(馬禮遜)과 밀른(米憐, William Milne, 1785~1822)의 뒤를 이어 중국에 머물렀던 중요한 선교사의 한 사람이다. 남양(南 洋)과 상해(上海) 등지에서 40년이 넘는 기간 동안 그는 선교, 저술, 출판 일에 종사 했다. 성서 번역, 인쇄소 설치, 사전 편집, 신문 및 정기 간행물의 출판, 중국 복음 전 파 및 중국과 서양의 문화 교류에 중요한 이바지를 했다.

9. *Kung-sun Ch'âu* said, 'May I venture to ask an explanation from you, Master, of how you maintain an unperturbed mind, and how the philosopher Kâo does the same?' *Mencius answered*, 'Kâo says,—"What is not attained in words is not to be sought for in the mind; what produces dissatisfaction in the mind, is not to be helped by passion-effort." *This last*,—when there is unrest in the mind, not to seek for relief from passion-effort, may be conceded. But not to seek in the mind for what is not attained in words cannot be conceded. The will is the leader of the passion-nature. The passion-nature pervades and animates the body. The will is *first and* chief, and the passion-nature is subordinate to it. Therefore *I* say,—Maintain firm the will, and do no violence to the passion-nature.'

9절

曰, 敢問夫子之不動心, 與告子之不動心, 可得聞與. 告子曰,
不得於言, 勿求於心, 不得於心, 勿求於氣, 不得於心, 勿求於
氣可, 不得於言, 勿求於心不可, 夫志, 氣之帥也, 氣, 體之充
也, 夫志至焉, 氣次焉, 故曰, 持其志, 無暴其氣.

[공손추가] 말했다. "선생님께서는 어떻게 부동심을 유지할 수 있는지, 고
자는 어떻게 그러했는지를 감히 여쭤봐도 될까요?" [맹자가 대답했다.]
"고자는 '말에서 얻어지지 않는 것은 마음에서 구하지 말 것이고, 마음에
서 불만족스러운 것은 열정-노력(passion-effort, 氣)의 도움을 받지 않아야
한다.'라고 말했다. [여기서 마지막 부분] 즉 마음이 편안하지 않을 때, 열
정-노력이 완화해 주기를 바라지 않는 것은 수긍할 수 있다. 그러나 말에
서 얻어지지 않는 것을 마음에서 구하지 않는 것에 대해서는 수긍하기 어
렵다. 의지는 열정-본성(passion-nature, 氣)을 다스리는 것이다. 열정-본성
은 온몸에 퍼져 몸을 생기 있게 한다. 의지가 [먼저이고] 중요하며 열정-
본성은 의지에 종속된다. 그러므로 [내가] 말하고자 하는 것은 의지를 확
고하게 유지하고 열정-본성을 상하게 하지 말라는 것이다."

9. Kâo's principle seems to have been this,—utter indifference to everything external, and entire passivity of mind. Modern writers say that in his words is to be found the essence of Buddhism,—that the object of his attainment was the Buddhistic *nirvana*, and perhaps this helps us to a glimpse of his meaning. Commentators take sides on 不得 於言, whether the 'words' are Kâo's own words, or those of others. To me it is hardly doubtful that they must be taken as the words of others. Mencius's account of himself below, as 'knowing words,' seems to require this. At the same time, a reference to Kâo's arguments with Mencius in Bk. VI, where he changes the form of his assertions, without seeming to be aware of their refutation, gives some plausibility to the other view. Châo Ch'î understands the expression thus:—'If men's words are bad, I will not inquire about their hearts; if their hearts are bad, I will not inquire about their words!' The 可 is not an approval of Kâo's second proposition, but a concession of it simply as not so bad as his first. Mencius goes on to show wherein he considered it as defective. From his language here, and in the next paragraph, we see that ho uses 志 and 心 synonymously. 氣=體之充,—'the 氣 is the filling up of the body.' 氣 might seem here to be little more than the 'breath,' but that meaning would come altogether short of the term throughout the chapter.

9절 각주

고자의 원리는 외적인 모든 것에 대한 온전한 무관심과 마음의 완전한 수동성인 듯하다. 현대 작가들은 고자의 말에서 불교의 정수가 발견된다고 말하기를 좋아한다. 즉 고자의 최종 목적이 불교의 [열반]이라는 것이다. 우리는 이 말을 통해 고자의 뜻을 엿볼 수 있다. 주석가들은 '부득어언(不得於言)'을 두고 '말'이 고자가 한 말인지 아니면 다른 사람들이 한 말인지 견해가 나뉜다. 나는 다른 사람들의 말이라고 확신한다. 아래에서 맹자의 설명을 두고 볼 때, '말'은 다른 사람의 말이어야 한다. 동시에 제6권의 고자와 맹자의 논쟁을 다룬 부분에서 맹자는 자기의 주장이 반박되는 것을 깨닫지 못한 채 주장 방식을 바꾸는데, 이는 '말'이 고자의 말이라는 의견에 힘을 실어준다. 조기는 이 표현을 이렇게 이해했다. '만약 사람들이 나쁜 말을 하면 나는 그들의 마음을 묻지 않을 것이고, 그들의 마음이 나쁘면 나는 그 말을 묻지 않을 것이다.' 가(可)는 고자의 두 번째 명제를 긍정한다는 것이 아니라, 고자의 첫 번째 명제만큼 그렇게 나쁘지 않다는 것을 양보하는 정도의 의미이다. 맹자는 고자의 말에서 잘못된 부분을 드러낸다. 여기에서 맹자의 표현과 다음 단락을 볼 때, 맹자는 지(志)와 심(心)을 동의어로 사용한다. 기(氣)는 체지충(體之充)으로, '기(氣)는 몸을 채우는 것'이다. 여기서 기(氣)는 단지 '숨(breath)'인 것도 같지만, 이 장 전체에서 그 의미로만 보기에는 매우 부족하다.

10. *Ch'âu observed*, 'Since you say—"The will is chief, and the passion-nature is subordinate," how do you also say, "Maintain firm the will, and do no violence to the passion-nature?"' *Mencius* replied, 'When it is the will alone which is active, it moves the passion-nature. When it is the passion-nature alone which is active, it moves the will. For instance now, in the case of a man falling or running, that is from the passion-nature, and yet it moves the mind.'

10. Ch'âu did not understand what his master had said about the relation between the mind and the passion-nature, and as the latter was subordinate, would have had it disregarded altogether:—hence his question. Mencius shows that the passion-nature is really a part of our constitution, acts upon the mind, and is acted on by it, and may not be disregarded. 壹=專. The 反 meets Ch'âu's disregard of the passion-nature, as not worth attending to.

10절

旣曰, 志至焉, 氣次焉, 又曰, 持其志, 無暴其氣者, 何也. 曰,
志壹, 則動氣, 氣壹, 則動志也, 今夫蹶者, 趨者, 是氣也, 而反
動其心.

공손추가 물었다. "선생님께서 '의지가 으뜸이고 열정-본성(氣,
passion-nature)은 의지에 종속된다.'라고 말씀하셨는데, 어떻게 또 '의지를
확고하게 유지하고 열정-본성을 상하게 하지 마라.'라고 말씀하십니까?"
[맹자가] 대답했다. "활동(active)하는 것이 의지 혼자일 때, 의지는 열정-본
성을 움직인다. 활동하는 것이 열정-본성 혼자일 때, 열정-본성은 의지를
움직인다. 예를 들면, 어떤 사람이 추락하거나 달아나는 경우는 열정-본성
에 기인하지만, 이 열정-본성은 마음을 움직인다."

10절 각주

공손추는 그의 스승이 말한 마음과 열정-본성과의 관계를 이해하지 못하
였다. 공손추가 이러한 질문을 한 것은 열정-본성은 종속되어 있어 전적으
로 무시해도 된다고 생각했기 때문이다. 맹자는 열정-본성은 사실상 우리
구성체의 일부분으로 마음에 작용하고 마음에 따라 달라지므로 무시할 수
없음을 보여주고 있다. 일(壹)은 전일(專一)이다. 반(反)은 열정-본성을 주
목할 가치가 없으므로 낮추어 보았던 공손추의 경시를 어느 정도 받아들
인다.

11. 'I venture to ask,' *said Ch'âu again*, 'wherein you, Master, surpass *Kâo*.' *Mencius* told him, 'I understand words. I am skilful in nourishing my vast, flowing passion-nature.'

11. The illustration here is not a very happy one, leading us to think of 氣 in its merely material signification, as in the last paragraph On 知言, see par. 17. On 浩然之氣 there is much vain babbling in the commentaries, to show how the 氣 of heaven and earth is the 氣 also of man. Mencius, it seems to me, has before his mind the ideal of a perfect man, complete in all the parts of his constitution. It is this which gives its elevation to his language.

11절

敢問夫子惡乎長. 曰, 我知言, 我善養吾浩然之氣.

[공손추가 다시 물었다.] "제가 감히 물어보겠습니다. 선생님의 어느 부분이 고자보다 뛰어나십니까?" [맹자가] 그에게 말했다. "나는 [다른 사람의] 말을 잘 이해한다. 그리고 나는 호연지기 즉 방대하게 흐르는 열정-본성을 잘 기를 수 있다."

11절 각주

여기에서 예는 그렇게 만족스럽지 않다. 제10절과 마찬가지로 기(氣)를 단순히 물질적인 의미로만 보고 있다. 지언(知言)은 제17절을 보라. 호연지기(浩然之氣)에 대해서 주석가들은 하늘과 땅의 기(氣)가 어떻게 사람의 기(氣)가 될 수 있는지를 보여주고자 많은 헛소리를 했다. 내가 보기에 맹자는 완벽한 사람, 즉 구성체의 모든 부분이 완전한 사람에 대한 이상을 마음에 가지고 있는 듯하다. 이것 때문에 맹자의 언어는 고양된 어조를 띠게 된다.

12. *Ch'âu* pursued, 'I venture to ask what you mean by your vast, flowing passion-nature!' The reply was, 'It is difficult to describe it.

13. 'This is the passion-nature:—It is exceedingly great, and exceedingly strong. Being nourished by rectitude, and sustaining no injury, it fills up all between heaven and earth.

13. 以直養,—as in pars. 7, 15; 無害,—as in the latter part of par.15. 塞 is here in the sense of 'to fill up,' not 'to stop up.' Still the 塞乎天地之 間 is one of those *heroic* expressions, which fill the ear, but do not inform the mind.

14. 'This is the passion-nature:—It is the mate and assistant of righteousness and reason. Without it, *man* is in a state of starvation.

14. A pause must be made after the 是, which refers to the 浩然之氣. 餒 refers to 體, in 體之充 in par. 9. It is better, however, in the translation, to supply 'man,' than 'body.'

12절

敢問何謂浩然之氣. 曰, 難言也.

공손추가 말을 이었다. "방대하게 흐르는 열정-본성이 의미하는 바가 무엇인지 감히 여쭈어보겠습니다!" 맹자가 대답했다. "설명하기가 어렵다."

13절

其爲氣也, 至大至剛, 以直養而無害, 則塞于天地之間.

열정-본성(氣)이라는 이것은 지극히 크고 지극히 강하다. 올바름으로 기르고 폭력을 가하지 않고 유지하면, 열정-본성은 하늘과 땅 사이의 모든 것을 채운다.

13장 각주

이직양(以直養)은 제7절과 제15절과 같고, 무해(無害)는 제15절의 마지막 부분과 같다. 색(塞)은 여기서 '막다'가 아닌 '채우다'의 의미이다. 색호천지지간(塞乎天地之間)은 귀가 솔깃해지는 [영웅적인] 표현이지만 마음에 대한 어떠한 정보를 주지 않는다.

14절

其爲氣也, 配義與道, 無是, 餒也.

이 열정-본성은 의로움과 이성의 짝이자 보조자이다. 이것이 없으면, [사람은] 굶주린 상태가 된다.

14절 각주

호연지기(浩然之氣)를 가리키는 시(是)에서 끊어 읽어야 한다. 뇌(餒)는 제9절의 체지충(體之充)의 체(體)를 가리킨다. 그러나 번역에서는 뇌(餒)를 '몸'보다는 '사람'과 연결하는 것이 낫다.

15. 'It is produced by the accumulation of righteous deeds; it is not to be obtained by incidental acts of righteousness. If the mind does not feel complacency in the conduct, *the nature* becomes starved. I therefore said, "Kâo has never understood righteousness, because he makes it something external."

15. 襲, 'to take an enemy by surprise'; and 義襲='incidental acts of righteousness.' 餒 here refers to the passion-nature itself. The analysis of conduct and feeling here is very good. Mencius's sentiment is just, '*Tis conscience makes cowards of us all*. On the latter sentence, see Bk. VI. v, *et al.*

15절

是集義所生者, 非義襲而取之也, 行有不慊於心, 則餒矣, 我故
曰, 告子未嘗知義, 以其外之也.

그것은 의로운 행위가 축적되어 생기는 것이지 우연히 의로운 행동을 한
다고 해서 얻을 수 있는 것이 아니다. 마음이 행동에서 만족을 느끼지 않
으면, [열정-본성은] 허기지게 된다. 그래서 내가 '고자가 의를 결코 이해
하지 못한 것은 그가 의를 외재적인 것으로 보았기 때문이다.'라고 말한
것이다.

15절 각주

습(襲)은 '적을 놀라게 하다'는 뜻이고, 의습(義襲)은 '우연히 의로운 행동'
이며, 뇌(餒)는 열정-본성 그 자체를 가리킨다. 여기서 행동(conduct)과 감
정(feeling)에 대한 분석은 매우 훌륭하다. 맹자의 정서는 바로 [양심은 우
리 모두를 겁쟁이로 만든다]이다. 뒷부분의 문장에 대해서는 제6권 제5장
등을 보라.

16. 'There must be the *constant* practice of *this righteousness*, but without the object *of thereby nourishing the passion-nature*. Let not the mind forget its work, but let there be no assisting the growth *of that nature*. Let us not be like the man of Sung. There was a man of Sung, who was grieved that his growing corn was not longer, and so he pulled it up. *Having done this*, he returned home, looking very stupid, and said to his people, "I am tired to-day. I have been helping the corn to grow long." His son ran to look at it, and found the corn all withered. There are few in the world, *who do not deal with their passion-nature, as if* they were assisting the corn to grow long. Some indeed consider it of no benefit to them, and let it alone:—they do not weed their corn. They who assist it to grow long, pull out their corn. *What they do* is not only of no benefit *to the nature*, but it also injures it.'

16. I have given the meaning of the text—必有事焉, 而勿正, 心勿忘, 勿助長 after Châo Ch'î, to whom Chû Hsî also inclines. But for their help, we should hardly know what to make of it. 正 is taken in the sense of 預期, 'to do with anticipation of, or a view to, an ulterior object.' This meaning of the term is supported by an example from the 春秋傳. 病='tired.'

16절

必有事焉而勿正, 心勿忘, 勿助長也, 無若宋人然, 宋人有閔其
苗之不長, 而揠之者, 芒芒然歸, 謂其人曰, 今日病矣, 予助苗
長矣, 其子趨而往視之, 苗則槁矣, 天下之不助苗長者寡矣, 以
爲無益而舍之者, 不耘苗者也, 助之長者, 揠苗者也, 非徒無益,
而又害之.

[이 의를] [끊임없이] 실천해야 하지만, [이를 통해 열정-본성을 기르겠다
는] 목표는 없어야 한다. 마음이 [열정-본성의 작용을] 잊지 말아야 하지만
[그 본성의] 성장을 도와서도 안 된다. 우리는 송나라 사람처럼 되어서는
안 된다. 한 송나라 사람이 키우는 옥수수가 빨리 자라지 않는 것을 한탄
하여 옥수수를 위로 잡아당겼다. [이렇게 한 후에] 그는 집으로 돌아와, 매
우 멍한 표정으로 집안사람들에게 '나는 오늘 피곤해. 옥수수가 자라도록
도와주었거든.'이라고 말했다. 그 아들이 달려가 보았더니 옥수수가 모두
시들시들했다. 세상에 [열정-본성을 다루지 않는 사람은] 없는데, [마치] 옥
수수가 자라도록 돕고 있는 것과 같다. 어떤 이는 그것이 무익하다고 생
각하여 내버려 두고 잡초를 뽑지 않는다. 자라도록 돕는 이들은 옥수수를
잡아당긴다. [그들이 하는 것은] [열정-본성에] 도움이 되지 않을 뿐만 아
니라 오히려 해가 된다."

16절 각주

나는 '필유사언, 이물정, 심물망, 물조장(必有事焉, 而勿正, 心勿忘, 勿助
長)'을 해석할 때 조기의 해석을 따랐고, 주희 또한 조기와 유사하다. 그들
의 도움이 없었다면, 우리는 이 텍스트를 어떻게 이해해야 할 지 몰랐을
것이다. 정(正)은 예기(預期), 즉 '궁극적 목적을 기대하며 또는 궁극적 목
적을 위해서 하는 것'의 의미로 쓰인다. 이 의미를 뒷받침하는 '정(正)'의
예36)는 『춘추전』(春秋傳)에 있다. 병(病)은 '피곤함'을 뜻한다.

---

36) (역주) 정(正)에 대해서, 주희의 『집주』에서는 『춘추공양전』(희공 26년)의 "전쟁이
란 미리 기약할 수가 없는 것이다(戰不正勝)"에 근거하여 "미리 기약하다(預期)"는
뜻이라고 라고 했다. 그러나 『춘추곡량전』에서는 이 문구를 "전쟁이란 반드시 이길
수 있는 것은 아니다(戰不必勝)"라고 하여, 정(正)을 "반드시, 필시"의 뜻으로 보았

17. *Kung-sun Ch'âu further asked*, 'What do you mean by saying that you understand *whatever* words *you hear?*' *Mencius* replied, 'When words are one-sided, I know how *the mind of the speaker* is clouded over. When words are extravagant, I know how *the mind* is fallen and sunk. When words are all-depraved, I know how *the mind* has departed *from principle*. When words are evasive, I know how *the mind* is at its wit's end. *These evils* growing in the mind, do injury to government, and, displayed in th government, are hurtful to the conduct of affairs. When a Sage shall again arise, he will certainly follow my words.'

다. 왕인지(王引之)의 『경의술문』에서도 정(正)을 "확정적이다. 반드시"라는 뜻으로 보았는데, 참고할 만하다.

17절

何謂知言. 曰, 詖辭, 知其所蔽, 淫辭, 知其所陷, 邪辭, 知其所
離, 遁辭, 知其所窮, 生於其心, 害於其政, 發於其政, 害於其
事, 聖人復起, 必從吾言矣.

[공손추가] 물었다. "선생님께서는 무슨 말이 든 [들으면] 이해한다고 하셨
는데 그것은 무슨 의미입니까?" [맹자가] 대답했다. "말이 편파적일 때, 나
는 [화자의 마음이] 어떻게 가려져 있는지를 안다. 말이 과장되었을 때, 나
는 [그 마음이] 어떻게 타락하고 구린지를 안다. 말이 매우 타락했을 때,
나는 [그 마음이] [원리로부터] 어떻게 벗어났는지를 안다. 말이 회피적일
때, 나는 [그 마음이] 어떻게 당혹스러운지를 안다. 마음에서 자라면 [이
악들이] 통치에 해를 끼치고, 통치에 드러나면 일을 행할 때 해롭다. 성인
이 다시 나타난다 해도 분명 내 말이 옳다고 할 것이다."

17. Here, as sometimes before, we miss the preliminary 曰, noting a question by Mencius's interlocutor, and the same omission is frequent in all the rest of the chapter. I have supplied the lacunae after Chû Hsî, who himself follows Lin Chih-ch'î (林之奇), a scholar, who died A. D. 1176. Châo Ch'î sometimes errs egregiously in the last part, through not distinguishing the speakers. With regard to the first ground of Mencius's superiority over Kâo,—his 'knowledge of words,' as he is briefer than on the other, so he is still less satisfactory,—to my mind, at least. Perhaps he means to say, that however great the dignity to which he might be raised, his knowledge of words, and ability in referring incorrect and injurious speeches to the mental defects from which they sprang, would keep him from being deluded, and preserve his mind unperturbed. One of the scholars Ch'êng uses this illustration:—'Mencius with his knowledge of words was like a man seated aloft on the dais, who can distinguish all the movements of the people below the hall, which he could not do, if it were necessary for him to descend and mingle with the crowd.' The concluding remark gives rise to the rest of the chapter, it seeming to Ch'âu that Mencius placed himself by it on the platform of sages.

17절 각주

앞에서 몇 번 그러했듯이, 여기서 맹자의 대화자가 한 질문 앞에 왈(曰)이 있어야 하지만 본문에서 빠져 있다. 유사한 생략이 이 장 전체에 걸쳐 빈번히 등장한다. 나는 주희를 따라 그 틈을 메웠다. 주희는 1176년에 사망한 학자 임지기(林之奇)[37]의 방식을 따랐다. 조기는 때로 화자를 구별하지 않음으로써 마지막 부분에서 큰 실수를 한다. 맹자를 고자보다 뛰어나다고 보는 첫 번째 근거는 그의 '말에 대한 지식'이다. 그러나 맹자는 고자보다 간결한 말을 사용하는데 그 때문에 그의 말의 취지를 명확하게 파악하기 어렵다. 적어도 나는 그렇게 생각한다. 아마도 맹자는 자신이 올라갈 수 있는 관직이 아무리 높다 해도 자신은 말에 대한 지식이 있고 부정확하고 해로운 말의 정신적 결함을 살필 수 있는 능력이 있으므로 기만당하지 않고 부동심을 유지할 수 있다는 것을 말하고 싶었을 것이다. 정자(程子)는 이 예를 들어, '말에 대한 지식을 갖춘 맹자는 전각 위에 앉은 사람과 같아서, 전각 아래의 사람들의 모든 움직임을 분별할 수 있다. 만약 그가 그 전각을 내려가서 사람들과 섞여야 한다면 그러할 수 없을 것이다'라고 말한다. 이 절의 마지막 발언이 이 장의 남은 부분의 출발점이 된다. 공손추가 보기에 맹자는 이 말을 함으로써 자신을 성인의 자리에 위치시킨다.

---

37) (역주) 임지기(林之奇, 1112~1176)는 남송 복주(福州) 후관(侯官) 사람으로 자는 소경(少穎)이고 시호는 문소(文昭)이다.

18. *On this Ch'âu* observed, 'Tsâi Wo and Tsze-kung were skilful in speaking. Zan Niû, the disciple Min, and Yen Yüan, while their words were good, were distinguished for their virtuous conduct. Confucius united the qualities of the disciples in himself, *but still* he said, "In the matter of speeches, I am not competent."—Then, Master, have you attained to be a Sage?'

18. Compare Analects, XL. ii. 2, to the enumeration in which of the excellencies of several of Confucius's disciples there seems to be here a reference. There, however, it is said that Zan Niû, Min, and Yen Yüan were distinguished for 德行, and here we have the addition of 善言, which give a good deal of trouble. Some take 言 as a verb,—'were skillful to speak of virtuous conduct.' So the Tartar version, according to Julien. Sun Shih makes it a noun, as I do. The references to the disciples are quite inept. The point of Ch'au's inquiry lies in Confucius's remark, found nowhere else, and obscure enough. He thinks Mencius is taking more to himself than Confucius did. Châo Ch'î, however, takes 我於辭命云云 a remark of Mencius, but it is quite unnatural to do so. Observe the force of the 旣,—*you have come to be.*

18절

宰我, 子貢, 善爲說辭, 冉牛, 閔子, 顔淵, 善言德行, 孔子兼之, 曰, 我於辭命, 則不能也, 然則夫子旣聖矣乎.

[이에 공손추가 말했다.] "재아와 자공은 말재주가 뛰어났습니다. 염우와 제자 민, 그리고 안연은 말을 잘했지만, 그 행동이 유덕하여 돋보였습니다. 공자께서는 제자들의 특질을 모두 가지고 있었지만, [그러나 여전히] 공자께서는 '말에 관해서라면, 나는 잘하지 못한다.'라고 했습니다. 그렇다면, 선생님께서는 이미 성인의 경지에 도달하신 것이 아닙니까?"

18절 각주

『논어』 제11권 제2장 제2절과 공자의 몇몇 제자들이 가진 장점을 언급하는 이 부분을 비교해보라. 그러나 『논어』에서 염우, 민자, 그리고 안연은 덕행(德行)이 뛰어난 것으로 되어 있는데 여기서는 이들에게 선언(善言)이 부가되어 상당히 혼란스럽다. 어떤 이는 언(言)을 동사로서 '유덕한 행동에 대해 말하는 재주가 뛰어나다'로 해석한다. 손신(Sun Shin)은 나처럼 언(言)을 명사로 본다. 줄리앙에 따르면, 타타르(Tartar)본도 마찬가지이다. 제자들을 언급한 부분은 매우 어설프다. 공손추가 말한 질문의 핵심은 공자의 말에 있는데, 공자의 말은 여기 이외의 다른 곳에서는 발견되지 않고 모호한 면이 많다. 공손추는 맹자가 공자보다 자기 자신을 더 높게 평가한다고 생각한다. 그러나 조기는 '아어사명운운(我於辭命云云)'을 맹자의 발언으로 보지만 그러면 해석이 매우 부자연스럽다. 기(旣)의 의미로 보아 [당신은 이미 도달하였습니다라는 것을 의미한다.

19. *Mencius* said, 'Oh! what words are these? Formerly Tsze-kung asked Confucius, saying, "Master, are you a Sage?" Confucius answered him, "A Sage is what I cannot rise to. I learn without satiety, and teach without being tired." Tsze-kung said, "You learn without satiety:一that shows your wisdom. You teach without being tired:一that shows your benevolence. Benevolent and wise:一Master, you ARE a Sage." Now, since Confucius would not allow himself to be regarded as a Sage, what words were those?'

19. 惡, in 1st tone; an exclamation, not interrogative. This conversation with Tsze-kung is not found in the Analects. Compare Analects, VII. ii; xxviii, which latter chapter may possibly be another version of what Mencius says here.

19절

曰, 惡, 是何言也, 昔者, 子貢問於孔子曰, 夫子聖矣乎, 孔子
曰, 聖, 則吾不能, 我學不厭, 而敎不倦也, 子貢曰, 學不厭, 智
也, 敎不倦, 仁也, 仁且智, 夫子旣聖矣, 夫聖, 孔子不居, 是何
言也.

[맹자가] 말했다. "오! 그게 무슨 말이냐? 예전에 자공이 공자께 '선생님,
당신께서는 성인이십니까?'라고 묻자 공자가 '성인은 내가 도달할 수 없는
것이다. 나는 만족하지 않고 배웠고 지치지 않고 가르쳤다'라고 대답했다.
자공이 '만족하지 않고 배웠다는 것은 선생님의 지혜를 보여줍니다. 지치
지 않고 가르쳤다는 것은 선생님이 어질다는 것을 보여줍니다. 어질고 지
혜로운 선생님께서는 진정 성인이십니다'라고 말했다. 공자께서도 자신을
성인으로 간주하는 것을 허락하지 않았는데, 그게 무슨 말이냐?"

19절 각주

오(惡)는 1성조로 의문이 아닌 감탄사이다. 공자와 자공의 대화는 『논어』
에는 없다. 『논어』 제7권 제2장과 비교하라. 『논어』의 후반부의 장은 맹
자가 여기서 말한 것과 다른 판본일 수 있다.

20. *Ch'âu said*, 'Formerly, I once heard this:—Tsze-hsiâ, Tsze-yû, and Tsze-chang had each one member of the Sage. Zan Niû, the disciple Min, and Yen Yüan had all the members, but in small proportions. I venture to ask,—With which of these are you pleased to rank yourself?'

20. 竊 is used with other verbs to give a deferential tone to what they say.

21. *Mencius* replied, 'Let us drop speaking about these, if you please.'

21. Compare Bk. I. Pt. II. xxi. Does Mencius here indicate that he thought himself superior to all the worthies referred to—even to Yen Yuen? Hardly so much as that; but that he could not be content with them for his model.

20절

昔者, 竊聞之, 子夏, 子游, 子張, 皆有聖人之一體, 冉牛, 閔
子, 顏淵, 則具體而微, 敢問所安.

공손추가 말했다. "예전에 '자하와 자유 그리고 자장은 각각 성인의 한 부
분을 지녔다. 염우와 제자 민 그리고 안연은 모든 부분을 가졌지만 각 부
분의 크기가 작았다'라는 말을 들은 적이 있습니다. 제가 감히 여쭙겠습니
다. 선생님께서는 이들 중 누구와 동급이면 좋겠습니까?"

20절 각주
절(竊)은 다른 동사와 함께 쓰이면 공손하게 말하고 있는 느낌을 준다.

21절

曰, 姑舍是.

[맹자가] 대답했다. "이 이야기는 그만하도록 하지."

21절 각주
제1권 제2편 제21장과 비교하라. 맹자는 이 부분에서 거론된 모든 현인
심지어 안연보다 자신이 더 뛰어나다고 생각하고 있는 것 같은가? 그렇게
보기 어렵다. 그러나 맹자가 그들을 자신이 따라야 할 모범으로 생각하고
있지 않다는 것은 알 수 있다.

22. *Ch'âu then* asked, 'What do you say of Po-î and Î Yin?' 'Their ways were different *from mine*,' said *Mencius*. 'Not to serve a prince whom he did not esteem, nor command a people whom he did not approve; in a time of good government to take office, and on the occurrence of confusion to retire:—this was *the way* of Po-î. *To say*—"Whom may I not serve? My serving him makes him my ruler. What people may I not command? My commanding them makes them my people." In a time of good government to take office, and when disorder prevailed, also to take office:—that was *the way* of Î Yin. When it was proper to go into office, then to go into it; when it was proper to keep retired from office, then to keep retired from it; when it was proper to continue in it long, then to continue in it long - when it was proper to withdraw from it quickly, then to withdraw quickly:—that was *the way* of Confucius. These were all sages of antiquity, and I have not attained to do what they did. But what I wish to do is to learn to be like Confucius.'

22. Po-î,—see Analects, V. xxii. Î Yin, see Analects, XII. xxii. 非其君, 非其民,—the emphatic *his*; i. e. as paraphrased in the translation. 何事非 君, 何使非民=得君則事, 何所事而非我君, 得民則使, 何所使而非我民. I have given the meaning, but the conciseness of the text makes it difficult to a learner. The different ways of Po'î, Î Yin, and Confucius are thus expressed:—'The principle of the first was purity—以清爲其道; that of the second was office—以任爲其道; that of the third was what the time required—以時爲其道."

22절

曰, 伯夷, 伊尹何如. 曰, 不同道, 非其君不事, 非其民不使, 治則進, 亂則退, 伯夷也, 何事非君, 何使非民, 治亦進, 亂亦進, 伊尹也, 可以仕則仕, 可以止則止, 可以久則久, 可以速則速, 孔子也, 皆古聖人也, 吾未能有行焉, 乃所願, 則學孔子也.

[그러나 공손추가 다시] 물었다. "백이와 이윤은 어떻습니까?" [맹자가] 말했다. "그들의 방식은 [나와] 달랐다. 존경하지 않는 제후를 섬기지 않고 자신이 인정하지 않는 백성을 부리지 않는 것, 그리하여 선정의 시기에 관직에 있고 혼란의 시기에 물러나는 것, 이것이 백이[의 방식]이었다. 이윤은 '내가 누군들 섬기지 않겠는가? 그를 섬김으로써 그는 나의 군주가 된다. 내가 어떤 백성을 부리지 않겠는가? 그들을 부림으로써 그들은 나의 백성이 된다'라고 말했다. 선정의 시기에 관직에 있고 무질서가 팽배했을 때도 관직에 있는 것, 이것이 이윤[의 방식]이었다. 관직에 나아가는 것이 바람직할 때 관직을 시작하고, 관직에서 물러나 있는 것이 바람직할 때 관직에서 물러나는 것, 오래 계속하는 것이 바람직할 때 오래 하는 것, 재빨리 물러나는 것이 바람직할 때 재빨리 물러나는 것, 그것이 공자[의 방식]이셨다. 이들은 모두 옛 성현들이었다. 나는 그들의 업적에 아직 도달하지 못했다. 그러나 내가 하고 싶은 것은 공자처럼 되는 것을 배우는 것이다."

22절 각주

백이는 『논어』 제5권 제22장을 보라. 이윤은 『논어』 제12권 제22장을 보라. '비기군, 비기민(非其君, 非其民)'은 번역에서 푼 것처럼 [그]의를 강조한 표현이다. '하사비군, 하사비민(何事非君, 何事非民)'은 '득군즉사, 하소사이비아군, 득민즉사, 하소사이비아민(得君則事, 何所事而非我君, 得民則使, 何所使而非我民)'이다. 내가 의미를 풀이했지만, 학습자는 이 간결한 텍스트 때문에 그 내용을 이해하기 어렵다. 백이와 이윤 그리고 공자의 방식의 다름은 이렇게 표현된다. "백이의 원리는 순수 즉 이청위기도(以淸爲其道)이고, 이윤의 원리는 관직 즉 이임위기도(以任爲其道)이고, 공자의 원리는 시대가 요구하는 것 즉 이시위기도(以時爲其道)였다."

23. *Ch'âu said*, 'Comparing Po-î and Î Yin with Confucius, are they to be placed in the same rank?' *Mencius* replied, 'No. Since there were living men until now, there never was *another* Confucius.'

23. The meaning of this paragraph is expressed rightly in the translation. If we understand a 之 before the 於, then the idiom is like that of 之 於, in Bk. I. Pt. I. iii. 1.

24. *Ch'âu* said, 'Then, did they have *any points of* agreement with him?' The reply was,—'Yes. If they had been sovereigns over a hundred *lî* of territory, they would, all of them, have brought all the princes to attend in their court, and have obtained the throne. And none of them, in order to obtain the throne, would have committed one act of unrighteousness, or put to death one innocent person. In those things they agreed with him.'

23절

伯夷伊尹於孔子, 若是班乎. 曰, 否, 自有生民以來, 未有孔子也.

공손추가 말했다. "백이와 이윤을 공자와 비교하는 것은 그들이 공자와 동일 선상에 있다는 것입니까?" [맹자가] 대답했다. "아니다. 지금까지 어떤 사람도 공자와 같은 이는 없었다."

23절 각주

이 절의 의미는 번역으로 적절히 표현된다. 어(於) 앞의 지(之)를 이해한다면, 그 관용어는 제1권 제1편 제3장 제1절의 지어(之於)와 같다.

24절

曰, 然則有同與. 曰, 有, 得百里之地而君之, 皆能以朝諸侯, 有天下, 行一不義, 殺一不辜, 而得天下, 皆不爲也, 是則同.

공손추가 말했다. "그렇다면, 그들은 [공자와] 일치하는 [어떤 점이] 있었습니까?" 맹자는 대답했다. "그렇다. 그들이 백 리의 땅을 가진 군주이었다면, 그들 모두는 제후들을 조정에 모두 불러들여 왕위에 올랐을 것이다. 그리고 그들 중 누구도 왕위를 얻기 위해 의롭지 않은 일을 자행하거나 죄 없는 사람을 처형하거나 하는 일을 하지 않았을 것이다. 그러한 점에서 그들은 공자와 일치한다."

25. *Ch'âu* said, 'I venture to ask wherein he differed from them.' *Mencius* replied, 'Tsâi Wo, Tsze-kung, and Yû Zo had wisdom sufficient to know the sage. *Even had they been ranking themselves* low, they would not have demeaned themselves to flatter their favourite.

25. 汙,—*wû*, or *wâ*, 'low-lying water,' used here simply for 'low,' with reference to the wisdom of Tsai Wo and Tsze-kung, in their own estimation. 阿 in the sense of f 'partial,'='to flatter.'

26. '*Now*, Tsâi Wo said, "According to my view of our Master, he was far superior to Yâo and Shun."

26. With this and the two next paragraphs, compare the eulogium of Confucius, in the *Chung Yung*, Chaps. 30~32, and Analects, XIX. xxiii~xxv.

25절

曰, 敢問其所以異. 曰, 宰我, 子貢, 有若, 智足以知聖人, 汙不
至阿其所好.

공손추가 말했다. "어느 부분에서 공자가 그들과 다른 지 감히 여쭈어보겠
습니다." 맹자가 대답했다. "재아와 자공 그리고 유약은 성현을 알아보는
충분한 지혜가 있었다. [그들이 자신에게 낮은 등급을 매겼다고 하더라도]
자신을 천하게 하면서까지 좋아하는 사람에게 아부하지는 않았을 것이다.

25절 각주
[오, 汙]는 '낮은 곳에 고인 물'을 말하는데 여기서는 재아와 자공이 그들
의 지혜를 자체적으로 낮게 평가한 것과 관련해서 단순히 '낮음'을 의미한
다. 아(阿)는 '편파적'이라는 뜻으로 '아부하는 것'을 의미한다.

26절

宰我曰, 以予觀於夫子, 賢於堯舜遠矣.

재아는 '[이제] 선생님에 대한 저의 견해는 선생님께서 요순임금보다 훨씬
뛰어나다는 것입니다'라고 말했었다.

26절 각주
제26절과 다음 두 절은 『중용』에서 공자를 찬미한 제30~32장과 『논어』
제19권 제23~25장과 비교하라.

27. 'Tsze-kung said, "By viewing the ceremonial ordinances *of a prince*, we know *the character of* his government. By hearing his music, we know *the character of* his virtue. After the lapse of a hundred ages I can arrange, according to their merits, the kings of a hundred ages;—not one of them can escape me. From the birth of mankind till now, there has never been *another* like our Master."

27절

子貢曰, 見其禮, 而知其政, 聞其樂, 而知其德, 由百世之後, 等百世之王, 莫之能違也, 自生民以來, 未有夫子也.

또 자공은 '[제후의] 예법을 바라보면, 그의 통치의 [특징]을 알 수 있다. 제후의 음악을 들으면, 그의 덕의 [특징]을 알 수 있다. 백 세대가 지나간 후 백 세대 동안의 왕들을 그들의 장점에 따라 배열할 수 있기에 그들 중 누구도 나의 평가를 피할 수 없다. 지금까지 사람이 존재한 이후로 공자 같은 분은 결코 없었다'라고 말했었다.

28. 'Yû Zo said, "Is it only among men that it is so? There is the Ch'î-lin among quadrupeds, the Făng-hwang among birds, the T'âi mountain among mounds and ant-hills, and rivers and seas among rain-pools. *Though different in degree*, they are the same in kind. So the sages among mankind are also the same in kind. But they stand out from their fellows, and rise above the level, and from the birth of mankind till now, there never has been one so complete as Confucius."'

28. 鳳凰,—see Analects, XI. ix. The *ch'i* is properly the male, and the *lin*, the female of the animal referred to;—a monster, with a deer's body, an ox's tail, and a horse's feet, which appears to greet the birth of a sage, or the reign of a sage sovereign. Both in 麒麟 and 鳳凰, the names of the male and female are put together, to indicate one individual of either sex. The image in 拔乎其萃 is that of stalks of grass or grain, shooting high above the level of the waving field. 未有 盛乎孔子也,—'there has not been one more complete than Confucius.' But this would be no more than putting Confucius on a level with other sages. I have therefore translated after the example of Chû Hsî, who says—自古聖人，固皆異於眾人，然未有如孔子之盛者也. That 於=如 is one of the explanations of the character given by 王引之, in his Treatise on the Particles.

28절

有若曰, 豈惟民哉, 麒麟之於走獸, 鳳凰之於飛鳥, 泰山之於邱垤, 河海之於行潦, 類也, 聖人之於民, 亦類也, 出於其類, 拔乎其萃, 自生民以來, 未有盛於孔子也.

그리고 유약은 '사람만 그러하겠느냐? 네발짐승 중에 기린이 있고, 새 중에 봉황이 있고, 둔덕과 개미산 중에 태산이 있고, 비 웅덩이 중에 강과 바다가 있다. [정도의 차이는 있지만] 모두 같은 종류이다. 사람들 사이의 성인들도 이와 같다. 성인들이 무리에서 출중하고 무리 위에 있지만, 사람이 존재한 이래로 지금까지 공자만큼 완벽한 성인은 결코 없었다'라고 말했었다."

28절 각주

봉황(鳳凰)에 대해서는 『논어』 제9권 제8장[38]을 보라. 기린의 [기]는 수컷이고 [린]은 암컷을 이르는 말로 사슴의 몸, 소의 꼬리, 말의 발을 가진 괴물로 성인의 탄생 혹은 성인 군주의 치세를 환영하기 위해 나타난다. 기린(麒麟)과 봉황(鳳凰) 모두 수컷과 암컷의 이름을 결합한 것으로 수컷이든 암컷이든 한 개체를 나타낸다. 발호기췌(拔乎其萃)가 주는 이미지는 비슷한 높이로 출렁이는 들판 위로 싹이 높이 난 풀줄기 또는 낟알의 이미지이다. 미유성호공자야(未有盛乎孔子也)는 '지금까지 공자보다 완벽한 이는 없었다'이다. 그러나 이 의미는 단지 공자를 다른 성인과 같은 선상에 두는 것이다. 그래서 나는 주희의 '자고성인, 고개이어중인, 연미유여공자지성자야(自古聖人, 固皆異於衆人, 然未有如孔子之盛者也)'[39]의 해석을 따라 번역했다. 왕인지(王引之)[40]도 『경전석사』(經傳釋詞)[41]에서 어(於)를 여(如)로 해석했다.

---

38) (역주) 레게는 '『논어』 제11권 제9장'으로 오기했는데 이를 '『논어』 제9권 제8장'로 교정한다.

39) (역주) 주희는 『맹자집주』에서 '자고로 성인은 정말 보통사람과는 다르다. 그러나 공자만큼 완벽한 분은 없다.'라고 공자를 칭송했다.

40) (역주) 왕인지(王引之, 1766~1834)는 청나라의 훈고학자로 자는 백신(伯申)이고 호는 만경(曼卿)이다.

41) (역주) 경전에 나타나는 허자(虛字)에 새로운 해석을 내린 책이다. 레게의 영문명은 'Treatise on the Particles' 이다.

CHAPTER III

CH. 3. THE DIFFERENCE BETWEEN A CHIEFTAIN OF THE PRINCES AND A SOVEREIGN OF THE KINGDOM; AND BETWEEN SUBMISSION SECURED BY FORCE AND THAT PRODUCED BY VIRTUE.

1. Mencius said, 'He who, using force, makes a pretence to benevolence is the leader of the princes. A leader *of the* princes requires a large kingdom. He who, using virtue, practises benevolence is the sovereign of the kingdom. To become the sovereign of the kingdom, *a prince* need not wait for a large *kingdom*. T'ang did it with *only* seventy *lî*, and king Wǎn with *only* a hundred.

1. 覇 and 王 are here the recognized titles and not='to acquire the chieftaincy,' 'to acquire the sovereignty.' In the 集證, we find much said on the meaning of the two characters. 王 is from three strokes (三), denoting heaven, earth, and man, with a fourth stroke—or, going through them, grasping and uniting them together, thus affording the highest possible conception of power or ability. 覇 is synonymous with 伯, and of kindred meaning with the words, of nearly the same sound, 把 'to grasp with the hand,' and 迫, 'to urge,' 'to press.'

제3장

패자(霸者)와 왕(王)의 차이와 무력으로 확보한 복종과 덕의 의해 생겨난 순종의 차이를 논한다.

1절

孟子曰, 以力假仁者霸, 霸必有大國, 以德行仁者王, 王不待大, 湯以七十里, 文王以百里.

맹자가 말했다. "무력을 사용하여 인을 실천하는 척하는 사람은 패자, 즉 여러 제후들을 거느리는 우두머리다. 그래서 큰 나라를 필요로 한다. 이에 반해 덕을 사용하여 인을 실천하는 사람은 나라의 왕이다. [제후]가 천하의 왕이 되기 위해 큰 [나라]가 필요로 하지 않는다. 탕왕은 [겨우] 70리의 땅으로, 문왕은 겨우 1백 리의 땅으로 인을 실천했다.

1절 각주
패(霸)와 왕(王)은 인정을 받아서 생긴 지위이지 단순히 '제후들의 우두머리가 되는 것'과 '왕이 되는 것'을 의미하는 것은 아니다. 『집증』(集證)에서 우리는 이 두 글자의 의미가 많이 언급된 것을 볼 수 있다. 왕(王)은 천(天), 지(地), 인(人)을 상징하는 3획과 이 3획을 관통하며 붙잡고 결합하는, 혹은 합일을 의미하는 4번째 세로획에서 유래한 것으로, 가장 높은 권력 또는 능력을 표현할 때 사용할 수 있는 글자이다. 패(霸)는 백(伯)과 동의어인데, 동원어이거나 거의 같은 독음을 가진 글자에는 파(把, '손아귀에 넣다')와 박(迫, '다그치다', '압박하다') 등이 있다.

2. 'When one by force subdues men, they do not submit to him in heart. *They submit, because* their strength is not adequate *to resist.* When one subdues men by virtue, in their hearts' core they are pleased, and sincerely submit, as was the case with the seventy disciples in their submission to Confucius. What is said in the Book of Poetry,

> "From the west, from the east,
> From the south, from the north,
> There was not one who thought of refusing submission,"

is an illustration of this.'

2. 力不贍 is translated by Julien,—'q*uia nempe vires* (*i.e., vis armorum*) *ad id obtinendum non sufficiunt.*' Possibly some Chinese commentators may have sanctioned such an interpretation, but it has nowhere come under my notice. The 'seventy disciples' is giving a round number, the enumeration of them differing in different works. We find them reckoned at 73, 76, &c. See in the prolegomena to vol. I, p. 112. For the ode see the Shih-ching, III, i, Ode IX, st. 6, celebrating the influence of the kings Wăn and Wû. The four quarters are to be viewed from Hao, (鎬), king Wu's capital. 思 is not to be taken as an abstract noun, ='thought.' 鄒浩, a statesman and scholar of the eleventh century, says on this chapter:—'He who subdues men by force has the intention of subduing them, and they dare not but submit. He who subdues men by virtue, has no intention to subdue them, and they cannot but submit. From antiquity downwards, there have been many dissertations on the leaders of the princes, and the true sovereign, but none so deep, incisive, and perspicuous as this chapter.'

2절

以力服人者, 非心服也, 力不贍也, 以德服人者, 中心悅而誠服也, 如七十子之服孔子也, 詩云, 自西自東, 自南自北, 無思不服, 此之謂也.

어떤 이가 힘으로 복종시킬 때, 사람들은 그에게 진심으로 순종하지 않는다. [그들이 순종하는 이유는] [저항하기엔] 그들의 힘이 충분하지 않기 때문이다. 어떤 이가 덕으로 사람들을 복종시킬 때, 그들은 마음속 깊이 기뻐하며 진심으로 순종한다. 이는 공자의 70명의 제자가 그에게 순종한 것과 같다. 『시경』에서 '서에서 동에서, 남에서 북에서, 순종을 거부하는 이는 아무도 없었네'라고 노래했는데, 이를 잘 보여준다."

2절 각주

줄리앙은 역불섬(力不贍)을 [실로 힘(즉 무력)을 충분히 갖지 못했기 때문에]로 번역한다. 아마 중국의 주석가들 가운데 이 해석을 인정하는 사람이 있을지도 모르지만, 나로서는 받아들이기 힘들다. '70명의 제자'는 대략의 수치이고, 책마다 구체적인 숫자는 다르다. 나는 73~76명으로 추정한다. 나의 『중국 고전 시리즈』(*Chinese Classics*)의 제1권 112쪽의 서문을 보라. 위의 시는 무왕과 문왕의 치세를 찬양한 『시경』「대아(大雅)·문왕지십(文王之什)·문왕(文王)」제6연을 참고하라. 동서남북 네 곳은 무왕의 수도인 호(鎬)에서 바라본 것이다. 사(思)는 추상명사인 [생각]이 아니다. 11세기 정치가이자 학자인 추호(鄒浩)[42]는 이 장에 대해 다음과 같이 말했다. '힘으로 복종시키는 이는 복종시키겠다는 의도가 있으므로 사람들이 어쩔 수 없이 순종한다. 덕으로 복종시키는 이는 복종시키겠다는 의도가 없기에 사람들이 순종하지 않을 수 없다. 고대 이래로 패자와 왕자에 대한 논문이 많았지만, 이 장처럼 이렇게 깊이 있고 날카로우며 명쾌한 글은 없다.'

---

42) (역주) 추호(鄒浩, 1066~1111)는 송나라 때의 학자로 자는 지완(志完)이며 도향선생(道鄕先生)으로 불린다.

CHAPTER IV

CH. 4. GLORY IS THE SURE RESULT OF BENEVOLENT GOVERNMENT. CALAMITY AND HAPPINESS ARE MEN'S OWN SEEKING.

1. Mencius said, 'Benevolence brings glory *to a prince*, and the opposite of it brings disgrace. For *the princes of* the present day to hate disgrace and yet to live complacently doing what is not benevolent, is like hating moisture and yet living in a low situation.

1. 居不仁, literally, 'to dwell in not-benevolence,' i. e. complacently to go on in the practice of what is not benevolent.

제4장

어진 정치를 하면 반드시 영광을 얻는다.

1절

孟子曰, 仁則榮, 不仁則辱, 今惡辱而居不仁, 是猶惡濕而居下也.

맹자가 말했다. "인은 [제후에게] 영광을 가져다주고, 그 반대는 치욕을 가져다준다. 오늘날의 [제후들이] 치욕을 싫어하지만 그럼에도 인이 아닌 것을 행하며 자족하며 사는 것은 습기를 싫어하면서 낮은 곳에 사는 것과 같다.

1절 각주

거불인(居不仁)은 문자 그대로, '인(仁)이 아닌 것에 거주하는 것' 즉 스스로 인(仁)이 아닌 것을 계속해서 실행하는 것이다.

2. 'If *a prince* hates disgrace, the best course for him to pursue, is to esteem virtue and honour *virtuous* scholars, giving the worthiest among them places *of dignity*, and the able offices *of trust*. When throughout his kingdom there is leisure and rest *from external troubles*, let him, taking advantage of such a season, clearly *digest* the principles of his government with its legal sanctions, and then even great kingdoms will be constrained to stand in awe of him.

2. 莫如 covers as far as to 政刑, and 賢者在位 and the next clause are to be taken as in apposition simply with the one preceding. See the Doctrine of the Mean, chap. xx. The 賢者在位 here corresponds to the 尊賢 there, and the 能者在職 may embrace both the 敬大臣 and 體羣臣. 刑,一not punishments, but penal laws.

2절

如惡之, 莫如貴德而尊士, 賢者在位, 能者在職, 國家閒暇, 及
是時, 明其政刑, 雖大國, 必畏之矣.

[제후가] 치욕을 싫어하면, 추구해야 할 최선의 길은 덕을 귀하게 여기고,
[유덕한] 학자를 영예롭게 하며, 가장 현명한 학자에게 [높은] 관직과 능력
에 맞는 관직을 [믿고] 맡겨야 한다. 온 나라가 [외부의 곤경에서] 벗어나
여유롭고 안정적일 때 제후가 그 기간을 이용하여 통치 원리와 형법을 제
대로 [터득하면], 대국도 그를 두려워하며 움츠릴 것이다.

2절 각주

막여(莫如)는 정형(政刑)에까지 수기 범위가 미치고, 현자재위(賢者在位)와
능자재직(能者在職)은 동격으로 보아야 한다. 『중용』 제20장을 보라. 여기
서 현자재위(賢者在位)는 『중용』의 존현(尊賢)에 해당하고, 능자재직(能者
在職)은 경대신(敬大臣)과 체군신(體羣臣)을 모두 포함한다. 형(刑)은 처벌
이 아니라 형법을 의미한다.

3. 'It is said in the Book of Poetry,

"Before the heavens were dark with rain,
I gathered the bark from the roots of the mulberry trees,
And wove it closely to form the window and door of *my nest*;
Now, *I thought*, ye people below,
Perhaps ye will not dare to insult me."

Confucius said, "Did not he who made this ode understand the way *of governing*?" If a prince is able rightly to govern his kingdom, who will dare to insult him?

3. See the Shih-ching, I, xv, Ode II, st. 2, where for 今此下民 we have 今女下民, the difference not affecting the sense. The ode is an appeal by some small bird to an owl not to destroy its nest, which bird, in Mencius's application of the words, is made to represent a wise prince taking all precautionary measures.

3절

詩云, 迨天之未陰雨, 徹彼桑土, 綢繆牖戶, 今此下民, 或敢侮予, 孔子曰, 爲此詩者, 其知道乎, 能治其國家, 誰敢侮之.

『시경』에서 이렇게 노래했다.

> '하늘이 비로 흐려지기 전에
> 나는 뽕나무 뿌리의 껍질을 모아
> 꼼꼼히 엮어 [나의 둥지의] 창과 문을 만들었네.
> 아래에 있는 이 사람들아, 지금 [생각해 보니]
> 아마도 그대들은 감히 나를 업신여기지 못할 것이리라.'

공자께서 '이 시를 지은 자는 [다스리는] 방법을 알고 있지 않을까?'라고 말했다. 제후가 나라를 올바르게 다스릴 수 있다면, 누가 감히 그를 모욕하겠는가?

3절 각주

『시경』「국풍(國風)·빈풍(豳風)·치효(鴟鴞)」제2연을 보라. 『시경』은 금차하민(今此下民)이 아닌 금여하민(今女下民)으로 되어 있지만, 의미의 차이는 없다. 이 시는 작은 새가 올빼미에게 둥지를 파괴하지 말라고 호소하는 시이다. 맹자는 이 시를 응용하여 시 속의 새를 모든 조치를 미리 취하는 현명한 제후에 비유했다.

4. '*But* now *the princes* take advantage of the time when throughout their kingdoms there is leisure and rest *from external troubles*, to abandon themselves to pleasure and indolent indifference;—they in fact seek for calamities for themselves.

4. 般,—read *p'an*, 2nd tone, nearly synonymous with the next character.—樂(*lo*).

5. 'Calamity and happiness in all cases are men's own seeking.

4절

今國家閒暇, 及是時, 般樂怠敖, 是自求禍也.

[그런데도] 지금의 [제후들은] 온 나라에 [외환이] 없는 여유롭고 안정적인 시기를 이용하여 쾌락과 나태와 무관심에 자신을 내던지니 사실상 재앙을 자초하고 있다.

4절 각주
'般'은 [반]으로 읽혀 2성조이고 그다음 글자인 '락, 樂'과 거의 동의어로 볼 수 있다.

5절

禍福無不自己求之者.

재앙과 행복은 모든 경우에 사람이 자초하는 것이다.

6. 'This is illustrated by what is said in the Book of Poetry,—

Be always studious to be in harmony with the ordinances *of God*,
So you will certainly get for yourself much happiness;"

and by the passage of the Tâi Chiah,—"When Heaven sends down calamities, it is still possible to escape from them; when we occasion the calamities ourselves, it is not possible any longer to live."'

6. For the ode see the Shih-ching, III, i, Ode I, st. 6. 言=念, 'to think of.' For the other quotation, see the Shû-ching, IV. v. Sect. II. 3, where we have 逭 'to escape,' for 活, but the meaning is the same.

6절

詩云, 永言配命, 自求多福, 太甲曰, 天作孽, 猶可違, 自作孽,
不可活, 此之謂也.

『시경』에서 이렇게 노래했다.

> '[하나님의] 명령과 조화를 이루기 위해 항상 공부하라,
> 그러면 너는 분명 스스로 많은 행복을 얻게 될 것이다.'

또한 『서경』「태갑」에서도 이렇게 말했다. '하늘이 재앙을 내리면 벗어날
길이 있지만, 스스로 재앙을 초래하면 살 길이 없다.'"

6절 각주

시는 『시경』「대아(大雅)·문왕지십(文王之什)·문왕(文王)」제6연을 보라. 언
(言)은 념(念), '~에 대해 생각하는 것'을 의미한다. 그다음 인용은 『서경』「
상서(商書)·태갑중(太甲中)」제3절을 보라. 『서경』은 활(活) 대신 환(逭) 즉
'벗어나다'로 되어 있지만, 그 의미는 같다.

CHAPTER V

CH. 5. VARIOUS POINTS OF TRUE ROYAL GOVERNMENT NEGLECTED BY THE PRINCE OF MENCIUS'S TIME, ATTENTION TO WHICH WOULD SURELY CARRY ANY ONE OF THEM TO THE ROYAL THRONE.

1. Mencius said, 'If *a ruler* give honour to men of talents and virtue and employ the able, so that offices shall all be filled by individuals of distinction and mark;—then all the scholars of the kingdom will be pleased, and wish to stand in his court.

　1. Compare last chapter, par. 2. The wisest among 1,000 men is called 俊; the wisest among 10 is called 傑. Numbers, however, do not enter into the signification of the terms here. 天下之士云云,—compare Bk. I. Pt. I. vii. 18.

제5장

맹자 시대의 제후들이 간과하고 있는 왕도정치의 여러 가지 장점을 거론한다. 이 왕도에 주목하는 제후는 누구라도 왕위에 오를 것이다.

1절
孟子曰, 尊賢使能, 俊傑在位, 則天下之士, 皆悅而願立於其朝矣.

맹자가 말했다. "[통치자가] 재주 있고 유덕한 사람들을 영예롭게 하고 능력 있는 자를 기용하여 모든 관직이 특출하고 뛰어난 사람들로 채워진다면, 나라의 모든 학자가 기뻐하며 그의 조정에서 벼슬하기를 원할 것이다.

1절 각주
앞의 장인 제4장 제2절과 비교해보라. 1천 명 가운데서 가장 현명한 이를 준(俊)이라 부른다. 10명 가운데서 가장 현명한 이를 걸(傑)이라 부른다. 그러나 여기서 숫자와 준걸(俊傑)의 의미는 관련이 없다. 천하지사운운(天下之士云云)은 제1권 제1편 제7장 제18절과 비교하라.

2. 'If, in the market-place *of his capital*, he levy a ground-rent on the shops but do not tax the goods, or enforce the proper regulations without levying a ground-rent;—then all the traders of the kingdom will be pleased, and wish to store their goods in his market-place.

2. 廛, 'a shop, or market place,' is used here as a verb, 'to levy ground rent for such a shop.' According to Chû Hsî, in the 語類, we are to understand the market place here as that in the capital, which was built on the plan of the division of the land, after the figure of the character 井. The middle square behind was the 市; the center one was occupied by the palace; the front one by the ancestral and other temples, government treasuries, arsenals, &c.; and the three squares on each side were occupied by the people. He adds that, when traders became too many, a ground rent was levied; when they were few, it was remitted, and only a surveillance was exercised of the markets by the proper officers. That surveillance extended to the inspection of weights and measures, regulation of the price, &c. See its duties detailed in the Châu-lî, XIV, vii.

2절

市廛而不征, 法而不廛, 則天下之商, 皆悅而願藏於其市矣.

[그의 수도의] 시장에서 점포세만을 거두고 물건에 세금을 매기지 않거나, 점포세를 거두지 않고 적절한 규제만 시행한다면, 나라의 모든 상인이 기뻐하며 그의 시장에서 물건을 보관하기를 원할 것이다.

2절 각주

전(廛)은 '상점 혹은 시장 터'이다. 여기서는 '그런 상점에 점포세를 부과하다'라는 동사로 사용된다. 주희는 『어류』(語類)43)에서, '우리는 여기에서 시장을 정(井) 모양을 따라 땅을 구획하여 세운 수도에 있는 시장으로 이해해야 한다.'라고 했다. 중앙의 뒷부분은 시(市)이고, 중간에는 궁이 있고, 앞에는 종묘와 다른 사원들, 정부 창고, 무기고 등이 있고, 각 측면의 세 곳에는 백성들이 산다. 주희는 상인이 너무 많아지면 점포세를 부과하고 너무 적으면 점포세를 면제하고, 해당 관리들은 시장을 감찰만 한다고 덧붙였다. 그들은 저울과 자로 검사하고 가격을 규제하는 등의 일도 했다. 감찰 항목에 대한 세부사항은 『주례』(周禮) 제14권 제7장44)을 보라.

---

43) (역주) 『주자어류』(朱子語類)는 주희가 제자들과 강학하면서 질문에 답한 어록을 모은 책이다.

44) (역주) 주(周) 왕실의 관직 제도와 전국시대 각 나라의 제도를 기록한 책이다. 『예기』, 『의례』와 함께 삼례(三禮)로 일컬어진다.

3. 'If, at his frontier-passes, there be an inspection of persons, but no taxes charged *on goods or other articles*, then all the travellers of the kingdom will be pleased, and wish to make their tours on his roads.

3. Compare Bk. I, Pt. II. v. 3; Pt. I. vii. 18. All critics refer for the illustration of this ride to the account of the duties of the 司關, in the Châu-lî, XV, xi. But from that it would appear that the levying no duties at the passes was only in bad years, and hence some have argued that Mencius's lesson was only for the emergency of the time. To avoid that conclusion, the author of the 四書拓餘說 contends that the Châu-lî has been interpolated in the place,—rightly, as it seems to me.

3절

關譏而不征, 則天下之旅, 皆悅而願出於其路矣.

관문에서 사람을 검사하더라도 [상품 또는 다른 항목에] 세금을 부과하지 않는다면, 나라의 모든 여행객이 기뻐하며 그 길을 따라 여행하기를 원할 것이다.

3절 각주

제1권 제2편 제5장 제3절 그리고 제1편 제7장 제18절을 비교하라. 모든 주석가가 이 법의 예시를 사관(司關)의 세금을 설명한 『주례』(周禮) 제15권 제11장에서 찾는다. 그러나 관문에서 세금을 부과하지 않는 것은 흉년일 때뿐이므로 맹자의 교훈은 단지 그 시대의 비상시국에만 해당한다고 주장하는 이도 있다. 『사서탁여설』(四書拓餘說)의 저자는 그러한 결론을 피하고자 주례(周禮)가 맹자의 말에 삽입되었다고 주장한다. 나는 그의 주장에 동의한다.

4. 'If he require that the husbandmen give their mutual aid *to cultivate the public field*, and exact no *other* taxes from them;—then all the husbandmen of the kingdom will be pleased, and wish to plough in his fields.

4. The rule of 助而不稅 is same as that of 耕者九一, Bk. I. Pt. II. v. 3.

5. 'If from the occupiers of the shops in his market-place he do not exact the fine of the individual idler, or of the hamlet's quota of cloth, then all the people of the kingdom will be pleased, and wish to come and be his people.

5. It is acknowledged by commentators that it is only a vague notion which we can obtain of the meaning of this paragraph. Is 廛 to be taken as in the translation, or verbally as in the second paragraph? What was the 夫布? And what the 里布? It appears from the Châu-lî, that there was a fine, exacted from idlers or loafers in the towns, called 夫布, and it is said that the family which did not plant mulberry trees and flax according to the rules, was condemned to pay one hamlet, or twenty-five families', quota of cloth. But 布 may be taken in the sense of money, simply =錢, which is a signification attaching to it. We must leave the passage in the obscurity which has always rested on it. Mencius is evidently protesting against some injurious exactions of the time. 氓 =民, but the addition of the character 亡 seems intended to convey the idea of the people of other States coming under a new rule.

4절

耕者助而不稅, 則天下之農, 皆悅而願耕於其野矣.

만약 그가 농부들에게 [공전 경작의] 상부상조만 요구하고 [다른] 세금을 징수하지 않는다면, 나라의 모든 농부가 기뻐하며 그의 들에서 경작하기를 원할 것이다.

4절 각주

조이불세(助而不稅)의 법은 제1권 제2편 제5장 제3절의 경자구일(耕者九一)과 같다.

5절

廛, 無夫里之布, 則天下之民, 皆悅而願爲之氓矣.

시장의 점주에게 빈둥거리는 사람에게 거두는 벌금을 징수하지 않고 작은 동네에 할당된 옷감을 징수하지 않는다면, 천하의 모든 백성이 기뻐하여 와서 그의 백성이 되기를 원할 것이다.

5절 각주

주석가들은 이 절의 의미를 정확하게 알기 어렵다는 데 동의한다. 전(廛)을 제1절과 제2절에서처럼 동사로 해석해야 하는가? 부포(夫布)는 무엇이었나? 그리고 이포(里布)는 또 무엇인가? 『주례』(周禮)를 보면, 도시의 빈둥거리는 사람이나 부랑자들에게 거두는 부포(夫布)로 불리는 벌금이 있었던 것 같다. 그리고 뽕나무와 삼나무를 심지 않아 법을 위반한 집은 한 마을 즉 25가구의 할당량에 해당하는 옷감을 내놓아야 했다. 그러나 포(布)는 간단히 포(布)에 부가된 의미인 전(錢), 돈을 의미하는 것으로 볼 수도 있다. 우리는 이 문구의 특징인 모호함을 그대로 두어야 한다. 맹자는 분명 그 시대의 악법의 요소를 지닌 법 시행에 저항하고 있다. 맹(氓)은 민(民)이지만 망(亡)이란 글자를 첨가한 것은 아마도 새로운 법 아래에서 살기 위해 망명 오는 타국민이라는 생각을 전달할 의도로 사용한 듯하다.

6. 'If *a ruler* can truly practise these five things, then the people in the neighbouring kingdoms will look up to him as a parent. From the first birth of mankind till now, never has any one led children to attack their parent, and succeeded in his design. Thus, such a ruler will not have an enemy in all the kingdom, and he who has no enemy in the kingdom is the minister of Heaven. Never has there been a ruler in such a case who did not attain to the royal dignity.'

6. 信＝ 實, 'truly.' Observe the reciprocal influence of 其 in 率其子弟 ('sons and younger brothers' =children) and 攻其父母. 天吏,—'The minister or officer of Heaven.' On this designation the commentator 饒氏 雙峰 observes:—'An officer is one commissioned by his sovereign; the officer of Heaven is he who is commissioned by Heaven. He who bears his sovereign's commission can punish men and put them to death. He may deal so with all criminals. He who bears the commission of Heaven can execute judgment on men, and smite them. With all who are oppressing and misgoverning their kingdoms, he can deal so.'

6절

信能行此五者, 則隣國之民, 仰之若父母矣, 率其子弟, 攻其父母, 自生民以來, 未有能濟者也, 如此, 則無敵於天下, 無敵於天下者, 天吏也, 然而不王者, 未之有也.

[통치자가] 진실로 이 다섯 가지를 실천할 수 있다면 이웃 나라의 백성들은 그를 부모로 우러러볼 것이다. 지금까지 사람이 존재한 이후로 자식을 이끌어 부모를 공격하여 성공한 적은 단 한 번도 없다. 그러므로, 부모 같은 통치자는 천하에 적이 없을 것이고, 천하에 적이 없는 자는 하늘의 사자이다. 그러고서도 천하의 왕이 되지 않은 통치자는 한 번도 없었다."

6절 각주

신(信)은 실(實), '진실로'이다. 솔기자제(率其子弟, '아들들과 남동생들'=자식들)와 공기부모(攻其父母)에서의 기(其)가 서로 미치는 영향력을 살펴보라. 천리(天吏)는 '하늘의 사자 혹은 관리'이다. 주석가 요씨쌍봉(饒氏雙峰)[45]은 이 명명에 대해 다음과 같이 말한다. '관리는 군주가 위임장을 주는 자이고, 하늘의 관리는 하늘이 위임장을 주는 자이다. 군주의 위임장을 품은 자는 인간을 벌주고 처형할 수 있다. 모든 범죄자를 그렇게 처리할 수 있다. 하늘의 위임장을 품은 이는 인간에 대한 심판을 집행하고 엄청난 고통을 줄 수 있다. 그는 천하를 압제하고 잘못 다스리는 이들이 있다면 그 모두를 벌하고 죽일 수 있다.'

---

45) (역주) 요로(饒魯, 1193~1264)를 말한다. 요주(饒州) 요간(餘幹)(지금의 강서성 萬年) 출신이며, 남송 때의 저명한 이학가였다. 자는 (伯興), 중원(仲元)이고 호가 쌍봉(雙峰)이다. 저서에 『오경강의(五經講義)』, 『어맹기문(語孟紀聞)』, 『서명도(西銘圖)』 등이 있다. 요주(饒州) 요간(餘幹)(지금의 강서성 萬年) 출신이며, 요간(饒幹)인지, 여간(餘 幹)인지 확인이 필요하다.

CHAPTER VI

CH. 6. THAT BENEVOLENCE, RIGHTEOUSNESS, PROPRIETY, AND KNOWLEDGE, BELONG TO MAN AS NATURALLY AS HIS FOUR LIMBS, AND MAY AS EASILY BE EXERCISED.

The assertions made in this chapter are universally true, but they are to be understood as spoken here with special reference to the oppressive ways and government of the princes of Mencius's time.

1. Mencius said, 'All men have a mind which cannot bear *to see the sufferings of others.*

1. 不忍 alone is used in Bk. I. Pt. I. vii. 4, 5, 6. 人 is added here, because the discourse is entirely of a man's feelings, as exercised towards other men. 心,—'the mind,' embracing the whole mental constitution. The 備旨, after Châo Ch'î, says that 不忍人 means—'cannot bear to injure others.' But it is not only cannot bear to inflict suffering, but cannot bear to see suffering. The examples in Bk. I. Pt. II. vii, make this plain.

제6장

인과 의와 예와 앎은 사지처럼 자연스럽게 인간에 속하고 쉽게 행할 수 있다.

이 장은 보편적 진실을 주장하지만 동시에 맹자 시대의 제후들이 휘두르는 억압적인 방식과 통치를 특별히 가리키는 것으로 보아야 한다.

1절
孟子曰, 人皆有不忍人之心.

맹자가 말했다. "모든 사람은 타인[의 고통을 보는 것을] 차마 견딜 수 없는 마음을 가지고 있다.

1절 각주
불인(不忍)은 단독으로 제1권 제1편 제7장 제4~6절에 사용된다. 여기서는 인(人)이 첨가되었는데 그것은 담화가 전적으로 타인을 향한 사람의 감정에 대한 것이기 때문이다. 심(心) 즉 '마음'은 전체 정신적 구성체를 아우른다. 『비지』(備旨)는 조기의 견해를 따라 불인인(不忍人)은 '다른 사람에게 상처를 주는 것을 참을 수 없다'라는 뜻이라고 말한다. 그러나 단순히 고통을 가하는 것을 참을 수 없다는 것일 뿐만 아니라 고통을 보는 것도 참을 수 없다는 것을 뜻한다. 제1권 제1편 제7장의 예들은 이 점을 분명하게 한다.

2. 'The ancient kings had this commiserating mind, and they, as a matter of course, had likewise a commiserating government. When with a commiserating mind was practised a commiserating government, to rule the kingdom was *as easy a matter* as to make anything go round in the palm.

2. 斯,—used adverbially, as in Analects, X. x. 1. 運之,—之 must be taken generally, ='a thing,' or as giving a passive signification to the verb.— 'The government of the kingdom could be made to go round,' &c. Perhaps the latter construction is to be preferred. The whole is to be translated in the past sense, being descriptive of the ancient kings.

2절

先王有不忍人之心, 斯有不忍人之政矣, 以不忍人之心, 行不忍人之政, 治天下可運之掌上.

옛날의 왕들은 이 측은지심이 있었기에 당연히 이와 유사하게 측은지심의 통치를 했다. 측은지심으로 측은지심의 통치를 할 때, 나라를 다스리는 것은 어떤 것을 손바닥에서 움직이는 것만큼 [쉬운 문제]였다.

2절 각주

사(斯)는 여기서 『논어』 제10권 제10장 제1절처럼 부사로 사용된다. 운지(運之)의 지(之)는 일반적 의미 즉 '어떤 것' 또는 동사에 수동적인 의미를 부여하는 것으로 '나라의 통치가 움직이도록 만들어질 수 있다' 등으로 보아야 한다. 아마도 후자가 더 나을 수도 있다. 전체가 옛날의 왕에 대해 말하기 때문에 과거 시제로 번역했다.

3. 'When I say that all men have a mind which cannot bear *to see the suffering of* others, my meaning may be illustrated thus:─even now-a-days, if men suddenly see a child about to fall into a well, they will without exception experience a feeling of alarm and distress. *They will feel so*, not as a ground on which they may gain the favour of the child's parents, nor as a ground on which they may seek the praise of their neighbours and friends, nor from a dislike to the reputation of *having been unmoved by* such a thing.

3. 孺, 'an infant at the breast,' here='a very young child.' 內 read as, and=納. 內交─'to form a friendship with,' 'to get the favour of.' 要,─the 1st tone =求. 鄉黨,─compare Analects, VI. iii. 4. 今 is to be joined to 人,─'men of the present time,' in opposition 'to the former kings.'

3절

所以謂人皆有不忍人之心者, 今人乍見孺子, 將入於井, 皆有怵惕惻隱之心, 非所以內交於孺子之父母也, 非所以要譽於鄕黨朋友也, 非惡其聲而然也.

내가 모든 사람은 타인[의 고통을 보는 것을] 참을 수 없다고 말했을 때 그 뜻을 다음의 예로 설명할 수 있다. 오늘날에도, 만약 아이가 우물에 빠지는 것을 보면, 사람들은 예외 없이 경악과 고통의 감정을 경험하게 될 것이다. [그들이 그렇게 느끼는 것은] 아이 부모의 환심을 얻기 위해서도 아니고, 이웃과 친척의 칭찬을 받기 위해서도 아니고, 그런 일을 보고서도 [마음이 움직이지 않았다는] 소문이 나는 게 싫어서도 아니다.

3절 각주

유(孺)는 '젖먹이'의 유아로 여기서는 '매우 어린 아이'이다. 납(內)은 납(納)과 그 음과 뜻이 같다. 납교(內交)는 '~와 우정을 쌓다', '~의 호의를 얻다'이다. 요(要)는 1성조로 구(求)와 같다. 향당(鄕黨)은 『논어』 제6권 제3장 제4절과 비교하라. 금(今)은 인(人)과 결합하여 '현시대의 사람들'을 의미하며 이는 '선왕들'과 대조된다.

4. 'From this case we may perceive that the feeling of commiseration is essential to man, that the feeling of shame and dislike is essential to man, that the feeling of modesty and complaisance is essential to man, and that the feeling of approving and disapproving is essential to man.

4. The two negatives 無~非 in the different clauses make the strongest possible affirmation. Literally, 'Without the feeling of commiseration there would not be *man*,' &c., or 'If a person be without this, he is not a man,' &c. 惻隱, 'pain and distress,' but as it is in illustration of the 不忍之心, we may render it by 'commiseration.' 'Shame and dislike,'—the *shame* is for one's own want of goodness, and the *dislike* is of the want of it in other men. 'Modesty and complaisance,'—*modesty* is the unloosing and separating from one's self, and *complaisance* is out-giving to others. 'Approving and disapproving,'—*approving* is the knowledge of goodness, and the approbation of it accordingly, and *disapproving* is the knowledge of what is evil, and disapprobation of it accordingly. Such is the account of the terms in the text, given by Chû Hsî and others. The feelings described make up, he says, the mind of man, and Mencius 'discoursing about commiseration goes on to enumerate them all.' This seems to be the true account of the introduction of the various principles. They lie together, merely in apposition. In the 或問 and 語類, however, Chû Hsî labours to develop the other three from the first. —Observe that 'the feeling of shame and dislike,' &c. in the original, is —'the mind that feels and dislikes,' &c.

4절

由是觀之, 無惻隱之心, 非人也, 無羞惡之心, 非人也, 無辭讓
之心, 非人也, 無是非之心, 非人也.

이 경우로 보아, 측은지심이 인간에게 필수적이라는 것, 수오지심이 인간
에게 필수적이라는 것, 사양지심이 인간에게 필수적이라는 것, 시비지심이
인간에게 필수적이라는 것을 알 수 있다.

4절 각주

다른 어구에 있는 두 개의 부정어 '무~비(無~非)'로 인해 가장 강한 긍정
이 된다. 문자 그대로, '측은지심이 없다면 '사람이 없을 것이다' 또는 '만
약 어떤 사람에게 이것이 없다면, 그는 사람이 아니다' 등이다. 측은(惻隱)
은 '고통과 고난이지만 불인지심(不忍之心)의 예에서처럼, 우리는 이를 '측
은함'(commiseration)으로 옮길 수 있다. '수오지심'에서 [수치, shame]는 자
기 자신의 선의 부족으로 느끼는 것이고 [증오, dislike]는 다른 사람들의
선의 부족으로 느끼는 것이다. '사양지심'을 보면, [겸손, modesty]은 느슨하
게 해서 자아로부터 분리하는 것이고 [양보, complaisance]는 다른 사람에게
마음껏 주는 것이다. '시비지심'에서 [인정, approving]은 선에 대한 앎이고
이에 따라 선을 인정하는 것이고 [불인정, disapproving]은 악에 대한 앎으
로 이에 따라 악을 인정하지 않는 것이다. 이처럼 주희와 여러 주석가들은
본문의 용어를 설명한다. 주희는 언급된 감정들이 사람의 마음을 구성하고
맹자의 '측은함에 대한 담론은 언급된 다른 모든 감정으로 나아간다'라고
말한다. 이것이 여러 가지 다양한 원리들을 소개하는 바른 설명처럼 보일
수도 있다. 이러한 감정들은 동격 관계로 함께 놓여 있음에도, 주희는 『혹
문』(或問)[46]과 『어류』(語類)에서 나머지 세 감정을 첫 번째 감정에서 시작
하여 전개하고자 애쓴다. 주희가 원전의 '수오지심' 등을 '느끼고 증오하는
마음' 등으로 해석한 것에 유의하라.

---

46) (역주) 『주자혹문』(朱子或問)은 송대 유학의 집대성자인 송나라의 주희가 사서(四
書) 가운데 하나인 『맹자』의 내용에 대한 여러 가지 문제점을 묻고 답하는 형식으로
서술된 책이다.

5. 'The feeling of commiseration is the principle of benevolence. The feeling of shame and dislike is the principle of righteousness. The feeling of modesty and complaisance is the principle of propriety. The feeling of approving and disapproving is the principle of knowledge.

5. 端 is explained by 端緒 'the end of a clue,' that point outside, which may be laid hold of, and will guide us to all within. From the feelings which lie has specified, Mencius reasons to the moral elements of our nature. It will be seen how to 智, 'knowledge,' 'wisdom,' he gives a moral sense. Compare Gen. ii:17; iii:5, 6; Job. xxxviii. 36.

5절

惻隱之心, 仁之端也, 羞惡之心, 義之端也, 辭讓之心, 禮之端也, 是非之心, 智之端也.

측은지심은 인의 원리이다. 수오지심은 의의 원리이다. 사양지심은 예의 원리이다. 시비지심은 앎의 원리이다.

5절 각주

단(端)은 단서(端緒) 즉 '실마리의 끝'으로 설명되는데, 이는 밖으로 나와 있어 손으로 잡으면 그것이 길잡이가 되어 내부에 있는 모든 것에 다가갈 수 있는 것이다. 구체적으로 명시한 감정에서부터 맹자는 우리 본성의 도덕적 요소를 추론한다. 지(智) 즉 '지식', '지혜'에 맹자가 도덕적 의미를 부여하는 방식이 드러날 것이다. 「창세기」 제2장 제17절, 3장 제5~6절, 「욥기」 제38장 제36절과 비교하라.

6. 'Men have these four principles just as they have their four limbs. When men, having these four principles, yet say of themselves that they cannot *develop them*, they play the thief with themselves, and he who says of his prince that he cannot *develop them* plays the thief with his prince.

   6. 賊,—compare Bk. I. Pt. II. viii. 3, but we can retain its primitive meaning in the translation.

6절

人之有是四端也, 猶其有四體也, 有是四端, 而自謂不能者, 自賊者也, 謂其君不能者, 賊其君者也.

인간에게 사지가 있듯이 이 사단 즉 네 원리도 있다. 인간에게 이 네 원리가 있어도 혼자서는 발전시킬 수 없다고 말하는 것은 스스로 도적이 되는 것이고, 그의 제후가 [그것을] 할 수 없다고 말하는 것은 그의 제후를 도적으로 만드는 것이다.

6절 각주

적(賊)을 제1권 제2편 제8장 제3절과 비교하라. 여기에서의 번역은 그 단어의 기본 의미를 유지한다.

7. 'Since all men have these four principles in themselves, let them know to give them all their development and completion, and the issue will be like that of fire which has begun to burn, or that of a spring which has begun to find vent. Let them have their complete development, and they will suffice to love and protect all within the four seas. Let them be denied that development, and they will not suffice for a man to serve his parents with.'

7. 凡有四端於我者, not 'all who have,' &c., but 'all having,' &c., 於我,一 *quasi dicat*, 'in their ego—ity.' 知皆,一皆 belongs to the 擴below, and refers to the 四端.—The 備旨 says: 知字重看, 'the character 知 is to have weight attached to it.' This is true, Mencius may well say—'Let men know,' or 'If men know.' How is it that after all his analyses of our nature to prove its goodness, the application of his principles must begin with an IF?

7절

凡有四端於我者, 知皆擴而充之矣, 若火之始然, 泉之始達, 苟
能充之, 足以保四海, 苟不充之, 不足以事父母.

모든 사람은 자기 안에 이 사단 즉 네 원리를 가지고 있으므로, 이 네 원
리를 스스로 발달하고 완성하는 방법을 알아야 한다. 그러면 그 일은 불
이 타오르기 시작하는 것과 같을 것이고 샘이 솟아나기 시작하는 것과 같
을 것이다. 네 원리가 완전하게 발전하면 사해 안에 있는 모두를 충분히
사랑하고 보호할 것이다. 네 원리의 발전이 거부되면 한 개인으로 부모조
차 봉양할 수 없을 것이다."

7절 각주

범유사단어아자(凡有四端於我者)는 '가진 모든 사람'(all who have)이 아니
라 '모두가 가지고 있는'(all having)이고, 어아(於我)는 '자아성에서'(in their
ego-ity)인 것 같다. 지개(知皆)에서 개(皆)는 아래의 확(擴)에 속하고, 사단
(四端)을 가리킨다. 『비지』(備旨)에서 말하길, 지자중간(知字重看) 즉 '글자
지(知)가 매우 중요한 무게감을 가질 것이다'라고 한다. 이것은 사실이다.
맹자가 '그들에게 알게 하라', 또는 '그들이 안다면'이라 말한 당연한 이유
가 있을 것이다. 그런데 맹자가 우리 본성의 선함을 증명하기 위한 분석
을 모두 끝낸 후에 그 원리들을 적용할 때 '만약'(IF)으로 시작해야만 했을
까?

CHAPTER VII

CH. 7. AN EXHORTATION TO BENEVOLENCE FROM THE DISGRACE WHICH MUST ATTEND THE WANT OF IT, LIKE THE DISGRACE OF A MAN WHO DOES NOT KNOW HIS PROFESSION.

1. Mencius said, 'Is the arrow-maker less benevolent than the maker of armour of defence? *And yet,* the arrow-maker's only fear is lest men should not be hurt, and the armour-maker's only fear is lest men should be hurt. So it is with the priest and the coffin-maker. *The choice of* a profession, therefore, is a thing in which great caution is required.

    1. 矢人豈不仁於,—the 不 belongs not to the 豈, but to the 仁. If we might construe it with the 豈, we should have an instance parallel to 盛於 in ii, 28,—'benevolent as,' the 於 being =如. 函 has the meaning of 'all armor of defense.' 巫—see Con. Analects, XIII. xxii, where I have translated it 'wizard.' As opposed to 匠(here ='a coffin maker'), one who makes provision for the death of men, it indicates one who prays for men's life and prosperity. But Mencius pursues his illustration too far. An arrow maker need not be inhumane.

제7장

맹자는 사람이 자신의 직업에 대해 잘 알지 못할 때 굴욕을 당하듯이 인이 없을 때 반드시 수반되는 치욕은 인을 행함으로써 벗어날 수 있다고 권고한다.

1절

孟子曰, 矢人, 豈不仁於函人哉, 矢人, 惟恐不傷人, 函人, 惟恐傷人, 巫匠亦然, 故術不可不愼也.

맹자가 말했다. "화살을 만드는 이가 방어용 갑옷을 만드는 이보다 어질지 않는가? [그렇기는 하지만] 화살을 만드는 이의 유일한 두려움은 사람들을 해치지 못할까 하는 것이고, 갑옷을 만드는 이의 유일한 두려움은 사람들이 다칠까 하는 것이다. 사제와 관을 짜는 이도 마찬가지이다. 그래서 직업을 [선택할 때] 매우 신중해야 한다.

1절 각주

시인기불인어(矢人豈不仁於)에서 불(不)은 기(豈)가 아닌, 인(仁)에 속한다. 우리가 기(豈)를 불(不)과 함께 해석하면, '~처럼 어진'으로 해석되는데, 어(於)가 여(如)의 의미인 성어(盛於)에서와 유사한 예가 제2장 제28절에 있다. 함(函)은 '모든 방어용 갑옷'을 의미한다. 무(巫)는 『논어』 제13권 제22장을 보라. 『논어』의 이 부분의 무(巫)를 나는 '마법사'로 번역했었다. 여기서 무(巫)는 사람의 죽음을 준비하는 장(匠)(여기서 관을 짜는 이)과 반대로, 사람의 생과 번영을 위해 기도하는 사람을 의미한다. 그러나 맹자의 예는 너무 멀리 갔다. 화살을 만드는 사람이라고 해서 반드시 어질지 않은 것은 아니다.

2. 'Confucius said, "It is virtuous manners which constitute the excellence of a neighbourhood. If a man, in selecting a residence, do not fix on one where such prevail, how can he be wise?" Now, benevolence is the most honourable dignity conferred by Heaven, and the quiet home in which man should dwell. Since no one can hinder us from being so, if yet we are not benevolent;─this is being not wise.

2. See Analects, IV. i. The commentators begin to bring in the idea of a profession at 擇不處仁, but the whole quotation must be taken first in its proper sense. The 不智 at the end refer to the same characters in the quotation.

2절

孔子曰, 里仁爲美, 擇不處仁, 焉得智, 夫仁, 天之尊爵也, 人
之安宅也, 莫之禦而不仁, 是不智也.

공자께서 '훌륭한 이웃은 덕스러운 풍습이 있는 곳이다. 사람이 살 곳을
정할 때 덕이 충만한 곳을 고르지 않는다면 그를 어찌 지혜롭다 할 수 있
겠는가?'라고 말했다. 인은 하늘이 준 가장 영예로운 벼슬이고, 사람이 머
물러야 하는 고요한 집이다. 누구도 우리가 그렇게 되는 것을 방해할 수
없다. 그럼에도 우리가 어질지 않다면 그것은 우리가 지혜롭지 않기 때문
이다.

2절 각주

『논어』 제4권 제1장을 보라. 주석가들은 택불처인(擇不處仁)에서 직업을
떠올리지만, 전체 인용은 먼저 본래의 의미인 장소로 해석해야 한다. 끝의
부지(不智)는 인용문의 언득지(焉得智)와 의미가 같다.

3. 'From the want of benevolence and the want of wisdom will ensue the entire absence of propriety and righteousness;—he who is in such a case must be the servant of other men. To be the servant of men and yet ashamed of such servitude, is like a bowmaker's being ashamed to make bows, or an arrow-maker's being ashamed to make arrows.

3. 無 succeeding 不 shows that the second clause ensues from the first. 由,—used for 猶.

4. 'If he be ashamed of his case, his best course is to practise benevolence.

3절

不仁不智, 無禮無義, 人役也, 人役而恥爲役, 由弓人而恥爲弓,
矢人而恥爲矢也.

인이 부족하고 지혜로움이 부족하면 그 결과로 예의와 의가 완전한 부재
하게 된다. 그러면 그 사람은 반드시 타인의 노예가 된다. 타인의 노예이
지만 노예됨을 부끄러워하는 것은 활을 만드는 이가 활을 만드는 것을 부
끄러워하는 것과 같고 화살을 만드는 이가 화살을 부끄러워하는 것과 같
다.

3절 각주

부(不) 뒤에 오는 무(無)는 두 번째 구절이 첫 번째 구절의 결과로 생김을
보여준다. 由(유)는 猶(유)로 사용된다.

4절

如恥之, 莫如爲仁.

만약 이것이 부끄러우면, 최선의 길은 인을 행하는 것이다.

5. 'The man who would be benevolent is like the archer. The archer adjusts himself and then shoots. If he misses, he does not murmur against those who surpass himself. He simply turns round and seeks *the cause of his failure* in himself.'

5. 仁者=欲爲仁之人. Compare Analects, III. vii and xvi.

5절

仁者如射, 射者正己而後發, 發而不中, 不怨勝己者, 反求諸己
而已矣.

어질고자 하는 이는 활을 쏘는 이와 같다. 활을 쏘는 이는 몸을 바르게
한 후에 활을 쏜다. 맞추지 못하더라도 자기보다 뛰어난 사람을 두고 불
평하지 않는다. 돌아서서 자신에게서 [실패의 원인을] 찾을 뿐이다."

5절 각주

인자(仁者)는 욕위인지인(欲爲仁之人)과 같다. 『논어』 제3권 제7장과 제16
장과 비교하라.

CHAPTER VIII

CH. 8. HOW SAGES AND WORTHIES DELIGHTED IN WHAT IS
GOOD.

1. Mencius said, 'When any one told Tsze-lû that he had a fault, he
rejoiced.

    1. Tsze-lû's ardor in pursuing his self-improvement appears in the
    Analects, V. xiii; XI. xxi. But the particular point mentioned in the text
    is nowhere else related of him.

2. 'When Yü heard good words, he bowed *to the speaker*.

    2. In the Shû-ching, II. iii. 1, we have an example of this in Yü. It is
    said,－禹拜昌言 'Yü bowed at these excellent words.'

제8장

성현들이 선한 것에 기뻐하는 방식을 논한다.

1절
孟子曰, 子路, 人告之以有過, 則喜.

맹자가 말했다. "자로는 어떤 이가 그에게 결점이 있다고 지적해주면 기뻐했다.

1절 각주
자기 발전을 추구하는 자로의 열정은 『논어』 제5권 제13장과 제11권 제21장에 있다. 그러나 특별히 이 장에서 언급한 이야기는 그와 관련된 어디에도 없다.

2절
禹, 聞善言則拜.

우임금은 선한 말을 들으면 [상대방에게] 절을 했다.

2절 각주
『서경』「우서(虞書)·대우모(大禹謨)」제1절에 이에 대한 우임금의 예가 있다. 우배창언(禹拜昌言)이란 '우임금은 이러한 훌륭한 말을 듣고 절을 했다'이다.

3. 'The great Shun had a still greater *delight in what was good. He regarded* virtue as the common property of himself and others, giving up his own way to follow that of others, and delighting to learn from others to practise what was good.

3. 善與人同 is explained by Chû Hsî 公天下之善而不爲私也, 'He considered as public-common—the good of the whole world, and did not think it private to any.' Shun's distinction was that he did not think of himself, as Tsze-lû did, nor of others, as Yü did, but only of what was good, and unconsciously was carried to it, wherever he saw it.

3절

大舜, 有大焉, 善與人同, 舍己從人, 樂取於人以爲善.

위대한 순임금은 [선한 것에] 가장 크게 [기뻐했다]. 순임금은 선을 자신과 타인의 공통된 자산으로 [간주하였기에], 자신을 버리고 타인의 방식을 따랐고 타인에게서 배워 선한 것을 행하는 것에 기뻐했다.

3절 각주

주희는 선여인동(善與人同)을 공천하지선이불위사야(公天下之善而不爲私也) 즉 '그는 천하의 선을 공적인-공통된 것으로 간주하였기에 그것을 누군가에게만 있는 사적인 것으로 생각하지 않았다'로 설명한다. 순임금이 훌륭한 것은 자로와 달리 자신을 생각하지 않았고 우임금과 달리 타인을 생각하지 않고 그저 선한 것만을 생각하고 어디에 있든지 무의식적으로 선한 것에 이끌렸다는 점에 있다.

4. 'From the time when he ploughed and sowed, exercised the potter's art, and was a fisherman, to the time when he became emperor, he was continually learning from others.

4. Of Shun in his early days it is related in the 'Historical Records', that 'he plowed at the Lî (歷) mountain, did potter's work on the banks of the Yellow River, fished in the Lêi lake(雷澤) and made various implements on the Shâu hill(壽丘), and often resided at Fû-hsiâ(負夏).' There will be occasion to consider where these places were, in connexion with some of Mencius's future references to Shun. Dr. Medhurst supposes them to have been in Shan-hsî. See his Translation of the Shû-ching, p. 332.

5. 'To take example from others to practise virtue, is to help them in the same practice. Therefore, there is no attribute of the superior man greater than his helping men to practise virtue.'

5. 與 is here in the sense of 助, 'to help.' The meaning is that others, seeing their virtue so imitated, would be stimulated to greater diligence in the doing of it.

4절

自耕稼陶漁, 以至爲帝, 無非取於人者.

순임금은 쟁기를 갈고 씨를 뿌리고 도자기를 만들고 물고기를 잡을 때부터 제왕이 될 때까지 계속해서 타인에게서 배웠다.

4절 각주

젊은 시절의 순임금은 『서경』에서 찾아볼 수 있다. 그는 역산(歷山)에서 쟁기를 갈고, 황하의 강둑에서 도자기를 굽고, 뇌택(雷澤)에서 고기를 잡고, 수구(壽丘)에서 다양한 연장을 만들고, 부하(負夏)에서 살기도 했다. 이 장소들의 위치를 맹자가 앞으로 순임금을 언급하는 부분과 연결해서 고려해야 할 때가 있을 것이다. 메드허스트(Medhurst) 박사는 이 장소들이 산서(Shan-hsi)성에 있었다고 추정한다. 메드허스트 박사가 번역한 『서경』 332쪽을 보라.

5절

取諸人以爲善, 是與人爲善者也, 故君子莫大乎與人爲善.

다른 사람의 예를 따라 선을 행하는 것은 다른 사람이 선을 행하는 것을 돕는 것이다. 그래서 군자의 가장 위대한 특성은 다른 사람이 선을 행하도록 돕는 것이다.”

5절 각주

여(與)는 여기서 조(助), ‘돕다’의 의미이다. 사람들은 다른 사람이 자기의 덕을 모방하는 것을 보고 자극받아 더 열심히 덕을 행하게 된다는 의미이다.

CHAPTER IX

CH. 9. PICTURES OF Po-î AND Hûi OF Liû-Hsiâ, AND MENCIUS'S JUDGMENT CONCERNING THEM.

제9장

백이와 유하혜의 특징과 맹자의 그들에 대한 견해를 다룬다.

1. Mencius said, 'Po-î would not serve a prince whom he did not approve, nor associate with a friend whom he did not esteem. He would not stand in a bad prince's court, nor speak with a bad man. To stand in a bad prince's court, or to speak with a bad man, would have been to him the same as to sit with his court robes and court cap amid mire and ashes. Pursuing the examination of his dislike to what was evil, *we find* that he *thought it necessary*, if he happened to be standing with a villager whose cap was not rightly adjusted, to leave him with a high air, as if he were going to be defiled. Therefore, although some of the princes made application to him with very proper messages, he would not receive their gifts.━He would not receive their gifts, counting it inconsistent with his purity to go to them.

1. Compare chap. ii, 22. In 惡人之朝, 人 refers to the preceding 君, and may be translated *prince*, but in 與惡人立, 人 refers to the preceding 友, and must be translated *man*. 塗炭, 'mire and charcoal.' 推惡惡之心, ━推 is Mencius's speaking in his the own person. 思 is the 'thought' of Po-i. 望望然, according to Chû Hsî, is 'the appearance of going away without looking round.' 'Châo Ch'î makes it 'the appearance of being ashamed;'━not so well. The final 已 gives positiveness to the affirmation of the preceding clause.

1절

孟子曰, 伯夷非其君不事, 非其友不友, 不立於惡人之朝, 不與惡人言, 立於惡人之朝, 與惡人言, 如以朝衣朝冠, 坐於塗炭, 推惡惡之心, 思與鄉人立, 其冠不正, 望望然去之, 若將浼焉, 是故諸侯雖有善其辭命而至者, 不受也, 不受也者, 是亦不屑就已.

맹자가 말했다. "백이는 자신이 인정하는 제후가 아니면 섬기려 하지 않았고 자신이 존경하는 친구가 아니면 관계를 맺고자 하지 않았다. 그는 나쁜 제후의 조정에 서려고 하지 않았고 나쁜 사람과 말을 하려고 하지 않았다. 나쁜 제후의 조정에 서는 것 혹은 나쁜 사람과 말을 하는 것을 관복을 입고 관모를 쓰고 진흙과 재 가운데 앉는 것과 같다고 생각했다. 그가 싫어하는 악을 계속 조사해보면, 그가 만약 모자를 제대로 쓰지 않은 마을 사람과 우연히 함께 서게 되면 마치 자신이 더러워지기라도 할 것처럼 그 옆을 고상한 척 떠나야[한다고 생각하는 것을 알 수 있다.] 그래서 몇몇 제후가 매우 예의 바른 글로 그를 청한다고 하더라고 그들의 선물을 받으려고 하지 않았을 것이다. 그들의 선물을 받지 않으려고 한 것은 그들에게 가는 것이 그의 깨끗함과 모순된다고 생각했기 때문이다.

1절 각주

제2장 제22절과 비교하라. 오인지조(惡人之朝)에서 인(人)은 앞선 군(君)을 가리키므로 [제후, prince]로 번역될 수 있지만 여오인립(與惡人立)에서 인(人)은 앞의 우(友)를 가리키므로 [사람, man]으로 번역해야 한다. 도탄(塗炭)은 '진흙과 숯'을 의미한다. 추오악지심(推惡惡之心)에서 추(推)는 맹자 자신이 직접 말하는 것이다. 사(思)는 백이의 '생각'이다. 주희는 망망연(望望然)을 '돌아보지 않고 멀리 가버리는 모양'이라 했다. 조기는 이를 '부끄러워하는 모양'이라 해석하지만 적절한 해석은 아닌 듯하다. 마지막의 이(已)는 앞 어구의 단언을 긍정한다.

2. 'Hûi of Liû-hsiâ was not ashamed *to serve* an impure prince, nor did he think it low to be an inferior officer. When advanced to employment, he did not conceal his virtue, but made it a point to carry out his principles. When neglected and left without office, he did not murmur. When straitened by poverty, he did not grieve. Accordingly, he had a saying,"You are you, and I am I. Although you stand by my side with breast and aims bare, or with your body naked, how can you defile me?" Therefore, self-possessed, he companied with men indifferently, at the same time not losing himself. *When he wished to leave*, if pressed to remain in office, he would remain.－He would remain in office, when pressed to do so, not counting it required by his purity to go away.'

2. Hûi of Liû-hsiâ,－see Analects, XV. xiii; XVIII. ii, viii. 與之偕,－the 之 properly refers to the party addressed,－'you are you.'

2절

柳下惠, 不羞汙君, 不卑小官, 進不隱賢, 必以其道, 遺佚而不
怨, 阨窮而不憫, 故曰, 爾爲爾, 我爲我, 雖袒裼裸裎於我側,
爾焉能浼我哉, 故由由然與之偕, 而不自失焉, 援而止之而止,
援而止之而止者, 是亦不屑去已.

유하혜는 깨끗하지 않은 제후를 [섬기는 것을] 부끄러워하지 않았고, 하급
관리가 되는 것을 천하다고 생각하지 않았다. 관직에 나아갈 때 미덕을
감추지 않고 반드시 그의 원리를 이행하였다. 무시당하고 관직에 있지 않
아도 불평하지 않았다. 가난으로 궁핍해도 한탄하지 않았다. 따라서 [그의
말에] '너는 너이고, 나는 나이다. 네가 가슴과 팔을 드러내고 혹은 벌거벗
은 몸으로 내 옆에 서 있다 해도 네가 나를 어떻게 더럽힐 수 있겠는가?'
가 있다. 그리하여, 그는 태연자약하게 남과 교류하지만, 자신을 잃지 않
았다. [떠나기를 원했을 때] 관직에 머물라는 강요를 받으면 그는 머물렀
을 것이다. 관직에 머물도록 강요받았을 때 그렇게 했는데, 깨끗함과 멀리
떠나는 것이 별개라고 생각했기 때문이다."

2절 각주

유하혜는 『논어』 제15권 제13장과 제18권 제2장, 제8장을 보라. 여지해(與
之偕)에서 지(之)는 대화의 상대방인 '너는 너이다'의 '너'를 가리키는 글자
이다.

3. Mencius said, 'Po-î was narrow-minded, and Hûi of Liû-hsiâ was wanting in self-respect. The superior man will not manifest either narrow-mindedness, or the want of self-respect.'

3. Compare chap. ii, 22. 君子,一by this term we must suppose that Mencius makes a tacit reference to himself, as having proposed Confucius as his model. The writer 韓元少 says:一'Elsewhere Mencius advises men to imitate I and Hûi, but he is there speaking to the weak and the mean. When here he advises not to follow î and Hûi, he is speaking for those who wish to do the right thing at the right time.'

3절

孟子曰, 伯夷隘, 柳下惠不恭, 隘與不恭, 君子不由也.

맹자가 말했다. "백이는 마음이 좁았고, 유하혜는 자존감이 부족했다. 군자는 좁은 마음도 자존감의 부족도 모두 드러내지 않을 것이다."

3절 각주

제2장 제22절과 비교하라. 우리는 군자(君子)라는 글자에서 맹자가 공자를 그의 모델로 제안했듯이 자신을 은근하게 '군자'로 지칭하고 있음을 알아야 한다. 한원소(韓元少)[47]는 "다른 곳에서 맹자는 사람들에게 백이와 유하혜를 따를 것을 조언하지만 이 조언의 대상자는 약자와 비열한 자들이었다. 이 절에서 맹자는 백이와 유하혜를 따르지 말 것을 조언하고 있는데 그 조언의 대상자는 적절한 시기에 적절한 행동을 하기를 원하는 사람들이다."라고 말했다.

---

47) (역주) 한원소(韓元少)는 한담(韓菼, 1637~1704)으로 자는 원소(元少)이고 호는 모려(慕廬)이다. 그는 경서와 사서에 해박했고 문장으로 명성을 날렸다.

公孫丑章句 · 下

공손추장구 · 하

BOOK III

KUNG-SUN CHAU

PART II

제2권

공손추장구(公孫丑章句)

하(下)

CHAPTER 1

CH. 1. No ADVANTAGES WHICH A RULER CAN OBTAIN TO
EXALT HIM OVER OTHERS ARE TO BE COMPARED WITH HIS
GETTING THE HEARTS OF MEN.

Because of this chapter Mencius has got a place in China among the
writers on the art of war, which surely he would not have wished to
claim for himself, his design evidently being to supersede the necessity
of war, and the recourse to arms altogether.

1. Mencius said, 'Opportunities of time vouchsafed by Heaven are not
equal to advantages of situation afforded by the Earth, and advantages of
situation afforded by the Earth are not equal to *the union arising from
the accord of Men.*

1. In the 天, 地, 人, we have the doctrine of the 三才, or 'Three
Powers,' which is brought out so distinctly in the 4th part of the *Chung
Yung*, and to show this in a translation requires it to be diffuse. As to
what is said at much length in Chinese commentaries about ascertaining
the 'time of Heaven' by divination and astrology, it is to be set aside, as
foreign to the mind of Mencius in the text, though many examples
which resort to it may be adduced from the records of antiquity.

제1장

통치자가 다른 사람들 위에 군림해서 얻을 수 있는 이점이 없고 사람들의 마음을 얻지도 못한다.

맹자는 이 장 덕분에 중국에서 병법서 저자로 자리매김할 수 있다. 그러나 맹자는 전쟁의 필요성과 군대에 대한 의존을 모두 다른 것으로 대체하는 것이 목적이었으므로 '맹자' 자신은 이러한 자리를 원하지 않을 것이 분명하다.

1절

孟子曰, 天時, 不如地利, 地利, 不如人和.

맹자가 말했다. "하늘이 [보증하는] 기회의 시간은 땅이 [부여하는] 환경의 이점보다 못하다. 땅이 부여하는 환경의 이점은 사람의 협의[로부터 생기는 화합]보다 못하다.

1절 각주

천(天), 지(地), 인(人)에 삼재(三才) 즉 'Three Powers' 원리가 있다. 이것은 『중용』 제4장에48) 매우 명확하게 드러난다. 나는 번역에서 이 점을 드러내기 위해서 장황하게 설명해야 했다. 중국의 주석가들이 '하늘의 때'를 점과 점성술로 증명하기 위해 매우 상세하게 말한 부분이 있고, 이에 기댄 여러 예를 고대의 기록물에서 찾을 수 있다. 그러나 이것은 본문에 나타나는 맹자의 정신과 어울리지 않기 때문에 고려하지 않는 것이 좋을 듯하다.

---

48) (역주) 『중용』 제4장인 아닌 제30장의 내용인 듯하다. 제30장이 천시(天時)와 수토(水土)(=地理)를 다룬다.

2. 'There is a city, with an inner wall of three lî in circumference, and an outer wall of seven.—The enemy surround and attack it, but they are not able to take it. Now, to surround and attack it, there must have been vouchsafed to them by Heaven the opportunity of time, and in such case their not taking it is because opportunities of time vouchsafed by Heaven are not equal to advantages of situation afforded by the Earth.

2. The city here supposed, with its double circle of fortification, is a small one, to illustrate the superiority of advantages of situation, just as the next is a large one, to bring out the still greater superiority of the union of men. As to the evidence that a city of the specified dimensions must be the capital of a baronial State (子男之城), see the 集證, in loc.

2절

三里之城, 七里之郭, 環而攻之, 而不勝, 夫環而攻之, 必有得
天時者矣, 然而不勝者, 是天時不如地利也.

 내성의 둘레가 3리이고 외성의 둘레가 7리인 [도시가 있다.] [적이] 도시
를 둘러싸서 공격해도 이길 수 없다. 도시를 둘러싸서 공격할 때 하늘이
보장하는 호기가 분명 있었을 것이다. 그럼에도 그 도시를 장악하지 못한
것은 하늘이 보장하는 기회의 시간이 땅이 부여하는 환경의 이점보다 못
하기 때문이다.

2절 각주

여기서 추정되는 시(市)는 이중 요새가 있는 작은 도시로, 환경의 이점이
주는 우월성을 예로 들기가 적당한 곳이다. 마찬가지로 그다음 이어지는
예인 대도시는 사람의 화합이 가진 더 큰 우월성을 끌어내기에 적합한 곳
이다. 구체적인 면적의 도시가 자남지성(子男之城)이어야 한다는 증거를
찾고자 한다면『집증』(集證)의「장소편」을 보라.

3. '*There is a city, whose* walls are distinguished for their height, and whose moats are distinguished for their depth, where the arms *of its defenders*, offensive and defensive, are distinguished for their strength and sharpness, and the stores of rice and other grain are very large. *Yet it is obliged to* be given up and abandoned. This is because advantages of situation afforded by the Earth are not equal to the union arising from the accord of Men.

3. 非不, the repeated negation, not only affirms, but with emphasis:一城非不高, 'the wall is not but high,' i.e. is high indeed. 兵,一sharp weapons of offence. 革,一'leather,' intending, principally, the buff-coat, but including all other armor of defense. 米,一'rice,' without the husk; 粟,一'grain,' generally, in the husk.

3절

城, 非不高也, 池, 非不深也, 兵革, 非不堅利也, 米粟, 非不多也, 委而去之, 是地利不如人和也.

[도시가 있다.] 성의 높이가 남다르고, 해자의 깊이가 남다르고, [방어하는 군대의] 무기가 공격적이든 방어적이든 그 강도와 예리함이 남다르고, 쌀과 여러 곡식의 창고도 매우 크다. [그럼에도 어쩔 수 없이 그 도시를] 포기하고 버려야 하는 것은 땅이 부여하는 환경의 이점이 사람들이 합의하여 생기는 화합보다 못하기 때문이다.

3절 각주

비불(非不)은 이중부정으로 긍정뿐만 아니라 강조까지 한다. 성비불고(城非不高), '성이 높지 않은 것이 아니다', 즉 정말로 높다는 의미이다. 병(兵)은 날카로운 공격용 무기이고, 혁(革)은 '가죽'으로 원래는 소 가죽옷을 의도한 것이지만 여러 방어용 갑옷을 모두 포함한다. 미(米)는 껍질이 제거된 '쌀'이고, 속(粟)은 일반적으로 껍질이 남아 있는 '곡식'이다.

4. 'In accordance with these principles it is said, "A people is bounded in, not by the limits of dykes and borders; a State is secured, not by the strengths of mountains and rivers; the kingdom is overawed, not by the sharpness *and strength* of arms." He who finds the proper course has many to assist him. He who loses the proper course has few to assist him. When this,⎯the being assisted by few,⎯reaches its extreme point, his own relations revolt from *the prince*. When the being assisted by many reaches its highest point, the whole kingdom becomes obedient to *the prince.*

4. 域, 'a boundary,' 'a border,' is used verbally. 域民,⎯'to bound a people,' i. e. to separate them from other States. 封 is 'a dyke,' or 'mound.' The commentator 金仁山 says:⎯'Anciently, in every State, they made a dyke of earth to show its boundary (封土爲疆)." 谿,⎯'a valley with a stream in it'; here, in opposition to 山, *=rivers or streams.* The 道, or 'proper course,' intended is that style of government, benevolence and righteousness,⎯which will secure the 'union of men.' 親戚,⎯relatives by blood and by affinity.

4절

故曰, 域民, 不以封疆之界, 固國, 不以山谿之險, 威天下, 不
以兵革之利, 得道者多助, 失道者寡助, 寡助之至, 親戚畔之,
多助之至, 天下順之.

이러한 원칙에 따라 다음과 같은 말이 있다. '백성을 제한하는 것은 제방
과 국경의 경계가 아니며, 한 나라를 안전하게 하는 것은 산과 강의 이점
이 아니며, 천하를 위압하는 것은 무기의 날카로움과 [견고함]이 아니다.'
그가 바른길을 가면 그를 돕는 이가 많다. 그러나 그가 바른길에서 벗어
나면 그를 돕는 이가 적을 것이다. 돕는 사람이 최소일 때, 친척마저도
[그 제후에 맞서] 반란한다. 돕는 사람이 최대일 때, 온 천하가 [그 제후에
게] 순종한다.

4절 각주

역(域)은 '경계,' '국경'으로 여기서는 동사로 사용된다. 역민(域民), '백성들
을 경계 안에 두는 것' 즉 그들을 다른 공국들과 분리하는 것이다. 봉(封)
은 '제방' 또는 '언덕'을 말한다. 주석가 김인산(金仁山)[49]이 말하길, "옛날
에 모든 공국은 경계를 표시하기 위해 흙으로 제방을 만들었다(封土爲疆,
봉토위강)"라고 한다. 계(谿)는 '개울이 있는 계곡'으로 여기서는 산(山)과
대비되어, [강 또는 개울]을 의미한다. 도(道) 즉 '바른길'은 인의(仁義)의
통치 방식으로 '사람들의 화합'을 얻는 방법을 말한다. 친척(親戚)은 혈족
과 인척을 의미한다.

---

49) (역주) 김인산(金仁山, 1232~1303) 송말 원초의 유학자로 이름은 이상(履祥), 자는
길보(吉甫), 호는 인산(仁山)이다. 정주학을 연구하여 주희의 학통을 계승하였다.

5. 'When one to whom the whole kingdom is prepared to be obedient, attacks those from whom their own relations revolt, *what must be the result*? Therefore, the true ruler will prefer not to fight; but if he do fight, he must overcome.'

5. The case put in the two first clauses is here left by Mencius to suggest its own result. The *chün-tsze* is the prince intended above, 'who finds the proper course.' Chû Hsî and others complete 有不戰 by 則已, 'If he do not fight, well'; but the translation gives, I think, a better meaning.

5절

以天下之所順, 攻親戚之所畔, 故君子有不戰, 戰必勝矣.

천하의 순종을 기꺼이 받은 사람이 친척조차 반기를 드는 이들을 공격할 때, [당연히 그 결과는 무엇이겠는가?] 그러므로 진정한 통치자는 싸우지 않는 것을 선호하겠지만, 정말로 싸워야 한다면 반드시 이긴다."

5절 각주

첫 두 구절의 사례는 여기서 맹자가 결과를 제시하기 위한 것이다. [군자]는 본문에서 말한 제후로 '바른길을 찾은 사람이다.' 주희와 다른 이들은 유부전(有不戰)에 즉이(則已)를 보완하여, '싸우지 않는다면, 좋다'로 해석하지만, 나의 번역이 더 나은 해석이라 생각한다.

CHAPTER II

CH. 2. HOW MENCIUS CONSIDERED THAT IT WAS SLIGHTING HIM FOR A PRINCE TO CALL HIM BY MESSENGERS TO GO TO SEE HIM, AND THE SHIFTS HE WAS PUT TO TO GET THIS UNDERSTOOD.

It must be understood that, at the time to which this chapter refers, Mencius was merely an honored guest in Ch'î, and had no official situation or emolument. It was for him to pay his respects at court, if he felt inclined to do so; but if the king wished his counsel, it was for him to show his sense of his worth by going to him, and asking him for it.

제2장

맹자는 제후가 사람을 보내 조정에 오라고 부르는 것은 그를 무시한 처사라고 생각한다. 그리하여 몇 번이고 장소를 옮김으로써 제후에게 이 점을 알리고자 한다.

맹자가 조정에 가서 경의를 표하고 싶다면 제후가 부를 때 갔을 것이다. 그러나 이 장에서 언급된 시기의 맹자는 제나라의 존경받는 손님이었을 뿐이고 공식적인 자리나 보수를 받지 않았다. 그러므로 제후가 맹자의 조언을 원했다면 직접 가서 조언을 요청함으로써 자신이 맹자를 높이 평가하고 있다는 것을 보여주었어야 했다.

1. As Mencius was about to go to court to see the king, the king sent a person to him *with this message,*—'I was wishing to come and see you. But I have got a cold, and may not expose myself to the wind. In the morning I will hold my court. I do not know whether you will give me the opportunity of seeing you *then.*' *Mencius* replied, 'Unfortunately, I am unwell, and not able to go to the court.'

1. The first, third, and fourth 朝 are *ch'âo,* in 2nd tone, ='to go to, or wait upon, at court.' So in all the other paragraphs. The 2nd is *châo,* in 1st tone, 'the morning.' The morning, as soon as it was light, was the regular time for the sovereign, and princes, to give audience to their nobles and officers, and proceed to the administration of business. The modern practice corresponds with the ancient in this respect. 如 is said to bo here =欲, 'to wish,' which sense seems to be necessary, though we don't find it in the dictionary , 造, read *ts'áo,* the 4th tone, 'to go to.' The king's cold was merely a pretense. He wanted Mencius to wait on him. Mencius's cold was equally a pretense. Compare Confucius's conduct, Analects, XVII. xx.

1절

孟子將朝王, 王使人來曰, 寡人如就見者也, 有寒疾, 不可以風, 朝, 將視朝, 不識可使寡人得見乎. 對曰, 不幸而有疾, 不能造朝.

맹자가 왕을 [만나러] 조정에 가려고 했는데, 왕이 사람을 보내 "당신을 만나러 가고 싶지만 감기에 걸려 바람을 쐴 수 없습니다. 아침에 조회를 열 것입니다. [그때] 당신을 뵐 수 있기를 바랍니다."라고 말했다. [그러자 맹자가] 대답했다. "불행하게도 몸이 좋지 않아 조회에 갈 수 없습니다."

1절 각주

첫 번째, 두 번째, 네 번째의 [조, 朝]는 2성조로 '조정에 가는 것 혹은 조정에서 기다리는 것'을 의미한다. 다른 모든 절에서도 마찬가지이다. 두 번째의 [조, 朝]는 1성조로 '아침'을 뜻한다. 아침에 날이 밝으면 군주와 제후들이 정기적으로 귀족과 관리들을 알현하고, 그런 다음 업무를 보기 시작했다. 근대의 관습은 이 점에서 옛날과 일치한다. 여(如)는 여기서 욕(欲), '바라다'의 의미이다. 이 의미는 필요한 듯 보이지만, 사전에서 그 의미를 찾을 수 없다. 造는 [조]로 4성조이고 '~에 가는 것'을 뜻한다. 왕이 감기에 걸렸다는 것은 핑계일 뿐이었다. 왕은 맹자가 오기를 원했다. 맹자의 감기도 마찬가지로 핑계였다. 『논어』 제17권 제20장의 공자의 행동과 비교해보라.

2. Next day, he went out to pay a visit of condolence to some one of the Tung-kwoh family, when Kung-sun Ch'âu said to him, 'Yesterday, you declined *going to the court* on the ground of being unwell, and to-day you are going to pay a visit of condolence. May this not be regarded as improper?' 'Yesterday,' said *Mencius*, 'I was unwell; to-day, I am better:—why should I not pay this visit?'

2. Tung-kwŏh is not exactly a surname. The individual intended was a descendant of the duke Hwan, and so surnamed Chiang(姜), but that branch of Hwan's descendants to which he belonged having their possessions in the 'eastern' part of the State, the style of Tung-kwŏh appears to have been given to them to distinguish them from the other branches. In going to pay the visit of condolence, Mencius's idea was that the king might hear of it, and understand that he had merely feigned sickness, to show his sense of the disrespect done to him in trying to inveigle him to go to court.

2절

明日, 出弔於東郭氏, 公孫丑曰, 昔者, 辭以病, 今日弔, 或者
不可乎. 曰, 昔者疾, 今日愈, 如之何不弔.

다음날 맹자가 동곽씨 집안사람을 문상하기 위해 나갈 때, 공손추가 그에
게 물었다. "어제는 선생님께서 몸이 좋지 않다며 [조회에 가는 것을] 거
부했는데, 오늘은 문상하러 가려고 하십니다. 예의에 어긋난다고 생각하지
않을까요?" [맹자가] 말했다. "어제는 몸이 좋지 않았고 오늘은 몸이 나았
는데, 어째서 문상을 하러 가면 안 되느냐?"

2절 각주

동곽은 정확히 말해서 성씨는 아니다. 해당 인물은 환공의 후손으로 성씨
가 강(姜)이다. 그러나 환공의 후손 가운데 한 파가 공국의 '동쪽' 지역을
차지하고 있었기 때문에 다른 후손과 구별하기 위해 동곽이라는 이름을
쓴 것 같다. 맹자가 문상간 것은 이 소식을 들은 왕이 자신이 아픈 척했
다는 것을 알게 하고 속임수로 조회에 오도록 한 것이 무례한 행동이었다
는 것을 보여주기 위해서였다.

3. *In the mean time*, the king sent a messenger to inquire about his sickness, and also a physician. Mang Chung replied to them, 'Yesterday, when the king's order came, he was feeling a little unwell, and could not go to the court. Today he was a little better, and hastened to go to court. I do not know whether he can have reached it *by this time* or not.' *Having said this*, he sent several men to look for Mencius on the way, and say to him, 'I beg that, before you return home, you will go to the court.'

3. It is a moot-point, whether Măng Chung was Mencius's son, or merely a relative. The latter is more likely. 采薪之憂,一literally, 'sorrow of gathering firewood,'=a little sickness. See a similar expression in the Lî Chî, I, Sect. II, I, 3, 8,一君使士射, 不能, 則辭以疾, 言曰 某有負薪之憂. On this the 正義 says :一'Carrying firewood was the business of the children of the common people. From the lips of an officer, such language was indicative of humility.' 要, the 1st tone,=求. Măng Chung, having committed himself to a falsehood, in order to make his words good, was anxious that Mencius should go to court.

3절

王使人問疾, 醫來, 孟仲子對曰, 昔者, 有王命, 有采薪之憂,
不能造朝, 今病小愈, 趨造於朝, 我不識能至否乎. 使數人要於
路, 曰, 請必無歸而造於朝.

[그러는 동안] 왕이 사람을 보내 문병을 하게 하고 또한 의사를 보냈다.
맹중자가 그들에게 답했다. "어제, 왕의 명이 왔을 때, 선생님께서 몸이
조금 안 좋아 조회에 갈 수가 없었습니다. 오늘은 조금 회복되어 서둘러
조회에 갈려고 했습니다. [지금쯤] 도착했을지도 모릅니다." [이렇게 말한
후] 맹중자는 몇 사람을 보내 귀가하는 [맹자를] 찾아가 "귀가하기 전에
제발 조정으로 가십시오."라는 말을 전하게 했다.

3절 각주

맹중자가 맹자의 아들인지 아니면 단지 친척인지는 명확하지 않다. 후자
일 확률이 높다. 채신지우(采薪之憂)는 문자 그대로 '땔감을 모으는 슬픔,'
즉 가벼운 병이라는 뜻이다. 『예기』「곡례(曲禮)」하 제1장 제3절에 '군사
사사, 불능, 즉사이병, 언왈, 모유부신지우'(君使士射, 不能, 則辭以疾, 言
曰 某有負薪之憂.)라는 유사표현이 있으니 참고하라. 이에 대해 『정의』
(正義)[50]는 '땔감을 나르는 것은 일반 백성의 아이들이 하는 일이었다. 관
리의 입에서 그와 같은 말이 나왔다는 것은 겸손을 암시한다'라고 말한다.
요(要)는 1성조로 구하다(求)는 뜻이다. 맹중자는 거짓말을 했기 때문에 자
신의 말이 참이 되게 하려고 맹자에게 조정에 갈 것을 간청한다.

---

50) (역주) 『정의』 즉 『맹자정의』는 조기가 지은 고주(古注)인 『맹자장구』(孟子章句)
   에 송나라 때 손석(孫奭)이 소(疏)를 붙인 책으로 『맹자주소』라고도 한다.

4. *On this*, Mencius felt himself compelled to go to Ching Ch'âu's, and there stop the night. Mr. Ching said to him, 'In the family, there is *the relation of* father and son; abroad, there is *the relation of* prince and minister. These are the two great relations among men. Between father and son the ruling principle is kindness. Between prince and minister the ruling principle is respect. I have seen the respect of the king to you, Sir, but I have not seen in what way you show respect to him.' *Mencius* replied, 'Oh! what words are these? Among the people of Ch'î there is no one who speaks to the king about benevolence and righteousness. Are they thus silent because they do not think that benevolence and righteousness are admirable? No, *but* in their hearts they say, "This man is not fit to be spoken with about benevolence and righteousness." Thus they manifest a disrespect than which there can be none greater. I do not dare to set forth before the king any but the ways of Yâo and Shun. There is therefore no man of Ch'î who respects the king so much as I do.'

4절

不得已而之景丑氏宿焉, 景子曰, 內則父子, 外則君臣, 人之大
倫也, 父子主恩, 君臣主敬, 丑見王之敬子也, 未見所以敬王也.
曰, 惡是何言也, 齊人無以仁義與王言者, 豈以仁義爲不美也,
其心曰, 是何足與言仁義也云爾, 則不敬, 莫大乎是, 我非堯舜
之道, 不敢以陳於王前, 故齊人莫如我敬王也.

[이에] 맹자는 어쩔 수 없이 경추의 집에 가서 하루를 묵어야 했다. 경추
가 그에게 말했다. "가정에는 아버지와 아들[의 관계가] 있고, 밖으로는 제
후와 대신[의 관계]가 있습니다. 이것이 남자들의 중요한 두 가지 관계입
니다. 아버지와 아들 사이를 지배하는 큰 원리는 은혜이고, 제후와 대신
사이를 지배하는 원리는 공경입니다. 왕이 당신을 공경하는 것을 보았으나
당신이 왕을 어떤 방식으로 공경하는지를 보지 못했습니다."
[맹자가] 대답했다. "아니, 이게 도대체 무슨 말씀이신가요? 제나라의 백성
중에 누구도 왕에게 인과 의에 대해 말하지 않습니다. 그들이 이렇게 침
묵하는 것은 인과 의가 칭송할 만한 가치가 없다고 생각해서일까요? [아
닙니다.] 그들은 속으로 '이 사람과 더불어 인과 의를 말하는 것이 적절하
지 않다'라고 생각합니다. 이보다 더 큰 불경함이 있을 수 없는데도 그런
불경함을 드러냅니다. 나는 요순의 방식이 아니면 감히 왕 앞에 나아가
말씀드리지 않습니다. 그러므로 제나라의 사람 가운데 나만큼 왕을 공경하
는 사람도 없습니다."

4. What compelled Mencius to go to Ching Ch'âu's was his earnest wish that the king should know that his sickness was merely feigned, and that he had not gone to court, only because he *would not be* CALLED to do so. As Măng Chung's falsehood interfered with his first plan, he wished that his motive should get to the king through Ching Ch'âu who was an officer of Ch'î. After 宿焉, Châo Ch'î appends a note,—'when he told him all the previous incidents.' No doubt, he did so. 惡, the 1st tone, 'oh!' as in Pt. I. ii. 19. 齊人~者, observe the force of the 者, carrying on the clause to those following for an explanation of it, as if there were a 所以 after 人. 云爾,—see Analects, VII. xvii.

4절 각주

맹자가 경추의 집으로 갈 수밖에 없었던 것은 그의 병이 단지 핑계이었다는 것, [그런 식으로 불렀기 때문에 조정에 가지 않았다는 것을 왕이 알았으면 하는 간절한 바람 때문이었다. 맹자는 맹중자의 거짓말로 첫 번째 계획이 어긋나자 제나라의 관리인 경추를 통해 왕에게 그의 의도가 전달되기를 원했다. 조기는 숙언(宿焉) 뒤에 '그가 그에게 그 전의 모든 일을 말했을 때'라는 각주를 더했다. 틀림없이 맹자는 그렇게 했다. 오(惡)는 1성조로 제1편 제2장 제19절처럼 '감탄사이다. '제인~자(齊人~者)에서 자(者)의 힘을 보라. 자(者)로 인해 이 어구는 다음 어구로 이어져 그 단어를 설명하는데, 마치 인(人) 뒤에 소이(所以)가 있는 것 같게 한다. 운이(云爾)는 『논어』 제7권 제18장을 보라.

5. Mr. Ching said, 'Not so. That was not what I meant. In the *Book of Rites* it is said, "When a father calls, the answer must be without a moment's hesitation. When the prince's order calls, the carriage must not be waited for." You were certainly going to the court, but when you heard the king's order, then you did not carry your purpose out. This does seem as if it were not in accordance with that rule of propriety.'

5. Different passages are here quoted together from the 'Book of Rites.' 父召無諾,ㅡsee Bk. I, Sect. I, iii, 3, 14, 'A son must cry 唯 to his father, and not 諾,' which latter is a lingering response. 君命召不俟駕[51] is found substantially in Bk. XIII, Sect. iii, 2. 夫, in 1st tone,=斯, as in Analects, XI. ix, 3, *et al.*

---

51) 레게의 각주 원문에는 '君命召不俟駕'가 '君命召不侯駕'로 되어 있어 '侯(후)'를 사(俟)로 바로잡았다.'

5절

景子曰, 否, 非此之謂也, 禮曰, 父召無諾, 君命召, 不俟駕, 固
將朝也, 聞王命而遂不果, 宜與夫禮若不相似然.

경추가 말했다. "그렇지 않습니다. 제가 말하고자 하는 바는 그런 것이 아
닙니다. 『예기』에 이르기를, '아버지가 부르면 한순간도 망설이지 말고 대
답해야 한다. 제후가 명하여 부르면 수레를 기다려서는 안 된다.'라고 했
습니다. 선생님은 분명 조정에 가려고 했습니다만, 왕의 명을 들은 후 가
려던 마음을 행하지 않았습니다. 이것은 예법에 맞지 않는 듯합니다."

5절 각주

『예기』의 다른 부분들이 여기서 함께 인용된다. 부소무낙(父召無諾)은 『
예기』「곡례(曲禮)」상 제3장 제3절과 제14절을 보라. '아들은 반드시 아버
지에게 머뭇거리는 반응인 낙(諾)이 아니라 유(唯)로 소리쳐야 한다.' '군명
소, 불사가(君命召, 不俟駕)'는 구체적으로 『예기』「옥조(玉藻)」제3편 제2
장에 있다. 1성조로 읽히는 부(夫)는 『논어』제11권 제9장 제3절52) 등에서
처럼 사(斯, 이것)와 그 의미가 같다.

---

52) (역주) 『논어』제11권 제9장 제3절은 '비부인지위통, 이수위'(非夫人之爲慟, 而誰
爲)로 '이 사람을 위해 애통해하지 않으면 누구를 위해 애통해하겠는가?'이다. 이것은
공자가 안연의 죽음을 애석해하면 한 말로 여기서 부(夫)는 사(斯, 이것)의 의미로
사용된다.

6. *Mencius* answered him, 'How can you give that meaning to my conduct? The philosopher Tsăng said, "The wealth of Tsin and Ch'û cannot be equalled. Let *their rulers* have their wealth:―I have my benevolence. Let them have their nobility:―I have my righteousness. Wherein should I be dissatisfied *as inferior to them*?" Now shall we say that these sentiments are not right? Seeing that the philosopher Tsăng spoke them, there is in them, I apprehend, a *real* principle.―In the kingdom there are three things universally acknowledged to be honourable. Nobility is one of them; age is one of them; virtue is one of them. In courts, nobility holds the first place of the three; in villages, age holds the first place; and for helping one's generation and presiding over the people, the other two are not equal to virtue. How can the possession of only one of these *be presumed on* to despise one who possesses the other two?

6. 豈謂是與(the 2nd tone),―literally, 'how means (it) this?' 慊 has two opposite meanings, either 'dissatisfied,' or 'satisfied,' in which latter sense, it is also *hsieh*. Chû Hsî explains this by making it the same as 嗛 'something held in the mouth,' according to the nature of which will be the internal feeling. In the text, the idea is that of dissatisfaction. 夫豈不義,―義 is here 當然之理,='what is proper and right,' the subject being the remarks of Tsăng. 而曾子言之云云 is expanded thus in the 備旨:―'And, Tsăng-tsze speaking them, they contain perhaps another principle different from the vulgar view.' 鄉黨, Analects, X. i. 齒, 'teeth,'=age.

6절

曰, 豈謂是與, 曾子曰, 晉楚之富, 不可及也, 彼以其富, 我以
吾仁, 彼以其爵, 我以吾義, 吾何慊乎哉, 夫豈不義, 而曾子言
之, 是或一道也, 天下有達尊三, 爵一, 齒一, 德一, 朝廷莫如
爵, 鄕黨莫如齒, 輔世長民莫如德, 惡得有其一, 以慢其二哉.

[맹자가] 그에게 대답했다. "당신은 어찌 나의 행동에 그런 의미를 부여할
수 있습니까? 증자가 말했습니다. '진나라와 초나라의 부유함은 내가 미칠
수 없는 것이다. [그 나라의 통치자가] 부를 가진다면 나는 인을 가진다.
그들이 고귀한 신분을 가진다면 나는 의를 가진다. 내가 어느 점에서 [그들
보다 못한 것처럼] 만족하지 않아야 하겠는가?' 이제 우리는 이러한 정서가
옳지 않다고 말해야 할까요? 증자가 이렇게 말하는 데에 [진정한] 원리가
있다고 생각합니다. 즉 천하에는 보편적으로 인정되는 세 가지의 영광이
있습니다. 그것은 고귀한 신분, 나이, 그리고 덕입니다. 조정에서는 고귀한
신분이 그중 제일이고, 마을에서는 나이가 제일이며, 자신의 세대를 돕고
백성을 관장하는 것에는 덕이 제일입니다. 어떻게 셋 중 하나[만] 있다고
해서 다른 둘을 가진 이를 경멸하는데 [이용할 수] 있습니까?

6절 각주

기위시여(豈謂是與[2성조])는 문자 그대로 '어떻게 이것을 의미하느냐?'이
다. 慊은 '불만족스러운'과 '만족한'의 상반된 두 의미가 있다. "만족한'을
의미할 때는 [혐]이다. 주희는 이것을 내적 감정인 것의 본성에 따라 慊
(겸) 즉 '입속에 잡고 있는 어떤 것'과 같은 의미로 설명한다. 본문에서는
불만족을 뜻한다. 부기불의(夫豈不義)의 의(義)는 여기서 당연지리(當然之
理), '바르고 올바른 것'으로 증자의 말을 의미한다. 이증자언지운운(而曾
子言之云云)은 『비지』(備旨)에서 '그리고, 증자가 말하는 그들은 아마도
세속적인 견해와는 다른 원리를 포함한다'라는 의미로 확장된다. 향당(鄕
黨)은 『논어』 제10권 제1장을 보라. 치(齒)는 '치아'로 나이를 뜻한다.

7. 'Therefore a prince who is to accomplish great deeds will certainly have ministers whom he does not call to go to him. When he wishes to consult with them, he goes to them. The prince who does not honour the virtuous, and delight in their ways of doing, to this extent, is not worth having to do with.

7. 不足與有爲 is by some interpreted—'is not fit to have to do with them' i. e. the virtuous, but I prefer the meaning adopted in the translation.

7절

故將大有爲之君, 必有所不召之臣, 欲有謀焉, 則就之, 其尊德
樂道, 不如是, 不足與有爲也.

그래서 위대한 일을 이루고자 하는 제후가 오라고 부르지 않는 신하가 분
명히 있을 것입니다. 그들과 논의를 하고자 할 때, 그는 그들을 찾아갑니
다. 제후가 유덕한 자들을 존중하지 않고 그들의 행동 방식에 기뻐하지
않는다면 그와 함께 일을 도모할 가치가 없습니다.

7절 각주

혹자는 부족여유위(不足與有爲)를 '그들 즉 유덕한 자들과 함께 하는 것
은 맞지 않다'로 해석한다. 그러나 나는 번역처럼 해석하기를 선호한다.

8. 'Accordingly, there was the behaviour of T'ang to Î Yin:—he first learned of him, and then employed him as his minister; and so without difficulty he became sovereign. There was the behaviour of the duke Hwan to Kwan Chung:—he first learned of him, and then employed him as his minister; and so without difficulty he became chief of all the princes.

8. In the 'Historical Records,' 殷本記, one of the accounts of î-Yin's becoming minister to T'ang is, that it was only after being five times solicited by special messengers that he went to the prince's presence;— see the 集證, on Analects, XII. xxii. The confidence reposed by the duke Hwan in Kwan Chung appears in Pt. I. i. 3. Kwan was brought to Ch'î originally as a prisoner to be put to death, but the duke, knowing his ability and worth, had determined to employ him, and therefore, having first caused him to be relieved of his fetters, and otherwise honorably treated, he drove himself out of his capital to meet and receive him with all distinction, listening to a long discourse on government; see the 集證, on Analects, III. xxii.

8절

故湯之於伊尹, 學焉而後臣之, 故不勞而王, 桓公之於管仲, 學
焉而後臣之, 故不勞而覇.

그러므로 탕왕은 이윤을 대함에 있어서 먼저 이윤에 대해 알고 난 후 그
를 대신으로 기용했고 그래서 어려움 없이 군주가 되었습니다. 환공이 관
중을 대함에 있어 먼저 관중에 대해 알고 난 후 그를 대신으로 기용했고
그래서 어려움 없이 패자 즉 모든 제후의 우두머리가 되었습니다.

8절 각주

『사기』(*Historical Records*)의 「은본기」(殷本記)는 이윤이 탕왕의 신하가 된
여러 이야기 중 하나이다. 이윤은 탕왕의 특사가 5번이나 간청한 후에야
탕왕을 알현하러 갔다. 이에 대해서는 『논어』 제12권 제22장을 다룬 『집
증』(集證)을 보라. 환공이 관중을 신임한 것은 제1편 1장 3절에 있다. 관
중은 원래 처형되기 위해 죄수의 신분으로 제나라에 끌려왔다. 그런데 환
공이 그의 능력과 가치를 알고 기용하였다. 환공은 먼저 관중의 족쇄를
풀어주고 공손하게 대하였다. 그는 직접 말을 몰아 수도를 나와 관중을
분에 넘치게 영접한 후 통치에 대한 긴 이야기를 들었다. 이에 대해서는
『논어』 제3권 제22장을 다룬 『집증』을 보라.

9. 'Now throughout the kingdom, the territories *of the princes* are of equal extent, and in their achievements they are on a level. Not one of them is able to exceed the others. This is from no other reason, but that they love to make ministers of those whom they teach, and do not love to make ministers of those by whom they might be taught.

9. 臣,－used as a verb.

10. 'So did T'ang behave to Î Yin, and the duke Hwan to Kwan Chung, that they would not venture to call them to go to them. If Kwan Chung might not be called to him by his prince, how much less may he be called, who would not play the part of Kwan Chung!'

10. Compare Pt. I. i.

9절

今天下, 地醜德齊, 莫能相尙, 無他, 好臣其所敎, 而不好臣其
所受敎.

이제 천하에서 [제후들의] 영토의 크기가 동일하고, 그들의 업적도 비슷합
니다. 어느 한 제후도 다른 제후를 능가할 수 없습니다. 이것은 다른 이유
때문이 아니라 그들이 가르치는 사람들을 신하로 삼기를 좋아하고 그들이
가르침을 받아야 하는 사람들을 신하로 삼기를 좋아하지 않기 때문입니다.

9절 각주
신(臣)은 동사로 사용된다.

10절

湯之於伊尹, 桓公之於管仲, 則不敢召, 管仲且猶不可召, 而況
不爲管仲者乎.

탕왕이 이윤을 대할 때와 환공이 관중을 대할 때, 감히 오라고 부르지 않
았습니다. 제후가 관중에게 오라고 부를 수 없다면, 관중의 역할을 하기를
원하지 않은 사람을 부를 수 있겠습니까?"

10절 각주
제1편 1장과 비교하라.

CHAPTER III

CH. 3. By WHAT PRINCIPLES MENCIUS WAS GUIDED IN DECLINING OR ACCEPTING THE GIFTS OF PRINCES.

1. Ch'ăn Tsin asked *Mencius*, saying, 'Formerly, when you were in Ch'î, the king sent you a present Of 2,400 taels of fine silver, and you refused to accept it. When you were in Sung, 1,680 taels were sent to you, which you accepted; and when you were in Hsieh, 1,200 taels were sent, which you *likewise* accepted. If your declining to accept the gift in the first case was right, your accepting it in the latter cases was wrong. If your accepting it in the latter cases was right, your declining to do so in the first case was wrong. You must accept, Master, one of these alternatives.'

제3장

맹자는 어떤 원리에서 제후가 준 선물의 수락과 거절을 판단하는가?

1절

陳臻問曰, 前日於齊, 王餽兼金一百而不受, 於宋餽七十鎰而受, 於薛餽五十鎰而受, 前日之不受是, 則今日之受非也, 今日之受是, 則前日之不受非也, 夫子必居一於此矣.

진진이 [맹자에게] 물었다. "예전에 선생님께서 제나라에 계실 때 왕이 2천4백양(taels)의 세공된 은을 선물로 보냈는데 선생님은 받기를 거부했습니다. 송나라에 있을 때 1천6백80양을 보내오자 받았고, 설나라에 있을 때 1천2백양을 보내오자 마찬가지로 받았습니다. 첫 번째 경우에서 선물을 거부한 것이 옳다면 후자들처럼 선물을 받는 것은 잘못입니다. 후자들처럼 선물을 받는 것이 옳다면 첫 번째 경우에 선물을 거절하는 것은 잘못입니다. 선생님께서는 이러한 대안 중 하나를 받아들이셔야 합니다."

1. Ch'ăn Tsin was one of Mencius's disciples, but this is all that is known of him. 餽, 'to present an offering of food'; here, more generally, 'to send a gift,'=送. 兼金,一'double metal' (I suppose 白金, or silver), called 'double, as being worth twice as much as the ordinary;'一see Analects, XI. xxi.一百, i. e. 100 *yi*(鎰), which, as in Bk. I. Pt. II. ix. 2, I estimate at 24 taels. Sung,一the present Kwei-teh in Ho-nan. Hsieh,一 see Bk. I. Pt. II. xiv. The reference here, however, is inconsistent with what is stated in the note there, that Hsieh had long been incorporated with Ch'i. 前日, 今日, mark the relation of time between the cases simply. 今日 is not to be taken as ='today.' 必居一於此, literally, 'must occupy (dwell in) one in these (places).' The meaning is that on either of the suppositions, he would be judged to have done *wrong*.

1절 각주

진진은 맹자의 제자이었지만 그에 대해 알려진 것은 이게 전부이다. 궤(餽)는 '음식을 주는 것'인데 여기서는 보다 일반적인 의미인 '선물을 보내는 것' 즉 송(送)을 뜻한다. 겸금(兼金)은 '배금'(double metal)으로 보통보다 두 배의 가치가 있으므로 '배'로 불렀다. 나는 이것을 백금(白金) 또는 은으로 추정한다. 『논어』 제11권 제21장을 보라.[53] 일백(一百), 즉 1백 [일, 鎰]에 대해 나는 이것을 제1권 제2편 제9장 제2절에서처럼 1일(鎰)을 약 24양(taels)으로 추정한다. 송(宋)은 현재 하남성 귀덕(歸德)[54]에 있었다. 설(薛)은 제1권 제2편 제14장을 보라. 그러나 여기서 언급한 내용은 제14장의 각주 즉 설나라는 오랫동안 제나라에 포함되어 있었다는 내용과 일치하지 않는다. 전일(前日)과 금일(今日)은 단순히 사건 사이에 흐른 시간의 관계를 표시하므로, 금일(今日)을 '오늘'로 해석해서는 안 된다. 필거일어차(必居一於此)는 문자 그대로 '이 장소 중 한 곳에 거주해야 한다'이다. 둘 중 어떤 것을 가정하든 그가 [잘못한 것으로] 판결 받는다는 것을 의미한다.

---

53) (역주) 『논어』 제11권 제21장의 '由也, 兼人故, 退之.(유가 다른 사람들보다 나았으므로 물러나게 한 것이다.)'에서의 겸(兼)을 가리킨다.

54) (역주) 지금의 하남성 상구현(商丘縣) 휴양구(睢陽區)에 있다.

2. Mencius said, 'I did right in all the cases.

3. 'When I was in Sung, I was about to take a long journey. Travellers must be provided with what is necessary for their expenses. The prince's message was, 'A present against travelling-expenses." Why should I have declined the gift?

3 贐 or 賮, 'a gift to a traveler against the expenses of his journey.' 必以贐,─it is difficult to assign its precise force to the 以. I consider the whole clause to be written as from the point of view of the prince of Sung:─in regard to travelers, he considered it was requisite to use the ceremony of 贐.

2절

孟子曰, 皆是也.

맹자가 말했다. "나는 모든 경우에 바르게 행동했다.

3절

當在宋也, 予將有遠行, 行者必以贐, 辭曰餽贐, 予何爲不受.

송나라에 있을 때 나는 먼길을 떠나려던 참이었다. 여행자들은 필요한 경비가 있어야 한다. 제후는 '여행경비에 필요한 선물'이라고 말했다. 내가 왜 그 선물을 거부해야 하느냐?

3절 각주

신(贐) 또는 신(賮)은 '여행경비에 쓰도록 여행자에게 주는 선물'이다. 필이신(必以贐)에서 이(以)의 정확한 의미를 파악하기 어렵다. 나는 '행자필이신'이 송나라 제후의 관점에서 쓰인 것으로 본다. 즉 여행자에 대해, 그는 신(贐)의 예를 차리는 것을 필수적이라 생각했다.

4. 'When I was in Hsieh, I was apprehensive for my safety, and taking measures for my protection. The message was, "I have heard that you are taking measures to protect yourself, and send this to help you in procuring arms." Why should I have declined the gift?

4. We must paraphrase 戒心 considerably, to bring out the meaning. 爲, in 4th tone. 兵, 'a weapon of war,' or the character may be taken hero for 'a weapon bearer,' 'a soldier.'

5. 'But when I was in Ch'i, I had no occasion for money. To send a man a gift when he has no occasion for it, is to bribe him. How is it possible that a superior man should be taken with a bribe?'

5, 未有處也,—Julien says, *'sicut nos Gallice; il n'y a pas lieu a*, but if it were so, 處 would be the noun, in the 4th tone, whereas it is the verb in the 3rd,='to manage,' 'to dispose of.' 未有處=未有所處.

4절

當在薛也, 予有戒心, 辭曰聞戒, 故爲兵餽之, 予何爲不受.

설나라에 있을 때 나는 안전을 염려하여 보호 조치를 취했다. 그 전갈은 '신변 보호를 대비한다고 들었습니다. 무기 확보에 도움이 되고자 이것을 보냅니다.'라는 것이었다. 내가 왜 그 선물을 거부해야 했느냐?

4절 각주

우리는 계심(戒心)의 의미를 파악하기 위해 상당한 의역을 해야 한다. 위(爲)는 4성조이다. 병(兵)은 '병기' 또는 여기서 '무기를 소지한 자', '병사'로 해석할 수 있다.

5절

若於齊, 則未有處也, 無處而餽之, 是貨之也, 焉有君子, 而可以貨取乎.

그러나 내가 제나라에 있을 때, 나는 돈 쓸 일이 없었다. 돈 쓸 일이 없는 사람에게 선물을 보내는 것은 뇌물을 주는 것이다. 군자가 어찌 뇌물을 받을 수 있겠느냐?"

5절 각주

'미유처야'(未有處也)에 대해 줄리앙은 [불어로 그것은 장소가 없다는 뜻이다]라고 말한다. 줄리앙의 해석대로라면 처(處)는 4성조의 명사가 되는데 본문에서는 처(處)는 3성조의 동사로 '관리하다' '처분하다'를 뜻한다. '미유처'(未有處)는 '미유소처'(未有所處)이다.

CHAPTER IV

CH. 4. How MENCIUS BROUGHT CONVICTION OF THEIR FAULTS HOME TO THE KING AND AN OFFICER OF Ch'î.

1. Mencius having gone to P'ing-lû, addressed the governor of it, saying, 'If *one of* your spearmen should lose his place in the ranks three times in one day, would you, Sir, put him to death or not?' 'I would not wait for three times *to do so,*' was the reply.

> 1. 之 is the verb =往. P'ing-lû was a city on the southern border of Ch'î; in the present department of Yen-châu in Shan-tung. The officer's name, as we learn from the last paragraph, was K'ung Chü-hsin. 大夫 here=宰, 'governor' or 'Commandant.' The 戟 is variously described. Some say it had three points; others that it had a branch or blade on one side. No doubt, its form varied. 去, the 3rd tone, 'to away with.' Commentators concur in the meaning given in the translation.

제4장

맹자가 제나라 왕과 신하의 잘못을 절실히 깨닫게 한 방식은 어떠했는가?

1절

孟子之平陸, 謂其大夫曰, 子之持戟之士, 一日而三失伍, 則去之, 否乎. 曰, 不待三.

맹자가 평륙에 가서 대부 즉 그곳의 지사에게 물었다. "당신의 창을 든 병사 중 [한 명이] 하루에 세 번 대열에서 낙오한다면, 당신은 그를 처형하겠습니까? 하지 않겠습니까?" 그가 대답했다. "세 번을 [그렇게 하도록] 기다리지 않겠습니다."

1절 각주

지(之)는 동사로 왕(往)을 뜻한다. 평륙(平陸)은 제나라의 남쪽 국경에 있던 도시이다. 현재는 산동의 연주(兗州)에 있다. 관리의 이름은 마지막 절에서 알 수 있는 공거심(孔距心)이다. 여기서 대부(大夫)는 재(宰)로 그 지역의 으뜸 벼슬인 '읍재(邑宰)' 또는 '총사령관'을 의미한다. 극(戟)은 다양하게 기술되는데, 혹자는 삼지창이라 하고, 혹자는 한 면에 가지(支) 또는 날이 있는 무기라 한다. 그 형태는 다양하다. 거(去)는 3성조로 '~없애는 것'이다. 나의 번역은 주석가들의 해석과 일치한다.

2. *Mencius* said, 'Well then, you, Sir, have likewise lost your place in the ranks many times. In bad calamitous years, and years of famine, the old and feeble of your people, who have been found lying in the ditches and water-channels, and the able-bodied, who have been scattered about to the four quarters, have amounted to several thousand.' *The* governor replied, 'That is a state of things in which it does not belong to me Chü-hsin to act.'

2. 凶年云云,—compare Bk. I. Pt. II. xii. 2. Julien finds a difficulty in the 'several thousand,' as not applicable to the population of P'ing-lû. But it was Mencius's way to talk roundly. To make 千人 'one thousand,' we must read 幾, in 1st tone, and suppose the preposition 乎 suppressed. The meaning of the officer's reply is—that to provide for such a state of things, by opening the granaries and other measures, devolved on the supreme authority of the State, and not on him.

2절

然則子之失伍也, 亦多矣, 凶年饑歲, 子之民, 老羸轉於溝壑,
壯者散而之四方者, 幾千人矣. 曰, 此非距心之所得爲也.

[맹자가] 말했다. "그렇다면 당신도 여러 번 대오에서 낙오했습니다. 흉년
과 기근이 든 해에 당신의 백성인 노약자들이 고랑과 수로에 누워있었고,
장정들이 사방으로 흩어졌는데, 이들의 수가 수천 명에 이릅니다." [그] 지
사가 대답했다. "그것은 나 거심이 관여할 수 없는 상황입니다."

2절 각주

흉년기세(凶年饑歲)는 제1권 제2편 제12장 제2절과 비교하라. 줄리앙은
'수천 명'을 평륙의 인구에 적용할 수 없으므로 어려움이 있었다. 그러나
'수천 명'은 맹자가 어림잡아 말한 것이다. 천인(千人)을 '천 명'으로 만들
기 위해 우리는 기(幾)를 1성조로 읽어야 하고 전치사 호(乎)가 숨어있는
것으로 가정해야 한다. 관리는 그와 같은 상황을 해결하기 위해 창고를
개방하는 등의 조치는 그 자신이 아닌 공국의 최고 지존이 해야 할 일이
라는 취지로 대답한다.

3. 'Here,' said *Mencius*, 'is a man who receives charge of the cattle and sheep of another, and undertakes to feed them for him;—of course he must search for pasture-ground and grass for them. If, after searching for those, he cannot find them, will he return *his charge to* the owner? or will he stand by and see them die?' 'Herein,' said the officer, 'I am guilty.'

3. Compare 非身之所能爲, Bk. I. Pt. II. xv. 2. The first 牧 is the verb: the 2nd a noun, =pasture-grounds. 諸= 於. 其人,—'the man,' i.e. their owner. 抑亦,—the force of the 亦 is—'or—here is another supposition— will he, &c.?' Mencius means that Chü—hsin should not hold office in such circumstances.

3절

曰, 今有受人之牛羊, 而爲之牧之者, 則必爲之求牧與芻矣, 求
牧與芻而不得, 則反諸其人乎, 抑亦立而視其死與. 曰, 此則距
心之罪也.

[맹자가] 말했다. "여기 다른 사람의 소와 양을 받아 그 대신에 먹이를 줘
야 하는 사람이 있습니다. 물론 그는 소와 양을 위해 목초지와 풀을 찾아
야 합니다. 목초지와 풀을 찾았지만 발견할 수 없다면, [그가 맡은 것을]
주인에게 되돌려 줘야 할까요? 아니면 선 채로 소와 양이 죽어가는 것을
봐야 할까요?" 관리가 대답했다. "저의 죄가 이것이군요"

3절 각주

제1권 제2편 제15장 제2절의 비신지소능위(非身之所能爲)와 비교하라. 첫
번째 목(牧)은 동사이고, 두 번째는 명사로 목초지를 의미한다. 저(諸)는
어(於)이다. 기인(其人)은 '그 사람' 즉 그들의 주인을 의미한다. 억역(抑亦)
에서 역(亦)의 힘은 '또는—여기서 다른 가정으로—그는 ~할까?'이다. 맹자
는 그런 상황이라면 공거심은 그 자리에 있어서는 안 된다는 것을 말하고
있다.

4. Another day, *Mencius* had an audience of the king, and said to him, 'Of the governors of your Majesty's cities I am acquainted with five, but the only one of them who knows his faults is K'ung Chü-hsin.' He then repeated the conversation to the king, who said, 'In this matter, I am the guilty one.'

4. 見 in 4th tone. 爲都者,一爲 has the sense of 'to administer,' 'to govern'; compare Analects, IV. xiii. 都,一properly 'a capital city,' but also used more generally. In the dictionary we find:一(1) Where the sovereign has his palace is called 都. (2) The cities conferred on the sons and younger brothers of the princes were called 都; in fact, every city with an ancestral temple containing the tablets of former rulers. (3) The cities from which nobles and great officers derived their support were called 都. 爲王,一爲 in 4th tone.

4절

他日, 見於王曰, 王之爲都者, 臣知五人焉, 知其罪者, 惟孔距心, 爲王誦之. 王曰, 此則寡人之罪也.

다른 날, [맹자가] 왕을 알현하여 말했다. "저는 왕의 도시의 지사 가운데 5명을 알고 있지만, 그중 공거심만이 자기의 잘못을 압니다." 맹자가 그 말을 왕에게 다시 반복했더니 왕이 말했다. "이 문제에서 죄가 있는 사람은 나입니다."

4절 각주

현(見)은 4성조이다. 위도자(爲都者)에서 위(爲)는 '관리하는 것' '다스리는 것'을 의미한다. 이를 『논어』 제4권 제13장과 비교하라. 도(都)는 원래는 '수도'이지만 더 일반적 의미로도 사용된다. 우리가 발견한 사전에 의하면, 1) 군주의 궁이 있는 곳을 도(都)로 부른다. 2) 제후의 아들과 동생에게 주어진 도시를 도(都)로 부르고, 사실 선왕의 위패를 담은 종묘가 있는 모든 시가 여기에 포함된다. 3) 고관대작들이 세금을 거두는 도시를 도(都)로 부른다. 위왕(爲王)에서 위(爲)는 4성조이다.

CHAPTER V

CH. 5. THE FREEDOM BELONGING TO MENCIUS IN RELATION TO THE MEASURES OF THE KING OF CH'Î FROM HIS PECULIAR POSITION, AS UNSALARIED.

1. Mencius said to Ch'î Wâ, 'There seemed to be reason in your declining the governorship of Ling-ch'iû, and requesting to be appointed chief criminal judge, because *the latter office* would afford you the opportunity of speaking *your views*. Now several months have elapsed, and have you yet found nothing of which you might speak?'

1. Of Ch'î Wà we only know what is stated here. Ling-ch'iû is supposed to have been a city on the borders of Ch'î, remote from the court, Ch'î Wà having declined the governorship of it, that he might be near the king. 士師,－see Bk. I. Pt. II. vi. 2. 爲其可以言,－literally, 'because of the possibility to speak.' As criminal judge, Ch'î Wà would be often in communication with the king, and could remonstrate on any failures in the administration of justice that came under his notice.

제5장

맹자는 봉록을 받지 않는 특수한 위치에 있었기 때문에 제나라의 왕의 정책을 자유롭게 말할 수 있었다.

1절

孟子謂蚳䵷曰, 子之辭靈丘, 而請士師, 似也, 爲其可以言也, 今旣數月矣, 未可以言與.

맹자가 지와에게 말했다. "당신이 영구의 지사직을 거부하고 대형법관인 사사에 임명되기를 원한 것에는 이유가 있을 것 같습니다. 사사가 되면 [당신이 견해를] 말할 기회가 있기 때문이겠지요. 그런데 지금 몇 개월이 지났는데도 여전히 말할 것을 찾지 못했습니까?"

1절 각주

지와(蚳䵷)에 대한 정보는 여기서 언급된 것이 전부이다. 영구(靈丘)는 제나라 수도에서 멀리 떨어진 국경의 도시로 추정된다. 지와는 왕의 가까이에 있기 위해서 그곳의 지사직을 거부하였다. 사사(士師)는 제1권 제2편 제6장 제2절을 보라. 위기가이언(爲其可以言)은 문자 그대로 '말할 수 있으므로'이다. 지와는 형법관의 자격으로 왕과 면담하고 사법 처리가 잘못되었다고 판단되면 이에 대해 왕에게 간언할 수 있었다.

2. *On this*, Ch'î Wâ remonstrated *on some matter* with the king, and, his counsel not being taken, resigned his office and went away.

2. 致, 'to resign,' 'give up,' as in Analects, I. vii, *et al*.

3. The people of Ch'î said, 'In the course which he marked out for Ch'î Wâ he did well, but we do not know as to the course which he pursues for himself.'

3. 所以爲(in 3rd tone), literally, 'whereby for,'=所以爲之處, as in the translation.

2절

蚳鼃諫於王而不用, 致爲臣而去.

[이를 듣고] 지와는 [어떤 문제에 대해] 왕에게 간언했지만, 그의 조언이 받아들여지지 않자 사임하고 떠나버렸다.

2절 각주

치(致)는 '사임하다' '포기하다'로 『논어』 제1권 제7장 등과 그 의미가 같다.

3절

齊人曰, 所以爲蚳鼃則善矣, 所以自爲則吾不知也.

제나라의 백성들이 말했다. "맹자가 지와에게 제시한 길은 적절했다. 그런데 맹자 자신이 추구하는 길에 대해서는 모르겠다."

3절 각주

소이위(所以爲[3성조])는 문자 그대로 '~를 위해 ~를 따라'이고, 번역한 것처럼 소이위지처(所以爲之處)와 같은 의미이다.

4. His disciple Kung-tû told him *these remarks*.

4. Kung-tû was a disciple of Mencius. See Bk. III. Pt. II. ix. 1; *et al.*

5. *Mencius* said, 'I have heard that he who is in charge of an office, when he is prevented from fulfilling its duties, ought to take his departure, and that he on whom is the responsibility of giving his opinion, when he finds his words unattended to, ought to do the same. But I am in charge of no office; on me devolves no duty of speaking out my opinion:―may not I therefore act freely and without any constraint, either in going forward or in retiring?'

5. We find the phrase 綽綽有裕, with the same meaning as the more enlarged form in the text.

4절

公都子以告.

공도자가 [이러한 말을] 맹자에게 알렸다.

4절 각주

공도자는 맹자의 제자이다. 제3권 제2편 제9장 제1절 등을 보라.

5절

曰, 吾聞之也, 有官守者, 不得其職則去, 有言責者, 不得其言
則去, 我無官守, 我無言責也, 則吾進退, 豈不綽綽然有餘裕哉.

[그러자 맹자가] 말했다. "내가 들은 바로는 관직을 맡은 사람은 자기 의
무를 다하는 것을 방해받았을 때 떠나야 하고, 의견을 말해야 할 책임이
있는 사람은 그의 말이 무시당했을 때 똑같이 해야 한다. 그러나 나는 관
직에 있지 않아 의견을 말해야 할 의무가 없다. 그러니 나아가고 물러남
에 있어 제약 없이 자유롭게 행동할 수 있지 않겠느냐?"

5절 각주

작작유여(綽綽有裕, 여유가 있다)라는 표현이 있는데 본문의 확장된 형태
인 '작작연유여유(綽綽然有餘裕)'와 같은 의미이다.

CHAPTER VI

CH. 6. MENCIUS'S BEHAVIOR WITH AN UNWORTHY ASSOCIATE.

1. Mencius, occupying the position of a high dignitary in Ch'î, went on a mission of condolence to T'ăng. The king *also* sent Wang Hwan, the governor of Kâ, as assistant-commissioner. Wang Hwan, morning and evening, waited upon Mencius, who, during all the way to T'ăng and back, never spoke to him about the business of their mission.

1. 'Occupied the position of a high dignitary:'─so I translate here 爲卿. Mencius's situation appears to have been only honorary, without emolument, and the king employed him on this occasion to give weight by his character to the mission. The officer of 蓋(read *kâ*) was an unworthy favourite of the king. 輔行, not 'to assist him on the journey,' but with reference to what was the business (所行) of it. 見, 4th tone. 反 implies the 往 or 'going,' as well as 'returning.'

제6장

무가치한 관리를 대하는 맹자의 방식을 보여준다.

1절

孟子爲卿於齊, 出吊於滕, 王使蓋大夫王驩爲輔行, 王驩朝暮
見, 反齊滕之路, 未嘗與之言行事也.

맹자가 제나라의 고위 관직에 있었을 때 등나라에 조문하는 임무를 맡고
갔다. 왕은 합 땅의 지사인 왕환을 부특사로 같이 보냈다. 왕환은 아침저
녁으로 맹자를 모셨지만, 맹자는 등나라로 오가는 내내 그에게 공무에 대
해 한마디도 하지 않았다.

1절 각주

나는 여기서 위경(爲卿)을 '고위 관직을 맡다'로 번역한다. 맹자의 직위는
단지 무보수의 명예직인 듯한데 왕이 이 경우에 기용한 것은 맹자라는 인
물로 조문에 힘을 싣기 위해서였다. '합, 蓋' 지역의 관리는 왕의 총애를
받았지만 조문하는 그 자리에는 어울리지 않았다. 보행(輔行)은 '여행길에
서 그를 돕기 위해서'가 아니라 여행의 임무를 가리킨다. 현(見)은 4성조
이다. 반(反)은 '되돌아오는 것' 뿐만 아니라 왕(往) 즉 '가는 중'을 암시한
다.

2. Kung-sun Ch'âu. said to Mencius, 'The position of a high dignitary of Ch'î is not a small one; the road from Ch'î to T'ang is not short. How was it that during all the way there and back, you never spoke to Hwan about the matters of your mission?' Mencius replied, 'There were the proper officers who attended to them. What occasion had I to speak to him about them?'

2. 齊卿之位 refers to Wang Hwan, who had been temporarily raised to that dignity for the occasion. 夫 (in 2nd tone) 旣或,—'Now there were some,'—i. e., the proper officers—治之, 'who attended to them.' The glossarist of Châo Ch'î understands this as spoken of Wang:—'He perhaps attended to them,' i. e. he thought that he knew all about them, and never put any questions to me; but the view adopted is more natural, and gives more point to Mencius's explanation of his conduct.

2절

公孫丑曰, 齊卿之位, 不爲小矣, 齊滕之路, 不爲近矣, 反之, 而未嘗與言行事何也. 曰, 夫旣或治之, 予何言哉.

공손추가 맹자에게 말했다. "제나라의 고위 관직에 있는 것은 사소한 일이 아니고, 제나라에서 등나라로 가는 길이 가깝지도 않습니다. 어찌하여 그곳으로 오고 가는 내내 왕환에게 공무에 대해 한마디도 하지 않았는지요?" 맹자가 대답했다. "그 일을 맡은 담당 관리들이 원래 있었다. 그런데 어떤 경우에 그에게 말을 해야 하느냐?"

2절 각주

제경지위(齊卿之位)는 그 행사를 위해 임시로 그 지위에 오른 왕환을 가리킨다. 부기혹(夫[2성조]旣或)은 '이제 어떤 이들이 있었다로, 즉 치지(治之), '그 일들을 담당하는' 원래의 관리들이 있었다는 의미이다. 조기를 따르는 주석가들은 이것을 왕환에 대해 말하는 것으로 보아 '그는 아마도 그 일을 살폈다' 즉 그는 그들에 대한 모든 것을 안다고 생각하여 맹자에게 어떤 질문도 전혀 하지 않았다는 것으로 해석한다. 그러나 보다 중립적인 주요 해석은 맹자가 자신의 행동을 강조해서 설명한 것으로 보는 것이다.

CHAPTER VII

CH. 7. THAT ONE OUGHT TO DO HIS UTMOST IN THE BURIAL OF HIS PARENTS;—ILLUSTRATED BY MENCIUS'S BURIAL OF HIS MOTHER.

Compare I. Pt. II. xvi.

1. Mencius *went* from Ch'î to Lû to bury *his mother.* On his return to Ch'î, he stopped at Ying, where Ch'ung Yü begged to put a question to him, and said, 'Formerly, in ignorance of my incompetency, you employed me to superintend the making of the coffin. *As you were then pressed by* the urgency *of the business*, I did not venture to put any question to you. Now, however, I wish to take the liberty to submit the matter. The wood *of the coffin*, it appeared to me, was too good.'

제7장

맹자는 그의 모친상을 예로 들며 부모상을 치를 때 온 정성을 다해야
함을 말한다.

제1권 제2편 제16장과 비교하라.

1절
孟子自齊葬於魯, 反於齊, 止於嬴, 充虞請曰, 前日, 不知虞之
不肖, 使虞敦匠事, 嚴, 虞不敢請, 今願竊有請也, 木若以美然.

맹자는 [어머니의] 장례를 치르기 위해 제나라에서 노나라로 [갔다]. 제나
라로 돌아올 때 그는 영(嬴) 땅에 머물렀다. 이곳에서 충우가 그에게 질문
하고 싶다고 간청했다. "예전에, 선생님께서는 저의 무능을 알지 못하고
저에게 관을 만드는 일을 감독하게 했습니다. [그때 선생님은] [그 일을]
급하게 [처리해야 했기에], 감히 질문하지 못했습니다. 그러나 이제 감히
그 문제를 꺼내 보고자 합니다. 제가 보기에 [관의] 목재가 너무 좋았던
것 같습니다."

1. The tradition is that Mencius had his mother with him in Ch'î, and that he carried her body to the family sepulcher in Lû. How long he remained in Lû is uncertain;—perhaps the whole three years proper to the mourning for a parent. Whether his stopping at Ying was for a night merely, or a longer period, is also disputed. Cheung Yü was one of his disciples. It has appeared strange that Yü should have cherished the matter so long, and submitted it to his master after a lapse of three years. (This is on the supposition that Mencius's return to Ch'î was after the completion of the three years' mourning.) But it is replied in the 四 書釋地, that this only illustrates how fond Mencius's disciples were of applying to him for a solution of their doubts, and the instance of Ch'ăn Tsin, chap. iii, is another case in point of the length of time they would keep things in mind. 請一as in Bk. I. Pt. II. xvi. 1, 'to beg to put a question.' 敦=董治, 'to attend to.' 匠, as in Pt. I. vii. 1. 不肖,—see Chung Yung, chap. iv. 嚴, is explained as in the translation. But for the critics, I should render,—'In the gravity of your sorrow.' 竊,—see Pt. I. ii. 20.

1절 각주

맹자는 어머니와 함께 제나라에 있다가 어머니가 사망 후 시신을 노나라에 있는 가족 묘지로 옮겼다고 전해진다. 노나라에 머문 기간은 확실하지 않다. 아마도 부모상에 적당한 만 3년일 것이다. 영(嬴) 지역에 머문 시간이 단 하룻밤이었는지 더 오랜 기간이었는지 또한 논쟁의 여지가 있다. 충우(充虞)는 맹자의 제자이다. 그가 그토록 오랜 기간 가슴 속에 그 문제를 담고 있다가 3년이 지난 후에 스승에게 그 문제를 꺼냈다는 것은 이상하다(맹자가 제나라로 돌아간 것이 3년 상을 마친 후라는 가정에서이다). 그러나 『사서석지』(四書釋地)[55]는 이 사례로 맹자의 제자들이 의문이 있으면 그에게 질문하는 것을 얼마나 좋아하는지를 보여주는 예일 뿐이라고 말한다. 제3장의 진진은 그들이 어떤 일을 마음속에 품고 있는 기간을 보여주는 다른 예이다. 청(請)은 제1권 제2편 제16장 제1절에서처럼 '질문해도 되는지 청하는 것'이다. 돈(敦)은 동치(董治)로 '처리하다'이다. 장(匠)은 제1편 제7장 제1절에서와 같다. 불초(不肖)는 『중용』 제4장을 보라. 엄(嚴)은 번역처럼 '시급한'으로 설명된다. 비평가들이 아니었다면 나는 이 글자를 '슬픔의 무게에 짓눌려'로 옮겼을 것이다. 절(竊)은 제1편 제2장 제20절을 보라.

---

55) (역주) 17세기 청나라 초기의 고증학자 염약거(閻若璩, 1636~1704)의 사서 해설서이다.

2. *Mencius* replied, 'Anciently, there was no rule for the size of either the inner or the outer coffin. In middle antiquity, the inner coffin was made seven inches thick, and the outer one the same. This was *done by all*, from the sovereign to the common people, and not simply for the beauty of the appearance, but because they thus satisfied *the natural feelings of* their hearts.

2. 'Middle antiquity' commences with the Châu dynasty. 稱, the 4th tone, 'to correspond, or be equal, to.' 盡於人心,一於 is not what they call an 'empty character,' merely completing the rhythm of the sentence. The whole='they felt complete (that they had done their utmost) in their human hearts.' Mencius's account of the equal dimensions of the outer and inner coffin does not agree with what we find in the Lì Chì, XIX, ii, 31. It must be borne in mind also, that the seven inches of the Châu dynasty were only=rather more than four inches of the present day.

2절

曰, 古者, 棺椁無度, 中古棺七寸, 椁稱之, 自天子達於庶人, 非直爲觀美也, 然後盡於人心.

[맹자가] 말했다. "옛날에, 관의 안과 밖의 크기를 규정하는 법은 없었다. 중세에 이르러 내관의 두께가 7인치이고 외관도 마찬가지였다. 군주에서 일반 백성에 이르기까지 [모두 이렇게 하였는데], 이는 겉으로 드러나는 아름다움 때문이기도 하지만 이에 더하여 이렇게 하면 마음의 [자연스러운 감정]을 충족시킬 수 있기 때문이었다.

2절 각주

중세(Middle antiquity)는 주나라에서 시작한다. 칭(稱)은 4성조로 '~와 일치하는 것 또는 동등한 것'이다. 진어인심(盡於人心)에서 어(於)는 소위 말하는 '의미 없는 글자'가 아니라 문장의 리듬을 완성하는 글자이다. 연후진어인심(然後盡於人心)은 '그들은 인간의 마음으로 최선을 다했다고 생각하여 완전함을 느꼈다'를 뜻한다. 맹자는 외관과 내관의 면적이 동일했다로 설명하는데, 이것은 『예기』「상대기(喪大記)」하 제31장과 일치하지 않는다. 주나라의 7인치는 오늘날의 4인치보다 조금 더 길다는 것을 명심해야 한다.

3. 'If prevented *by statutory regulations from making their coffins in this way*, men cannot have the feeling of pleasure. If they have not the money *to make them in this way*, they cannot have the feeling of pleasure. When they were not prevented, and had the money, the ancients all used this style. Why should I alone not do so?

3. 不得, being opposed to 無財, requires to be supplemented, as in the translation. For 爲有財, some would give 而有財. The 而 reads better, but the meaning is the same.

4. 'And moreover, is there no satisfaction to the natural feelings of a man, in preventing the earth from getting near to the bodies of his dead?

4. 比(the 4th tone)化者,—the same as 比死者 in Bk. I. Pt. I. v. 1. 化 is used appropriately with reference to the dissolution of the bodies of the dead. 膚, 'skin'=the bodies. 恔, the 4th tone, *hsiâo*. 獨無恔乎,—the meaning is—'shall this thing *alone* give no satisfaction to a son's feelings?'

3절

不得, 不可以爲悅, 無財, 不可以爲悅, 得之爲有財, 古之人皆
用之, 吾何爲獨不然.

[법으로 이런 식의 관을 만들지 못하도록] 규제한다면, 사람들은 즐거운
감정을 가질 수 없다. [이런 식으로 관을 만들] 돈이 없다면, 그들은 즐거
운 감정을 가질 수 없다. 옛날 사람들은 규제를 받지 않을 때 그리고 돈
이 있을 때 모두 이렇게 했다. 왜 나는 그렇게 하면 안 되느냐?

3절 각주

부득(不得)은 무재(無財)와 반대로 번역에서처럼 보완할 필요가 있다. 위
유재(爲有財)를 혹자는 이유재(而有財)로 본다. 이(而)가 읽기에 더 낫지
만, 그 의미는 동일하다.

4절

且比化者, 無使土親膚, 於人心獨無恔乎.

그리고 이에 더해, 그의 죽은 자의 시신에 흙이 닿지 않도록 했을 때 사
람의 자연스러운 감정이 어찌 흡족하지 않겠는가?

4절 각주

비화자(比[4성조]化者)는 제1권 제1편 제5장 제1절의 비사자(比死者, 죽은
이를 위하여)와 같다. 화(化)는 죽은 자의 시신의 소멸과 관련되어 적절히
사용된다. 부(膚)는 '피부' 즉 시체이다. 교(恔)는 [교](4성조)이다. 독무교호
(獨無恔乎)는 '이것[만]이 아들의 감정에 어떤 만족을 주지 않겠느냐?'를
뜻한다.

5. 'I have heard that the superior man will not for all the world be niggardly to his parents.'

   5. 不以天下云云, 一Châo Ch'î interprets this: 一'will not deny anything in all the world which he can command to his parents.' So, substantially, the modern paraphrasts.

5절

吾聞之也, 君子不以天下儉其親.

내가 듣기로, 군자는 무슨 일이 있어도 부모에게 인색하지 않다고 했다."

5절 각주

조기는 불이천하운운(不以天下云云)을 '부모에게 줄 수 있는 것은 온 세상의 어떤 것이라도 거부하지 않고 줄 것이다'로 해석한다. 대체로, 현대의 해석가들도 이렇게 해석한다.

CHAPTER VIII

CH. 8. DESERVED PUNISHMENT MAY NOT BE INFLICTED BUT BY PROPER AUTHORITY. A STATE OR NATION MAY ONLY BE SMITTEN BY THE MINISTER OF HEAVEN.

The incidents in the history of Yen referred to are briefly these:— Tsze-k'wâi, a weak silly man, was wrought upon to resign his throne to his prime minister Tsze-chih, in the expectation that Tsze-chih would decline the honor, and that thus he would be praised as acting the part of the ancient Yâo while he retained his kingdom. Tsze-chih, however, accepted the tender, and Tsze-k'wai was laid upon the shelf. By and by, his son endeavoured to wrest back the throne, and great confusion and suffering to the people ensued. Comp. Bk. I. Pt. II. x. 11.

제8장

정당한 권위가 있을 때만 합당한 형벌을 가할 수 있다. 하늘로부터 위임을 받은 사자만이 공국 또는 왕국을 파괴할 수 있다.

연나라의 역사에서 발생한 사건은 간략하게 다음과 같다. 약하고 어리석은 자인 자쾌(子噲)는 재상인 자지(子之)에게 왕위를 선양하고자 했다. 자쾌는 자지가 왕위를 거절할 것이고 그러면 자신은 왕국을 계속 가지면서 고대의 요임금과 같은 행동으로 칭송을 받을 것이라 예상하였다. 그러나 자지가 그 제안을 수락함으로써 자쾌는 물러나게 되었다. 이후 지쾌의 아들이 왕위를 되찾고자 하여 큰 혼란이 일어났고 백성들의 고통이 계속되었다. 제1권 제2편 제11장 제1절과 비교하라.

1. Shăn T'ung, on his own impulse, asked *Mencius*, saying, 'May Yen be smitten?' Mencius replied, 'It may. Tsze-k'wâi had no right to give Yen to another man, and Tsze-chih had no right to receive Yen from Tsze-k'wâi. *Suppose* there were an officer here, with whom you, Sir, were pleased, and that, without informing the king, you were privately to give to him your salary and rank; and suppose that this officer, also without the king's orders, were privately to receive them from you⌐ would *such a transaction* be allowable? And where is the difference between *the case of Yen* and this?

1. Shăn (so read, as a surname) T'ung appears to have been a high minister of the state. It is difficult to find a word by which to translate 伐, which implies the idea of Yen's deserving to be punished. 吾子,⌐ referring to Shăn T'ung, but we can't translate it literally in English. 夫 士也,⌐夫, in the 2nd tone=斯; 士 is the same person as 仕 above, 'a scholar seeking official employment.'

1절

沈同以其私問曰, 燕可伐與. 孟子曰, 可, 子噲不得與人燕, 子
之不得受燕於子噲, 有仕於此, 而子悅之, 不告於王, 而私與之
吾子之祿爵, 夫士也, 亦無王命, 而私受之於子, 則可乎, 何以
異於是.

심동이 충동적으로 [맹자에게] 물었다. "연나라를 쳐도 될까요?" 맹자가
대답했다. "네, 자쾌는 연나라를 다른 사람에게 줄 권리가 없었고 자지도
자쾌로부터 연나라를 받을 권리가 없었습니다. 가령 여기에 관리가 있다고
합시다. 당신은 그가 마음에 들어 왕에게 알리지도 않고 사적으로 그에게
당신의 급여와 작위를 주려고 합니다. 또한, 관리도 왕의 명령도 없이 사
적으로 당신에게서 급여와 작위를 받으려고 합니다. [그와 같은 거래가]
허용될 수 있을까요? [연나라의 경우와] 이것이 무엇이 다르겠습니까?"

1절 각주

'심(성씨)동'은 제나라의 고관이었던 것으로 보인다. 벌(伐)을 번역할 단어
를 찾기 어려운데, '벌'이라는 이 글자가 연나라는 벌(罰)을 받아 마땅하다
는 의미를 암시하기 때문이다. 오자(吾子)는 심동을 가리키지만, 영어로
축자역하기 어렵다. 부사야(夫士也)에서 부(夫)는 2성조로 사(斯)를 의미하
고, 사(士)는 앞의 사(仕), '관직 임용을 추구하는 학자'와 동일하다.

2. The people of Ch'î smote Yen. Some one asked Mencius, saying, 'Is it really the case that you advised Ch'î to smite Yen?' He replied, 'No. Shan T'ung asked me whether Yen might be smitten, and I answered him, "It may." They accordingly went and smote it. If he had asked me ―"Who may smite it?" I would have answered him, "He who is the minister of Heaven may smite it." Suppose the case of a murderer, and that one asks me―"May this man be put to death?" I will answer him― "He may." If he ask me―"Who may put him to death?" I will answer him, "The chief criminal judge may put him to death." But now with *one* Yen to smite *another* Yen:―how should I have advised this?'

　2. 應, the 4th tone. 彼然,―彼 refers to the king and people of Ch'î. 彼 如曰,―彼 refers only to Shăn T'ung. 天吏, see Pt. I. v. 6. The one Yen is of course Ch'î, as oppressive as Yen itself.

2절

齊人伐燕, 或問曰, 勸齊伐燕, 有諸. 曰, 未也, 沈同問燕可伐
與, 吾應之曰, 可, 彼然而伐之也, 彼如曰, 孰可以伐之, 則將
應之曰, 爲天吏, 則可以伐之, 今有殺人者, 或問之曰, 人可殺
與, 則將應之曰, 可, 彼如曰, 孰可以殺之, 則將應之曰, 爲士
師, 則可以殺之, 今以燕伐燕, 何爲勸之哉.

제나라의 백성들이 연나라를 쳤다. 어떤 사람이 맹자에게 말했다. "제나라
가 연나라를 치도록 당신이 충고한 것이 정말입니까?" 맹자가 대답했다.
"아닙니다. 심동이 나에게 연나라를 쳐도 되는지 물었고 나는 그에게 '그
럴 수 있다'라고 대답했습니다. 이에 따라 그들은 가서 연나라를 쳤습니
다. 만약 그가 나에게 '누가 연나라를 칠 수 있습니까?'라고 물었다면 나
는 그에게 '하늘을 대신하는 자가 연나라를 칠 수 있습니다'라고 대답했을
것입니다. 가령 살인자의 경우에 그가 나에게 묻습니다. '이 사람을 처형
해도 됩니까?' 나는 그에게 대답할 것입니다. '그럴 수 있다.' 그가 나에게
'누가 그를 처형할 수 있습니까?'라고 물었다면 나는 그에게 '대형법관이
그를 처형할 수 있다'라고 대답했을 것입니다. 그러나 이제 [하나의] 연나
라가 [다른] 연나라를 치는데 어찌 내가 이것을 권했다 할 수 있겠습니
까?"

2절 각주

응(應)은 4성조이다. 피연(彼然)에서 피(彼)는 '제나라의 왕과 백성들'을 가
리킨다. 피여왈(彼如曰)에서 피(彼)는 심동만을 가리킨다. 천리(天吏)는 제1
편 제5장 제6절을 보라. 하나의 연은 물론 제나라이고 연나라만큼이나 폭
압적이다.

CHAPTER IX

CH. 9. How MENCIUS BEAT DOWN THE ATTEMPT TO ARGUE IN EXCUSE OF ERRORS AND MISCONDUCT.

1. The people of Yen having rebelled, the king *of Ch'î* said, 'I feel very much ashamed *when I think* of Mencius.'

1. The people of Yen set up the son of Tsze-k'wâi as king, and rebelled against the yoke which Ch'î had attempted to impose on them. 'Ashamed when I think of Mencius,' i. e. because of the advice of Mencius in regard to Yen, which he had neglected. See Bk. I. Pt. II. x. 11.

제9장

맹자는 상대방이 실수와 잘못을 핑계로 논쟁하려는 시도를 물리친다.

1절
燕人畔, 王曰, 吾甚慙於孟子.

연나라의 백성들이 반란을 일으킨 후 [제나라의] 왕이 말했다. "맹자를 [생각하면] 나는 매우 부끄럽다."

1절 각주
연나라의 백성들은 자쾌의 아들을 왕으로 세운 후 제나라의 억압에 맞서 반란을 일으켰다. '맹자를 생각할 때 부끄럽다'라고 한 것은 바로 맹자가 연나라에 대해 충고했을 때 왕이 그의 말을 무시했기 때문이다. 제1권 제 2편 제10장과 제11장을 보라.

2. Ch'ăn Chiâ said to him, 'Let not your Majesty be grieved. Whether does your Majesty consider yourself or Châu-kung the more benevolent and wise?' The king replied, 'Oh! what words are those?' 'The duke of Châu,' said *Chiâ*, 'appointed Kwan-shû to oversee *the heir of* Yin, but Kwan-shû with the power of the Yin State rebelled. If knowing that this would happen he appointed Kwan-shû, he was deficient in benevolence. If he appointed him, not knowing that it would happen, he was deficient in knowledge. If the duke of Châu was not completely benevolent and wise, how much less can your Majesty be expected to be so! I beg to go and see Mencius, and relieve your Majesty from that feeling.'

2. Ch'ăn Chiâ was an officer of Ch'î. Châu-kung, see Analects, VII, v, et al. The case Chiâ refers to was this: On king Wû's extinction of the Yin dynasty, sparing the life of Châu's son, he conferred on him the small state of Yin from which the dynasty had taken its name, but placed him under the p.586 (管叔 surveillance of his own two brothers, Hsien(鮮)과 *Tû*(度), one of them older, and the other younger, than his brother Tan(旦), who was Châu-kung. Hsien has come down to us under the title of Kwan-shû, Kwan being the name of the principality which he received for himself. After Wu's death, and the succession of his son, Hsien and Tu rebelled, when Châu-kung took action against them, put the former to death, and banished the other. 監(the 1st tone)殷, the 殷 here is the son of the sovereign Châu. That below is the name of the State. 解之,—I take 解 in the sense of 'to loose,' 'to free from,' with reference to the feeling of shame, not 'to explain.'

2절

陳賈曰, 王無患焉, 王自以爲與周公, 孰仁且智. 王曰, 惡, 是何言
也. 曰, 周公使管叔監殷, 管叔以殷畔, 知而使之, 是不仁也, 不知
而使之, 是不智也, 仁智, 周公未之盡也, 而況於王乎, 賈請見而
解之.

진가가 말했다. "왕께서는 슬퍼하지 마십시오. 왕께서는 왕과 주공(周公)
중 누가 더 인자하고 현명하다고 생각하십니까?" 왕이 대답했다. "오! 그
게 무슨 말씀이오?" 진가가 말했다. "주공은 관숙을 임용하여 은나라의
[상속자를] 감독하게 했지만, 관숙은 은 공국의 힘으로 반란을 일으켰습니
다. 이런 일이 생길 것을 알고 관숙을 임용했다면 주공은 인자함이 부족
한 것입니다. 만약 이런 일이 생길지 모르고 임용했다면 주공은 지식이
부족한 것입니다. 주공의 인자함과 현명함도 완벽하지 않는데, 왕께서 그
럴 가능성은 훨씬 더 낮지 않겠습니까? 제가 가서 맹자를 만나 왕의 이
심려를 덜어 드리겠습니다."

2절 각주

진가는 제나라의 관리이다. 주공은 『논어』 제7권 제5장 등을 보아라. 진가
가 언급하는 사례는 다음과 같다. 무왕이 은 왕조를 멸망시켰을 때 주왕
(紂王)의 아들을 살려두고 그에게 은 왕조의 이름을 가진 은 공국을 준
후 자신의 두 형제인 '선, 鮮'과 '도, 度'로 하여금 그를 감독하게 했다. 선
(鮮)은 주공인 단(旦)의 형이고, 도(度)는 주공의 동생이다. 선(鮮)은 관숙
(管叔)이라는 이름으로 우리에게 전해진다. 관(管)은 그가 받은 공국의 이
름이었다. 무왕이 사망한 후 그의 아들이 왕위에 오르자 선(鮮)과 도(度)는
반역을 했다. 그때 주공은 그들과 맞선 후 선(鮮)을 사형에 처하고 도(度)
를 추방했다. 감은(監[1성조]殷)에서 은(殷)은 여기서 주왕(紂王)의 아들을
말한다. 이후에 나오는 은(殷)은 공국의 이름이다. 해지(解之)의 해(解)를
나는 '설명하다'가 아니라 '수치심'과 관련해서 '느슨하게 하다' '~로부터
벗어나다'로 해석한다.

3. *Ch'ăn Chiâ* accordingly saw Mencius, and asked him, saying, 'What kind of man was the duke of Châu?' 'An ancient sage,' was the reply. 'Is it the fact, that he appointed Kwan-shû to oversee *the heir of* Yin, and that Kwan-shû with the State of Yin rebelled?' 'It is.' 'Did the duke of Châu. know that he would rebel, and *purposely* appoint him to that office?' *Mencius* said, 'He did not know.' 'Then, though a sage, he still fell into error?' 'The duke of Châu,' answered *Mencius*, 'was the younger brother. Kwan-shû was his elder brother. Was not the error of Châu-kung in accordance with what is right?

3. Before 然則, there should be a 曰, as it is the retort of Ch'ăn Chiâ. 聖人且有過與,一且 implies a succeeding clause—'how much more may one inferior to him !'一況下于公者乎. What Mencius means in conclusion is that brother ought not to be suspicious of brother; that it is better to be deceived than to impute evil.

3절

見孟子, 問曰, 周公何人也. 曰, 古聖人也. 曰, 使管叔監殷, 管叔以殷畔也, 有諸. 曰, 然. 曰, 周公知其將畔而使之與. 曰, 不知也. 然則聖人且有過與. 曰, 周公, 弟也, 管叔, 兄也, 周公之過, 不亦宜乎.

[진가가] 맹자를 만나 물었다. "주공은 어떤 사람이었습니까?" 맹자가 대답했다. "옛날의 성인입니다." "주공이 관숙을 임용하여 은나라의 [상속자를] 감독하게 하고 관숙이 은 공국과 함께 반란을 일으킨 것이 사실입니까?" "그렇습니다." "주공은 그가 반란할 것을 알고 [의도적으로] 그를 그 자리에 임용했습니까?" [맹자가] 말했다. "그는 몰랐습니다." "그러면 성인인 그도 잘못했나요?" [맹자가] 대답했다. "주공은 동생이었고 관숙은 그의 형이었습니다. 주공의 잘못이 있다면 올바른 것을 따른 잘못이 아니겠습니까?

3절 각주

진가의 반박이기 때문에 연즉(然則) 앞에 왈(曰)이 있어야 한다. 성인차유과여(聖人且有過與)에서 차(且)는 이어지는 구절을 '그보다 열등한 사람은 얼마나 많이 있겠는가' 즉 황하우공자호'(況下于公者乎)를 암시한다. 맹자가 결론으로 제시하는 것은 동생은 형을 의심해서는 안 된다는 것, 즉 악을 벌하기보다 기만당하는 것이 더 낫다는 것이다.

4. 'Moreover, when the superior men of old had errors, they reformed them. The superior men of the present time, when they have errors, persist in them. The errors of the superior men of old were like eclipses of the sun and moon. All the people witnessed them, and when they had reformed them, all the people looked up to them *with their former admiration*. *But* do the superior men of the present day only persist in their errors? They go on to apologize for them likewise.'

4. In 今之君子, the 君子 must be taken vaguely. 更, the 1st tone,=改. Shall we refer it to the sun and moon, or to the ancient worthies? Primarily, its application is to the heavenly bodies. 爲之辭, the double object after 爲. The remark was a severe thrust at Ch'ăn Chiâ's own conduct.

4절

且古之君子, 過則改之, 今之君子, 過則順之, 古之君子, 其過
也, 如日月之食, 民皆見之, 及其更也, 民皆仰之, 今之君子,
豈徒順之, 又從爲之辭.

게다가, 옛날의 군자들은 잘못했을 때 고쳤는데, 오늘날의 군자들은 잘못
해도 그대로 밀고 나갑니다. 옛날 군자의 잘못은 일식과 월식과 같았습니
다. 모든 사람이 목격했고 그들이 잘못을 바로잡았을 때 [예전의 존경심으
로] 그들을 우러러보았습니다. [그러나] 오늘날의 군자는 잘못을 고집만
할 뿐이겠습니까? 그들은 또 실수에 대해 계속해서 변명합니다."

4절 각주

금지군자(今之君子)에서 '군자'는 모호하다. 경(更)은 1성조로 개(改)를 뜻
하는데, 그 대상이 해와 달을 가리키는 것일까 아니면 고대의 현인들을
가리키는 것일까? 우선은 천체에 사용된 것으로 보아야 한다. 위지사(爲之
辭)에서 위(爲) 뒤에 이중 목적어인 지사(之辭)가 온다. 맹자는 진가의 행
동을 신랄하게 비판하고 있다.

CHAPTER X

CH. 10. MENCIUS IN LEAVING A COUNTRY OR REMAINING IN IT WAS NOT INFLUENCED BY PECUNIARY CONSIDERATIONS, BUT BY THE OPPORTUNITY DENIED OR ACCORDED TO HIM OF CARRYING HIS PRINCIPLES INTO PRACTICE.

1. Mencius gave up his office, and *made arrangements for* returning *to his native State*.

1 致爲臣,一致 as in chap. v, 2, only it is here simply 'resignation,' with little of the idea of sacrifice. 而歸, 'and returned.'一Châo Ch'î says 'to his house,' and in accordance with this, he interprets 不敢請耳 below, 'I do not venture to ask you to come in person to see me,' which is surely absurd enough. The meaning must be what I have given.

제10장

맹자가 한 나라를 떠나고 머무는 것은 금전상의 이유 때문이 아니라 그의 원리를 실행할 기회가 주어지는가 아니면 거부되는가에 달려 있었다.

1절
孟子致爲臣而歸.

맹자는 관직을 버리고 [그의 본국으로] 돌아갈 [준비하였다].

1절 각주
치위신(致爲臣)에서 치(致)는 제5장 제2절에서처럼 단지 '물러남'을 의미할 뿐이고 희생과 관련된 의미를 전혀 포함하지 않는다. 이귀(而歸) 즉 '그리고 돌아갔다'에 대해 조기는 '그의 집으로'로 해석하고 이에 따라 다음 절의 불감청이(不敢請耳)를 '친히 나를 만나러 오시라고 감히 말씀드리지 못하겠습니다'로 해석하는데, 이는 분명 말이 되지 않는다. 이 절의 해석은 나의 번역과 같아야 한다.

2. The king came to visit him, and said, 'Formerly, I wished to see you, but in vain. Then, I got the opportunity of being by your side, and all my court joyed exceedingly along with me. Now again you abandon me, and are returning home. I do not know if hereafter I may expect to have another opportunity of seeing you.' Mencius replied, 'I dare not request permission to visit you *at any particular time*, but, indeed, it is what I desire.'

2. 前日,―referring to the time before Mencius first came to Ch'î. 同朝 (*ch'âo*, 2nd tone)=同朝之臣, 'all the officers of the court with himself.' 繼此=繼此見, 'in continuation of this seeing.' Mencius sees that the king with his complimentary expressions is really bidding him adieu, and answers, accordingly, in as complimentary a way, intimating his purpose to be gone.

2절

王就見孟子曰, 前日願見, 而不可得, 得侍, 同朝甚喜, 今又棄寡人而歸, 不識, 可以繼此而得見乎. 對曰, 不敢請耳, 固所願也.

왕이 그를 방문하여 말했다. "예전에 선생을 만나기를 원했으나 만나지 못했습니다. 그 후, 선생과 함께 있을 기회를 얻었고 나의 모든 조정이 나와 더불어 이를 매우 기쁘게 생각했습니다. 이제 선생은 다시 나를 버리고 집으로 돌아가시는군요. 이후 선생을 만날 또 다른 기회를 기대해도 되는지 모르겠습니다." 맹자가 대답했다. "감히 [시간을] 특정해 왕을 방문할 수 있게 해 달라 청하지는 못하겠지만 진실로 바라는 바입니다."

2절 각주

전일(前日)은 맹자가 처음 제나라에 오기 전의 시간을 가리킨다. 동조(同朝[2성조])는 동조지신(同朝之臣) 즉 '왕의 조정에 있는 모든 관리'이다. 계차(繼此)는 계차견(繼此見) 즉 '이 만남을 지속하여'이다. 맹자는 왕의 격식을 차린 표현이 사실상 작별의 말로 받아들이고 이에 따라 그도 격식을 차려 대답하며 떠날 의도임을 암시한다.

3. Another day, the king said to the officer Shih, 'I wish to give Mencius a house, somewhere in the middle of the kingdom, and to support his disciples with *an allowance of 10,000 chung*, that all the officers and the people may have *such an example* to reverence and imitate. Had you not better tell him this for me?'

3. The king after all does not like the idea of Mencius's going, and thinks of this plan to retain him, which was in reality what Mencius, in chap. iii, calls 'bribing' him. 爲, the 4th tone.

4. Shih took advantage to convey this message by means of the disciple Ch'an, who reported his words to Mencius.

4. Ch'ăn here is the Ch'ăn Tsin of chap. iii. 因 is explained by 依託, 'entrusted to.' But it is more, and='to take advantage of,' with reference to Ch'ăn's being a disciple of Mencius.

3절

他日, 王謂時子曰, 我欲中國而授孟子室, 養弟子以萬鍾, 使諸大夫國人皆有所矜式, 子盍爲我言之.

다른 날, 왕이 신하인 시자에게 말했다. "나는 맹자에게 나라 한가운데의 어딘가에 집을 주고 [1만 종의 수당을] 주어 그의 제자들을 지원하여 모든 관리와 백성들이 존경하고 따라 할 수 있는 [그런 예를] 가질 수 있기를 원한다. 나를 대신해 그에게 이것을 말하는 것이 좋지 않겠는가?"

3절 각주

왕은 결국 맹자가 떠나려는 것을 좋아하지 않고 이 계획으로 그를 잡을 수 있으리라 생각하였다. 이것은 사실상 제3장에서 맹자가 자신을 '뇌물로 매수하는 것'이라 말했던 사건이다. 위(爲)는 4성조이다.

4절

時子因陳子而以告孟子, 陳子以時子之言告孟子.

시자가 제자 진자를 이용하여 이 소식을 전달하고자 했고, 진자는 시자의 말을 맹자에게 아뢰었다.

4절 각주

진자는 제3장의 진진이다. 인(因)은 의탁(依託), '~에게 맡기다'로 설명되지만, 진진이 맹자의 제자이기 때문에 이 의미 이상으로, '~을 이용하다'를 뜻한다.

5. Mencius said, 'Yes; but how should the officer Shih know that the thing could not be? Suppose that I wanted to be rich, having formerly declined 100,000 *chung*, would my now accepting 10,000 be the conduct of one desiring riches?

5. Mencius does not find it convenient to state plainly his real reason for going,—that he was not permitted to see his principles carried into practice, and therefore repels simply the idea of his being accessible to pecuniary considerations. 100,000 *chung* was the fixed allowance of 卿, which Mencius had declined to receive.

5절

孟子曰, 然, 夫時子惡知其不可也, 如使予欲富, 辭十萬而受萬,
是爲欲富乎.

맹자가 말했다. "그래, 일이 그렇게 될 수 없다는 것을 관리인 시자가 어
떻게 알겠느냐? 가령 내가 부자 되기를 원하였다면, 예전에 십만 종을 거
부하면서 지금 1만 종을 수락하는 것이 부를 바라는 이의 행동이겠는가?

5절 각주

맹자는 떠나는 진정한 이유를 드러내 말하기가 여의치 않다고 생각했다.
맹자가 떠나는 것은 그의 원리들을 실행할 수 있는 허락을 받지 못했기
때문이었다. 그래서 그는 자기를 금전으로 잡을 수 있다는 왕의 생각을
바로 거부한다. 십만 종은 고관 대신(卿)의 고정 수당으로 맹자는 이를 받
기를 거부했다.

6. 'Chî-sun said, "A strange man was Tsze-shû Î. He pushed himself into the service of government. *His prince* declining to employ him, he had to retire indeed, but he again schemed that his son or younger brother should be made a high officer. Who indeed is there of men but wishes for riches and honour? But he only, among the seekers of these, tried to monopolize the conspicuous mound.

6. Of Chî-sun and Tsze-shû I we know only what is mentioned here. Châo Ch'î says that they were disciples of Mencius, and that Chî-sun made his remark with a view to induce Mencius to push forward his disciples into the employment which he could not get for himself. But such a view is inadmissible. 使已, 使其子弟,—the first 使, it is said, merely refers to the prince's employment of him, and the second to his contriving and bringing about the employment of his son or younger brother; but why should we not give the character the same force in both cases? 龍, the 3rd tone, read as and =壟, 'a mound.' 斷, 4th tone, 'cut,' 'abrupt,' 'well defined.'

6절

季孫曰, 異哉子叔疑, 使己爲政, 不用, 則亦已矣, 又使其子弟
爲卿, 人亦孰不欲富貴, 而獨於富貴之中, 有私龍斷焉.

계손이 말하길, '이상한 자는 자숙의이다. 그는 기를 쓰고 정사를 맡고자
했다. [그의 제후가] 그를 쓰기를 거부하였으므로 사실상 사임해야 함에도
다시 아들 혹은 동생이 고위 관리가 되도록 일을 꾸몄다. 부와 명예를 원
하지 않는 자가 어디 있겠느냐? 그러나 그는 이런 자들 가운데에서도 유
독 눈에 띄는 언덕을 독점 즉 농단(龍斷)하고자 했다.

6절 각주

계손과 자숙의는 여기서 언급된 것이 전부이다. 조기에 의하면 그들은 맹
자의 제자인데 계손이 그런 말을 한 것은 '맹자' 자신은 얻을 수 없는 관
직이라고 해도 제자들이 그 관직을 얻을 수 있게 맹자를 설득하기 위해서
라고 한다. 그러나 조기의 견해는 받아들이기 힘들다. '사기'(使己), '사기자
제'(使其子弟)에서 첫 번째 사(使)는 제후가 그를 기용한 것만을 언급하고,
두 번째 사(使)는 그의 아들과 동생의 기용을 도모하고 임용될 수 있게
한 것을 가리킨다. 그러나 두 경우에서 그 글자에 같은 정도의 의미를 부
여해야 하지 않을까? '농'(龍)은 3성조로 농(壟), '언덕'이고, 단(斷)은 4성조
로 '자르다' '불쑥' '잘 정리된'을 뜻한다.

7. "'Of old time, the market-dealers exchanged the articles which they had for others which they had not, and simply had certain officers to keep order among them. It happened that there was a mean fellow, who made it a point to look out for a conspicuous mound, and get up upon it. Thence he looked right and left, to catch in his net the whole gain of the market. The people all thought his conduct mean, and therefore they proceeded to lay a tax upon his wares. The taxing of traders took its rise from this mean fellow.'"

7. 治, 2nd tone. Observe the force of 耳, 'only,' which also belongs to it in par. 2, weakening the 不敢請. 征之,一the 之 should be referred to the mean individual spoken of.

7절

古之爲市者, 以其所有, 易其所無者, 有司者治之耳, 有賤丈夫
焉, 必求龍斷而登之, 以左右望, 而罔市利, 人皆以爲賤, 故從
而征之, 征商, 自此賤丈夫始矣.

옛날에, 시장에서 거래하는 자들은 그들이 가진 물건을 그들에게 없는 것
을 가진 자들과 교환하였고, 관리를 두어 그들 사이의 질서를 유지하게만
하였다. 우연히 어떤 비열한 자가 있어 반드시 눈에 띄는 언덕을 찾아 그
위에 올라섰다. 그는 거기서 좌우를 둘러보며 그물로 시장의 모든 이익을
낚아챘다. 사람들은 모두 그 행동이 비열하다고 생각하여 그의 물건에 세
금을 부과하기 시작했다. 상인들에게 세금을 부과한 것은 이 비열한 자로
부터 시작되었다'라고 했다."[56]

7절 각주

치(治)는 2성조이다. 이(耳)에서 '단지'의 힘을 보라. 이때의 이(耳)는 제2절
에서도 사용되어 불감청(不敢請)의 의미를 약화시킨다. 정지(征之)의 지
(之)는 언급된 비열한 자가 확실하다.

---

56) (역주) 주자는 6절까지를 계손의 말로 보고, 7절은 맹자가 계손의 말을 풀이한 것이
라고 보았음. 현재 번역은 6-7절 모두가 계손의 말로 되어 있다.

CHAPTER XI

CH. 11. How MENCIUS REPELLED A MAN, WHO, OFFICIOUSLY AND ON HIS OWN IMPULSE, TRIED TO DETAIN HIM IN CH'Î.

1. Mencius, having taken his leave of Ch'î, was passing the night in Châu.

1. 畫 was a city on the southern border of Ch'î. Some think it should be written 晝, and refer it to a place in the present district of 臨淄, but this would place it north from Lû, whither Mencius was retiring. Mencius withdrew leisurely, hoping that the king would recall him and pledge himself to follow his counsels.

제11장

맹자는 제나라의 관직이나 사적인 자리에 자기를 잡아두고 싶어 하는 자를 어떻게 물리쳤는가?

1절
孟子去齊, 宿於晝.

맹자가 제나라를 떠나기 위해 주 땅에서 하룻밤을 보내고 있었다.

1절 각주
화(晝)는 제나라 남쪽 국경의 도시였다. 어떤 이는 이를 주(晝)로 써야 하며 오늘날의 임치(臨淄) 지역의 어떤 한 곳을 가리킨다고 한다. 이곳은 맹자가 돌아가고자 하는 노나라의 북쪽에 위치한 곳이다. 맹자는 느긋하게 물러나며 왕이 그를 떠올리고 조언을 따르겠다고 선언하기를 희망했다.

2. A person who wished to detain him on behalf of the king, *came and sat* down, and began to speak to him. *Mencius* gave him no answer, but leant upon his stool and slept.

2. 爲(4th tone)王,—'for the king,' i. e. knowing it would please the king. 應,—the 4th tone. 隱,—the 3rd tone, 'to lean upon.' The 几 was a stool or bench, on which individuals might lean forward, or otherwise, as they sat upon their mats. It could be carried in the hand. See the Lî Chî, Bk. I. Pt. I. i. 1—謀於長者, 必操几杖以從之.

2절

有欲爲王留行者, 坐而言, 不應, 隱几而臥.

왕을 위하여 맹자를 붙잡길 원했던 어떤 사람이 [와서] 앉으며 그에게 말을 걸기 시작했다. [맹자는] 그에게 답을 하지 않고 의자에 기대어 잠만 잤다.

2절 각주

위왕(爲[4성조]王)은 '왕을 위하여' 즉 그렇게 하면 왕이 기뻐할 것을 알고를 의미한다. 응(應)은 4성조이다. 은(隱)은 3성조로 '~위에 기대다'이다. 궤(几)는 앞으로 뻗어 기대거나 아니면 자리에 앉았을 때 기댈 수 있는, 손으로 옮길 수 있는 스툴 또는 벤치이다. 『예기』 「곡례(曲禮)」상 제2장 제1절의 '모어장자, 필조궤장이종지(謀於長者, 必操几杖以從之)'를 보라.

3. The visitor was displeased, and said, 'I passed the night in careful vigil, before I would venture to speak to you, and you, Master, sleep and do not listen to me. Allow me to request that I may not again presume to see you.' *Mencius* replied, 'Sit down, and I will explain the case clearly to you. Formerly, if the duke Mû had not kept a person by the side of Tsze-sze, he could not have induced Tsze-sze to remain with him. If Hsieh Liû and Shan Hsiang had not had a *remembrancer* by the side of the duke Mû, he would not have been able to make them feel at home and remain with him.

3. 齊(*châi*), the 1st tone,＝齋, 'to keep a vigil,' 'to fast.' 齊宿,一'fasted and passed the night.' 請勿復(in 4th tone)敢見 is merely the complimentary way of complaining of what the guest considered the rudeness of his reception. 語, the 4th tone,＝告. 繆, here read *Mû*, was the honorary epithet of the duke Hsien(顯), B.C. 409－375. Tsze-sze,一the grandson of Confucius. Shǎn Hsiang, the son of Tsze-chang(子張), one of Confucius's disciples. Hsieh Liu was a native of Lû, a disciple of the Confucian school. See the Lî Chî, Bk. II, Sect. I, ii, 34 and Bk. XVIII, Sect. II, ii, 11. In the last passage Liu should be Hsieh Liû. 乎＝在 or 在乎. 安 is said to ＝留, simply 'to detain,' but its force is more than that, and＝'to make contented, and so induce to remain.' Great respect, it seems, was shown to Tsze-sze, and he had an attendant from the duke to assure him continually of the respect with which he was cherished. Hsieh Liû and Shan Hsiang had not such attendants, but they knew that there were one or more officers by the duke's side, to admonish him not to forget them and other worthies. The stranger calls himself 弟子, 'your disciple.'

3절

客不悅曰, 弟子齊宿而後敢言, 夫子臥而不聽, 請勿復敢見矣.
曰, 坐, 我明語子, 昔者魯繆公, 無人乎子思之側, 則不能安子
思, 泄柳申詳, 無人乎繆公之側, 則不能安其身.

방문객이 불쾌해 하며 말했다. "선생님과 대화하러 조심스레 살피며 밤을 보
냈는데 선생님은 주무시기만 하며 제 말은 듣지 않습니다. 다시는 선생님을
뵐 일이 없기를 바랍니다." [맹자가] 대답했다. "앉게. 그러면 그 연유를 분명
하게 설명해 주겠네. 예전에 노나라의 목공은 자사의 곁에 사람을 두었기 때
문에 자사를 곁에 둘 수 있었다. 노나라의 목공에게 설류와 신상을 [상기시켜
주는 자가] 있었기 때문에 그들은 목공 옆에 편안하게 머물 수 있었다.

3절 각주

'齊'는 1성조의 '재'로 읽히며, '~을 살피다', '단식하다'를 의미하는 재(齋)
와 같다. 재숙(齊宿)은 '단식하고 그 밤을 보내다'의 의미이다. 청물부감견
(請勿復[4성조]敢見)은 손님이 무례한 대접에 불만이 있음을 돌려서 말하
는 방식이다. 어(語)는 4성조로 고(告)와 같다. '무(繆)'는 여기서 '목'으로
읽히는데, 현공(顯公, 기원전 409~375년)의 시호이다. 자사(子思)는 공자의
손자이다. 신상(申詳)은 공자의 제자인 자장(子張)의 아들이다. 설류(泄柳)
는 노나라 사람으로 공자 학파의 제자이었다. 『예기』「단궁(檀弓)」상 제2
장 제34절과 잡기(雜記)하 제2장 제11절을 보라. 이 마지막 단락의 류는
설류이다. 호(乎)는 재(在) 또는 재호(在乎)이다. 안(安)은 류(留)로 단순히
'잡아두다'이지만 그 이상을 뜻하는 것으로 '만족하게 하다 그래서 머물도
록 유도하다'이다. 자사를 예를 다해 공경한 것 같다. 목공은 자사에게 부
하를 보내 그가 소중하며 계속해서 존경한다는 표시를 확실하게 보였다.
설류와 신상에게는 그런 왕의 부하가 없었지만 목공 옆의 한 명 이상의
신하들이 자신들과 다른 현자들을 망각하지 않도록 상기시켜 주는 것을
알았다. 방문객은 자신을 제자(弟子), '당신의 제자'로 지칭했다.

4. 'You anxiously form plans with reference to me, but you do not treat me as Tsze-sze was treated. Is it you, Sir, who cut me? Or is it I who cut you?

4. 爲, 4th tone. Mencius calls himself 長(the 3rd tone)者, 'the elder.' 子爲長者云云,—the stranger was anxious for (慮) Mencius to remain in Ch'î, but the thing was entirely from himself, not from the king; and his thinking that he could detain him by such a visit showed the little store he set by him; was, in fact, a *cutting* him.

4절

子爲長者慮, 而不及子思, 子絶長者乎, 長者絶子乎.

그대가 나와 관련된 계획을 열렬히 짰지만 나를 자사와 달리 대했다. 그대가 나를 끊은 것인가? 아니면 내가 그대를 끊은 것인가?"

4절 각주

위(爲)는 4성조이다. 맹자는 스스로를 '어르신'을 뜻하는 장자(長[3성조]者)로 불렀다. 자위장자운운(子爲長者云云)에서 낯선 이는 맹자가 제나라에 머물기를 열망했지만[慮], 그 일을 왕이 아닌 그가 애쓰고 있다. 그와 같은 방문으로 맹자를 붙잡을 수 있었다고 생각한 것은 그가 맹자를 존중하지 않는다는 것을 보여주고, 사실상 맹자를 [끊어내고] 있다.

CHAPTER XII

CH. 12. How MENCIUS EXPLAINED HIS SEEMING TO LINGER IN CH'Î, AFTER HE HAD RESIGNED HIS OFFICE, AND LEFT THE COURT.

1. When Mencius had left Ch'î, Yin Shih spoke about him to others, saying, 'If he did not know that the king could not be made a T'ang or a Wû, that showed his want of intelligence. If he knew that he could not be made such, and came notwithstanding, that shows he was seeking his own benefit. He came a thousand lî to wait on the king; because he did not find in him a ruler to suit him, he took his leave, but how dilatory and lingering was his departure, stopping three nights before he quitted Châu! I am dissatisfied on account of this.'

1. All that we know of Yin Shih is that he was a man of Ch'î. Julien properly blames Noel for translating 尹士 by 'literatus cognomine Yin,' as if 士 were here the noun—'a scholar.' But when he adds that it is here to be pronounced *chi*, to mark that it is a name, this is what neither the dictionary nor any commentary mentions. 語, the 4th tone,= 告. w. 干澤, 'to seek for favours,' i. e. his own benefit;—see Analects, II. xviii. 不遇,—see Bk. I. Pt. II. xvi. 3. 玆= 此, 'this.' What Shih chiefly means to charge against Mencius is the lingering character of his departure.

제12장

맹자는 관직을 버리고 조정을 떠날 때 제나라에서 머뭇거리는 것처럼 보인 이유를 어떻게 설명했는가?

1절

孟子去齊. 尹士語人曰, 不識王之不可以爲湯武, 則是不明也, 識其不可, 然且至, 則是干澤也, 千里而見王, 不遇故去, 三宿而後出晝, 是何濡滯也, 士, 則玆不悅.

맹자가 제나라를 떠났을 때, 윤사가 사람들에게 말했다. "왕이 탕왕과 무왕과 같은 이가 될 수 없다는 것을 몰랐다면 그것은 맹자가 앎이 부족한 것을 보여준다. 왕이 그런 사람이 될 수 없다는 것을 알고도 왔다면 그것은 맹자가 자신의 이익만을 추구하고 있었음을 보여준다. 맹자가 왕을 섬기기 위해 천 리를 왔지만, 왕이 그에 어울리는 통치자가 아님을 알았기 때문에 떠나려고 한 것이다. 그러나 그가 주 땅을 떠나기 전 3일 밤을 머물렀으니 얼마나 미적거리고 머뭇거리며 떠났는가! 나는 이 점이 불쾌하다."

1절 각주

윤사에 대해 아는 바는 그가 제나라 사람이라는 것뿐이다. 노엘은 여기서 사(士)를 명사 '학자'로 보아 윤사(尹士)를 [윤이라는 이름의 학자로 번역하였다. 줄리앙은 이것이 잘못된 번역이라 지적하였고 나는 이에 동의한다. 줄리앙은 사(士)가 이름이라는 것을 표지하기 위해 'che'로 발음된다고 덧붙였는데, 사전과 주석 어디에도 이렇게 언급한 부분이 없다. 어(語)는 4성조로 고(告)와 같다. 간택(干澤)은 '호의를 구하다' 즉 자신의 이익을 의미한다. 『논어』 제2권 제18장을 보라. 불우(不遇)는 제1권 제2편 제16장 제3절을 보라. 자(玆)는 차(此), '이것'과 같다. 윤사가 맹자를 비판하는 요지는 맹자가 떠날 때 머뭇거렸다는 것이다.

2. The disciple Kâo informed Mencius *of these remarks.*

3. *Mencius* said, 'How should Yin Shih know me! When I came a thousand *lî* to wait on the king, it was what I desired to do. When I went away because I did not find in him a ruler to suit me, was that what I desired to do? I felt myself constrained to do it.

  3. Mencius was constrained to leave by the conviction forced on him that he could not in Ch'î carry his principles into practice.

2절

高子以告.

고자가 맹자에게 이 말을 전했다.

3절

曰, 夫尹士惡知予哉, 千里而見王, 是予所欲也, 不遇故去, 豈予所欲哉, 予不得已也.

[맹자가] 말했다. "윤사가 어찌 나를 알겠는가! 내가 왕을 섬기기 위해 천리를 왔을 때 그것은 내가 원하는 바였다. 그가 나에게 맞는 통치자가 아님을 알고 떠났을 때 그것이 내가 원하는 바였던가? 나는 어쩔 수 없이 그렇게 해야만 했다.

3절 각주

맹자는 제나라에서 그의 원리를 실천에 옮길 수 없다고 확신했고 이에 제나라를 어쩔 수 없이 떠날 수밖에 없었다.

4. 'When I stopped three nights before I quitted Châu, in my own mind I still considered my departure speedy. I was hoping that the king might change. If the king had changed, he would certainly have recalled me.

4. 王庶幾(the 1st tone)改之, literally, 'The king fortunately near to change it.' This was the thought at the time in Mencius's mind, and 庶幾 ='I hoped, ' I was looking for.' 諸=之.

4절

予三宿而出晝, 於予心猶以爲速, 王庶幾改之, 王如改諸, 則必反予.

내가 주 땅을 떠나기 전 3일 밤을 머물렀을 때 마음속으로 여전히 나의 떠남이 빠르다고 생각했다. 나는 왕이 변하길 바라고 있었다. 왕이 변했다면 분명 나를 다시 불렀을 것이다.

4절 각주57)

왕서기개지(王庶幾[1성조]改之)는 문자 그대로 '왕이 다행스럽게 그것을 바꾸는 것에 가까이 가다'이다. 당시 맹자는 마음속으로 이런 생각을 가지고 있었다. 서기(庶幾)는 '나는 희망했다' '나는 찾고 있었다'와 같다. 저(諸)는 지(之)와 같다.

---

57) (역주) 레게의 원문에서 4절 각주 부분은 3절 각주 속에 포함되어 있지만, 이 부분은 4절에 대한 각주이기 때문에 4절 각주로 분리하여 분류한다.

5. 'When I quitted Châu, and the king had not sent after me, then, and not till then, was my mind resolutely bent on returning *to Tsâu*. But, notwithstanding that, how can *it be said that* I give up the king? The king, after all, is one who may be made to do what is good. If he were to use me, would it be for the happiness of the people of Ch'î only ? It would be for the happiness of the people of the whole kingdom. I am hoping that the king will change. I am daily hoping for this.

5. 諸 = 然後, 'then, and not till then.' 浩然,一see Pt. I. ii. 11. 舍 =捨, the 3rd tone. 由=猶. 用 is by many taken as simply =以 ;一'the king is, after all, competent to do good,' but 用 expresses more than that. 予日望之 conveys in itself no more than the translation, but the king's change of course involved Mencius's recall to Ch'î. Perhaps we have in the words an amplification of Mencius's thoughts before he quitted Châu.

5절

夫出晝, 而王不予追也, 予然後浩然有歸志, 予雖然, 豈舍王哉, 王由足用爲善, 王如用予, 則豈徒齊民安, 天下之民擧安, 王庶幾改之, 予日望之.

내가 주 땅을 떠났고 왕이 나를 부르러 사람을 보내지 않았을 때 비로소 추나라로 돌아가기로 확고히 마음먹었다. 그럼에도 어찌 내가 왕을 포기했다고 [말할 수] 있겠는가? 왕은 결국 선한 것을 행하도록 변화될 수 있는 사람이었다. 그가 나를 사용하고자 했다면 그것이 단지 제나라 백성들의 행복만을 위한 것이었을까? 그것은 천하의 백성들을 위한 행복이었을 것이다. 나는 왕이 변하길 바라고 있다. 나는 매일 이것만 바라고 있다.

5절 각주

연후(然後)는 '그때, 그때까지는 아닌'과 같다.[58] 호연(浩然)은 제1편 제2장 제2절을 보라. 사(舍)는 3성조로 사(捨)이다. 유(由)는 유(猶)와 같다. 여러 사람이 용(用)을 단순히 이(以)와 같은 것으로 보아 '왕은 결국 선을 행할 능력이 있다'로 해석하지만, 용(用)은 그 이상을 의미한다. 여일망지(予日望之)는 그 자체로 번역에서 의도한 것만 전달하지만 왕의 변화는 물론 맹자가 제나라로 다시 오는 것도 암시한다. 아마도 우리는 그 말에서 맹자가 주 땅을 떠나기 전에 가졌던 그의 생각의 증폭을 알 수 있을 것이다.

---

58) (역주) 레게 원문에서 '연후~같다'는 4절 각주로 되어 있으나 5절에 해당하기 때문에 5절 각주에 포함한다.

6. 'Am I like one of your little-minded people? They will remonstrate with their prince, and on *their remonstrance not* being accepted, they get angry; and, with their passion displayed in their countenance, they take their leave, and travel with all their strength for a whole day, before they will stop for the night.'

6. Compare with this paragraph Confucius's defense of Kwan Chung, Analects, XIV. xviii.

7. When Yin Shih heard this explanation, he said, 'I am indeed a small man.'

6절

予豈若是小丈夫然哉, 諫於其君而不受, 則怒悻悻然, 見於其面, 去則窮日之力, 而後宿哉.

내가 속 좁은 너희 백성들과 같을까? 그들은 제후에게 항의할 것이고 [항의가 받아들여지지 않으면] 화를 낸다. 그들은 감정을 얼굴에 드러내며 떠날 것이고, 밤이 되어 길을 멈추기 전에 온종일 온 힘을 다해 이동할 것이다."

6절 각주[59]

이 절을 공자가 관중을 옹호한 『논어』 제14권 제18장과 비교해보라.

7절

尹士聞之曰, 士, 誠小人也.

윤사가 이 설명을 들었을 때 말했다. "나는 정말 소인이구나."

---

59) (역주) 레게 원문에서 각주 5로 되어 있지만 6절에 해당하는 부분이기 때문에 6절에 포함한다.

CHAPTER XIII

CH. 13. MENCIUS'S GRIEF AT NOT FINDING AN OPPORTUNITY TO DO THE GOOD WHICH HE COULD.

1. When Mencius left Ch'î, Ch'ung Yü questioned him upon the way, saying, 'Master, you look like one who carries an air of dissatisfaction in his countenance. But formerly I heard you say—"The superior man does not murmur against Heaven, nor grudge against men."'

   1. Ch'ung Yü,—the same mentioned in chap. vii. Though Ch'ung Yü attributes the maxim 不怨天, 不尤人 to his master, we find it in Confucius, see Analects, XIV. xxxvii.

제13장

맹자는 선을 행할 기회를 얻지 못한 것에 슬퍼하다.

1절

孟子去齊, 充虞路問曰, 夫子若有不豫色然, 前日虞聞諸夫子
曰, 君子不怨天, 不尤人.

맹자가 제나라를 떠났을 때 충우가 가는 도중에 물었다. "선생님의 얼굴에
불만족 기색이 있습니다. 전에 선생님께서 '군자는 하늘을 원망하지 않고
사람들에게 불평하지 않는다'라고 말씀하신 것을 들은 적이 있습니다."

1절 각주

충우의 경우, 제7장에서 동일 인물이 언급되어 있다. 충우는 스승인 맹자
가 '불원천, 불우인(不怨天, 不尤人)'을 말한 것으로 말하지만, 이것은 공
자가 한 격언이다. 『논어』 제14권 제37장을 보라.

2. *Mencius* said, 'That was one time, and this is another.

3. 'It is a rule that a true royal sovereign should arise in the course of five hundred years, and that during that time there should be men illustrious in their generation.

3. '500 years,'—this is speaking in very round and loose numbers, even if we judge from the history of China prior to Mencius. 其間, 'during them,' but the meaning is at the same time with the sovereign shall arise men able to assist him. 名世 =有 or 著名于世.

2절

曰, 彼一時, 此一時也.

[맹자가] 대답했다. "그때는 그때이고, 지금은 다르다.

3절

五百年, 必有王者興, 其間必有名世者.

왕도를 실현할 군주가 오백 년이라는 시간 동안 출현하고, 저명한 사람들이 이 기간에 나오는 것이 법칙이다.

3절 각주

'5백 년'이란 '맹자' 시대 이전의 중국 역사로 판단해 봐도 엄밀하지 않은 대략의 수치이다. 기간(其間)은 '그동안이지만 그 의미는 군주와 같은 시기에 그를 도울 사람들이 나타난다는 것이다. 명세(名世)는 유(有) 또는 저명우세(著名于世)이다.

4. 'From the commencement of the Châu dynasty till now, more than seven hundred years have elapsed. Judging numerically, the date is past. Examining the *character of the present* time, we might *expect the rise of such individuals in it.*

4. The Châu dynasty lasted altogether 867 years, and Mencius died, according to some accounts, at the age of 102, in the second year of the last century, little more than fifty years removed from the extinction of the dynasty. 以其時考之則可矣, literally, 'By the time examining it, then may,' i. e. such things may be.

4절

由周而來, 七百有餘歲矣, 以其數則過矣, 以其時考之則可矣.

주나라의 개국 이래로 지금까지 7백 년 이상이 흘렀다. 수치상으로 볼 때, 그 기간이 지났다. [헌] 시기의 [성격]을 살필 때, 우리는 [그 안에 그와 같은 인물의 출현을 예상할 수 있다].

4절 각주

주나라는 867년 동안 이어졌다. 혹자의 기록에 따르면 맹자는 102세까지 살았는데 이것은 한 세기와 두 해에 해당하고, 주나라가 멸망하기 전 50년도 채 안 되는 시기이다.[60] 이기시고지즉가의(以其時考之則可矣)는 문자 그대로, '그것을 조사할 때가 된다면, 그때는 가능할 수도'로 그런 일이 있을 수도 있다는 것을 의미한다.

---

60) (역주) 맹자의 생몰 연도는 기원전 372년~기원전 289년으로 추정된다. 서주는 기원전 1046년~기원전 770년이고 동주는 기원전 770년~기원전 256년 동안 이어졌다.

5. 'But Heaven does not yet wish that the kingdom should enjoy tranquillity and good order. If it wished this, who is there besides me to bring it about? How should I be otherwise than dissatisfied?'

5. 舍我其誰, literally, 'Letting me go, then who?' Compare last chapter, par. 4, and many other places, where Mencius speaks of what he could accomplish. On the reference to the will of Heaven, compare Analects, IX. v. 3.

5절

夫天未欲平治天下也,　如欲平治天下,　當今之世,　舍我其誰也,
吾何爲不豫哉.

그러나 하늘은 아직 천하가 고요와 질서를 만끽하기를 원하지 않는다. 만약 하늘이 이를 원한다면 나 이외에 누가 있어 그렇게 하겠느냐? 내가 어찌 불만족스럽지 않겠느냐?"

5절 각주

사아기수(舍我其誰)는 문자 그대로 '나를 보낸다면, 그다음은 누구인가?'이다. 맹자가 자기가 성취할 수 있는 것에 대해 말한 제12장의 제4절과 다른 여러 곳과 비교하라. 하늘의 뜻에 대한 언급은 『논어』 제9권 제5장 제3절과 비교하라.

CHAPTER XIV

CH. 14. THE REASON OF MENCIUS'S HOLDING AN HONORARY OFFICE IN Ch'î WITHOUT SALARY, THAT HE WISHED TO BE FREE IN HIS MOVEMENTS.

1. When Mencius left Ch'î, he dwelt in Hsiû. *There* Kung-sun Ch'âu asked him, saying, 'Was it the way of the ancients to hold office without receiving salary?'

  1. Hsiû was in the present district of T'ăng (籐) in the department of Yen-châu. Kung-sun Châu's inquiry was simply for information. This appears from the 非 with which it is answered.

제14장

맹자는 제나라에서 무보수 명예직으로 있었던 것은 자유롭게 떠나기 위해서였다고 설명한다.

1절
孟子去齊, 居休. 公孫丑問曰, 仕而不受祿, 古之道乎.

맹자가 제나라를 떠났을 때 휴 땅에 거주했다. [그곳에서] 공손추가 그에게 물었다. "옛사람들은 관직에 있을 때 보수를 받지 않는 것이 도리였습니까?"

1절 각주
휴 땅은 현재 연주의 등(籐) 지역에 있었다. 공손추의 질문은 단순히 정보를 알기 위한 것이다. 그 근거는 대답이 비(非)로 나타나기 때문이다.

2. *Mencius replied*, 'No; when I first saw the king in Ch'ung, it was my intention, on retiring from the interview, to go away. Because I did not wish to change this intention, I declined to receive any salary.

  2. Ch'ung must be the name of a place in Ch'î, which cannot be more exactly determined. It is not to be confounded with the ancient principality or barony of the same name. 得見 is evidently=始見.

3. 'Immediately after, there came orders for the collection of troops, when it would have been improper for me to beg permission to leave. But to remain so long in Ch'î was not my purpose.'

  3. 師命 may be as in the translation, or—'the appointment to the position of a Tutor,' i. e. honorary adviser to the king. This is the interpretation of the glossarist of Châo Ch'î, and is perhaps preferable to the former.

2절

曰, 非也, 於崇, 吾得見王, 退而有去志, 不欲變, 故不受也.

[맹자가] 대답했다. "아니다. 내가 숭 땅에서 왕을 처음 만났을 때 알현을
마친 직후 바로 떠나려고 했다. 나는 이 계획을 바꾸고 싶지 않았기 때문
에, 적은 급여라도 받는 것을 거부했다.

2절 각주

숭은 제나라의 어느 지역의 이름이 틀림없지만, 그 이상은 자세히 알기
어렵다. 숭을 같은 이름의 옛날의 공국 또는 남작의 영토와 혼동하지 말
아야 한다. 득견(得見)은 분명 시견(始見)과 같다.

3절

繼而有師命, 不可以請, 久於齊, 非我志也.

그 직후 군대 징병의 명령이 떨어졌기에, 내가 떠날 수 있도록 허락해 달
라는 청을 하기가 부적절했다. 그러나 제나라에 [그렇게] 오래 머문 것은
의도한 바가 아니었다."

3절 각주

사명(師命)은 번역처럼 해석할 수 있고 아니면 '개인 교사의 자리에 임명
되는 것' 즉 왕의 명예직 고문으로 볼 수도 있다. 후자는 조기의 용어에
대한 학자들의 해석으로 나보다 더 적절한 해석일 수도 있다.

滕文公章句·上

등문공장구·상

BOOK III

TĂNG WAN KUNG

PART I

TITLE OF THIS BOOK.

一滕文公, 'The duke Wăn of T'ăng.' The Book is so named from the duke Wăn, who is prominent in the first three chapters. Châo Ch'î compares this with the title of the fifteenth Book of the Analects.

제3권
등문공장구(滕文公章句)
상(上)

제3권의 제목

등문공(滕文公)은 앞의 첫 3개의 장에서 두드러지게 등장하는 등나라의 문공의 이름을 딴 것이다. 조기는 이것을 『논어』 제15권의 제목과 비교한다.

CHAPTER 1

CH. 1. How ALL MEN BY DEVELOPING THEIR NATURAL
GOODNESS MAY BECOME EQUAL TO THE ANCIENT SAGES.

1. When the prince, afterwards duke Wăn of T'ăng, had to go to Ch'û,
he went by way of Sung, and visited Mencius.

1. The duke Wăn of T'ăng,—see Bk. I. Pt. II. xiii. Wăn is the
posthumous title. The crown prince's name appears to have been Hung
(宏). Previous to the Han dynasty, the heirs apparent of the sovereigns
and the princes of states were called indifferently 世子 and 太子. Since
then, 太子 has been confined to the imperial heir. The title of 世子 was
given, it is said, 欲其世世不絶, 'to indicate the wish that the succession
should be unbroken *from generation to generation.*' Ch'û and T'ăng
bordering on each other, the prince must have gone out of his way to
visit Mencius. In the 'Topography of the Four Books, Continued,' it is
said:—'Since T'ăng and Ch'û adjoined, so that one had only to lift his
feet to pass into Ch'û, why must the crown prince go round about, a
distance of more than 350 li, to pass by the capital of Sung? The
reason was that Mencius was there, and the prince's putting himself to
so much trouble, in going and returning, shows his worthiness.'

제1장

만인이 어떻게 하면 그들의 타고난 선을 개발하여 옛 성인의 경지에 오를 수 있을까.

1절

滕文公爲世子, 將之楚, 過宋, 而見孟子.

나중에 등나라의 문공이 된 세자가 초나라로 가야 했을 때, 송나라를 지나면서 맹자를 방문했다.

1절 각주

등나라의 문공은 제1권 제2편 제13장을 보라. 문(文)은 시호이다. 세자 때의 이름은 굉(宏)이였던 것 같다. 한나라 이전에는 천자와 제후의 후계자를 태자(太子)와 세자(世子)로 구분하지 않았다. 한나라 때부터 황제의 후계자만 태자로 불렀다. 세자라는 칭호는 욕기세세부절(欲其世世不絶), 즉 [자손 대대로 승계가 단절되지 않기를 바라는 소망을 나타내기 위해서' 주어진 것이다. 초나라와 등나라는 서로 국경이 접해있어 세자가 맹자를 방문하려면 예정된 길에서 벗어나야만 했다. '사서지리학(Topography of the Four Books)' 시리즈에 따르면, '등나라와 초나라가 인접했기 때문에 단지 발을 들어 초나라에 들어가기만 하면 되었는데 어째서 이 세자는 3백 50리 이상 떨어진 길을 돌아서 송나라의 수도를 지나가야 했는가? 그것은 맹자가 그곳에 있었기 때문이었다. 세자가 많은 곤란을 겪으면서도 맹자를 방문하기 위해 오고 갔다는 것은 맹자의 가치를 보여준다라고 했다.

2. Mencius discoursed to him how the nature *of man* is good, and when speaking, always made laudatory reference to Yâo and Shun.

2. 道=言, a verb, 'to speak or discourse about.' 必 not 'necessarily,' but 'he made it a point.' 稱 is taken by Chû Hsî and others in the sense of 'to appeal to.' This is supported by par. 3, but the word itself lias only the meaning in the translation, with which, moreover, Châo Ch'î agrees.

2절

孟子道性善, 言必稱堯舜.

맹자가 그에게 [사람의] 본성이 어떻게 선한가를 말했는데, 이때 항상 요순을 거론하며 찬미했다.

2절 각주

도(道)는 언(言)과 같고 동사로 '~에 대해 말하다 또는 담론하다'이다. 필(必)은 '반드시'가 아니지만 '그것을 규칙으로 삼았다'이다. 칭(稱)을 주희와 다른 이들은 '~에 호소하다'의 의미로 받아들였다. 이것은 제3절에서 보완하지만, 단어 자체는 단지 번역에서 제시된 의미만이 있다. 나의 번역은 조기의 해석과 일치한다.

3. When the prince was returning from Ch'û, he again visited Mencius. Mencius said to him, 'Prince, do you doubt my words? The path is one, and only one.

3. 道一而已,一道 seems here to be used as in the Chung Yung, i, 1,一'an accordance with this nature is called the Path,' but viewed here more in the consummation of high sageship and distinction to which it leads, which may be reached by treading it, and which can be reached in no other way. We have here for the first time the statement of Mencius's doctrine, which he subsequently dwells so much on, that 'the nature of man is good.'

3절

世子自楚反, 復見孟子. 孟子曰, 世子疑吾言乎, 夫道, 一而已矣.

세자가 초나라에서 돌아올 때 다시 맹자를 방문했다. 맹자가 그에게 말했다. "세자께서는 제 말을 의심하십니까? 길은 하나이고, 하나의 길뿐입니다.

3절 각주

도일이이(道一而已)의 도(道)는 여기서 『중용』 제1장 제1절의 '그의 본성과의 일치를 길(Path)이라 부른다'와 유사하게 사용된다. 그러나 여기서는 그 이상을 의미하는 것처럼 보인다. 높은 수준의 현명함과 그로 인한 특출함의 완성은 길을 밟음으로써 도달할 수 있고, 그리고 오직 그 방법을 통해서만 도달할 수 있다. 여기서 우리는 처음으로 맹자의 원리를 나타내는 진술을 만나게 된다. 맹자가 이후 깊이 천착하는 것은 바로 '인간의 본성은 선하다'라는 원리이다.

4. 'Ch'ăng Chi'en said to duke King of Ch'î, "They were men. I am a man. Why should I stand in awe of them?" Yen Yüan said, "What kind of man was Shun? What kind of man am I? He who exerts himself will also become such as he was." Kung-Ming Î said, "King Wăn is my teacher. How should the duke of Châu deceive me *by those words*?"

4. Of Ch'ăng Chi'en we only know what is here said. 彼丈夫, 一彼 referring to the sages. 丈夫, 一used for 'man' or 'men,' with the idea of vigor and capability. Kung-ming Î was a disciple first of Tsze-chang, and then of Tsăng Shăn. 文王我師 would appear to have been a remark originally of Châu-kung, which I appropriate and vindicates on that high authority.

4절

成覵謂齊景公曰, 彼丈夫也, 我丈夫也, 吾何畏彼哉. 顏淵曰,
舜何人也, 予何人也, 有爲者亦若是. 公明儀曰, 文王, 我師也,
周公豈欺我哉.

성간이 제나라의 경공에게 '그들은 남자이고 나도 남자입니다. 어째서 내
가 그들을 경외해야 합니까?'라고 말했습니다. 안연이 '순임금은 어떤 사
람이고 나는 어떤 사람인가? 스스로 노력하는 자는 또한 순임금과 같이
될 것이다'라고 말했습니다. 공명의는 '문왕이 나의 스승이다. 주공이 어찌
[그런 말로] 나를 속이겠는가?'라고 말했습니다.

4절 각주

성간(成覵)은 여기서 알려진 것이 전부이다. 피장부(彼丈夫)에서 피(彼)는
성현들을 가리킨다. 장부(丈夫)는 활기차고 능력 있는 '사람' 또는 '사람들'
로 사용된다. 공명의는 자장(子張)의 제자였다가 나중에 증삼(曾參)의 제
자가 되었다. 문왕아사(文王我師)는 원래 주공이 한 발언이었을 것이다.
공명의는 주공의 권위에 기대어 자신의 주장을 증명하고자 이 말을 전용
한다.

5. 'Now, T'ăng, taking its length with its breadth, will amount, I suppose, to fifty lî. *It is small, but* still sufficient to make a good State. It is said in the Book of History, "If medicine do not raise a commotion in the patient, his disease will not be cured by it."'

5. 絕長補短,—'cutting the long to supplement the short.' Observe the force of 將 as in the translation. 猶 implying—'It is small, but still.' 善國, compare chapter iii:—'a good kingdom' is such an one as is there described. 若藥云云,—see the Shû-ching, IV. viii. Sect. I. 8. 瞑 read *mien*, the 4th tone.

5절

今滕絶長補短, 將五十里也, 猶可以爲善國, 書曰, 若藥不瞑眩,
厥疾不瘳.

지금, 등나라는 가로와 세로를 더하면 50리에 달할 것으로 추정됩니다.
[작지만] 여전히 선한 나라가 되기에 충분합니다. 『서경』에 이르기를, '약
이 환자를 요동치게 하지 못한다면 병은 치료되지 않는다'라고 했습니다."

5절 각주

절장보단(絶長補短)은 '긴 것을 잘라 짧은 것을 보충하다'라는 뜻이다. 번
역에서처럼 장(將)의 힘을 관찰하라. 유(猶)는 '작지만 여전히'를 암시한다.
선국(善國)은 제3장과 비교하라. '선한 나라'는 제3장에서 기술된 것과 같
다. 약약운운(若藥云云)은 『서경』「상서(商書)·열명상(說命上)」제8절을 보라.
'명(瞑)'은 [명]으로 발음되고 4성조이다.

CHAPTER II

CH. 2. How MENCIUS ADVISED THE DUKE OF T'ĂNG TO CONDUCT THE MOURNING FOR HIS FATHER.

1. When the duke Ting of T'ăng died, the prince said to Yen Yû, 'Formerly, Mencius spoke with me in Sung, and in my mind I have never forgotten *his words*. Now, alas! this great duty to my father devolves upon me; I wish to send you to ask the advice of Mencius, and then to proceed to its *various* services.'

1. 薨 is the proper term to express the death of any of the princes of the kingdom. Yen Yû had been the prince's grand tutor (太傅); I suppose that 然 is the surname. 大故 is a phrase applied to the funeral of, and mourning for, parents;—'the great cause, or matter.'

제2장

맹자는 등나라의 문공에게 부친상을 치르는 방식에 대해 조언한다.

1절

滕定公薨, 世子謂然友曰, 昔者孟子嘗與我言於宋, 於心終不
忘, 今也不幸, 至於大故, 吾欲使子問於孟子, 然後行事.

등나라의 정공이 죽자 세자가 연우에게 말했다. "예전에 맹자가 나와 더불
어 송나라에서 대화를 나눈 적이 있었는데, [그의 말을] 마음속에 결코 잊
은 적이 없습니다. 지금 슬프게도, 아버지에게 도리를 다해야 할 일이 생
겼습니다. 그대를 보내어 맹자의 조언을 구한 후에 [여러] 예식을 진행했
으면 합니다."

1장 각주
홍(薨)은 왕국의 봉건 제후들의 사망을 표현하기 위한 특정 용어이다. 연
우(然友)는 세자의 큰 스승인 태부(太傅)로 연(然)은 성씨로 추정된다. 대
고(大故)는 부모님의 장례와 애도에 적용되는 표현으로, '큰 이유, 또는 문
제'를 의미한다.

2. Zan Yû *accordingly* proceeded to Tsâu, and consulted Mencius. Mencius said, 'Is this not good? In discharging the funeral duties to parents, men indeed feel constrained to do their utmost. The philosopher Tsăng said, "When parents are alive, they should be served according to propriety; when they are dead, they should be buried according to propriety; and they should be sacrificed to according to propriety:—this may be called filial piety." The ceremonies to be observed by the princes I have not learned, but I have heard *these points*:—that the three years' mourning, the garment of coarse cloth with its lower edge even, and the eating of congee, were equally prescribed by the three dynasties, and binding on all, from the sovereign to the mass of the people.'

2. 之鄒—之 is the verb,=往. 不亦善乎,—spoken with reference to the prince's sending to consult him on such a subject. 親喪固所自盡,—compare Analects, XIX. xvii. The words attributed to Tsăng Shăn were originally spoken by Confucius; see Analects, II. v. Tsăng may have appropriated them, and spoken them, so as to make them be regarded as his own, or, what is more likely, Mencius here makes a slip of memory, 齊, 1st tone, read *tsze*; see Analects, IX. ix. 飦, as used in the text, read like and=饘, denotes congee, like 粥, but made thicker.

2절

然友之鄒問於孟子. 孟子曰, 不亦善乎, 親喪固所自盡也. 曾子曰, 生事之以禮, 死葬之以禮, 祭之以禮, 可謂孝矣. 諸侯之禮, 吾未之學也, 雖然, 吾嘗聞之矣, 三年之喪, 齊疏之服, 飦粥之食, 自天子達於庶人, 三代共之.

이에 연우가 추나라로 가서 맹자에게 묻자, 맹자가 말했다. "이것이 선하지 않습니까? 사람들은 부모님의 장례식을 진실로 온 마음을 다해 치르려 합니다. 증자께서 일찍이 '부모님이 살아있을 때 예에 따라 섬겨야 한다. 돌아가셨을 때 예에 따라 매장해야 하고 예에 따라 제사를 지내야 한다. 이것을 효라 한다.'라고 하셨습니다. 세자가 지켜야 할 의식에 대해 알지 못합니다만, [이것을] 들은 적이 있습니다. 삼년상과 아랫단이 평평한 거친 천의 옷, 그리고 죽을 먹는 것, 이 세 가지를 세 왕조가 똑같이 지켰으며 군주로부터 일반 백성에 이르기까지 모두 그렇게 해야 했습니다."

2절 각주

지추(之鄒)의 지(之)는 동사로 왕(往)과 같다. 불역선호(不亦善乎)는 세자가 그와 같은 문제에 대해 맹자의 조언을 구하기 위해 신하를 보낸 것을 가리키며 언급된 것이다. 친상고소자진(親喪固所自盡)은 『논어』 제19권 제17장과 비교하라. 증자가 말했다고 하는 말은 원래는 공자가 한 것이다. 『논어』 제2권 제5장을 보라. 증자가 그 말을 전용하여 자기가 한 말처럼 사람들이 오해하게 했을 수도 있고 가능성이 더 큰 추론은 맹자가 착각했을 수도 있다는 것이다. '제(齊)'는 1성조로 [재]로 발음된다. 『논어』 제9권 제9장을 보라. 본문의 '전(飦)'은 '전(饘)'으로 읽히며, 두 단어가 의미가 같아 모두 '죽(粥)'을 의미하지만 '죽(粥)'보다 더 걸쭉하다.

3. Zan Yû reported the execution of his commission, and *the prince* determined that the three years' mourning should be observed. His aged relatives, and the body of the officers, did not wish that it should be so, and said, 'The former princes of Lû, that kingdom which we honour, have, none of them, observed this practice, neither have any of our own former princes observed it. For you to act contrary to their example is not proper. Moreover, the History says,—"In the observances of mourning and sacrifice, ancestors are to be followed," meaning that they received those things from *a proper source to hand them down*.'

3절

然友反命, 定爲三年之喪, 父兄百官皆不欲, 曰, 吾宗國, 魯先君莫之行, 吾先君, 亦莫之行也, 至於子之身而反之, 不可, 且志曰, 喪祭從先祖, 曰, 吾有所受之也.

연우는 일의 경과를 보고했고, [세자는] 삼년상을 치를 것을 결정했다. 그의 연로한 친척들과 여러 대신은 그렇게 하기를 원하지 않아 이렇게 말했다. "우리가 공경하는 나라인 예전 노나라의 제후 가운데서 누구도 이렇게 한 이가 없고, 예전 우리의 제후 중 누구도 이렇게 한 이가 없습니다. 세자께서 그들의 선례에 반하여 행동하는 것은 적절하지 않습니다. 게다가 역사 기록(History)에, '장례와 제사를 지낼 때 조상들을 따라야 한다'라고 했습니다. 이것은 조상들이 이러한 것들을 [바른] 근원에서 받아서 [그것들을 후손에게 전수했다]는 것을 의미합니다."

3. 反命, 'returned the commission,' i. e. reported his execution of it and the reply. 世子 must be understood as the subject of 定. 父兄, 'his fathers and brethren,' i. e. his uncles and elderly ministers of the ducal family. The phrase is commonly applied by Chinese to the elders of their own surname, whatever be the degrees of their relation ship. 吾宗國,—the ducal house of T'ǎng was descended from one of the sons of king Wǎn (Shû-hsiû, 叔繡), but by an inferior wife, while Châu-kung, the ancestor of Lû, was in the true sovereign line, the author of all the civil institutions of the dynasty, and hence all the other States ruled by descendants of king Wǎn were supposed to look up to Lû. That Châu-kung and the first rulers of T'ǎng had not observed the three years' mourning is not to be supposed. The crown prince's remonstrants are wrong in attributing to them the neglect of later dukes, 志,—what particular 'history' they refer to is not known, 吾有所受之,—吾 is to be understood as spoken in the person of the ancestors, and I have therefore rendered it by 'they.' Châo Ch'î, however, says that some made this a reply of the prince:—'The prince said, *I have one* (i. e. *Mencius) from whom I received it.*'

3절 각주

반명(反命)은 '임무를 돌려주다', 즉 임무를 행했고 맹자의 대답을 보고했다는 것을 의미한다. 세자(世子)를 정(定)의 주어로 보아야 한다. 부형(父兄)은 '그의 아버지들과 형제들로 즉 그의 삼촌들과 공작 가문의 나이든 대신들을 의미한다. 중국인들은 흔히 이 표현을 관계의 멀고 가까운 정도를 떠나 씨족의 어른들에게 사용한다. 오종국(吾宗國)이라는 말은 등나라 공작가의 시조는 문왕의 후궁의 아들인 숙수(叔繡)의 후손들이기 때문에 나온 것이다. 반면에 노나라의 조상인 주공은 왕의 직계로 나라의 모든 민간 조직의 창시자이다. 그리하여 문왕의 후손들이 다스리는 다른 모든 나라는 노나라를 숭배해야 했다. 주공과 등나라의 초기 통치자들이 삼년상을 지키지 않았다고 추정해서는 안 된다. 세자를 비판하는 이들은 후세대의 공작들이 태만해서 삼년상을 지키지 않은 것을 조상들이 삼년상을 지키지 않았다고 잘못 말하고 있다. 지(志)가 어떤 특정 '역사서'를 가리키는지 알기 어렵다. 오유소수지(吾有所受之)에서 오(吾)는 조상들의 형상이 말한 것으로 보아야 하므로 나는 오(吾)를 '그들이'로 옮긴다. 그러나 조기는 혹자는 이것을 세자가 대답한 것으로 만들어 '세자가 말하길, [나는 한 사람(즉 맹자)로부터 그것을 받았다]'라고 한다고 언급했다.

4. *The prince said again* to Zan Yû, 'Hitherto, I have not given myself to the pursuit of learning, but have found my pleasure in horsemanship and sword-exercise, and now I don't come up to the wishes of my aged relatives and the officers. I am afraid I may not be able to discharge my duty in the great business *that I have entered on*; do you *again* consult Mencius for me.' *On this*, Zan Yû went again to Tsâu, and consulted Mencius. Mencius said, 'It is so, but he may not seek *a remedy* in others, *but only in himself.* Confucius said, "When a prince dies, his successor entrusts the administration to the prime minister. He sips the congee. His face is of a deep black. He approaches the place *of mourning*, and weeps. Of all the officers and inferior ministers there is not one who will presume not to join in the lamentation, he setting them this example. What the superior loves, his inferiors will be found to love exceedingly. The relation between superiors and inferiors is like that between the wind and grass. The grass must bend when the wind blows upon it." The business depends on the prince.'

4절

謂然友曰, 吾他日未嘗學問, 好馳馬試劍, 今也, 父兄百官, 不我足也, 恐其不能盡於大事, 子爲我問孟子. 然友復之鄒, 問孟子. 孟子曰, 然, 不可以他求者也, 孔子曰, 君薨, 聽於冢宰, 歠粥, 面深墨, 卽位而哭, 百官有司, 莫敢不哀, 先之也, 上有好者, 下必有甚焉者矣, 君子之德, 風也, 小人之德, 草也, 草上之風必偃, 是在世子.

[세자가 다시] 연우에게 [말했다]. "지금까지 나는 학문을 추구하는데 열중하지 않았고 말타기와 칼 쓰기에서 기쁨을 찾았습니다. 지금의 나는 친척 어른들과 대신들의 기대에 미치지 못합니다. 나는 [내가 시작해왔던] 큰일에 나의 의무를 다하지 못할까 걱정입니다. 나를 대신해 맹자에게 가서 [다시] 조언을 구해 주시겠습니까?" [이에] 연우는 다시 추나라로 가서 맹자의 조언을 구했다. 맹자가 말했다. "그렇습니다만, 세자는 다른 사람들이 아닌 [오로지 그 자신에게서만] [그 치유책]을 구할 수 있습니다. 공자께서 말씀하셨습니다. '제후가 죽으면 그의 계승자는 행정을 총리에게 일임한다. 그는 죽만 조금 먹고, 얼굴은 짙은 검은색이 되고, [애도의] 장소에 가서 곡을 한다. 그가 이렇게 예를 정하고 나면 모든 대신과 하급 관리가 여기에 동참할 것이다. 윗사람이 좋아하는 것을 아랫사람이 더 좋아할 것이다. 윗사람과 아랫사람의 관계는 바람과 풀과 같다. 풀은 바람이 불면 구부려야 한다.' 이 일은 세자께서 어떻게 하느냐에 달려 있습니다."

4. 不我足 = 不以我足滿其意 as in the translation. 恐其不能,—'1 am afraid of the not being able, &c.' It is the sentiment of the prince himself, and 恐 must be translated in the first person, and not in the third, as Julien does. In the 其 there is a reference to his antecedents, as occasioning the present difficulty. 不可以他求 is taken by Châo Ch'î, 'You may not seek (to overcome their opposition) by any other way, (but carrying out what you have begun).' Chû Hsî's view, as in the translation, is better. In the quotations from Confucius, Mencius has blended different places of the Analects together, and enlarged them to suit his own purpose, or, it may be, the text of the Analects was different in his time. See Analects, XIV. xxi, *et al.* 即位而哭,—the 位 is the place where the coffin lay, during the five months that elapsed between the death and interment.

4절 각주

불아족(不我足)은 번역에서처럼 불이아족만기의(不以我足滿其意)와 같다. 공기불능(恐其不能)은 '~할 수 없을까 두렵다'이다. 그것은 세자 그 자신의 느낌이고 공(恐)은 줄리앙의 말처럼 3인칭이 아닌 1인칭 시점에서 번역해야 한다. 기(其)는 현재와 마찬가지로 예전에 발생했던 힘든 상황들을 가리킨다. 조기는 불가이타구(不可以他求)를 '당신은 다른 어떤 방식으로 구하려고(그들의 반대를 극복하려고) 하지 말고 (오로지 당신이 시작한 것을 실행해야 한다)'라고 해석한다. 조기보다는 주희의 견해가 번역처럼 더 적절하다. 공자를 인용할 때 맹자는 『논어』의 몇 곳을 혼합하여 자신의 목적에 부합하도록 확대했을 수도 있고, 아니면 『논어』 텍스트가 맹자 시대에는 달랐을 수도 있다. 『논어』 제12권 제21장 등을 보라. 즉위이곡(卽位而哭)에서 위(位)는 사망과 매장 사이의 5개월 동안 관을 놓아두는 장소를 말한다.

5. Zan Yû returned with this answer to his commission, and the prince said, 'It is so. The matter does indeed depend on me.' So for five months he dwelt in the shed, without issuing an order or a caution. All the officers and his relatives said, 'He may be said to understand *the ceremonies*.' When the time of interment arrived, they came from all quarters of the State to witness it. Those who had come *from other States* to condole with him, were greatly pleased with the deep dejection of his countenance and the mournfulness of his wailing and weeping.

5절

然友反命. 世子曰, 然, 是誠在我, 五月居廬, 未有命戒, 百官
族人, 可謂曰知, 及至葬, 四方來觀之, 顔色之戚, 哭泣之哀,
弔者大悅.

연우가 이 대답을 가지고 돌아오자 세자가 말했다. "그렇군요. 그 문제는
참으로 내가 하기에 달렸군요." 그래서 그는 5개월 동안 어떠한 명령도
경고문도 내리지 않고 오두막에서 살았다. 모든 대신과 친척들이 말했다.
"그가 [예를] 이해한 것으로 볼 수 있다." 매장 시기가 다가왔을 때 이를
목격하기 위해 공국의 사방에서 찾아 왔다. 그에게 조문하기 위해 다른
[공국에서] 온 사람들은 깊은 실의에 빠진 그의 얼굴과 그리고 구슬픈 그
의 곡과 울음에 크게 기뻐했다.

5. The 廬 was a shed, built of boards and straw, outside the center door of the palace, against the surrounding wall, which the mourning prince tenanted till the interment: see the Lî Chî, XXII, Sect. I. I. 7. 可謂曰知 is supposed by Chû Hsî, with reason, to be corrupted or defective. I have translated as if it were 曰可謂知.—Chû Hsî introduces here, the following remarks from the commentator Lin (林):—'In the time of Mencius, although the rites to the dead had fallen into neglect, yet the three years' mourning, with the sorrowing heart and afflictive grief, being the expression of what really belongs to man's mind, had not quite perished. Only, sunk in the slough of manners becoming more and more corrupt, men were losing all their moral nature without being conscious of it. When Duke Wǎn saw Mencius, and heard him speak of the goodness of man's nature, and of Yâo and Shun, that was the occasion of moving and bringing forth his better heart, and on this occasion—of the death of his father—he felt sincerely all the stirrings of sorrow and grief. Then, moreover, when his older relatives arid his officers wished not to act as ho desired, he turned inwards to reprove himself, and lamented his former conduct which made him not be believed in his present course, not presuming to blame his officers and relatives:—although we must concede an extraordinary natural excellence and ability to him, yet his energy in learning may not be impeached. Finally, when we consider how with what decision he finally acted, and how all, near and far, who saw and heard him, were delighted to acknowledge and admire his conduct, we have an instance of how, when that which belongs to all men's minds is in the first place exhibited by one, others are brought, without any previous purpose, to the pleased acknowledgment and approval of it:—is not this a proof that it is indeed true that *the nature of man is good*?'

5절 각주

려(廬)는 널판과 짚으로 지은 오두막으로, 궁의 중문 밖에 있고 오두막 주위에는 물이 있다. 상주인 세자는 여기서 매장할 때까지 기거한다. 『예기』「잡기(雜記)」상 제1장 제7절을 보라. 주희는 가위왈지(可謂曰知)가 글자가 훼손되었거나 잘못된 것으로 추정하는데 이는 타당하다. 그래서 나는 '가위왈지'를 왈가위지(曰可謂知)처럼 번역했다. 주희는 여기서 주석가 임(林)씨61)의 논평을 소개한다. '맹자의 시대에 장례 예식을 소홀하게 다루게 되었지만, 그럼에도 사람의 진정한 마음을 표현하는 슬픔과 비탄의 고통이 동반된 삼년상은 여전히 남아있었다. 단지 점점 더 타락하는 관습의 진흙탕에 빠져 사람들은 의식하지 못한 채 도덕성을 상실하고 있었다. 등문공이 맹자를 만나 사람의 선한 본성과 요순에 대한 견해를 들었을 때, 그것이 그의 선한 마음을 움직이고 끌어냈다. 그는 부친상을 당했을 때 슬픔과 비탄의 모든 감정이 요동치는 것을 진실하게 느꼈다. 게다가 그의 나이든 친척과 대신들이 그가 바라는 대로 행동하지 않았을 때, 그는 자기의 내면으로 눈을 돌려 자신을 비난하고 현재 그의 행동을 믿지 못하게 만든 과거의 행동을 한탄하였고 대신들과 친척들을 비판하지 않았다. 다시 말하면, 그는 타고난 뛰어난 우수함과 능력도 있었지만, 학습에 대한 열정도 높았다는 것을 인정하지 않을 수 없다. 마지막으로, 그가 어떤 결심을 하고 최종적으로 어떻게 행동을 하였는지 그리고 가깝고 먼 모든 이들이 그를 보고 듣고 기뻐하며 어떻게 그의 행동을 인정하고 칭찬했는지를 고려해 볼 수 있다. 그러면 먼저 한 사람이 모든 사람의 마음속에 있는 그것을 밖으로 드러내면 다른 사람들은 이전의 다른 의도 없이 즐겁게 그것을 인정하고 승인하는 것을 이 예에서 찾을 수 있다. 이것이야말로 [사람의 본성이 선하다는 것이 참임을 증명하는 증거가 아닌가?'

---

61) (역주) 임씨(林氏)는 임지기(林之奇)이다. 제2권 상 제2장 제17절 각주 참조

CHAPTER III

CH. 3. MENCIUS'S COUNSELS TO THE DUKE OF T'ăNG FOR THE GOVERNMENT OF HIS KINGDOM. AGRICULTURE AND EDUCATION ARE THE CHIEF THINGS TO BE ATTENDED TO, AND THE FIRST AS AN ESSENTIAL PREPARATION FOR THE SECOND.

1. The duke Wăn of T'ăng asked *Mencius* about *the proper way of governing a kingdom.*

1. 爲, in the sense of 治 'to govern.'

제3장

맹자는 등나라의 문공에게 나라의 통치에 대해 조언한다. 농업과 교육이 힘써야 할 주요 분야이고, 농업은 교육을 위한 필수 준비 단계이다.

1절

滕文公問爲國.

등나라의 문공이 [맹자에게] 나라를 통치하는 [올바른 길에 대해] 물었다.

1절 각주

위(爲)는 치(治)의 의미로 '통치하다'이다.

2. Mencius said, 'The business of the people may not be remissly attended to. It is said in the Book of Poetry,

"In the day-light go and gather the grass,
And at night twist your ropes;
Then get up quickly on the roofs;—
Soon must we begin sowing *again* the grain."

2. By 民事, 'the business of the people,' is intended husbandry. For the ode, see the Shih-ching, I, xv, Ode I. st. 7, written, it is said, by Châu-kung, to impress the sovereign Ch'ăng with a sense of the importance and toils of husbandry.

2절

孟子曰, 民事, 不可緩也, 詩云, 晝爾于茅, 宵爾索綯, 亟其乘
屋, 其始播百穀.

맹자가 대답했다. "백성의 일은 태만하게 다루어질 수 있는 것이 아닙니
다. 『시경』에 다음과 같은 시가 있습니다.

'낮에는 가서 풀을 모으고,
밤에는 줄을 꼰 다음,
재빨리 지붕 위로 올라가고
[곧 다시] 파종을 시작해야 한다.'

2절 각주

민사(民事), '백성들의 일'은 농사를 가리킨다. 시는 『시경』「국풍(國風)·빈
풍(豳風)·칠월(七月)」제7연을 보라. 이 시는 주공이 성왕에게 농사의 중요
성과 고됨을 알려주기 위해 쓴 것으로 전해진다.

3. 'The way of the people is this:—If they have a certain livelihood, they will have a fixed heart; if they have not a certain livelihood, they have not a fixed heart. If they have not a fixed heart, there is nothing which they will not do in the way of self-abandonment, of moral deflection, of depravity, and of wild license. When they have thus been involved in crime, to follow them up and punish them:—this is to entrap the people. How can such a thing as entrapping the people be done under the rule of a benevolent man?

3. Compare Bk. I. Pt. I. vii. 19. In 民之爲道, the 道 is to be taken lightly, as if the expression were 民之爲民也,='As to the people's being the people,' i. e. the character of the people is as follows. One commentator expounds the passage thus:—民之爲道, 道字只如云, 民之所以爲民. 此節只言 恆産所係之重.

3절

民之爲道也, 有恒産者, 有恒心, 無恒産者, 無恒心, 苟無恒心, 放辟邪侈, 無不爲已, 及陷乎罪, 然後從而刑之, 是罔民也, 焉有仁人在位, 罔民而可爲也.

백성의 방식은 이렇습니다. 백성에게 확실한 생업이 있으면 마음이 굳건해질 것이고, 확실한 생업이 없으면 마음이 굳건해지지 않을 것입니다. 마음이 굳건하지 않으면 자포자기와 도덕적 해이, 방탕, 방종하여 그들이 하지 않을 것은 아무것도 없습니다. 백성들이 이렇게 범죄에 연루되었을 때 따라가서 처벌하는 것은 그들에게 덫을 놓는 것입니다. 백성들에게 덫을 놓는 것과 같은 그런 일이 어떻게 어진 사람이 통치하는 나라에서 일어날 수 있습니까?

3절 각주

제1권 제1편 제7장 제19절과 비교하라. '민지위도'(民之爲道)에서 도(道)는 가볍게 받아들여야 한다. 이 표현은 마치 '백성이 진정한 백성이 되는 것(民之爲民也)에 관하여' 즉 백성의 성격은 다음과 같다는 정도로 해석하는 것 같다. 한 주석가는 이것을 '민지위도, 도자지여운, 민지소이위민, 차절지언, 항산소계지중(民之爲道, 道字只如云, 民之所以爲民. 此節只言 恒産所係之重)'로 설명한다.

4. 'Therefore, a ruler who is endowed with talents and virtue will be gravely complaisant and economical, showing a respectful politeness to his ministers, and taking from the people only in accordance with regulated limits.

4. 必,一not 'must be,' which would be inconsistent with the 賢, but 'will be,' i. e. will be sure to be. The two last clauses are exegetical of 恭 and 儉. 下 must be understood of 臣, 'ministers,' in contradistinction from the 民, 'people,' in the next clause, though all are of course 'beneath' the ruler.

4절

是故賢君必恭儉禮下, 取於民有制.

그러므로 재주와 덕을 갖춘 통치자는 매우 공손하고 검소하며 대신에게는 존경과 정중함을 보이고 백성에게는 규정에 정해진 한도 내에서만 취할 것입니다.

4절 각주

필(必)이 '~이어야 한다'라고 하면 현(賢)과 부합되지 않기 때문에 이 의미라기보다는 '~일 것이다' 즉 '확실히 ~일 것이다'로 해석해야 한다. '예하, 취어민유제(禮下, 取於民有制)'는 공(恭)과 검(儉)을 푼 것이다. 하(下)는 신(臣), '대신들'로 보아야 하고 이는 그다음 구의 민(民), 즉 '백성'과 대비되지만, 신(臣)과 민(民) 모두 당연히 통치자의 '아래에' 있다.

5. 'Yang Hû said, "He who seeks to be rich will not be benevolent. He who wishes to be benevolent will not be rich."

5. This Yang Hû is the Yang Ho, of the Analects, XVII. i. To accord with his unworthy character, the observation is taken in a bad sense, as a dissuasive against the practice of benevolence, while Mencius quotes it to show the incompatibility of the two aims. Great stress is laid on the 爲. 爲富, 爲仁, 'He who makes riches—benevolence—his business.' This force of the character would be well brought out by putting it in 3rd tone, but that would give the observation a good meaning.

5절

陽虎曰, 爲富, 不仁矣, 爲仁, 不富矣.

양호가 말하길, '부를 추구하는 자는 어질지 않을 것이다. 어질고자 하는 자는 부를 얻기 어려울 것이다'라고 했습니다.

5절 각주

본문의 양호(陽虎)는 『논어』 제18권 제1장에 나오는 양호이다. 부덕한 인격의 소유자인 양호는 인을 실천하지 않으려는 나쁜 의도로 그러한 말을 했다. 그러나 맹자는 양호의 말을 인(仁)과 부(富)의 양립 불가능성을 보여주기 위해 인용했다. 위(爲)에 큰 강조점이 주어져야 한다. '위부, 위인(爲富, 爲仁)'은 '부를 쌓는 것과 인을 쌓는 것을 일로 삼는 사람'을 의미한다. '위(爲)'는 3성조로 발음하면 의미가 잘 드러나지만 그렇게 되면 양호의 논평을 좋은 뜻으로 해석하게 되어 문제가 있다.

6. 'The sovereign of the Hsiâ dynasty enacted the fifty *mâu* allotment, and the payment of a tax. The founder of the Yin enacted the seventy *mâu* allotment, and the system of mutual aid. The founder of the Châu enacted the hundred *mâu* allotment, and the share system. In reality, *what was paid* in all these was a tithe. The share system means mutual division. The aid system means mutual dependence.

6. 夏后氏, 殷人, 周人, see Analects, III. xx. By the Hsiâ statutes, every husbandman─head of a family─received 50 *mâu*, and paid the produce of five of them to the government. This payment was the 貢. By those of Yin, 630 *mâu* were divided into nine equal allotments of 70 *mâu* each, the central one being reserved for the government, and eight families on the other allotments uniting in its cultivation. By those of Châu, to one family 100 *mâu* were assigned, and ten families cultivated 1,000 acres in common, dividing the produce, and paying a tenth to government. Such is the account here given by Mencius, but it is very general, and not to be taken, especially as relates to the system of the Châu dynasty, as an accurate exposition of it. More in accordance with the accounts in the Châu Lî is his own system recommended below to Pî Chan.

6절

夏后氏五十而貢, 殷人七十而助, 周人百畝而徹, 其實, 皆什一也, 徹者, 徹也, 助者, 藉也.

하 왕조의 군주는 50[무]의 할당과 세금 납부를 시행했습니다. 은나라의 시조는 70[무의] 할당과 상조제를 시행했습니다. 주나라의 시조는 1백[무의] 할당과 공유제를 시행했습니다. 사실상, 이 모든 세법에서 [내는 것은] 10분의 1입니다. 공유제는 상호 분배를 의미합니다. 상조제는 상호 의존을 의미합니다.

6절 각주

하후씨(夏后氏)와 은인(殷人)과 주인(周人)은 『논어』 제3권 제21장을 보라. 하나라의 법에는 모든 농부 즉 한 가족의 가장은 50무를 받고 그 가운데 5무에서 나온 수확량을 정부에 냈다. 이 납부가 공(貢)이다. 은나라의 법에는 6백30무를 동일하게 9등분하고 공전인 중앙의 땅을 제외한 땅을 8가구에 각각 70무씩 할당하고 공전은 8가구가 공동으로 경작했다. 주나라 법에는 한 가구에 1백무씩 할당하고 10가구가 1천 에이커를 공동 경작한다. 그리고 수확량을 등분한 후 10분의 1을 정부에 냈다. 맹자가 여기서 이렇게 설명하고 있지만, 그것은 매우 일반적인 설명으로 특히 주나라의 조세 제도에 대한 설명은 정확하지 않다. 『주례』(周禮)의 설명과 더 일치하는 것은 아래의 '맹자'가 필전(畢戰)에게 추천한 제도이다.

7. 'Lung said, "For regulating the lands, there is no better system than that of mutual aid, and none which is not better than that of taxing. By the tax system, the regular amount was fixed by taking the average of several years. In good years, when the grain lies about in abundance, much might be taken without its being oppressive, and the actual exaction would be small. But in bad years, the produce being not sufficient to repay the manuring of the fields, this system still requires the taking of the full amount. When the parent of the people causes the people to wear looks of distress, and, after the whole year's toil, yet not to be able to nourish their parents, so that they proceed to borrowing to increase their means, till the old people and children are found lying in the ditches and water-channels:─where, *in such a case*, is his parental relation to the people?"

7. Of the Lung quoted here, all that Châo ch'i and Chû Hsî say, is that he was 'an ancient worthy.' 狼戾 is said to be synonymous with 狼藉, meaning 'abundant.' That this is the signification is plain enough, but how the characters come to indicate it is not clear. 狼 means 'a wolf,' and 藉 is given in connexion with that character as meaning 'the appearance of things scattered about in confusion.' I can't find any signification of 戾 'crooked, perverse, &c.,' from which, as joined to 狼, we can well bring out the meaning. 盻盻然 is taken by Châo Ch'î as in the translation, and by Chû Hsî, ='an angry-looking appearance,' which does not suit so well. 稱 = 擧 'to lift up,' = 'to proceed to.' 惡 (the 1st tone)在其爲民父母,─see Bk. I. Pt. I. iv. 5.

7절

龍子曰, 治地莫善於助, 莫不善於貢, 貢者, 校數歲之中以爲常, 樂歲, 粒米狼戾, 多取之, 而不爲虐, 則寡取之, 凶年, 糞其田而不足, 則必取盈焉, 爲民父母, 使民盻盻然, 將終歲勤動, 不得以養其父母, 又稱貸而益之, 使老稚轉乎丘壑, 惡在其爲民父母也.

용자가 말하길, '토지를 규제하는 데는 상조제가 최선의 제도이고 세금을 부과하는 것이 최악의 제도이다. 세금을 부과할 때 7년의 수확량을 평균하여 일정액을 정한다. 풍년에는 곡식이 풍부하여, 강제하지 않아도 많이 거둘 수 있어 강제 징수가 적다. 그러나 흉년에는 논에 준 거름을 갚을 정도의 수확량도 나오지 않지만, 세금 제도는 여전히 정해진 양을 모두 낼 것을 요구한다. 백성의 부모가 되어 백성을 고통스럽게 만들고 백성들이 한 해 동안 고되게 노동한 후에도 부모를 봉양할 수 없게 만든다. 백성들은 생계 수단을 늘리기 위해 돈을 빌리게 되고, 마침내 노인과 아이들이 도랑과 수로에 누워 있게 되니, [이런 경우에] 그 어디에 군주와 백성이 부모 관계에 있다고 할 수 있는가?'라고 했습니다.

7절 각주

여기서 인용된 용자(龍子)에 대해 조기와 주희는 '고대의 현자' 정도로만 언급한다. 낭려(狼戾)는 '풍부함'을 의미하는 낭자(狼藉)와 동의어라고 한다. 그 의미가 명백한 것 같지만 그 글자들이 어떻게 풍부함을 나타내는지는 분명하지 않다. 낭(狼)은 '늑대'를 의미하고 자(藉)는 낭(狼)과 결합하여 '여기저기 흩어져 혼란스러운 것들의 모습'을 의미한다. 나는 '구부러진, 비뚤어진' 등을 뜻하는 '려'(戾)가 랑(狼)과 결합했을 때 어떤 부분에서 '풍부함'을 의미할 수 있는지 잘 모르겠다. 조기는 혜혜연(盻盻然)을 나의 번역처럼 해석하고 주희는 '화나 보이는 외양'으로 해석하는데 주희의 해석은 별로 적절하지 않다. 칭(稱)은 거(舉), '들어 올리다'와 같고 이는 '나아가 ~하다'를 뜻하다. 오재기위민부모(惡[1 성조]在其爲民父母)는 제1권 제1편 제4장 제5절을 보라.

8. 'As to the system of hereditary salaries, that is already observed in T'ăng.

8. 夫, 2nd tone. 世祿,—see Bk. I. Pt. II. v. 3.

9. 'It is said in the Book of Poetry,

"May the rain come down on our public field,
And then upon our private fields!"

It is only in the system of mutual aid that there is a public field, and from this passage we perceive that even in the Châu dynasty this system has been recognised.

9. See the Shih-ching, II. vi. Ode VIII, st. 3, a description of husbandry under the Châu dynasty. 雨,—the verb, 4th tone. The object of the quotation is to show that the system of mutual aid obtained under the Châu as well as under the Yin dynasty, and the way is prepared for the instructions given to Pi Chan below.

8절

夫世祿滕固行之矣.

세습 봉록 제도에 대해 말하자면, 그것은 이미 등나라에서도 시행되고 있습니다.

8절 각주

부(夫)는 2성조이다. 세록(世祿)은 제1권 제2편 제5장 제3절을 보라.

9절

詩云, 雨我公田, 遂及我私, 惟助爲有公田, 由此觀之, 雖周亦助也.

『시경』에서 이렇게 노래했습니다.

‘우리의 공전에 비가 내린 다음
우리의 사전에도 비가 내기기를!’

공전이 있는 것은 상조제가 있을 때입니다. 이 시로 우리는 심지어 주나라에서도 이 제도를 인식했던 것을 알 수 있습니다.

9절 각주

주 왕조의 농사를 기술한 『시경』「소아(小雅)·북산지십(北山之什)·대전(大田)」 제3연을 참고하라. 우(雨)는 동사로 4성조이다. 이 시를 인용한 목적은 은나라뿐만 아니라 주나라에서도 시행된 상조제를 보여주고 다음 절에 나오는 필전에게 지시할 사항을 예비하기 위해서이다.

10. 'Establish *hsiang, hsü, hsio,* and *hsiâo,―all those educational institutions,*―for the instruction of *the people.* The name *hsiang* indicates nourishing *as its object*; *hsiâo,* indicates teaching; and *hsü* indicates archery. By the Hsiâ dynasty the name *hsiâo* was used; by the Yin, that of *hsü*; and by the Châu, that of *hsiang.* As to the *hsio,* they belonged to the three dynasties, *and by that name.* The object of them all is to illustrate the human relations. When those are *thus* illustrated by superiors, kindly feeling will prevail among the inferior people below.

10. After the due regulation of husbandry, and provision for the 'certain livelihood' of the people, must come the business of education. The *hsio* mentioned were schools of a higher order in the capital of the kingdom and other chief cities of the various States. The others (校, *hsiâo,* 4th tone) were schools in the villages and smaller towns. In the Lî Chî, III. Sect. v. 10, we find the *hsiang* mentioned in connexion with the time of Shun; *hsu,* in connexion with the Hsiâ dynasty; *hsio,* in connexion with the Yin; and *Chiâo* (膠), in connexion with the *Châu.* There is thus a want of harmony between that passage and the account in the text. Entertainments were given to the aged at different times, and in the schools, as an example to the young of the reverence accorded by the government to age. So the schools were selected for the practice of archery, as a trial of virtue and skill. 人倫明於上,―this can hardly mean, 'when the human relations have been illustrated by the example of superiors,' but must have reference to the inculcation of those relations by the institution of schools. The pith of Mencius's advice is―'Provide the means of education for all, the poor as well as the rich.'

10절

設爲庠, 序, 學, 校, 以敎之, 庠者, 養也, 校者, 敎也, 序者, 射也, 夏曰校, 殷曰序, 周曰庠, 學則三代共之, 皆所以明人倫也, 人倫明於上, 小民親於下.

[상, 서, 학, 교] 이 모든 교육 기관을 [백성]의 교육을 위해 세우십시오. [상]이라는 이름은 [그것의 목적]이 양성함을 의미하고, [교]는 가르침을 의미하고, [서]는 궁술을 의미합니다. 하나라까지는 [교]라는 이름으로, 은 나라까지 [서]라는 이름으로, 주나라까지는 [상]이라는 이름으로 사용되었습니다. [학]은 하나라와 은나라 그리고 주나라, 세 나라에서 모두 사용되었습니다. 이 모든 기관의 목적은 인륜을 밝히는 것입니다. 윗사람이 인륜을 [이렇게] 밝히면, 인자한 감정이 그의 아랫사람들 사이에 만연할 것입니다.

10절 각주

농사를 마땅히 다스리고 백성들에게 '어떠한 생계'를 마련해 준 후에 비로소 교육 사업을 해야 한다. 언급된 [학, 學]은 상급 기관으로 왕국의 수도와 여러 공국의 주요 도시에 있다. 다른 기관(교[校], 4성조)은 마을과 더 작은 소읍에 있는 학교이었다. 『예기』「왕제(王制)」 제5편 제10장에서 [상]은 순임금 시대, [서]는 하나라, [학]은 은나라, [교, 膠]는 주나라와 관련되어 언급된다.[62] 본문의 설명과 『예기』의 내용 사이에는 조금 다른 점이 있다. 여러 시대와 학교에 노인들을 위한 오락거리가 있었다. 이는 정부가 노인을 공경함을 청년에게 보여주는 예이었다. 그래서 활쏘기를 연습하여 덕과 기술을 보여주는 시험장으로 학교가 선택되었다. 인륜명어상(人倫明於上)을 '인륜이 윗사람들의 모범으로 밝아졌을 때'로 해석하면 그 의미가 명확하지 않다. 의미가 명확해지려면 학교라는 조직이 인륜을 교육하는 것과 관련이 있어야 한다. 맹자의 조언의 핵심은 '부자뿐만 아니라 가난한 사람들을 포함해서 모두에게 교육 수단을 제공하라'는 것이다.

---

62) (역주) 『예기』「왕제(王制)」의 '周人養老於東膠' 참조

11. 'Should a real sovereign arise, he will certainly come and take an example *from you*; and thus you will be the teacher of the true sovereign.

12. 'It is said in the Book of Poetry,

> Although Châu was an old country,
> It received a new destiny."

That is said with reference to king Wăn. Do you practise those things with vigour, and you also will by them make new your kingdom.'

12. See the Shih-ching, III, i, Ode I, st. 1. 其命,—'the appointment,' i. e. which lighted on it from Heaven.

11절

有王者起, 必來取法, 是爲王者師也.

진정한 군주가 출현한다면 분명 [당신에게] 와서 예를 취할 것입니다. 이리하여 당신은 진정한 군주의 스승이 될 것입니다.

12절

詩云, 周雖舊邦, 其命維新, 文王之謂也, 子力行之, 亦以新子之國.

『시경』에서 이렇게 노래했습니다.

> '주나라는 오래된 나라이지만
> 새로운 운명을 받았다.'

이 시는 문왕과 관련 있습니다. 당신이 이러한 것들을 활기차게 시행한다면 당신 또한 그것들로 새로운 왕국을 세울 것입니다."

12절 각주

『시경』「대아(大雅)·문왕지십(文王之什)·문왕(文王)」제1연을 보라. 기명(其命), '약속'은 바로 하늘이 내린 명을 의미한다.

13. *The duke afterwards* sent Pî Chan to consult *Mencius* about the nine-squares system of dividing the land. Mencius said to him 'Since your prince wishing to put in practice a benevolent government has made choice of you and put you into this employment you must exert yourself to the utmost. Now the first thing towards a benevolent government must be to lay down the boundaries. If the boundaries be not defined correctly the division of the land into squares will not be equal and the produce *available for* salaries will not be evenly distributed. On this account oppressive rulers and impure ministers are sure to neglect this defining of the boundaries. When the boundaries have been defined correctly the division of the fields and the regulation of allowances may be determined by you sitting at your ease.

13. To understand the 'nine-squares division of the land,' the form of the character 井 needs only to be looked at. If we draw lines to enclose it —thus, 이미지 aa—we have a square portion of ground divided into nine equal and smaller squares. But can we suppose it possible to divide a territory in this way? The natural irregularities of the surface would be one great obstacle. And we find below the 'holy field,' and other assignments, which must continually have been requiring new arrangement of the boundaries.

13절

使畢戰, 問井地. 孟子曰, 子之君, 將行仁政, 選擇而使子, 子
必勉之, 夫仁政, 必自經界始, 經界不正, 井地不均, 穀祿不平,
是故暴君汙吏, 必慢其經界, 經界旣正, 分田制祿, 可坐而定也.

[문공이 이후에] 필전(畢戰)을 보내 토지를 분할하는 정전법(nine-squares
system)에 대한 [맹자의] 조언을 구하였다. 맹자가 말했다. "그대의 군주가
어진 정치를 시행하려고 그대를 선택하여 이 일을 맡겼으니 최선을 다해야
할 것이다. 이제 어진 정치를 향한 첫 번째는 경계를 정하는 것이다. 경계
를 바르게 정하지 않으면 땅을 동등한 평방으로 나누지 않게 될 것이고 봉
록에 사용될 수확량도 고르게 분배되지 않을 것이다. 이 때문에 폭압적인
통치자와 불순한 대신들이 경계를 정하는 일을 소홀히 할 것이 분명하다.
경계를 바르게 정했을 때 당신은 편안하게 앉아서 토지의 분배와 수당을
결정할 수 있다.

13절 각주

'정전법'을 이해하기 위해서는 글자 정(井)을 살펴볼 필요가 있다. 이 글자
를 에워싸는 선을 그리면 정 9칸(▦)이 되고 큰 네모난 땅을 나누면 동일
한 면적의 9개의 더 작은 땅이 된다. 그러나 영토를 이런 방식으로 분배
하는 것이 가능할까? 가장 큰 장애물은 실제 지표면은 불규칙하다는 점이
다. 그리고 우리는 아래에서 '신성한 토지' 즉 규전과 기타 분할된 땅을
발견하게 되는데 이로 인해 경계를 분명 새로 정해야 했을 것이다.

14. 'Although the territory of T'ăng is narrow and small yet there must be in it men of a superior grade and there must be in it country-men. If there were not men of a superior grade there would be none to rule the country-men. If there were not country-men there would be none to support the men of superior grade.

14. 君子,—here, generally, for officers, men not earning their bread by the sweat of their brow, and the toil of their hands; see next chapter. 野人, 'countrymen,' = by their toil self-supporting people generally. 將 = 殆; 將 爲 = 殆必有.

14절

夫滕壤地褊小, 將爲君子焉, 將爲野人焉, 無君子, 莫治野人,
無野人, 莫養君子.

비록 등나라의 영토가 작고 협소하지만, 그중에는 군자 급(superior grade)
의 사람이 있기 마련이고 또 그중에 시골 사람도 있기 마련이다. 군자 급
의 사람이 없다면 시골 사람을 다스릴 이가 아무도 없을 것이다. 시골 사
람이 없다면 군자 급의 사람을 부양할 사람이 없을 것이다.

14절 각주

여기서 군자(君子)는 일반적으로 이마의 땀과 손의 노동으로 양식을 벌지
않은 사람들인 관리들을 의미한다. 다음 장을 보라. 야인(野人), '시골 사
람'은 일반적으로 노동으로 자신을 부양하는 백성들을 의미한다. 장(將)은
태(殆)와 같고, 장위(將爲)는 태필유(殆必有)와 같다.

15. 'I would ask you, in the remoter districts, observing the nine-squares division, to reserve one division to be cultivated on the system of mutual aid, and in the more central parts of the kingdom, to make the people pay for themselves a tenth part of their produce.

15. Here the systems of all the three dynasties would seem to be employed, as the nature of the country permitted, or made advisable, their application. 野 as opposed to 國中 must be understood, as in the translation, ='the country,' 'the remoter districts.' The 九 refers to 公田 in par. 13, and the 一 to 制祿. The former would be the best way in such positions of supporting the 野人, and the latter of supporting the 君子. Similarly, the other clause.

16. 'From the highest officers down to the lowest, each one must have his holy field, consisting of fifty *mâu*.

16. 圭 is explained by Châo Ch'î by 潔, and Chû Hsî follows him, though we do not find this meaning of the term in the dictionary. The 圭田 then is 'the clean field,' and as its produce was intended to supply the means of sacrifice, I translate it by 'the holy field.' It was in addition to the hereditary salary mentioned in par. 8.

15절

請野, 九一而助, 國中, 什一使自賦.

나는 지방에서는 정전법을 지켜 아홉 중 하나를 상조제로 경작하고, 나라의 중앙 지역에서는 백성들이 소출의 10분의 1을 낼 것을 요청한다.

15절 각주

여기서 나라의 자연을 고려하여 적절하게 하나라, 은나라, 주나라의 토지 사용법이 모두 적용된 것 같다. 야(野)는 국중(國中)과 대조적으로, 번역에서처럼 '시골', '더 떨어진 지역'으로 보아야 한다. 구(九)는 제13절의 공전(公田)을, 일(一)은 제록(制祿)을 가리킨다. 공전은 먼 지방에서 야인(野人)을 지원하고, 제록은 군자(君子)를 지원하는 제일 나은 방법일 것이다. 이와 유사한 다른 어구가 있다.

16절

卿以下, 必有圭田, 圭田, 五十畝.

최고 관리에서 최하위 관리에 이르기까지 모든 관리는 각자 50무의 신성한 전답인 규전을 받아야 한다.

16절 각주

조기는 규(圭)를 결(潔)로 설명하고 주희도 이를 따랐다. 그러나 규(圭)가 결(潔)을 의미한다는 것을 보여주는 사전을 찾을 수 없다. 그 당시 규전(圭田)은 '깨끗한 토지'로 그곳에서 난 소출은 제사용이기에 나는 이를 '신성한 전답'으로 번역하였다. 또한 규전에선 난 소출로 제8절에서 언급한 세습 봉록을 준다.

17. 'Let the supernumerary males have their twenty-five *mâu*.

17. A family was supposed to embrace the grandfather and grandmother, the husband, wife, and children, the husband being the grandparents' eldest son. The extra fields were for other sons whom they might have, and were given to them when they were sixteen. When they married and became heads of families themselves, they received the regular allotment, for a family. This is Chû Hsî's account, of this paragraph.

18. 'On occasions of death, or removal from one dwelling to another, there will be no quitting the district. In the fields of a district, those who belong to the same nine squares render all friendly offices to one another in their going out and coming in, aid one another in keeping watch and ward, and sustain one another in sickness. Thus the people are brought to live in affection and harmony.

18. The social benefits flowing from the nine-squares division of the land. 'On occasions of death,' i. e. in burying.

17절

餘夫, 二十五畝.

정해진 인원 이외의 남자에게는 25무를 준다.

17절 각주

가족에는 할아버지와 할머니, 남편, 아내, 아이가 있었을 것으로, 가장은 조부모의 큰아들이었을 것으로 추정된다. 가족에 혹 다른 아들들이 있을 때 그들이 16세가 되면 여분의 토지를 주었다. 그들이 결혼하여 한 가족의 가장이 되면 한 가구에 할당된 일정량의 토지를 받았다. 주희는 이 절을 이렇게 풀이한다.

18절

死徙, 無出鄕, 鄕田同井, 出入相友, 守望相助, 疾病相扶持, 則百姓親睦.

[그리하여] 사망하거나 한 거주지에서 다른 거주지로 이동할 때에도 그 구역을 떠나지 않을 것이다. 한 구역의 전답에서 같은 정(井)에 속하는 사람들은 나가고 들어옴에 있어 서로에게 모두 우호적인 일을 제공하고, 지키고 대비함에서도 서로를 돕고, 아플 때도 서로를 부양한다. 이리하여 백성들은 서로 아끼며 화목하게 살게 될 것이다.

18절 각주

정전법의 사회적 이점을 말한다. '사망한 경우'는 매장을 의미한다.

19. 'A square lî covers nine squares of land, which nine squares contain nine hundred *mâu*. The central square is the public field, and eight families, each having its private hundred *mâu*, cultivate in common the public field. And not till the public work is finished, may they presume to attend to their private affairs. This is the way by which the country-men are distinguished *from those of a superior grade.*

19. Under the Châu dynasty, 100 *pû* or 'paces' made a *mâu*'s length, but the exact amount of the pace can hardly be ascertained. Many contend that the 50 *mâu* of Hsiâ, the seventy of Yin, and the hundred of Châu, were actually of the same dimensions. 養,一the 4th tone, so spoken always, when the subject is the support of a superior by an inferior.

20 'Those are the great outlines of the system. Happily to modify and adapt it depends on the prince and you.'

20. 若夫 (the 2nd tone), =至於. 潤澤, 'the softening and moistening,' i. e. the modifying and adapting.

19절

方里而井, 井, 九百畝, 其中爲公田, 八家皆私百畝, 同養公田, 公事畢, 然後敢治私事, 所以別野人也.

1평방 리에 9개의 평방 즉 정(井)이 있고 1개의 정(井)은 9백무를 포함한다. 8가구는 각각 1백무의 사전을 받고 중앙의 토지인 공전을 공동으로 경작한다. 공전의 일이 끝나고 나서야 사전을 살핀다. 이것이 야인과 [군자 급의 사람]을 구별하는 방식이다.

19절 각주

주 왕조 때, 1백 '보'는 한 무의 길이이지만, 보의 정확한 길이는 확정하기 어렵다. 많은 사람이 하나라의 50무, 은나라의 70무, 주나라의 1백무가 정확하게 동일 면적이라고 주장한다. 양(養)은 주어인 아랫사람이 윗사람을 봉양하는 것일 때 항상 그렇듯이 4성조이다.

20절

此其大略也, 若夫潤澤之, 則在君與子矣.

이 제도의 대체적인 윤곽은 이와 같다. 고치고 조정하는 것은 제후와 당신에게 달려있다."

20절 각주

약부(若夫[2성조])는 지어(至於)와 같다. 윤택(潤澤)은 '부드럽게 하고 적시는 것'으로 즉 고치고 조정하는 것이다.

CHAPTER IV

CH. 4. MENCIUS'S REFUTATION OF THE DOCTRINE THAT THE RULER OUGHT TO LABOUR AT HUSBANDRY WITH HIS OWN HANDS. HE VINDICATES THE PROPRIETY OF THE DIVISION OF LABOUR, AND OF A LETTERED CLASS CONDUCTING GOVERNMENT.

The first three paragraphs, it is said, relate how Hsing, the heresiarch, and Hsiang, his follower, wished secretly to destroy the arrangements advised by Mencius for the division of the land. The next eight paragraphs expose the great error of Hsing, that the ruler must labour at the toils of husbandry as well as the people. From the 12th paragraph to the sixteenth, Hsiang is rebuked for forsaking his master, and taking up with Hsing's heresy. In the last two paragraphs, Mencius proceeds, from the evasive replies of Hsiang, to give the coup de grace to the new pernicious teachings.

제4장

맹자는 통치자가 직접 농사일을 해야 한다는 주장을 반박한다. 그는 노동의 분리와 지식인의 통치가 적절하다고 주장한다.

첫 3개의 절은 이교도의 창시자인 허행과 그의 추종자인 진상이 맹자가 조언한 토지분할구도를 어떻게 은밀하게 파괴하는지 보여준다. 그다음 8개의 절은 통치자는 백성과 마찬가지로 고된 농사일을 해야 한다고 주장하는 허행의 큰 오류를 드러낸다. 제12절부터 제16절까지는 진상이 스승을 버리고 허행의 이단설을 받아들인 것을 질책한다. 마지막 2개의 절에서 맹자는 진상의 회피하는 듯한 대답을 듣고 진상이 믿는 새로운 주의의 해악에 치명적인 일격을 가한다.

1. There came from Ch'û to T'ang one Hsü Hsing, who gave out that he acted according to the words of Shan-nang. Coming right to his gate, he addressed the duke Wan, saying, 'A man of a distant region, I have heard that you, Prince, are practising a benevolent government, and I wish to receive a site for a house, and to become one of your people.' The duke Wan gave him a dwelling-place. His disciples, amounting to several tens, all wore clothes of haircloth, and made sandals of hemp and wove mats for a living.

1절

有爲神農之言者, 許行, 自楚之滕, 踵門而告文公曰, 遠方之人, 聞君行仁政, 願受一廛而爲氓. 文公與之處, 其徒數十人, 皆衣褐, 捆屨, 織席, 以爲食.

초나라에서 등나라로 온 허행(許行)이라는 사람이 자신은 신농의 말에 따라 행동한다고 했다. 그는 대궐 문까지 와서 문공에게 말했다. "저는 먼 지역에서 온 사람으로 제후께서 어진 정치를 실천하고 있다는 말을 듣고 집을 지을 곳을 얻어 제후의 백성이 되고자 합니다." 문공이 그에게 거주할 곳을 주었다. 허행의 제자는 수십 명에 달하였는데 모두 베옷을 입고 있었고 생계를 위해 삼으로 신을 만들고 자리를 짰다.

1. 爲 is explained, by Châo Ch'î, by 治爲 and 言 as =道, so that 爲~言者 = 'one who cultivated the doctrines.' Most others take 爲 = 假託, 'making a false pretense of.' Shăn-năng, 'Wonderful husbandman,' is the style of the second of the five famous 帝, or 'sovereigns,' of Chinese history. He is also called Yen (炎) Tî, 'the Blazing Sovereign.' He is placed between Fû-hsî, and Hwang Tî, though separated from the latter by an intervention of seven reigns, extending with his own over 515 years. If any faith could be reposed in this chronology, it would place him B. C. 3212. In the appendix to the Yî-ching, he is celebrated as the Father of Husbandry. Other traditions make him the Father of medicine also. 之滕,—之 is the verb, = 往. 踵, in the dictionary, after Châo Ch'î, is explained by 至, 'came to.' Chû Hsî says that 踵門 = 足至門. 廛 and 氓, see Bk. II. Pt. I. v. 5, but the meaning of 廛 here is different,—denoting the ground assigned for the dwelling of a husbandman. 衣(4th tone)褐, it would appear from par. 4 that this 'haircloth' was a very inartificial structure, not woven at least with any art. 屨,—'sandals of hemp,' opposed to 扉, which were made of grass, and 履 which were made of leather. 捆 is explained by 扣椓, 'to beat and hammer.' 席 properly denotes single mats made of rushes (莞蒲). This manufacture of sandals and mats is supposed in the 備旨 to have been only a temporary employment of Hsing's followers till lands should be assigned them.

1절 각주

조기는 위(爲)를 치위(治爲)로, 언(言)을 도(道)로 보아, 위신농지언자(爲神農之言者)를 '어떤 주의를 장려하는 사람'으로 설명한다. 그러나 대부분의 주석가들은 위(爲)를 가탁(假託), '거짓으로 ~인 척하는'으로 해석한다. 신농은 '경이로운 농부'로 중국사의 초기 '군주들'인 오제의 2번째 황제로 염제(炎帝)라고도 한다. 신농은 복희(伏羲)와 황제(黃帝)의 중간 시기에 위치한다. 그와 황제 사이에는 7명의 다른 군주가 있었지만, 이들은 모두 신농씨 재위 기간에 포함되어 그의 재위 기간은 515년 이상으로 확대된다. 이 연대기를 조금이라도 신뢰할 수 있다면 그는 기원전 3212년 때의 사람이다. 『역경』의 부록을 보면 신농은 농사의 아버지로 추앙받는다. 다른 설에 따르면 그는 의학의 아버지이기도 하다. 지등(之滕)에서 지(之)는 동사로 왕(往)과 같다. 조기의 견해를 받아들인 사전에 따르면 종(踵)은 지(至), '~에 왔다'로 설명된다. 주희는 종문(踵門)이 족지문(足至門)과 같다고 말한다. 전(廛)과 맹(氓)은 제2권 제1편 제5장 제5절을 보라. 그러나 여기서 전(廛)의 의미는 제2권과 달리 농부가 살 곳으로 배당된 땅을 의미한다. 의갈(衣[4성조]褐)은 제4절에서도 나올 것이다. '베옷'은 가공과 기교를 거의 가하지 않고 짠 직물이다. 구(屨)는 '삼으로 만든 신'으로 비(扉, 풀로 만든 것) 그리고 리(履, 가죽으로 만든 것)와 대조된다. 곤(捆)은 구탁(扣摔, 치고 두드리다)으로 설명된다. 석(席)은 원래 완포(莞蒲)로 만든 단일 자리를 의미한다. 『비지』(備旨)에서는 허행의 추종자들이 땅을 배당받기 전까지 신과 자리를 만드는 일을 임시로 한 것으로 추정한다.

2. *At the same time*, Ch'an Hsiang, a disciple of Ch'an Liang, and his younger brother, Hsin, with their plough-handles and shares on their backs, came from Sung to T'ang, saying, 'We have heard that you, Prince, are putting into practice the government of the *ancient* sages, *showing that* you are likewise a sage. We wish to become the subjects of a sage.'

2. Of the individuals mentioned here, we know nothing more than can be gathered from this chapter. The 耜, or share, as originally made by Shăn-năng, was of wood. In Mencius's time, it had come to be made of iron; see par. 4. 之勝,一之 as above.

2절

陳良之徒陳相, 與63)其弟辛, 負耒耜, 而自宋之滕, 曰, 聞君行
聖人之政, 是亦聖人也, 願爲聖人氓.

[같은 시기에] 진량의 제자인 진상과 진상의 동생인 진신이 쟁기 손잡이와
보습을 등에 지고 송나라에서 등나라로 와서 말했다. "제후께서 [고대] 성
인들의 정치를 실천에 옮기고 그들과 마찬가지로 성인인 것을 [보여주고
있다고] 들었습니다. 저희는 성인의 백성이 되기를 원합니다."

2절 각주

여기서 언급된 인물들에 관해서, 우리는 이 장에서 언급된 것 이상을 알
지 못한다. 사(耜) 또는 보습은 원래 신농씨가 만든 목제 농기구이다. 맹
자 시대에 이것은 쇠로 만들어졌다. 제4절을 보라. 지등(之滕)의 지(之)는
위와 같다.

---

63) (역주) 레게 원문에는 '與'가 '以'로 되어 있어 수정했다.

3. When Ch'an Hsiang saw Hsü Hsing, he was greatly pleased with him, and, abandoning entirely whatever he had learned, became his disciple. Having an interview with Mencius, he related to him *with approbation* the words of Hsü Hsing to the following effect:—'The prince of T'ang is indeed a worthy prince. He has not yet heard, however, the *real* doctrines of *antiquity*. Now, wise and able princes should cultivate the ground equally and along with their people, and eat *the fruit of their labour*. They should prepare their own meals, morning and evening, while at the same time they carry on their government. But now, *the prince* of T'ăng has his granaries, treasuries, and arsenals, which is an oppressing of the people to nourish himself. How can he be deemed a *real* worthy prince?'

3. 道許行之言,—道 is the verb, = 稱述, 賢者,—as in Bk. I. Pt. I. ii. 1. 饔飧 denote the morning and evening meals, but must be taken here aa verbs, signifying the preparation of those meals. If 倉 and 廩 are to be distinguished, the latter is a granary for rice, the former for other grain. 養, in 4th tone. The object of Hsü Hsing in these remarks would be to invalidate Mencius's doctrine given in the last chapter, par. 14, that the ruler must be supported by the countrymen.

3절

陳相見許行而大悅, 盡棄其學而學焉, 陳相見孟子, 道許行之言, 曰, 滕君, 則誠賢君也, 雖然, 未聞道也, 賢者, 與民並耕而食, 饔飧而治, 今也, 滕有倉廩府庫, 則是厲民而以自養也, 惡得賢.

진상이 허행을 보았을 때 매우 기뻐하며 그간 배운 것을 모조리 버리고 허행의 제자가 되었다. 진상은 맹자와 대담을 할 때 허행에 [동의하여] 다음과 같이 그의 말을 전했다. "등나라의 제후는 진정으로 유덕한 제후입니다. 그러나 아직 [고대의] [진정한] 교리를 들어보지 못했습니다. 이제, 현명하고 능력 있는 제후들은 백성들과 똑같이 더불어 토지를 경작하고 [그노동의 열매를] 먹어야 합니다. 그들은 아침과 저녁 식사를 손수 준비해야 하고 그러면서 통치를 수행해야 합니다. 그러나 지금 등나라의 [제후]는 창고와 보물 그리고 무기를 가지고 있고 이것으로 백성들을 억압하여 자신을 봉양하게 합니다. 어찌 그를 [진정한] 유덕한 제후라 할 수 있겠습니까?"

3절 각주

도허행지언(道許行之言)에서 도(道)는 동사로 칭술(稱述)과 같다. 제1권 제1편 제2장 제1절을 보라. 옹손(饔飧)은 조식과 석식을 의미하지만 여기서는 이런 식사를 준비하는 것을 뜻하는 동사로 보아야 한다. 창(倉)과 름(廩)을 구분하자면, '름'은 미곡 창고이고 '창'은 그 외의 곡식 창고이다. 양(養)은 4성조이다. 허행이 이렇게 말한 이유는 제3장에서의 맹자가 한 주장 즉 통치자는 시골 사람들의 봉양을 받아야 한다는 말을 반박하기 위해서이다.

4. Mencius said, 'I suppose that Hsü Hsing sows grain and eats the produce. Is it not so?' 'It is so,' was the answer. 'I suppose also he weaves cloth, and wears his own manufacture. Is it not so?' 'No. Hsü wears clothes of haircloth.' 'Does he wear a cap?' 'He wears a cap.' 'What kind of cap?' 'A plain cap.' 'Is it woven by himself?' 'No. He gets it in exchange for grain.' 'Why does Hsü not weave it himself?' 'That would injure his husbandry.' 'Does Hsü cook his food in boilers and earthenware pans, and does he plough with an iron share?' 'Yes.' 'Does he make those articles himself?' 'No. He gets them in exchange for grain.'

4. Observe the force of 必~乎, as in the translation. 粟, 'millet,' but here =grain generally. 衣, 4th tone. 冠素, 'His cap is plain,' i. e. undyed and unadorned. The distinction given by Chû Hsî between 釜 and 甑 is, that the former was used for boiling, and the latter for steaming. Their composition indicates that they were made of iron and clay, respectively. The 釜 was distinguished from other iron boilers by having no feet.

4절

孟子曰, 許子必種粟而後食乎. 曰, 然. 許子必織布而後衣乎.
曰, 否, 許子衣褐. 曰[64], 許子冠乎. 曰, 冠. 曰, 奚冠. 曰, 冠
素. 曰, 自織之與. 曰, 否, 以粟易之. 曰, 許子奚爲不自織. 曰,
害於耕. 曰, 許子以釜甑爨, 以鐵耕乎. 曰, 然. 自爲之與. 曰,
否, 以粟易之.

맹자가 말했다. "허행은 씨를 뿌리고 그 소출을 먹어야 한다고 보는가?"
"그렇습니다." "또한, 베를 짜고 손수 만든 옷을 입어야 한다고 보는가?"
"아닙니다. 그는 마미단 옷을 입습니다." "그는 모자를 쓰는가?" "모자를
씁니다." "어떤 모자인가?" "수수한 모자입니다." "그가 손수 짠 것인가?"
"아닙니다. 곡식을 주고 산 것입니다." "어째서 그는 모자를 손수 짜지 않
는가?" "그러면 농사를 망치게 될 것이기 때문입니다." "그는 솥이나 흙으
로 만든 팬으로 음식을 해 먹고 쇠 보습으로 땅을 가는가?" "네." "그는
그런 농기구를 손수 만드는가?" "아닙니다. 곡식을 주고 삽니다."

4절 각주

번역에서처럼 '필~호(必~乎)'의 힘을 살펴보라. 속(粟)은 '수수'이지만 여기
서는 일반 곡물을 의미한다. 의(衣)는 4성조이다. 관소(冠素)는 '그의 모자
는 수수하다'로 즉 염색하지 않은 장식이 없는 모자를 가리킨다. 주희는
부(釜)는 끓이는 솥, 증(甑)은 찌는 솥으로 두 단어를 구분한다. 글자의 모
양으로 볼 때, 전자는 쇠로, 후자는 진흙으로 만들어졌다는 것을 추정할
수 있다. 부(釜)는 솥의 발이 없으므로 발이 있는 쇠솥과 구분되었다.

---

64) (역주) 의미상 '曰'이 들어가는 것이 타당하므로, 레게가 보충한 글자이다.

5. *Mencius then said*, 'The getting those various articles in exchange for grain, is not oppressive to the potter and the founder, and the potter and the founder in their turn, in exchanging their various articles for grain, are not oppressive to the husbandman. How should such a thing be supposed? And moreover, why does not Hsü act the potter and founder, supplying himself with the articles which he uses solely from his own establishment? Why does he go confusedly dealing and exchanging with the handicraftsmen? Why does he not spare himself so much trouble?' *Ch'an Hsiang replied*, 'The business of the handicraftsman can by no means be carried on along with the business of husbandry.'

5. 以~者 ='he who gets,' or, as in the translation, 'the getting.' 械,— properly 'stocks,' but also used synonymously with 器. I have added a sentence to bring out the force of 豈 in 豈爲厲云云. Chû Hsî puts a point at 冶, and taking 舍(in 3rd tone) in the sense of 止, 'only,' construes it with what follows. This is better than to join it, in the sense of house or shop, with 陶冶. Hsiang is here forced to make an admission, fatal to his new master's doctrine, that every man should do every thing for himself. The only difficulty is with the 且, which here = 'but.' The two preceding sentences are Mencius's affirmations, and he proceeds—'But Hsu Hsing denies this. Why then does he not himself play the potter and founder, &c.?'

5절

以粟易械器者, 不爲厲陶冶, 陶冶亦以其械器易粟者, 豈爲厲農夫哉, 且許子何不爲陶冶, 舍皆取諸其宮中而用之, 何爲紛紛然, 與百工交易, 何許子之不憚煩. 曰, 百工之事, 固不可耕且爲也.

[그러자 맹자가 말했다.] "곡식을 주고 여러 물품을 얻는 것이 도공과 주물공을 탄압하는 것은 아니다. 그들 편에서도 여러 물품을 주고 곡식을 얻는 것이 농부를 탄압하는 것도 아니다. 어떻게 그런 일이 있을 수 있겠는가? 게다가, 허행은 왜 도공과 주물공이 되어 자기 집에서만 사용하는 물건을 자체 공급하지 않는가? 왜 그는 당황해하며 장인을 상대하고 물건을 교환하러 가는가? 왜 그는 그토록 많은 수고를 직접 하는가?" [진상이 대답했다.] "장인의 일과 농부의 일을 결코 함께 행할 수 없기 때문입니다."

5절 각주

'이~자(以~者)'는 '사는 사람' 또는 번역에서처럼 '사는 것'이다. 계(械)는 원래 '물품'이나, 또한 기(器)와 동의어로 사용된다. 기위려운운(豈爲厲云云)에서 기(豈)의 힘을 강조하기 위해 문장을 추가했다. 주희는 야(冶)에 강조점을 주고 사(舍, 3성조)를 지(止, 단지)로 풀이하여 이어지는 어구와 함께 해석한다. 이것이 사(舍)를 집 또는 가게로 보아 도야(陶冶)와 결합하여 해석하는 것보다 더 낫다. 진상은 여기서 모든 사람은 스스로 모든 것을 해야 한다는 새로운 스승의 교리가 치명적인 문제가 있음을 인정해야 한다. 단 하나의 어려움은 '차(且)'로 여기서는 '그러나'와 같은 의미이다. 첫 부분의 두 문장은 맹자의 단언이다. 맹자는 여기에서 나아가 '그러나 허행은 이것을 부인한다. 그러면 어째서 그는 손수 도공과 주물공의 일을 하지 않은가?'라고 말한다.

6. *Mencius resumed*, 'Then, is it the government of the kingdom which alone can be carried on along with the practice of husbandry? Great men have their proper business, and little men have their proper business. Moreover, in the case of any single individual, *whatever articles he can require* are ready to his hand, being produced by the various handicraftsmen:一if he must first make them for his own use, this way of doing would keep all the people running about upon the roads. Hence, there is the saying, "Some labour with their minds, and some labour with their strength. Those who labour with their minds govern others; those who labour with their strength are governed by others. Those who are governed by others support them; those who govern others are supported by them." This is a principle universally recognised.

6. In 一人之身, 而百工之所爲備, the construction is not easy. The correct meaning seems to be that given in the translation. Some take 備 in the sense of 'are all required,' which would make the construction simpler:一'for a single person even all the productions of the handicraftsmen are necessary.' So, in the paraphrase of the 日講:一 'Reckoning in the case of a single individual, his clothes, his food, and his dwelling place, the productions of the various workers must all be completed in sufficiency, and then he has abundantly everything for profitable employment, and can without anxiety support his children and parents.' This gives a good enough meaning in the connexion, but the signification attached to 備 is hardly otherwise authorized, 而路, 'and road them' = 奔走道路. 食, 4th tone, *tsze*.

6절

然則治天下, 獨可耕且爲與, 有大人之事, 有小人之事, 且一人
之身, 而百工之所爲備, 如必自爲而後用之, 是率天下而路也,
故曰, 或勞心, 或勞力, 勞心者, 治人, 勞力者, 治於人, 治於人
者, 食人, 治人者, 食於人, 天下之通義也.

[맹자가 다시 말했다.] "그럼 농사와 더불어 유일하게 함께 행할 수 있는
것이 나라를 다스리는 일인가? 대인에게 맞는 고유한 일이 있고 소인에게
맞는 고유한 일이 있다. 게다가 한 개인의 경우를 보더라도 [필요한 물건
이 있으면] 여러 장인이 생산한 것을 기꺼이 손에 넣을 수 있다. 본인이
사용하기 위해 직접 만들어야 한다면, 모든 백성이 계속 길 위를 이리저
리 달려야만 할 것이다. 그래서 '어떤 이는 마음으로 노동하고 어떤 이는
힘으로 노동한다. 마음으로 노동하는 이들은 다른 사람들을 통치한다. 힘
으로 노동하는 이들은 다른 사람의 통치를 받는다. 다른 사람의 통치를
받는 이들은 그들을 봉양하고, 다른 사람들을 통치하는 이들은 그들의 봉
양을 받는다.'라는 격언이 있는 것이다. 이것이 보편적으로 인정되는 원리
이다.

6절 각주

'일인지신, 이백공지소위비(一人之身, 而百工之所爲備)'의 구문을 파악하
기가 쉽지 않다. 바른 의미는 번역과 같은 듯하다. 혹자는 비(備)를 '모두
요구되다'의 의미로 받아들이는데 그러면 구문이 더 단순해져 '심지어 한
사람의 개인조차도 장인이 만든 모든 생산품이 있어야 한다'를 의미하게
된다. 그래서 『일강』(日講)에서는 '단일 개인의 경우에 그의 의복, 음식,
거주지를 모두 계산하여, 다양한 노동자의 생산품들을 모두 충분히 완비
해야 하고, 그런 다음 그는 수익이 남은 일자리에 필요한 모든 것을 충분
히 가지고 걱정 없이 자식과 부모를 부양할 수 있다'로 의역한다. 이 해석
은 연결해서 보면 괜찮은 해석이지만, 비(備)에 든 의미를 다른 식으로 해
석하는 것은 받아들이기 어렵다. 이로(而路)는 '그리고 그들을 길로 수송
하다'로 분주도로(奔走道路)와 같다. 식(食)은 4성조로 '사'로 발음된다.

7. 'In the time of Yâo, when the world had not yet been perfectly reduced to order, the vast waters, flowing out of their channels, made a universal inundation. Vegetation was luxuriant, and birds and beasts swarmed. The various kinds of grain could not be grown. The birds and beasts pressed upon men. The paths marked by the feet of beasts and prints of birds crossed one another throughout the Middle Kingdom. To Yâo alone this caused anxious sorrow. He raised Shun to office, and measures to regulate the disorder were set forth. Shun committed to Yî the direction of the fire to be employed, and Yî set fire to, and consumed, *the forests and vegetation on* the mountains and in the marshes, so that the birds and beasts fled away to hide themselves. Yü separated the nine streams, cleared the courses of the Tsî and T'â, and led them all to the sea. He opened a vent also for the Zû and Han, and regulated the course of the Hwâ'i and Sze, so that they all flowed into the Chiang. When this was done, it became possible for the people of the Middle Kingdom *to cultivate the ground and* get food for themselves. During that time, Yü was eight years away from his home, and though he thrice passed the door of it, he did not enter. Although he had wished to cultivate the ground could he have done so?'

7절

當堯之時, 天下猶未平, 洪水橫流, 氾濫於天下, 草木暢茂, 禽獸繁殖, 五穀不登, 禽獸偪人, 獸蹄鳥跡之道, 交於中國, 堯獨憂之, 舉舜而敷治焉, 舜使益掌火, 益烈山澤而焚之, 禽獸逃匿, 禹疏九河, 瀹濟漯而注諸海, 決汝漢, 排淮泗, 而注之江, 然後中國可得而食也, 當是時也, 禹八年於外, 三過其門而不入, 雖欲耕, 得乎.

요임금 시대에는 세상이 아직 완벽하게 질서가 잡히지 않았고 방대한 물이 수로 밖으로 흘러온 곳에 홍수가 났다. 초목이 무성했고 새와 짐승은 넘쳐났다. 여러 종류의 곡식이 재배될 수 없었다. 새와 짐승이 인간을 압박했다. 짐승의 발과 새의 발자국으로 새겨진 길이 중국 전역을 교차하였다. 요임금만 이를 근심하고 슬퍼하였다. 그는 순을 관직에 올렸고 무질서를 규제하는 조치가 나오게 되었다. 순임금이 익을 기용하여 불을 다스리게 했고 이에 익이 산과 늪에 있는 [숲과 초목에] 불을 질러 태워버리자 새와 짐승은 숨기 위해 멀리 달아났다. 우임금은 강물을 9개의 흐름으로 분리하고, 제수와 탑수의 물길을 깨끗하게 정비하여 모두 바다로 흘러가도록 했다. 그는 또한 여수와 한수의 물길을 트고 회수와 사수의 물길을 통제하여 모든 강물이 양자강으로 흘러가게 했다. 이렇게 되자 중국의 백성들이 [땅을 경작하고] 스스로 음식을 얻는 것이 가능해졌다. 우임금은 그 기간인 8년 동안 집 밖에 있었고 집의 문을 세 번 지나갔지만 들어가지 않았다. 비록 그가 땅을 경작하기를 원했다 하더라도 그렇게 할 수 있었겠는가?

7. 天下猶未平 carries us back to the time antecedent to Yâo, and 天下 is to be taken in the sense of 'world,' or 'earth.' There is the idea of a wild, confused, chaotic state, on which the successive sages had been at work, without any great amount of success. Then in the next paragraph we have Hâu-chî doing over again the work of Shăn-năng and teaching men husbandry. It is difficult to go beyond Yâo for the founding of the Chinese kingdom. The various questions which would arise here, however, will bo found discussed in the first part of the Shû-ching. It is only necessary to observe in reference to the calamity here spoken of, that it is not presented as the consequence of a deluge, or sudden accumulation of water, but from the natural river channels being all broken up and disordered 橫, in 4th tone, 'disobedient,' 'unreasonable.' 五穀 'the five kinds of grains,' are 稻, 黍, 稷, 麥 and 菽 'paddy, millet, panicled millet, wheat, and pulse,' but each of these terms must be taken as comprehending several varieties under it. 中國, in opposition to 天下 is the portion of country which was first settled, and regarded as a center to all surrounding territories. 堯獨憂之,—the 獨 seems to refer to Yâo's position as sovereign, in which it belonged to him to feel this anxiety. For the labours of Shun, Yi, and Yü, see the Shû-ching, Parts I, II, III. 濟, in 3rd tone. 漯,—read T'â. The nine streams all belonged to the Ho, or Yellow river. By them Yü led off a portion of its vast surging waters. The Chiâng is the Yang-tze. Chû Hsî observes that of the rivers mentioned as being led into the Chiang only the Han flows into that stream, while the Hwâi receives the Zŭ and the Sze, and makes a direct course to the sea. He supposes an error on the part of the recorder of Mencius's words.

7절 각주

천하유미평(天下猶未平)은 요임금 이전 시대이고, 천하(天下)는 '세상' 또는 '지구'의 의미로 해석해야 한다. 그때는 야생의 무질서한 혼돈 상태이고 일련의 성인들이 노력하였지만 큰 성과는 없었다. 그런 후 다음 절의 후직은 신농씨의 일을 재개하여 백성들에게 농사를 가르쳤다. 중국 왕국의 창조를 알기 위해 요임금 이전의 시기로 가는 것은 어렵다. 그러나 여기서 발생하는 여러 의문점은 신농씨 제1편에서 다루어질 것이다. 주목할 필요가 있는 것은 여기서 언급된 재앙과 관련된 것이다. 홍수 또는 물이 갑자기 불어나 재앙이 일어났다고 보지 않고, 자연의 강수로가 모두 터져 무질서했던 것으로 제시한 점이다. 횡(橫)은 4성조로 '불복종하는,' '터무니없는'을 의미한다. 오곡(五穀)은 '다섯 종류의 곡물'로 도(稻, 벼), 서(黍, 수수), 직(稷, 기장), 맥(麥, 밀), 숙(菽, 콩)을 의미하지만, 각각 그 아래에 있는 몇 가지 변종을 포함하는 상위어로 보아야 한다. 중국(中國)은 천하(天下)와 대조적으로, 처음 정착한 나라의 부분으로 모든 주위 영토의 중앙 부분으로 여겨졌다. 요독우지(堯獨憂之)에서 독(獨)은 군주로서의 요임금의 위치를 언급하는 듯하고, 그의 위치 때문에 이러한 근심을 하게 된다. 순임금, 익, 우임금이 한 일은 『서경』「우서(虞書)·하서(夏書)」를 보라. 제(濟)는 3성조이다. 탑(濕)은 '탑'으로 발음된다. 9개의 강물은 모두 황하에 속했다. 우임금은 9개의 방향으로 흐르는, 방대하게 솟구치는 강물 일부분을 밖으로 흐르게 했다. '강(江)'은 양자강이다. 주희는 양자강으로 흐르는 것으로 언급된 강들 가운데서 한수만이 양자강으로 흐르고, 회수는 여수와 사수와 하나 되어 바다로 바로 간다고 말했다. 주희는 맹자의 말을 기록하는 쪽에서 실수가 있었다고 추정한다.

8. 'The Minister of Agriculture taught the people to sow and reap, cultivating the five kinds of grain. When the five kinds of grain were brought to ·maturity, the people all obtained a subsistence. But men possess a moral nature; and if they are well fed, warmly clad, and comfortably lodged, without being taught at the same time, they become almost like the beasts. This was a subject of anxious solicitude to the sage *Shun*, and he appointed Hsieh to be the Minister of Instruction, to teach the relations of humanity:—how, between father and son, there should be affection; between sovereign and minister, righteousness; between husband and wife, attention to their separate functions; between old and young, a proper order; and between friends, fidelity. The high meritorious *sovereign* said to him, "Encourage them; lead them on; rectify them; straighten them; help them; give them wings:—thus causing them to become possessors of themselves. Then follow this up by stimulating them, and conferring benefits on them." When the sages were exercising their solicitude for the people in this way, had they leisure to cultivate the ground?

8절

后稷敎民稼穡, 樹藝五穀, 五穀熟, 而民人育, 人之有道也, 飽
食煖衣, 逸居而無敎, 則近於禽獸, 聖人有憂之, 使契爲司徒,
敎以人倫, 父子有親, 君臣有義, 夫婦有別, 長幼有序, 朋友有
信, 放勳曰, 勞之, 來之, 匡之, 直之, 輔之, 翼之, 使自得之,
又從而振德之, 聖人之憂民如此, 而暇耕乎.

후직은 농업부 대신으로 백성들에게 파종과 추수하는 법을 가르치고 오곡을 길렀다. 오곡이 익었을 때, 백성들은 모두 먹고살 수 있게 되었다. 그러나 사람들에게는 도덕성이 있지만 잘 먹고 따뜻하게 입고 편안하게 거주할 때 동시에 가르치지 않으면 짐승과 다를 바가 없게 된다. 성현인 [순임금]은 이 주제를 근심하여 해결하고자 설(契)을 교육 대신으로 기용하여 백성들에게 인륜을 가르치게 했다. 즉 부자 사이의 애정은 어떠해야 하는지, 군신 사이의 의는 어떠해야 하는지, 부부 사이 역할의 분리는 어떠해야 하는지, 늙은이와 젊은이의 바른 순서는 어떠해야 하는지, 친구 사이의 신의는 어떠해야 하는지를 가르쳤다. 공적이 높은 [군주]가 이르길, '그들을 격려하고, 이끌고, 교정하고, 바르게 하고, 도와주고, 그들에게 날개를 주어서 그들이 자신의 주인이 되게 하라. 그런 다음 그들을 깨우쳐 이익을 주며 이것을 따르게 하라'라고 했다. 성인들이 이런 식으로 백성들을 배려함에 힘쓸 때 땅을 경작할 여유가 있었겠는가?

8. Hâu-chî, now received as a proper name, is properly the official title of Shun's Minister of Agriculture, Ch'î(棄). 契 (read Hsieh) was the name of his Minister of Instruction. For these men and their works, see the Shû-ching, Pt. II. 藝,—used synonymously with 蓺,= 種, 'to plant,' or 'sow.' 人之有道也:—foreigners generally try to construe this expression as they do the 民之爲道也 in the preceding chapter, par.2, not having regard to the difference of 民 and 人, of 爲 and 有, and the five repetition which I have adopted is that of Chû Hsî', and every critics of note whom I have consulted. 聖人 is supposed to be plural,—'the sages.' This, however, cannot be, as the 使 immediately following must be understood with reference to Shun only. What has made 聖人 be taken as plural, is that the instructions addressed to Hsieh are said to be from 放 (3rd tone)勳, which are two of the epithets applied to Yâo in the opening sentence of the Shû-ching, who is therefore supposed to be the speaker. Yet it was Shun who appointed Hsieh, and gave him his instructions, and may not Mencius intend *him* by 'The highly meritorious'? The address itself is not found in the Shû-ching. 勞 and 來 are both in 4th tone. In 夫婦有別, 別 is = 'separate functions,' according to which the husband is said to preside over all that is external, and the wife over all that is internal, while to the former it belongs to lead, and to the latter to follow.

8절 각주

후직은 오늘날 고유명사로 알려졌지만, 원래는 순임금의 농업부 대신인 기(棄)의 관직명이고, 설(契)은 교육부 대신의 이름이다. 후직과 설과 그들의 일에 대해서는 『서경』「우서(虞書)」를 보라. 예(藝)는 예(蓺)로 종(種, '심다' '파종하다)과 같다. 인지유도야(人之有道也)를 외국인들은 민(民)과 인(人) 그리고 위(爲)와 도(道)의 차이, 그리고 이 절에서 5번이나 반복되는 유(有)의 의미를 고려하지 않고 일반적으로 3장 2절의 '민지위도야(民之爲道也)'처럼 해석하려고 한다. 나는 주희의 해석을 받아들였고 다른 비평가들의 주석을 참조하였다. 성인(聖人)은 복수인, '성현들로 볼 수도 있다. 그러나 이 추정은 바르지 않다. 왜냐하면, 바로 뒤에 오는 사(使)를 순임금만을 가리키는 것으로 보아야 하기 때문이다. 혹자가 성인(聖人)을 복수로 보는 이유는 설에게 가르침을 준 이가 방훈(放[3성조]勳)으로 전해지기 때문이다. 이는 『서경』의 권두문의 화자로 추정되는 요임금을 가리키는 두 개의 별칭이다. 그러나 설을 임명하여 가르침을 준 이가 순임금이다. 그래서 아마도 맹자는 [그를] '공적이 높은 군주, 방훈'으로 말했을 수도 있다. 『서경』에는 말을 거는 부분이 전혀 없다. 노(勞)와 래(來)는 모두 4성조이다. 부부유별(夫婦有別)에서 별(別)은 '역할의 분리'와 같은데 남편은 바깥의 모든 것을 관장하고 아내는 안의 모든 것을 관장하며 남편은 이끌고 아내는 따른다.

9. 'What Yâo felt giving him anxiety was the not getting Shun. What Shun felt giving him anxiety was the not getting Yü and Kâo Yâo. But he whose anxiety is about his hundred *mâu* not being properly cultivated, is a *mere* husbandman.

9. An illustration of the 有大人之事, 有小人之事 in par. 6. 易, read *i*, in the 4th tone, in the sense of 治 (in the 2nd tone). The Kâo of Kâo Yâo is generally written as in the text, but the proper form of it is 皋. It is difficult to determine whether to unite the two characters as a double surname, or to keep them apart as surname and name.

9절

堯以不得舜爲己憂, 舜以不得禹皐陶爲己憂, 夫以百畝之不易
爲己憂者, 農夫也.

요임금이 근심하는 바는 순을 얻지 못한다는 것이다. 순임금이 근심하는
바는 우임금과 고요를 얻지 못한다는 것이다. 경작되지 않는 1백 무의 땅
을 근심하는 자는 [단지] 농부에 불과하다.

9절 각주

'유대인지사, 유소인지사(有大人之事, 有小人之事)'의 예는 제6절에 있다.
역(易)(4성조)은 '이'로 발음되고 치(治, 2성조)를 의미한다. 고요의 고는 일
반적으로 본문의 고(皐)처럼 쓰이지만, 원래의 형태는 고(皋)이다. 고요(皐
陶)를 이중 성씨로 보아야 하는지, 성과 이름으로 분리해서 보아야 하는
지 결정하기 어렵다.

10. 'The imparting by a man to others of his wealth, is called "kindness." The teaching others what is good, is called "the exercise of fidelity." The finding a man who shall benefit the kingdom, is called "benevolence." Hence to give the throne to another man would be easy; to find a man who shall benefit the kingdom is difficult.

10. 爲, in the 4th tone, 'on behalf of,' = who shall benefit. 易,—read as in the text, and meaning 'easy.' The difficulty spoken of arises from this, that to find the man in question requires the finder to go out of himself, is beyond what is in his own power. The reader must bear in mind that 仁 is the name for the highest virtue, the combination of all possible virtues. Compare Analects, VI. xxviii.

10절

分人以財, 謂之惠, 敎人以善, 謂之忠, 爲天下得人者, 謂之仁,
是故以天下與人易, 爲天下得人難.

한 사람이 다른 사람에게 자신의 부를 나누는 것을 '혜'이라 한다. 다른
사람에게 선한 것을 가르치는 것을 '충'이라 한다. 왕국에 이익을 줄 사람
을 찾는 것을 '인'이라 한다. 왕위를 다른 사람에게 주기는 쉽지만 나라에
이익을 줄 사람을 찾는 것은 어렵다.

10절 각주

위(爲)는 4성조이며 '~를 위하여' 즉 이익을 보게 될 사람이다. 이(易)는
본문처럼 읽히고 그 의미는 '쉽다'이다. 본문에서 말하는 어려움은 나라에
이익을 줄 사람을 발견하기 위해서는 발견자가 자기 밖으로 나가야 하고
이는 자신의 힘 밖이기 때문에 생긴다. 독자는 인(仁)이 가장 높은 덕이며
가능한 모든 덕의 결합을 가리키는 이름임을 명심해야 한다. 『논어』제6
권 제28장과 비교하라.

11. 'Confucius said, "Great indeed was Yâo as a sovereign. It is only Heaven that is great, and only Yâo corresponded to it. How vast was his virtue! The people could find no name for it. Princely indeed was Shun! How majestic was he, having possession of the kingdom, and yet seeming as if it were nothing to him!" In their governing the kingdom, were there no subjects on which Yâo and Shun employed their minds? There were subjects, only they did not employ their minds on the cultivation of the ground.

11. See Analects, VIII. xviii and xix, which two chapters Mencius blends together with omissions and alterations. Observe the force of 亦 in the last clause. It = 'there were subjects on which they employed their minds, but still, &c.'

11절

孔子曰, 大哉, 堯之爲君, 惟天爲大, 惟堯則之, 蕩蕩乎, 民無
能名焉, 君哉, 舜也, 巍巍乎, 有天下, 而不與焉, 堯舜之治天
下, 豈無所用其心哉, 亦不用於耕耳.

공자께서 이렇게 말씀하셨다. '진정 위대한 것은 군주로서의 요임금이다.
위대한 것은 오직 하늘뿐인데 요임금만이 하늘에 응답했다. 그의 덕은 얼
마나 방대한가! 백성들은 그 덕을 명명할 이름을 찾을 수 없다. 진정한 왕
이신 순임금이여! 왕국을 소유하였지만 그럼에도 왕국을 아무것도 아닌
것처럼 대하는 그는 얼마나 위풍당당한가!' 요와 순이 왕국을 통치하면서
마음을 쓸 거리가 없었을까? 있었지만 마음을 땅의 경작에 쓰지 않았을
뿐이다.

11절 각주

『논어』 제8권 제18장과 제19장을 보라. 맹자는 이 두 장을 함께 섞어 어떤
부분을 생략하고 바꾼다.[65] 마지막 구절에서 역(亦)의 힘에 주목하라. 마지
막 문장은 '요와 순이 마음을 쓸거리들이 있었지만 그럼에도 여전히 등등'
과 같다.

---

65) (역주) 레게는 '『논어』 ~바꾼다'를 제10장 각주에 배치하였으나 제11절의 내용을
담고 있으므로 제11절의 각주에 포함한다.

12. 'I have heard of men using *the doctrines of* our great land to change barbarians, but I have never yet heard of any being changed by barbarians. Ch'an Liang was a native of Ch'û. Pleased with the doctrines of Châu-kung and Chung-nE, he came northwards to the Middle Kingdom and studied them. Among the scholars of the northern regions, there was perhaps no one who excelled him. He was what you call a scholar of high and distinguished qualities. You and your brother followed him some tens of years, and when your master died, you forthwith turned away from him.

12. 夏 and 夷, used as in Analects, III. v. 先,—the verb, in 4th tone. 子之兄弟,—not 'your brothers,' but as in the translation; compare par. 2. 倍=背:—observe how Ch'û is here excluded from 'The Middle Kingdom' of Mencius's time.

12절

吾聞用夏變夷者, 未聞變於夷者也, 陳良, 楚産也, 悅周公仲尼
之道, 北學於中國, 北方之學者, 未能或之先也, 彼所謂豪傑之
士也, 子之兄弟, 事之數十年, 師死, 而遂倍之.

나는 우리 대국의 [가르침으로] 야만인을 변화시킨 사람들에 대해 들어본
적이 있지만, 한 사람이라도 야만인으로 인해 변했다는 말은 들어본 적이
없다. 진량은 초나라 사람이었다. 주공과 공자의 가르침을 좋아하여 중국
의 북쪽으로 와서 그들을 연구했다. 북쪽 지역의 학자 가운데서 그보다
뛰어난 학자는 아마 없을 것이다. 그는 소위 당신이 말하는 매우 뛰어난
학자였다. 그대와 그대의 동생은 진량을 몇십 년간 따랐고 스승인 진량이
죽자 곧장 그에게서 돌아섰다.

12절 각주

하(夏)와 이(夷)는 『논어』 제3권 제5장처럼 사용된다. 선(先)은 동사로 4성
조이다. 자지형제(子之兄弟)는 '너의 형제들이 아니라 번역과 같은데 2절
과 비교하라. 배(倍)는 배(背)와 같은데, 여기서 맹자 시대에 초나라가 중
국에서 어떻게 배제되는지 주목하라.

13. 'Formerly, when Confucius died, after three years had elapsed, his disciples collected their baggage, and prepared to return to their several homes. But on entering to take their leave of Tsze-kung, as they looked towards one another, they wailed, till they all lost their voices. After this they returned to their homes, but Tsze-kung went back, and built a house for himself on the altar-ground, where he lived alone *other* three years, before he returned home. On another occasion, Tsze-hsiâ, Tsze-chang, and Tsze-yû, thinking that Yû Zo resembled the sage, wished to render to him the same observances which they had rendered to Confucius. They tried to force the disciple Tsăng to join with them, but he said, "This may not be done. What has been washed in the waters of the Chiang and Han, and bleached in the autumn sun:—how glistening is it! Nothing can be added to it."

13. On the death of Confucius, his disciples remained by his grave for three years mourning for him as for a father, but without wearing the mourning dress. 治任,—both 2nd tone, 'looked after their burdens.' Tsze-kung had acted to all his co-disciples as master of the ceremonies. Hence they took a formal leave of him. 場 is a flat place, an area scooped out upon the surface, and used primarily to sacrifice upon. Here it denotes such an area formed upon the sage's grave. There is a small wooden hut still shown in the Confucian cemetery, and said to be the apartment built by Tsze-kung for himself. I saw it in 1873. On Yû Zo's resemblance to Confucius, see the Book of Rites, Bk. II, Sect. I, iii, 4. 彊,—in 3rd tone. 暴 is in the 4th tone. 皜,—read *hâo*, in 2nd tone, or *kâo*. 尙 = 加. Compare 無以尙之, Analects, IV. vii. 1.

13절

昔者, 孔子沒, 三年之外, 門人治任將歸, 入揖於子貢, 相嚮而哭, 皆失聲, 然後歸, 子貢反, 築室於場, 獨居三年, 然後歸, 他日, 子夏, 子張, 子游, 以有若似聖人, 欲以所事孔子事之, 彊曾子, 曾子曰, 不可, 江漢以濯之, 秋陽以暴之, 皜皜乎, 不可尚已.

예전에 공자께서 돌아가신 지 3년이 지난 후 제자들은 짐을 싸서 집으로 돌아갈 준비를 했다. 그러나 자공의 허락을 받기 위해 들어서자마자 서로를 보면서 곡을 하였고 마침내 그들 모두 목이 쉬었다. 이후에 그들은 집으로 돌아갔지만 자공은 다시 와서 제단 터에 집을 짓고 그곳에서 혼자 3년을 더 지낸 다음 집으로 돌아갔다. 다른 예를 보면, 자하와 자장 그리고 자유는 유약이 성인을 닮았다고 생각하여 공자에게 하듯이 유약을 똑같은 예로 섬기기를 원하였다. 그들은 제자 증자를 강요하여 뜻을 이루고자 하였으나 증자가 이르길, '그럴 수 없다. 양자강과 한수의 물에 씻기고 가을 햇살에 표백되었으니 얼마나 반짝반짝하는가! 그것에 어떤 것을 더할 수 없다'라고 했다.

13절 각주

공자가 죽었을 때 제자들은 상복을 입지 않고 3년간 아버지를 애도할 때처럼 무덤가를 지켰다. 치임(治任)은 두 글자 모두 2성조로 '짐을 살피다'이다. 자공이 공자의 모든 제자에게 상주의 역할을 하였기 때문에 그들은 자공의 공식적 허가를 구했다. 장(場)은 땅을 파서 평평하게 만든 곳으로 주로 제를 지내는 곳이다. 여기서는 성인의 묘지 위에 만들어진 부분을 의미한다. 지금도 공자의 묘에는 나무로 만든 작은 오두막이 있는데 자공이 직접 지은 거처로 전해진다. 나는 그 집을 1873년도에 직접 보았다. 유약과 공자가 닮은 것에 대해서는 『예기』 「왕제(王制)」 제1편 제3장 제4절을 보라. 강(彊)은 3성조이다. 폭(暴)은 4성조이다. '호(皜)'는 2성조의 [회] 또는 [괴로 발음된다. 상(尙)은 가(加)와 같다. 『논어』 제4권 제6장 제1절의 무이상지(無以尙之)와 비교하라.

14. 'Now here is this shrike-tongued barbarian of the south, whose doctrines are not those of the ancient kings. You turn away from your master and become his disciple. Your conduct is different indeed from that of the philosopher Tsăng.

   14. 鴃,—'the shrike, or butcher bird,' a strong epithet of contempt or dislike, as applied to Hsü King. 倍,—as above.

15. 'I have heard of *birds* leaving dark valleys to remove to lofty trees, but I have not heard of their descending from lofty trees to enter into dark valleys.

   15. 下,—used as a verb, in 4th tone.

14절

今也, 南蠻鴃舌之人, 非先王之道, 子倍子之師而學之, 亦異於
曾子矣.

오늘날 때까치 소리를 내는 남방 오랑캐가 있는데 그의 교리는 고대 왕들
과 다르다. 그런데 그대는 스승을 배반하고 그의 제자가 되었다. 그대의
행동은 증자와 참으로 다르구나.

14절 각주

격(鴃)은 '때까치 또는 푸줏간의 새'로 경멸 또는 비호감을 강하게 드러내
는 욕설로 허행을 가리킨다. 배(倍)는 위와 같다.

15절

吾聞出於幽谷, 遷于喬木者, 未聞下喬木而入於幽谷者.

[새가] 어두운 골짜기를 떠나 높은 나무로 간다는 말은 들어보았어도 높은
나무에서 내려와 어두운 골짜기로 들어간다는 말은 들어 본 적이 없다.

15절 각주

하(下)는 동사로 4성조이다.

16. 'In the Praise-songs of Lû it is said,

"He smote the barbarians of the west and the north,
He punished Ching and Shû."

Thus Châu-kung would be sure to smite them, and you become their disciple again; it appears that your change is not good.'

16. See the Book of Poetry, IV, ii, Ode IV, st. 6. The two clauses quoted refer to the achievements of the duke Hsî. Mencius uses them as if they expressed the approbation of his ancestor Châu-kung.

16절

魯頌曰, 戎狄是膺, 荊舒是懲, 周公方且膺之, 子是之學, 亦爲
不善變矣.

노나라를 기리는 노래에 다음과 같은 말이 있다.

> '그는 서쪽 오랑캐와 북쪽 오랑캐를 치고,
> 형나라와 서나라를 정벌했다네.'

주공이 분명히 그들을 벌했을 것인데, 너는 다시 그들의 제자가 되었다.
그대의 변화는 바람직하지 않은 것 같구나."

16절 각주

『시경』「노송(魯頌)·비궁(閟宮)」제6연을 보라. 인용된 두 행은 희공(僖公)의
업적을 기린 것이다. 그런데 맹자는 이 시행을 전용하여 선조인 주공의
업적을 기리는 것처럼 보이게 만든다.

17. *Ch'an Hsiang* said, 'If Hsü's doctrines were followed, then there would not be two prices in the market, nor any deceit in the kingdom. If a boy of five cubits were sent to the market, no one would impose on him; linen and silk of the same length would be of the same price. So it would be with *bundles of* hemp and silk, being of the same weight; with the different kinds of grain, being the same in quantity; and with shoes which were of the same size.'

17. 賈,—read *chiâ*, 4th tone, =價. 五尺之童,—see Analects, VIII. vi. 麻縷 絲絮 must be joined together, I think, in pairs, in opposition to the 布 帛 above, the manufactured articles. 縷 is explained, in the 說文, 'by 綫, 'threads,' and may be used of silk or flax. 絮 is explained, also in the 說文, by 敝綿, 'spoiled, or bad, floss.' Its general application is to floss of an inferior quality.

17절

從許子之道, 則市賈不貳, 國中無僞, 雖使五尺之童適市, 莫之或欺, 布帛長短同, 則賈相若, 麻縷絲絮輕重同, 則賈相若, 五穀多寡同, 則賈相若, 屨大小同, 則賈相若.

[진상이 말했다.] "허행의 교리를 따르게 되면, 시장에 두 개의 가격이 있지 않을 것이고 왕국에 어떠한 속임수도 없을 것입니다. 5척의 남아를 시장에 보내더라도 누구도 그를 속이지 않을 것이고, 포목과 비단의 길이가 같으면 가격이 같을 것입니다. 삼실과 생사의[다발의] 무게가 같아도, 다른 종류의 곡물이 양이 같아도, 신발의 크기가 같아도, 그 가격이 같을 것입니다."

17절 각주

'고(賈)'는 4성조로 [개로 발음되고 가(價)와 같다. 오척지동(五尺之童)은 『논어』 제8권 제6장을 보라. 마루사서(麻縷絲絮)는 한 쌍으로 보아야 하고, 옷감인 포백(布帛)과 다르다. 루(縷)는 『설문』(說文)에서 선(綫, 실)으로 설명되는데 비단 또는 마를 만드는 데 사용된다고 했다. 서(絮)도 『설문』(說文)에서 폐면(敝綿, 망가진 또는 질이 좋지 않은 풀솜)으로 설명되는데, 일반적으로 질이 떨어지는 풀솜을 가리킨다.

18. *Mencius* replied, 'It is the nature of things to be of unequal quality. Some are twice, some five times, some ten times, some a hundred times, some a thousand times, some ten thousand times as valuable as others. If you reduce them all to the same standard, that must throw the kingdom into confusion. If large shoes and small shoes were of the same price, who would make them? For people to follow the doctrines of Hsü, would be for them to lead one another on to practise deceit. How can they avail for the government of a State?'

18. 倍,—different from that in pars. 12, 15, meaning 'as much again.' 相 = 相去 'are separated from each other,' or 'are to each other as.' The size of the shoes is mentioned as a thing more palpable than their quality, and exposing more easily the absurdity of Hsü's proposition.

18절

曰夫物之不齊, 物之情也, 或相倍蓰, 或相什伯, 或相千萬, 子
比而同之, 是亂天下也, 巨屨小屨同賈, 人豈爲之哉, 從許子之
道, 相率而爲僞者也, 惡能治國家.

[맹자가] 대답했다. "성질이 같지 않은 것은 사물의 본성이다. 어떤 것의
가치는 다른 것의 두 배이고, 어떤 것은 다섯 배이고, 어떤 것은 열 배이
고, 어떤 것은 백 배이고, 어떤 것은 천 배이고, 어떤 것은 만 배가 된다.
만약 네가 그것들을 모두 동일 기준으로 환원한다면, 나라는 반드시 혼란
에 빠지고 말 것이다. 큰 신발과 작은 신발의 값이 같다면, 누가 만들려고
하겠는가? 백성들이 허행의 교리를 따른다면 그들은 서로를 속일 것이다.
어떻게 한 공국을 통치하면서 그런 교리를 적용할 수 있겠는가?"

18절 각주

배(倍)는 '몇 배'라는 의미로 제12절과 제15절과 다르다. 상(相)은 상거(相
去)로, '서로 분리되다' 또는 '서로에게 ~와 같다'라는 의미이다. 신발의 질
보다 신발의 크기를 언급한 것이 더 명확하게 와 닿아 허행의 주장이 터
무니없음이 더 쉽게 드러나기 때문이다.

CHAPTER V

CH. 5. HOW MENCIUS CONVINCED A MOHIST OF HIS ERROR, THAT ALL MEN WERE TO BE LOVED EQUALLY, WITHOUT DIFFERENCE OF DEGREE.

제5장

맹자는 만인은 정도의 차이 없이 모두 동등하게 사랑받아야 한다고 주장하는 묵가의 주장과 오류를 알려준다.

1. The Mohist, Î Chih, sought, through Hsü Pî, to see Mencius. Mencius said, 'I indeed wish to see him, but at present I am still unwell. When I am better, I will myself go and see him. He need not come here *again*.'

1. Mo, by name 翟 (read *Ti*), was a heresiarch between the times of Confucius and Mencius. His distinguishing principle was that of universal and equal love, which he contended would remedy all the evils of society;─see next Part, chap. ix, et al. It has been contended, however, by the Rev. Dr. Edkins, that Mencius's account of Mo's views is unfair. See Journal of the North-China Branch of the Royal Asiatic Society, No. II. Some of Mo's writings remain, and some notice of them will be found in the prolegomena. 徐辟 (read *Pi* or *P'i*) was a disciple of Mencius. The philosopher, according to the opinion of Chû Hsî, was well enough, but feigned sickness and told Î Chih that he need not come again to see him,─to try his sincerity. It is to be understood that Chih had intimated that he was dissatisfied with his Mohism, and Mencius would be guided in his judgment of his really being so, by testing his desire to get an interview with him. It is difficult to express the force of the particle 且;─'Myself' comes near it. 夷子不來 is Mencius's remark, and Châo Ch'î is wrong, when he carries it on to the next paragraph, and construes─'E in consequence did not then come, but another day, &c.'

1절

墨者夷之, 因徐辟而求見孟子. 孟子曰, 吾固願見, 今吾尙病, 病愈, 我且往見, 夷子不來.

묵가인 이지가 서벽을 통해 맹자를 만나기를 청했다. 맹자가 말했다. "그를 만나고 싶지만 지금 몸이 좋지 않다. 나으면 내가 직접 가서 그를 만날 것이니 [다시] 여기에 올 필요가 없다."

1절 각주

묵(墨)의 이름은 [적, 翟]으로 공자와 맹자 시대 사이에 있었던 이교의 창시자이다. 그의 가장 독특한 원리는 보편적이고 동등한 사랑이다. 그는 이것으로 모든 사회의 악을 치료할 것이라 주장했다. 다음 편의 제9장 등을 보라. 그러나 에드킨즈 목사(Rev. Dr. Edkins)[66]는 맹자의 묵가 사상에 대한 설명이 편파적이라고 주장한다. 『아시아 왕립 학회 북중국 지회지』 (*North-China Branch of the Royal Asiatic Society*) 2호를 참고하라. 묵자의 글이 약간 남아 있고 나의 서문에 이에 대한 주해가 있다. [서벽 또는 서피, 徐辟]은 맹자의 제자이다. 주희는 맹자가 건강했지만, 이지(夷之)의 신심을 시험하기 위해 아픈 척하며 다시 올 필요가 없다고 말했다고 풀이한다. 이지가 묵가 사상에 불만이 있었고 맹자는 면담을 요청하는 이지의 바람을 시험함으로써 이지의 의도를 판단하는 근거로 삼았다는 것을 알아야 한다. 어조사인 차(且)의 힘을 표현하기가 어려운데, '나 스스로'가 그 의미에 가깝다. 이자불래(夷子不來)는 맹자가 한 말이다. 조기는 이를 다음 절과 연결하여 '그 결과 이지가 그때가 아닌 다른 날에 왔다'라고 해석하는데 이 해석은 옳지 않다.

---

66) (역주) 조셉 에드킨즈(Joseph Edkins, 1823~1905)는 중국에서 30년을 보낸 중국 철학을 전공으로 중국학자이고 언어학자이며 번역가이다. 대표적인 작품으로는 *Chinese Buddhism*(1880)이 있다.

2. Next day, Î *Chih* again sought to see Mencius. Mencius said, 'To-day I am able to see him. But if I do not correct his errors, the *true* principles will not be fully evident. Let me first correct him. I have heard that this Î is a Mohist. Now Mo considers that in the regulation of funeral matters a spare simplicity should be the rule. Î thinks with *Mo's doctrines* to change *the customs of* the kingdom;—how does he regard them as if they were wrong, and not honour them? Notwithstanding his views, Î buried his parents in a sumptuous manner, and so he served them in the way which *his doctrines* discountenance.'

2. 他日, 'another day,' probably, 'next day.' The repetition of the application satisfied Mencius that Chih was really anxious to be instructed. 直, Chû Hsî says, = 盡言以相正, 'to expound the truth fully to correct him.' 不見 = 見, 4th tone. 我且直之,—且 is here = 將, 'will.' The 備旨 says that 對未遽見言, 'it is used with reference to the not readily granting î an interview.' Mencius wanted to put the applicant right, before conversing with him. We are to suppose that, after the acknowledgment in the concluding paragraph, he admitted î to his presence. This principle about conducting funerals, or mourning generally, in a spare and inexpensive manner, was a subordinate point of Mo's teaching, and Mencius knowing that î Chih had not observed it, saw how he could lead him on from it to see the error of the chief principle of the sect. 貴 and 賤; are both verbs.

2절

他日, 又求見孟子, 孟子曰, 吾今則可以見矣, 不直, 則道不見,
我且直之, 吾聞夷子墨者, 墨之治喪也, 以薄爲其道也, 夷子思以
易天下, 豈以爲非是而不貴也, 然而夷子葬其親厚, 則是以所賤
事親也.

다음 날, 이지는 다시 맹자를 뵙기를 청했다. 맹자가 말했다. "오늘 나는 그
를 만날 수 있다. 그러나 내가 그의 실수를 바로 잡지 않는다면 [진정한] 원
리들이 명백하게 드러나지 않을 것이다. 그를 먼저 바로 잡을 것이다. 나는
이지라는 이 사람이 묵가파라고 들었다. 이제 묵가는 장례 문제를 규제할
때 검소함을 근본으로 한다고 들었다. 이지는 [묵가의 교리로] 나라의 [관
습을 바꿀 수 있다고 생각한다. 어째서 그는 그 관습이 잘못된 것처럼 생
각하고 존중하지 않는가? 이런 생각에도 불구하고 이지는 부모의 장례를 성
대하게 치르고 [교리에] 반하는 방식으로 부모를 섬겼다."

2절 각주

타일(他日)은 '다른 날'이지만 아마도 '다음 날'일 것이다. 이지가 반복해서 만
남을 요청하자 맹자는 그가 참으로 가르침을 받기를 열망한다고 생각하여 기
뻐했다. 주희는 직(直)이 진언이상정(盡言以相正), 즉 '그를 완전히 바로 잡기
위해서 진리를 설파하다'와 같다고 보았다. 불현(不見)에서 현(見)은 4성조이다.
아차직지(我且直之)에서 차(且)는 여기서 장(將), '~할 것이다'와 같다. 『비지』
(備旨)에서는 대미거현언(對未遽見言), 즉 '이지에게 만남을 쉽게 허용하지 않
을 것을 나타내기 위해 사용된다'라고 말했다. 맹자는 면담자와 대화를 하기
전에 그를 바르게 세우고 싶어 했다. 우리는 제4절에서 이지가 맹자의 말을
인정한 후 맹자가 그를 불러 만났을 것으로 추정할 수 있다. 장례에 돈을 안
들이고 볼품없이 치르고 애도하는 묵가의 교리는 하위 원리에 속한다. 맹자는
이지가 묵가의 교리를 지키지 않았음을 알고 있었으므로 장례에서 시작하여
묵가 사상의 주요 원리의 오류를 알 수 있도록 가르칠지를 알았다. 귀(貴)와
천(賤)은 모두 동사이다.

3. The disciple Hsü informed Î of these remarks. Î said, '*Even according to* the principles of the learned, we find that the ancients *acted towards the people* "as if they were watching over an infant." What does this expression mean? To me it sounds that we are to love *all* without difference of degree; but the manifestation *of love* must begin with our parents.' Hsü reported this reply to Mencius, who said, 'Now, does Î really think that a man's affection for the child of his brother is *merely* like his affection for the infant of a neighbour? What is to be approved in that *expression* is simply this:─that if an infant crawling about is likely to fall into a well, it is no crime in the infant. Moreover, Heaven gives birth to creatures in such a way that they have one root, and Î makes them to have two roots. This is the cause *of his error.*

3절

徐子以告夷子, 夷子曰, 儒者之道, 古之人, 若保赤子, 此言何謂也, 之則以爲愛無差等, 施由親始. 徐子以告孟子, 孟子曰, 夫夷子信以爲人之親其兄之子, 爲若親其隣之赤子乎, 彼有取爾也, 赤子匍匐將入井, 非赤子之罪也, 且天之生物也, 使之一本, 而夷子二本, 故也.

제자 서벽이 이지에게 맹자의 말을 전했다. 이지가 말했다. "유가의 원리를 [따르더라도] 옛 사람들은 '마치 어린아이를 지켜보듯이' [백성들을 대했다는 것을] 알 수 있습니다. 이 말이 무슨 뜻이겠습니까? 나는 이것이 우리가 차등 없이 [모두를] 사랑해야 한다는 의미로 들립니다. 그러나 [사랑을] 드러내는 것은 우리의 부모에서 시작해야 합니다." 서벽이 이 말을 맹자에게 전하자 맹자가 말했다. "이지는 진정으로 조카에 대해 느끼는 애정과 이웃의 아이에 대한 애정을 [단순히] 같다고 생각하는가? [그 표현에서] 우리가 받아들여야 하는 것은 이것이다. 만약 어린아이가 기어 다니며 우물에 빠질 가능성이 크다면, 그것은 그 아이의 잘못이 아니라는 것이다. 게다가 하늘이 피조물을 낼 때 하나의 뿌리를 가지도록 했는데, 이지는 두 개의 뿌리를 가지도록 만든다. 이것이 [그의 오류의] 원인이다.

3. Chih attempts to show that the classical doctrine likewise had the principle of equal and universal love. See the 若保赤子 quoted in the 'Great Learning,' Commentary, ix, 2. 之則,—之 is the name of the speaker. 差, read *ts'ze*, 'uneven.' 差等,—'uneven degrees.' î Chih does not attempt to vindicate the sumptuous interment of his parents;—he says 施由親始[67], not knowing what to say. 夫,—2nd tone. 彼有取爾(=耳)也, with what follows, requires to be supplemented by the reader:—'The child's falling into the well being thus from no perverse intent, but the consequence of its helplessness, people will all try to save it; and the people, liable to offend in ignorance, are to be dealt with in the same way;—to be instructed and watched over. This is all that we can find in the words which he quotes.' Châo Ch'î makes 彼 refer to î Chih:—'he only takes a part of the meaning. He loses the scope of the whole, and clings to the word infant.' This is ingenious, but does not seem sound. The 'one root' is the parents (and the seed in reference to inanimate things, but the subject is all about men, and hence the 備旨 says that 物 is to be taken as= 人), to whom therefore should be given a peculiar affection. Mo saying that other men should be loved as much, and in the same way, as parents, made two roots. The 故 is quite enigmatic, but it is explained as I have done.

---

67) (역주) 레게의 각주 원문에는 '施由始親'으로 되어 있어 '施由親始'로 수정했다.

3절 각주

이지는 유가 교리도 묵가 사상과 마찬가지로 동등하고 보편적인 사랑의 원리를 가진다는 것을 보여주고자 한다. 약보적자(若保赤子)는 『대학』 전(傳) 제9장 제2절에서 인용한 것이다. 지즉(之則)의 지(之)는 화자의 이름이다. 차(差)는 [치]로 발음되고[68] '고르지 않음'을 의미한다. 차등(差等)은 '고르지 않은 정도'를 말한다. 이지는 부모의 장례를 성대하게 치른 것을 정당화하기 위해 시유친시(施由親始)라고 말했는데 이는 그가 자기 말이 가진 모순을 모른다는 것을 드러낸다. 부(夫)는 2성조이다. 피유취이야(彼有取爾[=耳]也)는 이어지는 것과 함께 독자가 의미를 보충하여 '아이가 우물에 빠지는 것은 누가 의도를 가지고 해코지를 해서가 아니라 아이가 힘이 없어 그런 것이므로 백성들이 모두 그 아이를 구하고자 할 것이다. 백성들은 무지하여 잘못을 하기 쉬우니 아이에게 하듯이 가르치고 지켜주어야 한다. 이것이 이지가 인용하고자 한 말의 핵심이다'로 해석해야 한다. 조기는 피(彼)가 이지를 가리킨다고 보아, '그는 그 의미의 부분만을 이해하여 전체 맥락을 놓치고 어린아이라는 단어에 집착한다'라고 말한다. 조기의 해석은 기발하지만, 문제가 있다. 하나의 뿌리는 특별한 애정을 주어야 하는 부모이다. 그리고 무생물의 뿌리는 씨앗을 가리킬 수 있지만 여기서 말하고자 하는 대상은 모두 사람들이므로 『비지』(備旨)에서 물(物)을 인(人)으로 보았다. 묵가는 다른 사람들도 부모만큼 그리고 부모와 같은 방식으로 사랑받아야 한다고 말함으로써 두 개의 뿌리를 만든다. 고(故)는 매우 모호하지만 나의 번역처럼 설명할 수 있다.

---

68) (역주) 레게는 '치'(tsze)로 읽어야 한다고 함. 사전에도 '차별'의 의미는 음이 '치'로 나온다. 그러나 현대에 '치등'이라는 단어는 없고 모두 '차등'으로 쓴다.

4. 'And, in the most ancient times, there were some who did not inter their parents. When their parents died, they took them up and threw them into some water-channel. Afterwards, when passing by them, *they saw* foxes and wild-cats devouring them, and flies and gnats biting at them. The perspiration started out upon their foreheads, and they looked away, unable to bear the sight. It was not on account of other people that this perspiration flowed. The emotions of their hearts affected their faces and eyes, and instantly they went home, and came back with baskets and spades and covered the bodies. If *the covering them thus* was indeed right, you may see that the filial son and virtuous man, in interring *in a handsome manner* their parents, act according to a proper rule.'

4절

蓋上世, 嘗有不葬其親者, 其親死, 則擧而委之於壑, 他日過之, 狐狸食之, 蠅蚋姑嘬之, 其顙有泚, 睨而不視, 夫泚也, 非爲人泚, 中心達於面目, 蓋歸反虆梩而掩之, 掩之, 誠是也, 則孝子仁人之掩其親, 亦必有道矣.

그리고 아주 먼 옛날에는 부모를 매장하지 않는 자도 있었다. 부모가 죽었을 때, 자식들은 부모를 들것에 들어 수로에 던졌다. 나중에 지나갈 때, [그들은] 여우와 살쾡이가 부모를 뜯어먹고, 파리와 각다귀가 물어뜯는 것을 보았다. 그들의 이마에서 진땀이 나기 시작했고 그들은 그 장면을 차마 볼 수 없어 눈을 돌렸다. 이렇게 진땀이 흐르는 것은 다른 사람들 때문이 아니었다. 그들 가슴 속의 그 감정들이 얼굴과 눈에 영향을 미쳤기 때문이다. 그들은 집으로 돌아오자마자 바구니와 삽을 가지고 되돌아와 시체를 덮었다. [이렇게 시체를 덮는 것이] 정말로 옳은 것이라면, 효자와 어진 사람이 부모를 [아름다운 방식으로] 매장할 때 그들이 올바른 법에 따라 행동한다는 것을 알 수 있을 것이다."

4. 蓋, not exactly 'for,' but as a more general continuative. Julien translates the first clause: '*Porro in superioribus secttlis nonduni erant qui sepelirent suos parentes*,' and he blames Noel for rendering '*quidam filii parentes suos tumulo non mandabant*.' Mencius, he says, 'is treating of all men, and not of some only.' I cannot, however, get over the 者, which would seem to require the rendering given by Noel. Reference is made indeed to the highest antiquity (上世), when the sages had not yet delivered their rules of ceremonies, but from the clause 非爲人泚 we may infer that even then all were not equally unobservant of what was proper. 過,─the 1st tone. The passing by is not to be taken as fortuitous. Their natural solicitude brought them to see how it was with the bodies. The 狐 is 'the fox.' 狸 or 貍 is a name given to different animals. We have the 貓狸 , or 'wild cat;' the 風狸, which appears to be the 'raccoon'; and others. 姑, says Chû Hsî, has no meaning, but is a drawl between the words before and after it. Some would take it for 蛄, a kind of cricket. 非爲人泚,─compare 非所以要譽云云, Bk. II. Pt. I. vi. 3. 中心, 'their middle heart,' the very center of their being. 蓋歸,─蓋 ='and forthwith,' but what follows contains a proof of what is said before─中心云云. 反虆梩, 'overturned baskets and shovels,' i. e. of earth. 虆,─read lo (not lei, as enjoined in the tonal notes in most editions of Mencius), in 2nd tone. The meaning of 梩 is obscure; that of a spade or shovel (wooden, of course) is given, however, to it. The conclusion of the argument is this, that what affection prompted in the first case, was prompted similarly in its more sumptuous exhibition in the progress of civilization. If any interment was right, a handsome one must be right also.

4절 각주

개(蓋)는 정확하게 '~을 위해서'가 아니라 보다 일반적인 연결어로 쓰인다. 줄리앙은 첫 번째 어구를 [게다가, 이전 시대에는 부모를 매장하는 이들이 아직 없었다]라고 해석하고서 노엘이 [몇몇 부모들은 그들 자신의 무덤을 허락하지 않았다]로 해석한 것을 비난했다. 줄리앙은 맹자가 '단지 몇몇 사람이 아닌 모든 사람에 대해 다루고 있다'고 말한다. 그러나 나는 자(者)를 그냥 넘길 수 없다. 자(者)는 노엘의 번역을 따를 필요가 있다. 가장 오래된 옛날(上世)을 언급할 필요가 있다. 그때 성인들이 예법을 아직 전하지는 않았지만 비위인자(非爲人泚)로 볼 때 심지어 그때에도 올바른 것을 지키는 사람들이 있었다는 것을 유추할 수 있다. 과(過)는 1성조이다. 그들이 지나간 것을 우연히 지나간 것으로 보아서는 안 된다. 그들은 타고난 간절한 마음 때문에 시체가 어떻게 되었는지 보기 위해 갔다. 호(狐)는 '여우'이다. 리(狸 또는 貍)는 다른 동물의 이름이다. 묘리(貓狸)는 '살쾡이'이고 풍리(風狸)는 '너구리' 등으로 보인다. 주희는 고(姑)는 아무 의미가 없지만, 전후 두 글자 사이를 느슨하게 이어준다고 했다. 혹자는 그것을 귀뚜라미의 일종인 땅강아지(蛄)로 본다. 비위인자(非爲人泚)는 제2권 제1편 제6장 제3절의 비소이요예운운(非所以要譽云云)과 비교하라. 중심(中心)은 '그들의 중간에 있는 마음' 즉 그들 존재의 바로 그 핵심부를 말한다. 개귀(蓋歸)의 개(蓋)는 '그리고 곧'이지만 이어지는 것은 앞에서 말한 중심운운(中心云云)의 증거를 포함한다. 반류리(反虆梩)는 흙을 ' 바구니와 삽으로 뒤집다'이다. 류(虆)는 맹자의 대다수 판본이 각주에서 주장한 성조인 [류]가 아니라 2성조인 [래로 발음된다.[69] 리(梩)의 의미는 모호하지만, 나무로 만든 삽 또는 부삽을 의미한다. 주장하는 바는 먼 옛날의 사례에서도 드러나는 부모에 대한 애정이 문명이 진보한 시대에는 더 호화로운 방식으로 나타났다는 것이다. 모든 매장이 바른 것이라면 아름다운 매장도 바른 매장임이어야 한다.

---

69) (역주) 『강희자전』에 의하면, 『당운』(唐韻)에서는 力追切(류), 『운회』(韻會)에서는 倫追切(류), 盧戈切(라), 『집운』(集韻)에서는 魯水切(류) 등의 독음이 있다고 했다.

5. The disciple Hsü informed Î of what Mencius had said. Î was thoughtful for a short time, and then said, 'He has instructed me.'

5. 憮然, in the dictionary, is explained, as 'the appearance of being surprised.' In Analects, XVIII. vi. 4, Chû Hsî explains the phrase by 悵然 'vexed-like.' I have there translated—'with a sigh.' 命之,—之 is again the speaker's name. 命 is in the sense of 教 'to instruct.'

5절

徐子以告夷子, 夷子憮然爲間曰, 命之矣.

서벽이 이지에게 맹자의 말을 전했다. 이지는 잠시 생각에 잠긴 다음 말했다. "그가 저에게 가르침을 주었습니다."

5절 각주

사전에서는 무연(憮然)을 '놀란 모습'으로 설명한다. 『논어』 제18권 제6장 제4절에서 주희는 그 구절을 창연(悵然), '당혹스러운 것 같이'로 설명한다. 나는 『논어』에서는 '한숨을 쉬며'로 번역했다. 명지(命之)의 지(之)는 이지의 이름이다. 명(命)은 교(敎), '가르치다'를 뜻한다.

滕文公章句 · 下

등문공장구 · 하

BOOK III
TĂNG WAN KUNG
PART II

CH. 1. HOW MENCIUS DEFENDED THE DIGNITY OF RESERVE, BY WHICH HE REGULATED HIS INTERCOURSE WITH THE PRINCES OF HIS TIME.

To understand the chapter, it must be borne in mind, that there were many wandering scholars in the days of Mencius, men who went from court to court, recommending themselves to the various princes, and trying to influence the course of events by their counsels. They would stoop for place and employment. Not so with our philosopher. He required that there should be shown to him self a portion of the respect which was due to the principles of which he was the expounder.

제3권

등문공장구(滕文公章句)

하(下)

맹자는 자제의 품격을 주장하며 당대의 제후들과 만나는 것을 삼갔다.

이 장을 이해하기 위해서 명심해야 할 것이 있다. 맹자의 시대에는 이 나라 저 나라를 돌아다니며 여러 제후에게 자신을 스스로 추천하며 조언으로 사건에 영향을 미치고자 하는 학자들이 많았다. 그들은 지위와 관직을 얻기 위해 자신을 스스로 낮추었을 것이다. 우리의 맹자는 그러하지 않았다. 맹자는 제후에게 자신이 설파하는 원리를 인정하고 일정 부분의 존경심을 표시할 것을 요구한다.

CHAPTER I

1. Ch'ăn Tâi said *to Mencius*, 'In not *going to* wait upon any of the princes, you seem to me to be standing on a small point. If now you were once to wait upon them, the result might be so great that you would make one of them sovereign, or, if smaller, that you would make one of them chief of all the other princes. Moreover, the History says, "By bending *only* one cubit, you make eight cubits straight." It appears to me like a thing which might be done.'

1. Ch'ăn Tăe was one of Mencius's disciples. 不見=不往見. 宜若小然,='in reason is as if it were small-like.' 大 is said to be 大用, 'if you were greatly employed,' and 小=小用. It is better to take these terms as in the translation. The clauses must be expanded一大則以其君王, 小則以其君霸. 王,一4th tone. 志,一see Pt. I. ii. 3.' The 'thing that might be done' is Mencius's going to wait on the princes.

제1장

1절

陳代曰, 不見諸侯, 宜若小然, 今一見之, 大則以王, 小則以覇,
且志曰, 枉尺而直尋, 宜若可爲也.

진대가 [맹자에게] 물었다. "선생님께서 제후를 전혀 만나지 않는 것은 사소한 점을 고수하기 때문으로 보입니다. 지금 선생님께서 그들을 한 번 만난다면 그중 한 사람을 왕으로 만드는 대단한 업적을 이룰 것입니다. 그렇지 않으면 적어도 그중 한 사람을 다른 모든 제후의 우두머리로 만들 것입니다. 게다가 『서경』에서 '[단지] 1자를 구부려 8자를 바르게 한다'라고 했습니다. 저는 해 볼 만하다고 생각합니다."

1절 각주

진대(陳代)는 맹자의 제자이다. 불견(不見)은 불왕견(不往見)이다. 의약소연(宜若小然)은 '추리해 보면 작은 것처럼 보인다'라는 의미이다. 대(大)는 대용(大用), '당신이 크게 쓰인다면'의 뜻이고 소(小)는 소용(小用)이라고 하지만 대(大)와 소(小)를 번역처럼 해석하는 것이 더 낫다. 즉 '대즉이기군왕, 소즉이기군패(大則以其君王, 小則以其君覇)'로 확대하여 해석해야 한다. 왕(王)은 4성조이다. 지(志)는 제1편 제2장 제3절을 보라. '해 볼 만한 일'은 맹자가 제후를 만나러 가는 것이다.

2. Mencius said, 'Formerly, the duke Ching of Ch'î, once when he was hunting, called his forester to him by a flag. *The forester* would not come, and the duke was going to kill him. *With reference to this incident, Confucius* said, "The determined officer never forgets t*hat his end may be* in a ditch or a stream; the brave officer never forgets that he may lose his head." What was it *in the forester* that Confucius thus approved? He approved his not going *to the duke*, when summoned by the article which was not appropriate to him. If one go *to see the princes* without waiting to be invited, what can be thought of him?

2절

孟子曰, 昔, 齊景公田, 招虞人以旌, 不至, 將殺之, 志士不忘
在溝壑, 勇士不忘喪其元, 孔子奚取焉, 取非其招不往也, 如不
待其招而往, 何哉.

맹자가 말했다. "예전에 제나라의 경공이 사냥을 하고 있었을 때 산지기를
깃발로 부른 적이 있었다. [산지기가] 오지 않자 경공은 그를 죽이려고 했
다. [이 일을 언급하면서] 공자께서는 이렇게 말씀하셨다. '심지가 곧은 관
리는 [그의 마지막이] 고랑 또는 개울일 수 있다는 것을 절대로 잊지 않
고, 용감한 관리는 목이 베일 수 있다는 것을 절대로 잊지 않는다.' 공자
가 [산지기의] 어떤 점을 인정했다고 생각하느냐? 공자께서 높이 평가한
점은 경공이 산지기를 그에게 적합하지 않은 물건으로 불렀을 때 [경공에
게] 가지 않았다는 것이다. 어떤 사람이 초대받기를 기다리지 않고 [제후
를 만나러] 간다면, 그를 어떻게 여기겠느냐?

2. The 虞人 was an officer as old as the time of Shun, who appoints Yî(益), Shû-ching, II. I. 22, saying that 'he could rightly superintend the birds and beasts of the fields and trees on his hills, and in his forests.' In the Châu Lî, Pt. II. Bk. xvi, we have an account of the office, where it appears, that, on occasion of a great hunting, the forester had to clear the paths, and set up flags for the hunters to collect around. There the charges are the 'hills,' and 'marshes,' and here, according to Châo Ch'î and Chû Hsî, they were the 'preserves and parks.' In those times, the various officers had their several tokens, which the prince's messenger bore when he was sent to call any of them. A forester's token was a fur cap, and the one in the text would not answer to a summons with a flag. See the incident in the 左傳, 昭公, 二十年, where the details however, and Confucius' judgment on it, are different. It is there said:—'The prince of Ch'î was hunting in P'î and summoned the forester with a bow. As the forester did not come, the prince had him seized, when he excused himself saying, *In the huntings of former princes,* 大夫 *have been summoned with a banner;* 士, *with a bow; and the forester with a fur cap. As I did not see the fur cap, I did not venture to approach.* The duke on this dismissed the man. Chung-ni said, *He observed the law of his office, rather than the ordinary rule of answering the summons. Superior men will approve of his act.'* 田,—used for 畋 or 佃. The observations which must be taken as made by Confucius are found nowhere else. 元,—here =首, 'the head.' 不忘 is a difficult phrase in the connexion. I have made the best of it I could. The first 其招 is plain enough—the summons appropriate to him, i. e. to a forester. We cannot lay so much stress, however, on the 其 in the same phrase in the last sentence, the subject of the chapter being the question of Mencius's waiting on the princes without being called by them at all.

2절 각주

우인(虞人)은 익(益)을 임명한 순임금의 시대만큼 오래된 관직명이었다.『서경』「우서(虞書)·순전(舜典)」제22절은 익에 대해 '그는 들의 새와 짐승과 그의 산과 숲에 있는 나무들을 바르게 감독했다'고 말한다.『주례』(周禮) 제2편 제16권에는 큰 사냥이 있을 때, 길을 정리하고 사냥꾼들이 주변에 모이도록 깃발을 세우는 산지기인 관리에 대한 설명이 있다.『주례』(周禮)에서 산지기가 담당한 곳은 산과 늪이다. 조기와 주희는 여기에서 담당 구역은 보호구역과 공원이라고 말한다. 그 당시 여러 관리는 몇몇 표지가 있었고 제후의 사자가 그들을 부르러 갈 때 이를 품고 갔다. 산지기의 표지는 털모자였다. 본문의 그 사람은 깃발로 소환을 받자 이에 응하지 않았다.『좌전』(左傳) 소공(昭公) 12년조에서 이 사건을 보면 세부 사항과 이에 대한 공자의 판단은 다르다.『좌전』에 "제나라의 제후가 '패'(沛)에서 사냥을 하다 산지기를 [활로] 불렀다. 산지기가 오지 않자 제후가 그를 사로잡았고 그때 산지기는 변명하며 [예전 제후들이 사냥할 때 대부(大夫)는 깃발로, 사(士)는 화살로, 산지기는 털모자로 소환했습니다. 털모자를 보지 못했기에 감히 다가가지 못했습니다]라고 말했다. 이에 공작은 산지기를 해고했다. 공자가 이르길, '그는 소환에 응하는 일반 규율보다는 오히려 그 관직의 규율을 준수했다. 군자는 그의 행동을 인정할 것이다'라고 했다."로 적혀있다. 전(田)은 전(畋) 또는 전(佃)으로 사용된다. 공자가 언급한 것으로 해석되는 일반 규율과 관직의 규율은『좌전』이외 다른 어느 곳에서는 발견되지 않는다. 원(元)은 여기서 수(首), '머리'이다. 불망(不忘)은 결합하기 어려운 단어이지만 최대한 번역에 반영했다. 처음의 기초(其招)는 산지기에게 적절한 소환 방식을 가리키는 것으로 의미가 비교적 명확하다. 그러나 마지막 구절의 기초(其招)의 기(其)는 앞의 기(其)만큼 의미가 명확하지 않다. 그것은 제1장의 주제가 맹자가 제후들의 부름을 받지 않고 그들을 만나러 갈 수 있는가의 문제이기 때문이다.

3. 'Moreover, *that sentence*, "By bending *only* one cubit, you make eight cubits straight," is spoken with reference to the gain *that may be got*. If gain be the object, then, if it can be got by bending eight cubits to make one cubit straight, may we likewise do that?

3. 且夫 (2nd tone) is more forcible and argumentative than 且 alone. 如以利＝ 如以計利爲心. The question in 亦可爲與. is an appeal to Tai's own sense of what was right. Admitting what he asked in par.1, any amount of evil might be done that good might come. Was he prepared to allow that?

3절

且夫枉尺而直尋者, 以利言也, 如以利, 則枉尋直尺而利, 亦可爲與.

게다가, '[단지] 1자를 구부려 8자를 바르게 한다'라는 말은 [얻을 수 있는] 이익에 대해서 말할 때 쓴다. 목적이 이익이라면, 그래서 이익을 8자를 구부려 1자를 바르게 하여 얻을 수 있다면, 그때도 그렇게 할 것인가?

3절 각주

차부(且夫[2성조])는 단독으로 사용되는 차(且)보다 의미가 강하고 논쟁적이다. '여이리'(如以利)는 '여이계리위심'(如以計利爲心)이다. '역가위여'(亦可爲與)의 질문은 올바른 것에 대한 진대 자신의 생각에 호소한 것이다. 제1절에서의 그의 질문을 받아들인다면, 이익을 얻기 위해서라면 악을 많이 저지를 수도 있다. 진대는 이것을 받아들일 준비가 되어 있는가?

4. 'Formerly, the officer Châo Chien made Wang Liang act as charioteer for his favourite Hsî, when, in the course of a whole day, they did not get a single bird. The favourite Hsî reported this result, saying, "He is the poorest charioteer in the world." Some one told this to Wang Liang, who said, "I beg leave to *try* again." By dint of pressing, this was accorded to him, when in one morning they got ten birds. The favourite, reporting this result, said, "He is the best charioteer in the world." Chien said, "I will make him always drive your chariot for you." When he told Wang Liang so, *however*, Liang refused, saying, "I *drove* for him, strictly observing the proper rules for driving, and in the whole day he did not get one *bird*. I *drove* for him so as deceitfully to intercept *the birds*, and in one morning he got ten. It is said in the Book of Poetry,

'There is no failure in the management of their horses;
The arrows are discharged surely, like the blows of an axe.'

I am not accustomed to drive for a mean man. I beg leave to decline the office."

4절

昔者, 趙簡子使王良與嬖奚乘, 終日而不獲一禽, 嬖奚反命曰, 天下之賤工也, 或以告王良, 良曰, 請復之, 彊而後可, 一朝而獲十禽. 嬖奚反命曰, 天下之良工也. 簡子曰, 我使掌與女乘, 謂王良, 良不可, 曰, 吾爲之範我馳驅, 終日不獲一, 爲之詭遇, 一朝而獲十. 詩云, 不失其馳, 舍矢如破, 我不貫與小人乘, 請辭.

예전에 고관대작인 조간자가 왕량에게 총신 해를 위해 전차를 몰게 했다. 그때 그들은 온종일 한 마리의 새도 잡지 못했다. 총신 해는 이 결과를 보고하며 '그는 세상에서 가장 능력 없는 전차 몰이꾼입니다'라고 했다. 누군가가 이 말을 왕량에게 전하자, 왕량이 '다시 [해볼 수 있게] 해 달라'고 조른 후 허락을 받았다. 그들은 하루아침에 새 10마리를 잡았다. 총신은 이 결과를 보고하며 '그는 세상에서 가장 훌륭한 전차 몰이꾼입니다'라고 말했다. 조간자가 '그에게 항상 너의 전차를 몰게 하겠다'라고 하였다. 조간자의 명을 들은 왕량은 이를 거부하며 이렇게 말했다. '제가 적절한 규칙을 엄격히 지키며 전차를 몰았더니 온종일 그는 한 마리 새도 얻지 못했습니다. [새를] 잡기 위해 규칙을 지키지 않고 전차를 몰았더니 그는 오전에만 10마리를 잡았습니다. 『시경』에서 이렇게 노래했다.

> '그들의 말 관리에는 전혀 실패가 없다네,
> 도끼로 찍듯이 화살을 확실히 쏘았네.'

나는 비열한 사람을 위해 말을 모는 데 익숙하지 않습니다. 이 일을 그만두고 떠날 수 있게 해주십시오."

4. The Chien(簡) in Châo Chien is the posthumous epithet. His name was 鞅(*Yang*), a noble of Tsin, in the times of Confucius, and Wang Liang was his charioteer, famous for his skill. Liang appears in the histories of the time—the 左傳 and 國語—by different names. He is called 郵無恤, 郵無正, 郵良, as well as 王良;—see the 四書拓餘說, in loc. 與 = 爲, 'for,' and 乘 (4th tone), 'a chariot,' is used as a verb, 'to drive a carriage.' 反命,—see Pt. I. ii. 3. It is a phrase of form. 工,—'a mechanic,' 'an artist'; here ='a charioteer.' 請復(4th tone)之,—'I beg to *again* it.' 彊,—2nd tone. 掌與女(=汝)乘,—'to manage the chariot-driving for you.' It is not common in Chinese to separate, as here, the verb and its object. 良不可, 'Liang might not,' i. e. might not be induced to take the office, 吾爲(4th tone)之範我馳驅, 'I for him *law-ed* my racing my horses and whipping them.' 詩云,—see the Shih-ching, II. iii. Ode V. st. 6. Literally the two lines are, 'They err not in the galloping; they let go the arrows, as if rending.' 舍,—the 3rd tone. 貫,—used for 慣.

4절 각주

조간(趙簡)에서 간(簡)은 시호이다. 그의 이름은 [앙, 鞅]으로 공자 시대에 진(晉)나라 귀족이었다. 왕량은 뛰어난 전차 몰이꾼으로 유명했다. 왕량은 그 시대의 역사서인 『좌전』(左傳)과 『국어』(國語)에 다른 이름으로 나온다. 그는 왕량(王良)뿐만 아니라 우무휼(郵無恤), 우무정(郵無正), 우량(郵良)이라는 이름으로도 불린다. 『사서탁여설』(四書拓餘說)을 참조하라. 여(與)는 위(爲), '~을 위하여'이고, 전차를 뜻하는 승(乘, 4성조)은 '전차를 몰다'의 동사로 사용된다. 반명(反命)은 제1편 제2장 제3절을 보라. 반명은 관용적 표현이다. '기능공'과 '장인'을 의미하는 공(工)은 여기서 '전차 몰이꾼'을 의미한다. 청부지(請復[4성조]之)는 '그것을 [다시] 간청합니다이다. 강(彊)은 2성조이다. 장여여승(掌與女[=汝]乘)은 '너를 위해 전차 모는 일을 관리하다이다. 중국어에서 여기에서처럼 동사와 그 목적어를 분리하는 것은 흔하지 않다. 량불가(良不可)는 '량은 그러지 않을 수 있다'(량은 그 직을 받도록 유인되지 않을 것이다)를 의미한다. 오위지범아치구(吾爲[4성조]之範我馳驅)는 '나는 그를 위해 나의 말을 몰고 채찍질하는 것을 [규정대로] 했다이다. 시운(詩云)은 『시경』「소아(小雅)·동궁지십(彤弓之什)·거공(車攻)」제6연들을 보라. 문자 그대로 이 두 행의 시는 '그들은 말을 달림에 있어 실패가 없었다. 그들은 화살을 쪼개듯이 발사했다이다. 사(舍)는 3성조이다. 관(貫)은 관(慣)으로 사용된다.

5. '*Thus* this charioteer even was ashamed to bend improperly to the will of *such an* archer. Though, by bending to it, they would have caught birds and animals sufficient to form a hill, he would not do so. If I were to bend my principles and follow those *princes*, of what kind would my conduct be? And you are wrong. Never has a man who has bent himself been able to make others straight.'

5. 比,—4th tone, in the sense of 'to flatter.' 丘陵,—to be taken together, 'a mound,' 'a hill.' The 彼,—'that, or those,' referring to 諸侯 in par.1. We must supply *I,* as the subject of 枉. The concluding remark is just, but hardly consistent with the allowances for their personal misconduct which Mencius was prepared to make to the princes.

5절

御者, 且羞與射者比, 比, 而得禽獸, 雖若丘陵, 弗爲也, 如枉
道而從彼, 何也, 且子過矣, 枉己者, 未有能直人者也.

이처럼 전차 몰이꾼도 [그와 같은] 궁수의 뜻에 부당하게 굽히는 것을 수
치스럽게 생각했다. 비록 그에게 굽힘으로써 산더미 같은 새와 동물을 잡
을 수 있지만, 그는 그렇게 하기를 거부했다. 내가 나의 원칙을 굽히고 저
[제후들]을 따른다면, 내 행동을 어떻게 보겠느냐? 그리고 너는 옳지 않다.
자신을 굽힌 사람은 결코 다른 사람을 바르게 펼 수 없다."

5절 각주

비(比)는 4성조로 '아부하다'를 뜻한다. 구릉(丘陵)은 두 글자가 결합하여,
'능'과 '언덕'을 의미한다. 피(彼)는 '그것 또는 그것들'로 1절의 제후(諸侯)
를 가리킨다. 굽히다(枉)의 주어를 맹자(1인칭 I)로 보아야 한다. 결론 부
분의 발언은 맞는 말이지만 맹자가 제후들의 그릇된 사적인 행동을 기꺼
이 눈감아주던 과거의 발언과는 모순된다.

CHAPTER II

CH. 2. MENCIUS'S CONCEPTION OF THE GREAT MAN.

1. Ching Ch'un said *to Mencius*, 'Are not Kung-sun Yen and Chang Î really great men? Let them once be angry, and all the princes are afraid. Let them live quietly, and the flames of trouble are extinguished throughout the kingdom.'

1. Ching Ch'un was a man of Mencius's days, 'a practicer of the art of up-and-across'(爲縱橫之術者), i. e. one who plumed himself on his versatility. Kung-sun Yen and Chang Î were also men of that age, natives of Wei(魏), and among the most celebrated of the ambitious scholars, who went from State to state, seeking employment, and embroiling the princes. See the 'Historical Records,' Book C, 列傳, chap. x. 丈夫,—see Pt. I. i. 4. The phrase is used, however, in the next paragraph, for 'a grown-up youth.' 熄 has, in the Shwo Wǎn, the opposite meanings of 'feeding a fire,' and 'extinguishing a fire.' The latter is its meaning here.

제2장

맹자가 대장부에 대해 논한다.

1절

景春曰, 公孫衍, 張儀, 豈不誠大丈夫哉, 一怒, 而諸侯懼, 安居, 而天下熄.

경춘이 [맹자에게] 말했다. "공손연과 장의는 참으로 대장부가 아닙니까? 그들이 한 번 화를 내면 모든 제후가 두려워합니다. 그들이 조용히 살면 천하에 분란의 불꽃이 꺼집니다."

1절 각주

경춘(景春)은 맹자 시대의 위종횡지술자(爲縱橫之術者) 즉 다재다능함을 자랑하고 다니던 사람이다. 공손연(公孫衍)과 장의(張儀) 또한 맹자 시대의 위(魏)나라 사람들로 여러 나라를 다니며 자리를 구하고 제후들을 반목시키던 것으로 유명한 야망이 있는 학자들이다. 『사기·열전(列傳)』제10장을 보라. 장부(丈夫)는 제1편 제1장 제4절을 보라. 그러나 다음 절에서 장부(丈夫)는 '장성한 청년'의 의미로 사용된다. 식(熄)은 『설문해자』에서 '불을 지피는'과 '불을 끄는'이라는 정반대의 의미가 있다.

2. Mencius said, 'How can such men be great men? Have you not read the Ritual *Usages*?一"At the capping of a young man, his father admonishes him. At the marrying away of a young woman, her mother admonishes her, accompanying her to the door on her leaving, and cautioning her with these words, 'You are going to your home. You must be respectful; you must be careful. Do not disobey your husband.'" *Thus*, to look upon compliance as their correct course is the rule for women.

2. 是,一referring to Yen and î with what is said about them above. 焉,一 the interrogative, in 1st tone. The 'Rites' or 'Book of Rites,' to which Mencius here chiefly refers, is not the compilation now received among the higher classics, under the name of the Lî Chî, but the î Lî(儀禮). He throws various passages together, and, according to his wont, is not careful to quote correctly. In the î Lî, not only does her mother admonish the bride, but her father also, and his concubines, and all to the effect that she is to be obedient, though the husband (here called 夫 子) is not expressly mentioned. See the 儀禮註疏 , Bk. 11, pp. 49, 50. For the ceremonies of Capping, see the same, Bk. I. In 送之門 and, more especially, in 往之女(汝)家 the 之 joins the verbs and nouns, and is construed as the verb, =往. 妾婦 are to be taken together,一'a concubine-woman.' Mencius uses the term 妾 in his contempt for Yen and E, who, with all their bluster, only pandered to the passions of the princes. Obedience is the rule for all women, and specially so for secondary wives.

2절

孟子曰, 是焉得爲大丈夫乎, 子未學禮乎, 丈夫之冠也, 父命之,
女子之嫁也, 母命之, 往送之門, 戒之曰, 往之女家, 必敬必戒,
無違夫子, 以順爲正者, 妾婦之道也.

맹자가 말했다. "어떻게 그런 사람들을 대장부라 할 수 있는가? 너는 [의
례]도 읽어보지 않았느냐? '젊은이가 관례할 때, 아버지가 아들에게 훈계
한다. 젊은 여성이 결혼할 때 어미가 딸이 떠날 때 문 앞까지 전송하며
'너는 너의 집으로 가서 공경하고 조심해야 한다. 남편의 명에 반대하지
말라.'라고 훈계한다.' [이렇듯] 그들이 순종을 바른길로 여기는 것은 여자
들의 법이었다.

2절 각주

시(是)는 위에서 말한 것과 관련해서 공손연과 장의를 가리킨다. 언(焉)은
의문사로 1성조이다. 여기서 맹자가 주로 언급하는 '예' 또는 '예서'는 오늘
날 『예기』라는 이름으로 중국 고전으로 인정받는 편찬서가 아니고, 『의례』
(儀禮)를 의미한다. 맹자는 여기서 다양한 문구를 함께 제시하고 원하는
대로 인용하기 때문에 신중한 바른 인용이라고 보기 어렵다. 『의례』(儀禮)
에서 남편(여기서는 夫子로 불린다)이 명확하게 언급되지 않았지만, 신부
의 어머니도 신부 아버지도 그의 첩들 모두 신부에게 남편에게 순종해야
한다고 훈계한다. 『의례주소』(儀禮註疏) 제2권, 49쪽과 50쪽을 보라. 관례
는 위의 책 제1권을 보라. 송지문(送之門)과 특히 왕지여가(往之女[=汝]家)
에서 지(之)는 동사와 명사와 결합하고, 동사인 왕(往)으로 해석된다. 첩부
(妾婦)는 한 단어로 '첩인 여인'을 의미한다. 맹자는 제후들의 열망에만 영
합하는 공손연과 장의를 경멸할 의도로 첩(妾)이라는 글자를 사용한다.

3. 'To dwell in the wide house of the world, to stand in the correct seat of the world, and to walk in the great path of the world; when he obtains his desire *for office*, to practise his principles for the good of the people; and when that desire is disappointed, to practise them alone; to be above the power of riches and honours to make dissipated, of poverty and mean condition to make swerve from principle, and of power and force to make bend:─these characteristics constitute the great man.'

3. 'The wide house of the world' is *benevolence* or *love*, the chief and home of all the virtues; 'the correct seat' is *propriety*; and 'the great path' is *righteousness*. 與民由之 (the 之 refers to the virtues so metaphorically indicated),─'walks according to them, along with the people.' The paraphrase in the 日講 says:─'Getting his desire, and being employed in the world, he comes forth, and carries out these principles of benevolence, propriety, and righteousness, towards the people, and pursues them along with them.' 此之謂,─'this is what is called,'=such is the description of, a really 'great man.'

3절

居天下之廣居, 立天下之正位, 行天下之大道, 得志, 與民由之, 不得志, 獨行其道, 富貴不能淫, 貧賤不能移, 威武不能屈, 此之謂大丈夫.

세상의 넓은 집에 사는 것, 세상의 바른 자리에 서 있는 것, 세상의 위대한 길을 걸어가는 것, 바라는 관직에 올랐을 때 백성들의 이익을 위해 자신의 원리를 실천하는 것, 그 소망을 이루지 못했을 때 홀로 그 원리를 실천하는 것, 부와 명예의 권력이 있어도 방탕하지 않는 것, 가난과 비참한 상황에서도 원리를 포기하지 않는 것, 권력과 힘 앞에서도 굴복하지 않는 것, 이런 특징들을 가질 때 그를 대장부라 할 수 있다."

3장 각주

'세상의 넓은 집'은 최고의 덕이자 집인 [인] 또는 [사랑]이고, '바른 자리'는 [예]이고, '위대한 길'은 '의'이다. 여민유지(與民由之)의 지(之)는 비유적으로 암시된 미덕들을 가리키는데, 이는 '백성들과 함께 그 미덕을 따라 걷다'이다. 『일강』(日講)은 이를 의역하여 '욕망하여 세상에 기용되면 그는 앞으로 나아가 인과 예와 의를 백성들을 위해 실현하고 백성과 더불어 그들과 함께 인과 예와 의를 추구한다.'라고 해석했다. 차지위(此之謂)는 '이것이 소위 말하는 것이다로 즉 그와 같은 것이 진정한 '대장부'의 모습이라는 것이다.

CHAPTER III

CH. 3. OFFICE IS TO BE EAGERLY DESIRED, AND YET IT MAY NOT BE SOUGHT BUT BY ITS PROPER PATH.

It will be seen that the questioner of Mencius in this chapter—a man of Wei, and one of the wandering scholars of the time—wished to condemn the philosopher for the dignity of reserve which he maintained in his intercourse with the various princes. Mencius does not evade any of his questions, and very satisfactorily vindicates himself.

제3장

관직에 오르기를 열망해도 되지만 바른 방법으로 관직을 추구해야 한다.

이 장에서 위나라 사람이자 맹자 시대의 종횡가가 그 질문을 한 동기는 맹자가 여러 제후와의 만남에서 위엄을 차리느라 수동적이었다고 비판하고 싶은 마음이었다. 맹자는 어떠한 질문도 회피하지 않고 매우 만족스럽게 자신의 정당함을 설파한다.

1. Châu Hsiâo asked *Mencius*, saying, 'Did superior men of old time take office?' Mencius replied, 'They did. The Record says, "If Confucius was three months without *being employed by some* ruler, he looked anxious and unhappy. When he passed from the boundary of a State, he was sure to carry with him his proper gift of introduction." Kung-ming Î said, "Among the ancients, if an officer was three months unemployed by a ruler, he was condoled with."'

1. 傳,—the 4th tone, the 'Re—cord'; whatever it was, it is now lost. 無君, —'without a ruler,' i. e. without office. 皇皇如 is 'the appearance of one who is seeking for something and can't find it.' It is appropriate to a mourner in the first stages of grief after bereavement. 質,—read *chî*, in 3rd tone, synonymous with 贄. Every person waiting on another,—a superior,—was supposed to pave his way by some introductory gift, and each official rank had its proper article to be used for that purpose by all belonging to it. See the Lî Chî, Bk. I. Pt. II. iii. 19. Confucius carried this with him, that he might not lose any opportunity of getting to be in office again. Kung-ming Î, we are told by Châo Ch'î, was 'a worthy,' but of what time and what state, we do not know. An individual of the same surname is mentioned, Analects, XIV. xiv. Julien translates 則弔 incorrectly by—'*tune in luctu erant.*' The paraphrase of the 日講 says:—'Then people all came to condole with and to comfort them.'

1절

周霄問曰, 古之君子仕乎. 孟子曰, 仕, 傳曰, 孔子三月無君,
則皇皇如也, 出疆, 必載質, 公明儀曰, 古之人, 三月無君則弔.

주소가 맹자에게 물었다. "옛날의 군자는 벼슬을 했습니까?" 맹자가 대답
했다. "그렇다. 기록에 의하면, '공자는 삼 개월이 되어도 통치자에게 기용
되지 않으면 불안하고 행복하지 않았다. 공자는 공국의 경계를 지났을 때,
소개 선물인 폐백을 반드시 가지고 갔다'라고 했다. 공명의는 '옛날의 관
리는 삼 개월 동안 통치자에게 기용되지 않으면 위문을 받았다'라고 했
다."

1절 각주

전(傳)은 4성조로, '기록'이고 그것이 무엇이든 지금은 남아 있지 않다. 무
군(無君)은 '통치자 없이' 즉 관직이 없다는 의미이다. 황황여(皇皇如)는
'어떤 것을 구하나 찾지 못한 이의 모습'이다. 부모님을 상실한 후에 첫
번째 애도 단계에서 보이는 상주의 모습에 적합하다. 지(質)는 3성조로 지
(贄)와 동의어이다. 다른 사람 즉 윗사람을 섬기는 모든 사람은 첫인사로
선물을 주며 벼슬길을 열었고, 각 관직에는 그 관직에 속하는 이들이 사
용하는 적절한 폐백이 있다. 『예기』「곡례(曲禮)」상 제3장 제19절을 보라.
공자는 다시 관직에 기용될 기회를 놓치지 않기 위해서 폐백을 가지고 다
녔다. 조기는 공명의는 '현자이었지만, 그의 시대와 나라를 모른다.'라고
했다. 동일 성씨인 공명가가 『논어』 제14권 제14장에서 언급된다. 줄리앙
은 즉조(則弔)를 '[그다음 슬픔에서]'로 잘못 번역한다. 『일강』(日講)에서는
'그때 사람들은 모두 그를 조문하고 위로하기 위해 왔다'라고 의역했다.

2. *Hsiâo said*, 'Did not this condoling, on being three months unemployed by a ruler, show a too great urgency?

2. 以 is to be taken as synonymous with 已: 時不已急乎.

3. *Mencius* answered, 'The loss of his place to an officer is like the loss of his State to a prince. It is said in the Book of Rites, "A prince ploughs himself, and is assisted *by the people*, to supply the millet *for sacrifice*. His wife keeps silkworms, and unwinds their cocoons, to make the garments *for sacrifice*." If the victims be not perfect, the millet not pure, and the dress not complete, he does not presume to sacrifice. "And the scholar who, *out of office*, has no *holy* field, in the same way, does not sacrifice. The victims for slaughter, the vessels, and the garments, not being all complete, he does not presume to sacrifice, and then neither may he dare to feel happy." Is there not here sufficient ground also for condolence?'

2절

三月無君則弔, 不以急乎.

주소가 물었다. "통치자에게 기용되지 않은 지 삼 개월이 되었다고 해서 이렇게 위문을 받는다는 것은 너무 지나치게 성급한 일이 아닙니까?"

2절 각주

이(以)는 시불이급호(時不己急乎)의 이(已)와 동의어로 보아야 한다.

3절

曰, 士之失位也, 猶諸侯之失國家也, 禮曰, 諸侯耕助, 以供粢盛, 夫人蠶繅, 以爲衣服, 犧牲不成, 粢盛不潔, 衣服不備, 不敢以祭, 惟士無田, 則亦不祭, 牲殺器皿, 衣服不備, 不敢以祭, 則不敢以宴, 亦不足弔乎.

맹자가 대답했다. "관리에게 자리가 없다는 것은 제후에게 공국이 없는 것과 같다. 그래서 『예기』에서도 이렇게 말했다. '제후는 스스로 쟁기로 갈고 [백성들의] 도움을 받아 수수를 수확하여 [제사를 지낸다]. 제후의 아내는 누에를 치고 실을 뽑아 옷을 지어 [제사를 지낸다].' 제물이 완벽하지 않고 수수가 깨끗하지 않고 옷이 완전하지 않다면, 그는 제사를 지낼 엄두를 못 낸다. 또 『예기』에서 이렇게 말했다. '그리고 학자가 관직을 떠나 [신성한] 전답을 받지 못하면 마찬가지로 제사를 지내지 않는다. 희생제물과 제기와 제복이 완전하지 않으면 그는 감히 제사를 지내지 못한다. 그러면 그는 행복하지 않다.' 이것이 위문하는 충분한 이유가 되지 않겠는가?

3. 國家,一the State embracing the families of the nobles. In his quotations from the Lî Chî, Mencius combines and adapts to his purpose, with more, however, than his usual freedom, different passages. See Bk. XXIV, Sect. ii, pars. 5~7, and Bk. IV, Sect. I, iii, 12, Sect. II, I, 19. Chû Hsî, to illustrate the text, gives another summary of the passages in the Lî Chî, thus:一'It is said in the Book of Rites, 'The princes had their special field of 100 *mâu*, in which, wearing their crown, with its blue flaps turned up, they held the plough to commence the ploughing, which was afterwards completed with the help of the common people. The produce of this field was reaped and stored in the ducal granary, to supply the vessels of millet in the ancestral temple. They also caused the family women (世婦) of their harem to attend to the silkworms, in the silkworm house attached to the State mulberry trees, and to bring the cocoons to them. These were then presented to their wives, who received them in their sacrificial headdress and robe, soaked them, and thrice drew out a thread. They then distributed the cocoons among the ladies of the three palaces, to prepare the threads for the ornaments on the robes to be worn in sacrificing to the former kings and dukes.' 盛, the 2nd tone, 'the millet placed in the sacrificial vessel.' 犧牲,一牲, the victim, whatever it might be; 犧 the victim, as pure and perfect. The officer's field is the 圭 field, Pt. I. iii. 16. 器皿 together =vessels. Chû Hsî says the 皿 were the covers of the 器. 以宴,一'to feast,' = to feel happy. The argument is that it was not the mere loss of office which was a proper subject for grief and condolence, but the consequences of it, especially in not being able to continue his proper sacrifices, as here set forth.

3절 각주

국가(國家)는 귀족 가문을 포용하는 공국을 말한다. 맹자는 『예기』를 인용하면서 보통의 다른 구절보다 더 자유롭게 그의 목적에 맞게 결합하고 각색한다. 『예기』「제의(祭義)」하 제5~7절과 「월령(月令)」 제1편 제3장 제12절과 「월령(月令)」 제2편 제1장 제19절을 보라. 주희는 본문을 설명하기 위해 『예기』의 글을 다음과 같이 다르게 요약한다. '『예기』에 이르길, 제후들은 1백무의 특별한 전답을 가지고 있다. 그들은 왕관을 쓰고 푸른 소매를 걷어붙이고 이곳에서 쟁기를 잡아 전답을 갈기 시작한다. 이후에 일반 백성들의 도움으로 일을 마무리한다. 이 전답의 생산물을 수확한 후 제후의 곳간에 보관하고 조상을 모시는 사당에 수수를 제기에 담아 받친다. 후궁전의 여관[世婦]들은 공국의 뽕나무에 붙어있는 잠실에서 누에를 치고 누에고치를 집으로 가지고 온다. 부인들은 제사용 모자와 옷을 입고 이것을 받아 동이에 담근 다음 실을 뽑는다. 그들은 누에고치를 세 궁의 부인들에게 분배하여 선대 왕과 공작 제사 때 입을 옷 장식에 필요한 실을 준비한다.' 성(盛)은 2성조로, '제사 그릇에 담긴 수수'이다. 희생(犧牲)의 생(牲)은 '그것이 무엇이든 희생제물'이다. 희(犧)는 '깨끗하고 완전한 희생물'이다. 관리의 전답은 제1편 제3장 제16절에서 말한 규전(圭田)이다. 기명(器皿)은 모두 제기 그릇이다. 주희는 명(皿)은 기(器)의 뚜껑이라고 말한다. 이연(以宴)은 '잔치하다' 즉 행복함을 느끼는 것이다. 여기서 주장하는 것은 단순히 관직에서 물러난 것 때문이 아니라 그로 인한 결과 특히 여기서 제시한 올바른 제사를 계속 지낼 수 없으므로 슬프고 위문을 받는다는 것이 핵심이다.

4. *Hsiâo again asked*, 'What was the meaning of Confucius's always carrying his proper gift of introduction with him, when he passed over the boundaries *of the State where he had been*?'

5. 'An officer's being in office,' was the reply, 'is like the ploughing of a husbandman. Does a husbandman part with his plough, because he goes from one State to another?'

5. 舍,一3rd tone. 耒耟,一see Pt. I. iv. par. 2.

4절

出疆必載質, 何也.

주소가 다시 물었다. "공자가 머물렀던 공국의 경계를 지날 때 항상 폐백을 가지고 다녔다는 것은 무엇을 의미합니까?"

5절

曰, 士之仕也, 猶農夫之耕也, 農夫豈爲出疆, 舍其耒耜哉.

맹자가 대답했다. "관리가 관직에 있는 것은 농부가 쟁기를 가는 것과 같다. 농부가 한 공국에서 다른 공국으로 간다고 해서 쟁기를 두고 가겠는가?"

5절 각주

사(舍)는 3성조이다. 뢰사(耒耜)는 제1편 제4장 제2절을 보라.

6. *Hsiâo* pursued, 'The kingdom of Tsin is one, as well as others, of official employments, but I have not heard of anyone being thus earnest about being in office. If there should be this urge why does a superior man make any difficulty about taking it?' *Mencius* answered, 'When a son is born, what is desired for him is that he may have a wife; when a daughter is born, what is desired for her is that she may have a husband. This feeling of the parents is possessed by all men. If *the young people*, without waiting for the orders of their parents, and the arrangements of the go-betweens, shall bore holes to steal a sight of each other, or get over the wall to be with each other, then their parents and all other people will despise them. The ancients did indeed always desire to be in office, but they also hated being so by any improper way. *To seek office* by an improper way is of a class with *young people's* boring holes.'

6. 'The kingdom of Tsin,'—see Bk. I. Pt. I. v. 1. 君子之難仕,—by the 君子, Hsiao evidently intends Mencius himself, who, however, does not notice the insinuation, 丈夫 and 女子,—here simply 'a son,' daughter.' A man marrying is said 有室, 'to have an apartment,' and a woman marrying, 有家, 'to have a family,' or 'home.' On the go-between, see the Châu Li, Pt. II. Bk. vi. pars. 54~60; the Shih-ching, I. viii. Ode VI. st. 4. The law of marriage here referred to by Mencius still obtains, and seems to have been the rule of the Chinese race from time immemorial. 相從,—就, 而往,—往=往見諸侯.

6절

曰, 晉國, 亦仕國也, 未嘗聞仕如此其急, 仕如此其急也, 君子之難仕何也. 曰, 丈夫生, 而願爲之有室, 女子生, 而願爲之有家, 父母之心, 人皆有之, 不待父母之命, 媒妁之言, 鑽穴隙相窺, 踰牆相從, 則父母國人皆賤之, 古之人未嘗不欲仕也, 又惡不由其道, 不由其道而往者, 與鑽穴隙之類也.

주소가 계속 물었다. "진나라도 다른 나라와 마찬가지로 관리를 임용하는 나라이지만, 관직에 오르는 것을 이렇게 간절하게 바라는 이를 들어본 적이 없습니다. 이렇게 시급한 것이라면 군자는 어째서 관직에 오르는 것을 어려워하는지요?" 맹자가 대답했다. "아들이 태어났을 때 아들에게 바라는 것은 아내를 얻는 것이고, 딸이 태어날 때 딸에게 바라는 것은 남편을 얻는 것이다. 부모의 이러한 감정은 모든 사람이 가지고 있다. [젊은 사람들이] 부모의 명을 기다리지 않고, 중매인의 만남을 따르지 않고, 상대방을 훔쳐보기 위해 구멍을 뚫고 담을 넘어 두 사람이 함께한다면, 부모와 다른 모든 사람이 그들을 경멸할 것이다. 옛사람들은 진정으로 항상 관직을 맡기를 원했지만 부적절한 방법으로 관직에 오르는 것은 증오했다. 부적절한 방법으로 [관직을 구하는 것은] [젊은이들이] 구멍을 내는 것과 같다."

6절 각주

진(晉)나라는 제1권 제1편 제5장 제1절을 보라. 군자지난사(君子之難仕)의 군자(君子)는 주소가 '맹자를 의도하여 암시한 말이었지만, 맹자는 이것을 알아채지 못한다. 장부(丈夫)와 여자(女子)는 여기서 단순히 '아들과 딸'이다. 결혼하는 남자는 유실(有室), '집을 가지는 것'이고, 결혼하는 여자는 유가(有家), '가족을 가지는 것' 또는 '가정을 가지는 것'으로 말해진다. 중매에 관해서는 『주례』(周禮) II, vi. 54~60절과 『시경』「제풍(齊風)·남산(南山)」제4연을 보라. 여기서 맹자가 언급한 혼례법은 먼 옛날부터 중국 민족의 법이었고 지금도 효력이 있다. 상종(相從)의 종(從)은 취(就)이고, 이왕(而往)의 왕(往)은 왕견제후(往見諸侯)와 같다.

CHAPTER IV

CH. 4. THE LABOURER IS WORTHY OF HIS HIRE, AND THERE IS NO LABOURER SO WORTHY AS THE SCHOLAR WHO INFORMS MEN TO VIRTUE.

제4장

일하는 사람은 고용 가치가 있다. 사람들에게 덕을 가르치는 학자는 최고의 고용 가치가 있다.

1. *P'ǎng Kǎng* asked *Mencius*, saying, 'Is it not an extravagant procedure to go from one prince to another and live upon them, followed by several tens of carriages, and attended by several hundred men?' Mencius replied, 'If there be not a proper ground *for taking it*, a single bamboo-cup of rice may not be received from a man. If there be such a proper ground, then Shun's receiving the kingdom from Yâo is not to be considered excessive. Do you think it was excessive?'

1. P'ǎng Kǎng was a disciple of Mencius. His object in addressing him, as in this chapter, seems to have been to stir him up to visit the princes, and go into office. 乘,一4th tone, following 車, as a numeral or classifier. 從者,一從, 4ᵗʰ tone, 'an attendant,' 'a follower,' not in a moral sense. 傳,一the 3ʳᵈ tone, explained in the dictionary by 續, 'to connect,' 'succeed to.' 以傳, 'by succession.'一The phrase is felt to be a difficult one. Sun Shih explains it thus:一'Mencius got his support from the princes, and his chariots and disciples got their support from Mencius. It came to this that the support of all was from the contributions of the princes, and hence it is said that by their mutual connexion they all lived on the princes.' 簞食, 一食(*tsze*), 4ᵗʰ tone, 'rice cooked.' Compare Analects, VI. ix. 堯之天下, 'Yâo's world,' i. e. the kingdom from Yâo. 舜 may be construed very well as the nominative to the first 以爲.

1절

彭更問曰, 後車數十乘, 從者數百人, 以傳食於諸侯, 不以泰乎.
孟子曰, 非其道, 則一簞食不可受於人, 如其道, 則舜受堯之天
下, 不以爲泰, 子以爲泰乎.

팽경이 [맹자에게] 물었다. "한 제후에서 다른 제후로 갈 때 수 십 대의
수레를 대동하고 수백 명의 시중을 받으며 제후에게 의존하며 사는 것은
과도한 절차가 아닙니까?" 맹자가 대답했다. "[그것을 가져갈] 적당한 근
거가 없다면, 한 개의 대나무 그릇에 담긴 밥도 그 사람에게서 받을 수
없다. 그러나 합당한 근거가 있다면, 순임금이 요임금에게 왕국을 받는 것
은 과도한 것이 아니다. 너는 이것이 지나치다고 생각하느냐?"

1절 각주

팽경(彭更)은 맹자의 제자이다. 이 장에서처럼 팽경이 맹자에게 말을 거는
목적은 맹자가 제후를 방문해서 관직에 오르도록 부추기기 위해서인 듯하
다. 거(車)의 뒤에 오는 승(乘)은 4성조로 수사 또는 분류사이다. 종자(從
者)의 종(從)은 4성조로 '시중드는 사람' '따르는 사람'으로 도덕적 의미가
없다. 전(傳)은 3성조로 속(續), '연결하다' '계승하다의 사전적 의미로 설
명된다. 이전(以傳)은 '계승으로'라는 뜻인데 이 말은 어렵게 느껴진다. 손
석(孫奭)은 이 구절을 '제후의 후원을 받은 맹자가 수레를 마련하고 제자
들을 후원했다. 모든 후원은 제후의 기부에서 나오는 것이고 서로 연결되
어 있기 때문에 그들 모두는 제후에 기대어 살았다'로 설명한다. 단사(簞
食)의 [사, 食]는 4성조로 '쌀밥'이다. 『논어』 제6권 제9장과 비교하라. 요
지천하(堯之天下)는 '요의 천하' 즉 요의 나라를 의미한다. 순(舜)이 첫 번
째 이위(以爲)의 주격일 때 가장 적절하게 해석된다.

2. Kǎng said, 'No. But for a scholar *performing* no service to receive his support notwithstanding is improper.'

2절

曰, 否, 士無事而食, 不可也.

팽경이 말했다. "아닙니다. 그렇지만 학자가 아무런 일도 [하지] 않으면서 제후의 후원을 받는 것은 부적절하다는 것입니다."

3. *Mencius* answered, 'If you do not have an intercommunication of the productions of labour, and an interchange of *men's* services, so that *one from his* overplus may supply the deficiency *of another*, then husbandmen will have a superfluity of grain, and women will have a superfluity of cloth. If you have such an interchange, carpenters and carriage-wrights may all get their food from you. Here now is a man, who, at home, is filial, and abroad, respectful to his elders; who watches over the principles of the ancient kings, awaiting *the rise of* future learners:—and yet you will refuse to support him. How is it that you give honour to the carpenter and carriage-wright, and slight him who practises benevolence and righteousness?'

3. 守先王之道, 以待後之學者,—the paraphrase in the 合講 is:—'He firmly guards the principles of benevolence and righteousness transmitted by the ancient kings, so that they do not get obscured or obstructed by perverse discourses, but hereby await future learners, and secure their having matter of instruction and models of imitation, whereby they may enter into truth and right. Thus he continues the past and opens the way for the future, and does service to the world.' 以待, thus, = 'for the benefit of.' The 梓 and 匠 are both workers in wood, the 梓人's work being in smaller things, such as vessels, and articles of furniture, and the 匠人's in large, such as building houses, &c. The 輪人 made the wheels and also the cover of a carriage; the 輿人 the other parts.

3절

曰, 子不通功易事, 以羨補不足, 則農有餘粟, 女有餘布, 子如通之, 則梓匠輪輿, 皆得食於子, 於此有人焉, 入則孝, 出則弟, 守先王之道, 以待後之學者, 而不得食於子, 子何尊梓匠輪輿, 而輕爲仁義者哉.

맹자가 대답했다. "만약 네가 노동의 산물을 교역하지 않고 [인간의] 용역을 상호 교환하여 [한 사람의 잉여물로] [다른 사람의] 결핍을 제공해 주지 않는다면, 농부들은 곡물이 넘쳐나고 여자들은 옷감이 넘쳐날 것이다. 만약 네가 그러한 교환을 하게 되면, 목수와 마차를 만드는 이들이 모두 너로부터 음식을 얻을 수 있게 된다. 지금 여기 집에서는 효자이고 밖에서는 어른들을 존경하고, 옛날 성인들의 원리를 지키고, 미래의 배울 이들이 [출현하기를] 기다리는 사람이 있는데, 너는 그를 부양하기를 거부하려고 한다. 어째서 너는 목수와 마차 만드는 이에게는 존경을 보이고 인과 의를 실천하는 이는 가볍게 여기느냐?"

3절 각주

'수선왕지도, 이대후지학자(守先王之道, 以待後之學者)'를 『합강』(合講)에서 다음과 같이 의역한다. "그는 고대의 왕들이 전달한 인과 의의 원리를 확고하게 수호하여 인과 의가 이상한 담론으로 모호해지거나 막히지 않도록 한다. 또한, 미래의 학생들을 기다리면서 교육할 거리를 찾고 후세들이 따를 수 있는 모범적 인물이 되도록 한다. 그럼으로써 그들이 진리와 바른 것을 시작할 수 있도록 한다. 이리하여 그는 과거를 연속시키고 미래로의 길을 열어 천하에 이바지한다." 이대(以待)는 이리하여 ~의 이익을 위하여와 같다. 재(梓)와 장(匠)은 모두 목재로 일하는 노동자들이다. 재인(梓人)은 용기와 가구와 같은 작은 물건들을 대상으로 일하고 장인(匠人)은 집을 짓는 것과 같은 규모가 더 큰 일을 한다. 윤인(輪人)은 바퀴와 마차의 덮개를 만들고, 여인(輿人)은 다른 부분을 만든다.

4. P'ǎng Kǎng said, 'The aim of the carpenter and carriage-wright is *by their trades* to seek for a living. Is it also the aim of the superior man in his practice of principles thereby to seek for a living?' 'What have you to do,' returned *Mencius*, 'with his purpose? He is of service to you. He deserves to be supported, and should be supported. And *let me ask,*─Do you remunerate a man's intention, or do you remunerate his service.' *To this Kǎng* replied, 'I remunerate his intention.'

4. Observe how appropriately 將, expressive of futurity or object, follows 志. 可食而食之矣,─here 食 and the three that follow, are read as in 一簞食, but with a different meaning, being = 'to feed' (active or passive), 'to give rice to.'

4절

曰, 梓匠輪輿, 其志將以求食也, 君子之爲道也, 其志亦將以求
食與. 曰, 子何以其志爲哉, 其有功於子, 可食而食之矣, 且子
食志乎, 食功乎. 曰, 食志.

[팽강이] 말했다. "목수와 마차 만드는 이의 목적은 [교역으로] 생계를 구
하는 것입니다. 군자의 목적 또한 원리를 실천하여 생계를 구하는 데 있
습니까?" [맹자가 대답했다.] "그의 목적이 너와 무슨 상관이 있느냐? 그
는 너에게 도움이 된다. 그는 부양을 받을 만하고, 부양을 받아야 한다.
[물어보자]. 너는 군자의 뜻에 보수를 주느냐? 아니면 그의 일에 보수를
주느냐?" [이에 팽강이] 대답했다. "저는 그의 뜻에 보수를 줍니다."

4절 각주

미래 또는 목적을 표현하는 장(將)이 지(志)의 뒤에 오는 적절한 방식에
주목하라. '가사이사지의(可食而食之矣)'에서 사(食)와 그 이후의 3개의 사
(食)는 '일단사'(一簞食)의 '사'처럼 읽히지만, 그 의미는 '먹이를 주다'(능동
또는 수동), '~에 밥을 주다'로 다르다.

5. *Mencius* said, 'There is a man here, who breaks your tiles, and draws *unsightly* figures on your walls;—his purpose may be thereby to seek for his living, but will you indeed remunerate him?' 'No,' said Kang; *and Mencius then* concluded, 'That being the case, it is not the purpose which you remunerate, but the work done.'

5. 畫(4th tone)墁,一墁 means 'ornaments on walls.' He must therefore take 畫 in a bad sense, to correspond to the 毀. A man wishes to mend the roof, but he only breaks it; to ornament the wall, but he only disfigures it.

5절

曰, 有人於此, 毁瓦畫墁, 其志將以求食也, 則子食之乎. 曰, 否. 曰, 然則子非食志也, 食功也.

[맹자가] 말했다. "여기 어떤 사람이 있어 너의 기와를 부수고 담장에 [보기 흉한] 그림을 그린다. 그의 의도는 먹고 살기 위한 것이지만, 너는 정말로 그에게 보수를 줄 것이냐?" 팽강이 대답했다. "아닙니다." 그러자 [맹자가] 결론을 내렸다. "경우가 이러하므로 네가 보답하려는 것은 뜻이 아니라 성과이다."

5절 각주

획만(畫[4성조]墁)의 만(墁)은 '담장의 장식물'을 의미한다. 그래서 우리는 획(畫)을 나쁜 의미를 띤 훼(毁)와 등가의 의미로 보아야 한다. 어떤 사람이 지붕을 수리하기를 원하지만, 그는 지붕을 부술 뿐이다. 벽을 장식하기를 원하지만, 벽 그림을 망칠 뿐이다.

CHAPTER V

CH. 5. THE PRINCE WHO WILL SET HIMSELF TO PRACTICE A BENEVOLENT GOVERNMENT ON THE PRINCIPLES OF THE ANCIENT KINGS HAS NONE TO FEAR.

1. Wan Chang asked *Mencius*, saying, 'Sung is a small State. Its ruler is now setting about to practise the *true* royal government, and Ch'î and Ch'û hate and attack him. What in this case is to be done?'

   1. Wan Chang was a disciple of Mencius, the fifth book of whose Works is named from him. What he says here may surprise us, because we know that the duke of Sung (its capital was in the present district of Shang-ch'iû[商邱], in the Kwei-teh department of Ho-nan), or king, as he styled himself, was entirely worthless and oppressive; see the 'Historical Records,' Book XXXVIII, 宋微子世家, towards the end.

제5장

제후가 옛날 왕들의 원리에 따라 어진 정치를 펼친다면 두려울 것이 없을 것이다.

1절
萬章問曰, 宋, 小國也, 今將行王政, 齊楚惡而伐之, 則如之何.

만장이 [맹자에게] 여쭈었다. "송나라는 작은 나라입니다. [통치자가] 이제 [진정한] 왕도정치를 펼치고자 하는데 제나라와 초나라가 그를 매우 싫어해서 공격했습니다. 이 경우에는 어찌해야 할까요?"

1절 각주
만장(萬章)은 맹자의 제자로 이 책의 제5권은 그의 이름을 딴 것이다. 송나라의 수도는 오늘날의 하남성 귀덕[歸德]시 상구[商邱]에 있다. 송나라의 공작 또는 자칭 왕은 우매한 폭군으로 알려져 있다. 그래서 만장이 여기서 말한 내용이 기록과 많아 달라 의아하다. 『사기』 제38권 「송미자세가」(宋微子世家)의 마지막 부분을 보라.

2. *Mencius* replied, 'When T'ang dwelt in Po, he adjoined to *the State* of Ko, the chief of which was living in a dissolute state and neglecting *his proper* sacrifices. T'ang sent messengers to inquire why he did not sacrifice. He replied, "I have no means of supplying the *necessary* victims." *On this*, T'ang caused oxen and sheep to be sent to him, but he ate them, and still continued not to sacrifice. T'ang again sent messengers to ask him the same question as before, when he replied, "I have no means of obtaining the *necessary* millet." *On this*, T'ang sent the mass of the people of Po to go and till the ground for him, while the old and feeble carried their food to them. The chief of Ko led his people to intercept those who were thus charged with wine, cooked rice, millet, and paddy, and took their stores from them, while they killed those who refused to give them up. There was a boy who had some millet and flesh for the labourers, who was thus slain and robbed. What is said in the Book of History, "The chief of Ko behaved as an enemy to the provision-carriers," has reference to this.

2절

孟子曰, 湯居亳, 與葛爲鄰, 葛伯放而不祀, 湯使人問之曰, 何
爲不祀. 曰, 無以供犧牲也, 湯使遺之牛羊, 葛伯食之, 又不以
祀, 湯又使人問之曰, 何爲不祀. 曰, 無以供粢盛也, 湯使亳衆
往爲之耕, 老弱饋食, 葛伯率其民, 要其有酒食黍稻者奪之, 不
授者殺之, 有童子以黍肉餉, 殺而奪之, 書曰, 葛伯仇餉, 此之
謂也.

[맹자가] 대답했다. "탕왕이 박 지역에 거주할 때 [갈나라와] 이웃하고 있
었다. 갈나라의 우두머리는 방탕하며 [그가 지내야 할] 제사를 지내지 않
았다. 탕왕이 사자를 보내 왜 제사를 지내지 않는지 묻자 그는 '나는 [필
요한] 제물을 마련할 재산이 없어서 그렇습니다.'라고 대답했다. [이에] 탕
왕이 소와 양을 보냈다. 그러나 그는 그것들을 잡아먹고 여전히 제사를
지내지 않았다. 탕왕이 다시 사자를 보내 전과 똑같은 질문을 하자 그가
'[필요한] 수수를 구할 재산이 없습니다.'라고 대답했다. [이에] 탕왕이 박
지역의 백성들을 무리로 보내 그를 위해 땅을 갈게 하였고, 그동안 노약
자들은 음식을 지고 그들에게 갔다. 갈의 우두머리는 그의 백성들을 이끌
어 술과 밥 그리고 수수, 고기를 나르던 이들을 낚아채어 가진 것을 빼앗
고 쌀을 주지 않으려고 하는 이들을 죽였다. 일꾼들에게 줄 약간의 기장
과 고기를 나르던 한 소년은 이렇게 칼에 베이고 약탈을 당했다. 『서경』
은 이를 두고 이르길, '갈의 우두머리는 식량을 나르는 이들을 적군을 대
하듯 했다'라고 했다.

2. Compare Bk. I. Pt. II. iii. 1, and xi. 2. Po, the capital of T'ang (though there were three places of the same name), is referred to the same department of Ho-nan as the country of Ko, viz. that of Kwei-teh. Its site is said to have been distant from the site of the supposed capital of K6 only about 100 li, so that T'ang might easily render the services here mentioned to the 伯, chief or baron, of Ko. 無以供,—'no means of supplying,' i. e. of obtaining. 遺, 4th tone = 饋. 粢盛(2nd otne),—see last chapter. 爲之,—爲, 4th tone. 饋食,—食(tsze), 4th tone. 要, 1st tone;— we find it defined in the dictionary, by 'to meet with,' 'to extort,' which approximate to the meaning here. 酒食,—食, as above, 4th tone. 書曰,— see the Shû-ching, IV. ii. 6.—In the 四書拓餘說, *in loc* ,王厚齊 is quoted, to the effect that if Mencius had not been thus particular in explaining what is alluded to in the words of the Shû-ching, the interpretations of them would have been endless. But that in his time there were ancient books which could be appealed to.

2절 각주

제1권 제2편 제3장 제1절과 제11장 제2절과 비교하라. 탕왕의 수도인 박(亳, 비록 동일 이름이 세 곳이 있었지만)은 갈나라와 마찬가지로 하남성의 귀덕(歸德)으로 언급된다. 갈나라의 수도도 하남성에 있었다. 박은 갈나라의 수도와 불과 1백 리 밖에 안 떨어진 것으로 전해지고 탕왕은 갈나라의 백(伯) 즉 남작(baron)에게 여기서 언급된 노동을 쉽게 제공할 수 있었다. '무이공'(無以供)은 '제공할 수단이 없는' 즉 얻을 방법이 없는 것을 뜻한다. 유(遺)는 4성조로 궤(饋)이다. 자성(粢盛[2성조])은 마지막 장을 보라. 위지(爲之)의 위(爲)는 4성조이다. 궤사(饋食)의 사(食)는 4성조이다. 요(要)는 1성조이다. 여기에서 의미에 '~을 우연히 만나다' '강제하다'라는 의미를 사전에서 찾을 수 있다. 주사(酒食)의 사(食)는 위에서처럼 4성조이다. 서왈(書曰)은 『서경』「상서(商書)·중훼지고(仲虺之誥)」제6절을 보라.『사서탁여설』(四書拓餘說)에서 왕후제(王厚齊)의 해설을 다음의 취지로 인용했다. 즉 맹자가 『서경』의 글자에 암시된 것을 구체적으로 풀이했기 때문에 이 해석에 대한 논란이 많이 줄었지 그렇지 않았다면 논란이 끝도 없었을 것이다. 맹자 시대의 해석을 제외하고도 옛날 책 가운데 설득력 있는 해석이 있었을 것이다.

3. 'Because of his murder of this boy, *T'ang* proceeded to punish him. All within the four seas said, "It is not because he desires the riches of the kingdom, but to avenge a common man and woman.

3. 爲, 4th tone. 匹夫匹婦,—'common men and women';—see Analects, XIV. xviii. 3. The phrases are understood here, however, with a special application to the father and mother of the murdered boy.

3절

爲其殺是童子而征之, 四海之內, 皆曰, 非富天下也, 爲匹夫匹
婦復讎也.

그가 이 소년을 살해했기 때문에 탕왕은 그를 처벌하러 갔다. 사해 안에
있는 모든 이들이 '탕왕이 그 나라의 부를 원했기 때문이 아니라 필부필
녀의 원수를 갚기 위해서였다'라고 말했다.

3절 각주

위(爲)는 4성조이다. '필부필부'(匹夫匹婦)는 『논어』 제14권 제18장 제3절
을 보라. 그러나 여기에서 이 표현은 살해된 소년의 아버지와 엄마를 구
체적으로 가리킨다.

4. 'When T'ang began his work of executing justice, he commenced with Ko, and *though* he made eleven punitive expeditions, he had not an enemy in the kingdom. When he pursued his work in the east, the rude tribes in the west murmured. So did those on the north, when he was engaged in the south. Their cry was—"Why does he make us last." *Thus,* the people's longing for him was like their longing for rain in a time of great drought. The frequenters of the markets stopped not. Those engaged in weeding *in the fields* made no change *in their operations.* While he punished their rulers, he consoled the people. *His progress* was like the falling of opportune rain, and the people were delighted. It is said in the Book of History, "We have waited for our prince. When our prince comes, we may escape from the punishments *under which we suffer.*"

4. Compare Bk. I. Pt. II. xi. 2. There are, however, some variations in the phrases. 載 = 始. The quotation in the end is from a different part of the Shû-ching;—see Pt. IV. v. Section II. 5. The eleven punitive expeditions of T'ang cannot all be determined. From the Shih-ching and Shû-ching six only are made out, while by some their number is given as twenty-two and twenty-seven;—see the 集證, *in loc.*

4절

湯始征, 自葛載, 十一征, 而無敵於天下, 東面而征, 西夷怨,
南面而征, 北狄怨, 曰, 奚爲後我, 民之望之, 若大旱之望雨也,
歸市者弗止, 芸者不變, 誅其君, 吊其民, 如時雨降, 民大悅,
書曰, 徯我后, 后來其無罰.

탕왕이 갈나라로 시작으로 정의를 실행했고, [비록] 11번에 걸쳐 징벌했지
만 원정한 갈나라에는 적이 전혀 없었다. 그가 동쪽에서 일을 행할 때 서
쪽의 무례한 부족들이 투덜거렸다. 그가 남쪽에서 일할 때 북쪽에서 그러
했다. 그들은 절규하며 '왜 그는 우리를 마지막에 두는가?'라고 했다. [이
리하여] 백성들이 그를 바라는 것이 마치 큰 가뭄 때 비가 내리기를 바라
는 것과 같았다. 자주 시장에 가던 이는 시장에 가는 것을 멈추지 않았다.
[들에서] 잡초를 뽑던 이는 변함없이 [그 일을] 했다. 탕왕은 통치자들을
처벌하는 동안 그들의 백성을 위로했다. [그의 일 진행은] 비가 시기적절
하게 내리는 것 같아 백성들은 기뻐했다. 『서경』에 이르기를, '우리는 우
리의 제후를 기다렸다. 우리의 제후가 올 때, [우리가 겪는] 벌을 피할 수
있다'라고 했다.

4절 각주

제1권 제2편 제11장 제2절과 비교하라. 그러나 몇몇 글자가 다르다. 재(載)
는 시(始)이다. 마지막의 인용은 『서경』의 다른 부분에서 따온 것이다. 『서
경』· 상서(商書)·태갑중(太甲中) 제5절을 보라. 탕왕의 11번에 걸친 징벌
원정을 모두 확인하기는 어렵다. 『시경』과 『서경』으로 판단할 때 6번의
원정이 있었다. 혹자는 22번 또는 27번이라고 한다. 『집증』(集證)을 보라.

5. 'There being some who would not become the subjects *of Châu, king Wû* proceeded to punish them on the east. He gave tranquillity to their people, who *welcomed him* with baskets full of their black and yellow silks, *saying*－"From henceforth we shall serve the sovereign of *our dynasty of Châu*, that we may be made happy by him." So they joined themselves, as subjects, to the great city of Châu. Thus, the men of station of *Shang* took baskets full of black and yellow silks to meet the men of station of *Châu*, and the lower classes of the one met those of the other with baskets of rice and vessels of congee. *Wû* saved the people from the midst of fire and water, seizing only their oppressors, *and destroying them.*'

5. Down to 大邑周,－the substance of this paragraph is found in the Shû-ching;－see Pt. V. iii. 7; but this book of the Shû-ching is confessed to require much emendation in its arrangement. 士女 = 男女. 匪,－used for 筐. 匪厥玄黃,－'basketed their azure and yellow silks.' It is said:－'Heaven is azure, and Earth is yellow. King Wû was able to put away the evils of the Yin rule, and gave the people rest. He might be compared to Heaven and Earth, overshadowing and sustaining all things in order to nourish men.' 紹(we have 昭 in the Shû-ching), 'to continue.' We must understand a 'saying,' and bring out the meaning of 紹 thus:－ 'Formerly we served Shang, and i now we continue to serve, but our service is to Châu.' 大邑周, literally, 'great city (or citied) Châu, is an irregular phrase, perhaps equal to Châu of the Great Capital. The 日講 has 皆心悅誠服, 而盡歸附於大邑周焉. From 其君子 onward, Mencius explains the meaning of the the Shû-ching.

5절

有攸不爲臣, 東征, 綏厥士女, 匪厥玄黃, 紹我周王見休, 惟臣
附于大邑周, 其君子實玄黃于匪, 以迎其君子, 其小人簞食壺
漿, 以迎其小人, 救民於水火之中, 取其殘而已矣.

주나라의 신하가 되지 않고자 하는 사람들이 있었으므로 무왕은 나아가
동쪽에서 그들을 처벌하였다. 그가 그곳의 백성들에게 평온함을 주자 그들
은 검은색과 노란색의 비단이 가득한 바구니를 들고 '지금부터 우리는 [우
리의 왕조] 주의 군주를 섬길 것이고, 우리는 그로 인해 행복해질 수 있
다.'라고 말하며 [그를 환영하였다]. 그래서 그들은 신하로서 주나라의 대
읍(大邑)에 자진해서 합류했다. 그리하여, [상나라의] 관리들은 검은색과
노란색의 [비단이] 가득한 바구니를 들고 [주나라의] 관리들을 맞이하였고,
상나라의 낮은 계급 백성들은 주나라의 낮은 계급 백성들을 쌀이 든 바구
니와 죽 그릇으로 맞이했다. [무왕은] 불과 물의 한 가운에 있는 그 나라
백성들을 구하고 단지 그들의 압제자들을 사로잡아 [처단했을 뿐이다]."

5절 각주

이 절의 대읍주(大邑周)부터는 『서경』「주서(周書)·무성(武成)」제7절을 참고하
라. 그러나 이 절은 『서경』을 상당히 바꾼 것으로 보인다. 사녀(士女)는 남녀(男
女)이다. 비(匪)는 비(篚)대신 사용된다. 비궐현황(匪厥玄黃)은 '푸른색과 노란
색의 [비단]으로 바구니를 가득 채우다'이다. '하늘은 푸르고 땅은 노랗다'라고 한
다. 무왕은 은나라의 악을 물리치고 그 백성들에게 평온함을 줄 수 있었다. 그는
하늘과 땅에 비교될 수 있다. 하늘과 땅은 사람들을 기르기 위해 모든 것에 그늘
을 드리기도 하고 몸에 기운을 주어 유지하기도 한다. 소(紹, 『서경』에서는 昭)는
'계속하다'이다. 우리는 '말하며(saying)'라는 뜻으로 이해해야 하고, 소(紹)의 의
미에서 '전에 우리는 상나라를 섬겼고 지금 우리는 계속해서 섬기지만, 우리의 섬
김은 주나라에 있다'로 풀이해야 한다. 대읍주(大邑周)는 문자 그대로 '큰 도시
(또는 도시화된) 주나라'를 의미하는 불규칙한 어구이다. 아마도 '주나라의 수도'
(大都周)와 동일한 것 같다. 『일강』(日講)에서는 '개심열성복, 이진귀부어대읍
주언(皆心悅誠服, 而盡歸附於大邑周焉)'으로 해석한다. 기군자(其君子)에서
부터는 맹자가 『서경』의 의미를 설명한 것이다.

6. 'In the Great Declaration it is said, "My power shall be put forth, and, invading the territories *of Shang*, I will seize the oppressor. I will put him to death to punish him:⁻so shall the greatness of my work appear, more glorious than that of T'ang."

6. This quotation from Pt. V. i. Sect. II. 8, is to illustrate the last clause of the preceding paragraph.

6절

太誓曰, 我武惟揚, 侵于之疆, 則取于殘, 殺伐用張, 于湯有光.

「태서」에서 이렇게 말했다. '나는 권세를 떨칠 것이고, [상나라의] 영토에 들어가 폭군을 사로잡을 것이다. 나는 그를 죽임으로써 벌할 것이다. 그리하여 나의 공적의 위대함이 드러날 것이고 그것은 탕왕보다 더 영광스러울 것이다.'

6절 각주

『서경』「주서(周書)·태서중(泰誓中)」제8절의 이 인용은 앞 절의 마지막 구절을 설명한 것이다.

7. '*Sung* is not, as you say, practising *true* royal government, and so forth. If it were practising royal government, all within the four seas would be lifting up their heads, and looking for *its prince*, wishing to have him for their sovereign. Great as Ch'î and Ch'û are, what would there be to fear from them?'

7. 云爾,—see Analects, VII. xviii. 云, however, does not here simply act as a particle closing the sentence, but also refers to the whole of Wan Chang's statement at the commencement of the conversation.

7절

不行王政云爾, 苟行王政, 四海之內, 皆擧首而望之, 欲以爲君,
齊楚雖大, 何畏焉.

너는 [송나라가] [진정한] 왕도정치를 행하고 있다고 말하지만, 그렇지 않
다. 만약 송나라가 왕도정치를 행하고 있다면, 사해의 모든 이들은 머리를
들고 [송나라의 제후를] 찾아 그를 군주로 맞길 원할 것이다. 제나라와 초
나라가 강하다고 하지만, 어찌 그들을 두려워하겠느냐?"

7절 각주

운이(云爾)는 『논어』 제7권 제18장을 보라. 그러나 여기서 운(云)은 단순
히 문장을 종결짓는 품사가 아니라 이 절의 첫 부분에 있는 만장의 진술
전체를 가리킨다.

CHAPTER VI

CH. 6. THE INFLUENCE OF EXAMPLE AND ASSOCIATION. THE IMPORTANCE OF HAVING VIRTUOUS MEN ABOUT A SOVEREIGN'S PERSON.

제6장

어떤 예를 보고 주위에 어떤 사람이 있는가가 개인의 형성에 영향을 준다. 군주는 자기 사람으로 유덕한 사람을 곁에 두는 것이 중요하다.

1. Mencius said to Tâi Pû-shǎng, 'I see that you are desiring your king to be virtuous, and will plainly tell you how he may be made so. Suppose that there is a great officer of Ch'û here, who wishes his son to learn the speech of Ch'î. Will he in that case employ a man of Ch'î as his tutor, or a man of Ch'û?' 'He will employ a man of Ch'î to teach him,' said Pû-shǎng. Mencius went on, 'If but one man of Ch'î be teaching him, and there be a multitude of men of Ch'û continually shouting out about him, although his father beat him every day, wishing him to learn the speech of Ch'î, it will be impossible for him to do so. But in the same way, if he were to be taken and placed for several years in Chwang or Yo, though his father should beat him, wishing him to speak the language of Ch'û, it would be impossible for him to do so.

1. Tai Pû－shǎng was a minister of Sung, the descendant of one of its dukes who had received the posthumous epithet of Tâi, which had been adopted as their surname by a branch of his posterity. 子欲~與, 與, 2nd tone, the interrogative implying an affirmative reply. 欲其子之齊語, 'wishes the Ch'î speech of his son,' i. e. wishes his son to learn Ch'î. 諸,─interrogative, and equal to 之乎. 咻, read *hsiu*, =讙, 'shouting,' 'clamorous.' Chwang and Yo were two well-known quarters in the capital of Ch'î, the former being the name of a street, and the latter the name of a neighborhood; see the 四書拓餘說, *in loc.*

1절

孟子謂戴不勝曰, 子欲子之王之善與, 我明告子, 有楚大夫於此, 欲其子之齊語也, 則使齊人傅諸, 使楚人傅諸. 曰, 使齊人傅之, 曰, 一齊人傅之, 衆楚人咻之, 雖日撻而求其齊也, 不可得矣, 引而置之莊嶽之間, 數年, 雖日撻而求其楚, 亦不可得矣.

맹자가 대불승에게 말했다. "당신이 당신의 왕이 유덕한 왕이 되기를 원한다는 것을 압니다. 나는 분명하게 [어떻게 하면 그가 그렇게 될 수 있는지] 말하겠습니다. 여기 초나라에 아들이 제나라의 말을 배우기를 원하는 대부가 있다고 합시다. 그런 경우 그가 가정교사로 제나라 사람을 뽑겠습니까? 아니면 초나라 사람을 뽑겠습니까?" 대불승이 대답했다. "아들을 가르치기 위해 제나라 사람을 뽑지요." [맹자가] 계속 말했다. "단지 한 명의 제나라 사람이 그를 가르치고, 그 주위에 한 무리의 초나라 사람들이 계속해서 소리친다면 아무리 [그의 아버지가] 아들이 제나라 말을 배우기를 원하여 매일 아들을 때린다고 하더라도 아들이 제나라 말을 배우는 것은 불가능할 것입니다. 그러나 같은 방식으로, 그를 데려다 제나라의 장터 또는 악 땅에 몇 년 두면, [그의 아버지가] 아들이 초나라 말을 하기를 원하여 아무리 때려도 아들이 초나라 말을 하기가 불가능할 것입니다.

1절 각주

대불승(戴不勝)은 송나라의 대신이다. 어떤 공작이 시호로 대(戴)를 받았는데 이 공작의 후손의 한 파가 '대'를 자신들의 성씨로 채택하였다. '자욕~여(子欲~與)'의 여(與)는 2성조로 의문문이지만 긍정의 대답을 암시하는 의문이다. 욕기자지제어(欲其子之齊語)는 '그의 아들의 제나라 말을 바라다'로 그의 아들이 제나라 말을 배우기를 원하다를 의미한다. 저(諸)는 의문문으로 지호(之乎)와 동일하다. 휴(咻)는 [휴]로 읽히고, 환(讙), '소리치는' '소란스러운'을 뜻한다. 장(莊)과 악(嶽)은 제나라 수도에 있는 명소로 장은 거리의 이름이고 악은 인근 지역의 이름이다. 이는 『사서탁여설』(四書拓餘說)을 보라.

2. 'You supposed that Hsieh Chü-châu was a scholar of virtue, and you have got him placed in attendance on the king. Suppose that all in attendance on the king, old and young, high and low, were Hsieh Chü-châus, whom would the king have to do evil with? And suppose that all in attendance on the king, old and young, high and low, are not Hsieh Chü-châus, whom will the king gave to do good with? What can one Hsieh Chü-châu do alone for the king of Sung?'

2. Hsieh Chü-châu was also a minister of Sung, a descendant of one of the princes of Hsieh, whose family had adopted the name of their original State as their surname. In the 萬姓通譜 we read:一'Tâi Pû-shǎng said to Hsieh Chü-châu, "It is only the virtuous scholar(善士) who can set forth what is virtuous, and shut up the way of what is corrupt. You are a scholar of virtue; cannot you make the king virtuous?"' But this and what follows was probably constructed from Mencius's remark, and so I prefer to take 謂 as = 'supposed,' 'believed,' not 'said.' 長,一the 3rd tone. 居於王所,一'to dwell in the king's place,' i. e. to be about him.

2절

子謂薛居州, 善士也, 使之居於王所, 在於王所者, 長幼卑尊, 皆薛居州也, 王誰與爲不善, 在王所者, 長幼卑尊, 皆非薛居州也, 王誰與爲善, 一薛居州, 獨如宋王何.

당신은 설거주를 덕이 있는 학자라고 추정하여 그를 왕을 모시는 자리에 두었습니다. 왕을 모시는 모든 이가 나이가 많든 적든, 지위가 높든 낮든 설거주와 같다면 왕은 누구와 더불어 악한 일을 하겠습니까? 왕을 모시는 모든 이가 나이가 많든 적든, 지위가 높든 낮든 설거주와 다르다면 왕은 누구와 더불어 선한 일을 할까요? 설거주 한 명뿐이라면 혼자서 송나라 왕을 위해 무엇을 하겠습니까?"

2절 각주

설거주(薛居州)는 송나라의 대신이다. 설 나라의 여러 제후의 한 후손으로 이들 가족은 성씨를 그들의 본 공국의 이름으로 택했다. 『만성통보』(萬姓通譜)[70]를 보면, '대불승은 설거주에게, "유덕한 것을 시작하고 부패한 것의 길을 차단할 수 있는 사람은 오로지 유덕한 학자(善士)입니다. 유덕한 학자인 당신이 왕을 유덕하게 만들 수 없겠습니까?"라고 했다. 그러나 이것과 그다음의 이어진 말은 아마도 맹자가 만든 말이다. 그래서 나는 위(謂)를 '말해진'이 아닌 '추정된' '믿어지는'으로 해석하기를 원한다. 장(長)은 3성조이다. 거어왕소(居於王所)는 '왕의 장소에 머물다' 즉 그의 주위에 있다는 것을 의미한다.

---

70) (역주) 『만성통보』(萬姓通譜)는 『고금만성통보』(古今萬姓統譜)라고도 불리는데, 명나라 만력(萬曆) 연간에 능적지(淩迪知)가 편찬한 성씨학에 관한 저작이다. 총 140권으로 되었고, 부록으로 『역대제왕성계통보』(歷代帝王姓系統譜) 6권과 『씨족박고』(氏族博考) 14권이 있다.

CHAPTER VII

CH. 7. MENCIUS DEFENDS HIS NOT GOING TO SEE THE PRINCES BY THE EXAMPLE AND MAXIMS OF THE ANCIENTS.

1. Kung-sun Châu asked *Mencius*, saying, 'What is the point of righteousness involved in your not going to see the princes?' *Mencius* replied, 'Among the ancients, if one had not been a minister *in a State*, he did not go to see *the sovereign*.

1. 何義 is not simply—'what is the meaning ?' but 'what is the rightness?' Mencius, however, does not state distinctly the principle of the thing, but appeals to prescription and precedent. 不爲臣=(未爲臣, or 未仕於其 國. In the Analects, XIV. xxii, we have an example of how Confucius, not then actually in office, but having been so, went to see the duke of Lû.

제7장

맹자는 옛사람들의 사례와 격언을 들어 제후를 만나지 않는 자신의
행동을 옹호한다.

1절
公孫丑問曰, 不見諸侯, 何義. 孟子曰, 古者, 不爲臣, 不見.

공손추가 [맹자에게] 물었다. "선생님께서 제후를 만나지 않는 것에 포함
된 의의 요점은 무엇입니까?" [맹자가] 말했다. "옛날에 어떤 사람이 [한
공국의] 신하가 아니라면, [군주를] 만나러 가지 않았다.

1절 각주
하의(何義)는 단순히 '그 의미가 무엇입니까가 아니라, '의가 무엇입니까이
다. 그러나 맹자는 그 일의 원리를 분명하게 진술하지 않고 오래된 관례와
선례에 호소한다. 불위신(不爲臣)는 미위신(未爲臣) 즉 미사어기국(未仕於
其國)이다. 『논어』 제14권 제22장을 보면, 공자는 그 당시 실제 관직에 있
지 않았지만, 예전에 관직에 있었기 때문에 노나라 공작을 만나러 갔던 예
가 있다.

2. 'Twan Kan-mû leaped over his wall to avoid the prince. Hsieh Liû shut his door, and would not admit the prince. These two, however, *carried their scrupulosity* to excess. When *a prince* is urgent, it is not improper to see him.

2. Twan Kan-mû was a scholar of Wei(魏), who refused to see the prince Wăn(文). Wăn was the posthumous title of 斯, B.C. 426－386. In the Historical Records,' it is mentioned that he received the writings of Tsze－hsiâ, and never drove past Kan-mû's house, without bowing forward to the front bar of his carriage. 辟 = 避, 4th tone. 之 refers to the prince Wăn. Hsieh Liû was a scholar of Lû, who refused to admit (內=納) the duke Mû(繆); see II. Pt. II. xi. 3. The incident referred to here must have been previous to the time spoken of there, 迫斯可以見 矣,－literally, 'being urgent, this (or, then) may be seen.

2절

段干木, 踰垣而辟之, 泄柳, 閉門而不內, 是皆已甚, 迫, 斯可
以見矣.

단간목은 벽을 뛰어넘어 [찾아온] 제후를 피했다. 설류는 문을 닫고 제후
가 들어오지 못하게 했다. 그러나 두 사람의 [깐깐함은] 지나쳤다. [제후
가] 절박할 때 제후를 만나는 것은 부적절한 것이 아니다.

2절 각주

단간목(段干木)은 위나라의 학자로 위나라 문후(文侯, 기원전 472~기원전
387)를 만나기를 거부했다. 문(文)은 사(斯)의 사후 명칭이다. 『사기』에 의
하면, 그는 자하(子夏)의 글을 본 후 단간목의 집을 지나갈 때마다 항상
마차의 앞줄을 당겨 인사를 하였다. 피(辟)는 피(避)로 4성조이다. 지(之)는
문후를 가리킨다. 설류(泄柳)는 노나라의 학자로 목(繆)공을 받아들이기(內
=納)를 거부했다. 제2권 제2편 제11장 제3절을 보라. 여기서 언급된 사건
은 맹자와 대불승의 대화 이전에 일어난 것이 틀림없다. '박, 사가이견의
(迫, 斯可以見矣)'는 문자 그대로, '절박하므로 이 사람을 (또는, 그러면)
만나 볼 수 있다'이다.

3. 'Yang Ho wished to get Confucius to go to see him, but disliked doing so by any want of propriety. *As it is the rule, therefore,* that when a great officer sends a gift to a scholar, if the latter be not at home to receive it, he must go to the *officer's* to pay his respects, Yang Ho watched when Confucius was out, and sent him a roasted pig. Confucius, in his turn, watched when Ho was out, and went to pay his respects to him. At that time, Yang Ho had taken the initiative;─how could *Confucius* decline *going* to see him?

3. 欲見,─見, it is noted here, should be read in the 4th tone, with a *hiphil* sense. Compare Analects, XVII. i. 惡,─the verb, in the 4th tone. 大夫有賜云云,─see the Lî Chî, XI, Sect. iii, 20. Mencius, however, does not quote the exact words. 亡= 無, and so read.

3절

陽貨欲見孔子, 而惡無禮, 大夫有賜於士, 不得受於其家, 則往
拜其門, 陽貨矙孔子之亡也, 而饋孔子蒸豚, 孔子亦矙其亡也,
而往拜之, 當是時, 陽貨先, 豈得不見.

양화는 공자가 자기를 만나러 오게 하고 싶었지만, 예를 갖추지 않는 방
식으로 만나고 싶지는 않았다. 대부가 학자에게 선물을 보낼 때, 학자가
집에 없어 선물을 받을 수 없다면 학자가 대부의 집을 방문하여 존경을
표하는 것이 [관례이었다.] 그래서 양화는 공자가 밖에 있을 때를 살펴 그
에게 구운 돼지를 보냈다. 반대로 공자는 양화가 밖에 있는 때를 살펴 그
에게 존경심을 표하러 갔다. 그 당시에 양화가 솔선해서 먼저 갔다면 [공
자가] 그를 만나러 가는 것을 거부했겠는가?

3절 각주

욕견(欲見)의 견(見)은 주의해야 하는데, 여기서 4성조로 오도록 이끄는
'인과'의 의미이다. 『논어』 제17권 제1장과 비교하라. 오(惡)는 동사로 4성
조이다. 부유사운운(夫有賜云云)은 『예기』 「옥조(玉藻)」 제3편 제20장을 보
라. 그러나 맹자는 정확한 단어를 인용하지 않는다. 망(亡)은 '무'로 발음
되고 그 의미는 무(無)와 같다.

4. 'Tsăng-tsze said, "They who shrug up their shoulders, and laugh in a flattering way, toil harder than the summer *labourer in th*e fields." Tsze-lû said, "There are those who talk with people with whom they have no *great* community *of feeling*. If you look at their countenances, they are full of blushes. I do not *desire to* know such persons." By considering these *remarks*, the *spirit* which the superior man nourishes may be known.'

4. 脅肩, 'to rib,' i. e. to shrug, 'the shoulders.' 病, as in Bk. II. Pt. I. ii. p. 16. 夏畦 = 夏月治畦之人. Chû Hsî makes 君子 to mean 'those two superior men,' referring to T'săng and T'sze-lû, but this seems to be unnecessary.

4절

曾子曰, 脅肩諂笑, 病于夏畦. 子路曰, 未同而言, 觀其色赧赧然, 非由之所知也. 由是觀之, 則君子之所養, 可知已矣.

증자가 말하길, '어깨를 으쓱하며 아첨하며 웃는 사람들은 여름날 들판에서 일하는 노동자보다 더 열심히 애를 쓴다.'라고 했다. 자로가 말하길, '[마음을 그다지] 나누지 않는 무리와 억지로 이야기하는 사람들이 있다. 그들의 얼굴을 보면 붉은색으로 가득할 것이다. 그런 사람들은 알고 [싶지 않다.]'라고 했다. 이 [말을] 생각해보면 군자가 수양해야 할 [정신]을 알 수 있다."

4절 각주

협견(脅肩)은 '놀리다' 즉 '어깨를' 으쓱하다는 뜻이다. 병(病)은 제2권 제1편 제2장 제16절과 같다. 하휴(夏畦)는 하월치휴지인(夏月治畦之人)이다. 주희는 군자(君子)는 '저 두 군자'로 증자와 자로를 가리킨다고 보았지만, 반드시 그럴 필요는 없다.

CHAPTER VIII

CH. 8. WHAT IS WRONG SHOULD BE PUT AN END TO AT ONCE, WITHOUT RESERVE AND WITHOUT DELAY.

1. Tâi Ying-chih said to *Mencius*, 'I am not able at present and immediately to do with the levying of a tithe *only*, and abolishing the duties charged at the passes and in the markets. With your leave I will lighten, however, both the tax and the duties, until next year, and will then make an end of them. What do you think of such a course?'

　1. Tâi Ying-chih was a great officer of Sung supposed by some to be the same with Tâi Puh-shang, chap. vi. Mencius had, no doubt, been talking with him on the points indicated; see Bk. I. Pt. II. v. 3; Bk. II. Pt. I. v. 3; Bk. III. Pt. I. iii. 請, here and below, is simply the speaker's polite way of indicating hi resolution.

제8장

잘못된 것은 머뭇거리거나 미루지 말고 즉시 바로 잡아야 한다.

1절
戴盈之曰, 什一, 去關市之征, 今玆未能, 請輕之, 以待來年, 然後已, 何如.

대영지가 [맹자에게] 말했다. "즉시 십일조[만]을 부과하고 관문과 시장에서 부과하는 세금을 폐지하는 것은 지금 당장 할 수 없습니다. 그러나 당신이 허락한다면 내년까지 세금과 관세를 둘 다 가볍게 하고 그런 후에 중지하겠습니다. 이렇게 진행하는 것에 대해 어떻게 생각하십니까?"

1절 각주

대영지(戴盈之)는 송나라의 대부로 혹자는 제5장의 대불승과 동일인으로 간주한다. 맹자는 틀림없이 언급된 주제들에 대해 그와 대화를 나누고 있었을 것이다. 제1권 제2편 제5장 제3절, 제2권 제1편 제5장 제3절, 제3권 제1편 제3장을 보라. 청(請)은 이 절과 아래 절에서 단순히 화자가 그의 결심을 암시하는 공손체이다.

2. Mencius said, 'Here is a man, who every day appropriates some of his neighbour's strayed fowls. Some one says to him, "Such is not the way of a good man;" and he replies, "With your leave I will diminish my appropriations, and will take only one fowl a month, until next year, when I will make an end of the practice."

2. 攘, =here as in Analects, XIII. xviii. 君子,—here, = 'a good man.' 損 之, 'diminish it,' i. e. the amount of his captures.

2절

孟子曰, 今有人日攘其隣之鷄者, 或告之曰, 是非君子之道, 曰,
請損之, 月攘一鷄, 以待來年, 然後已.

맹자가 말했다. "여기 어떤 사람이 이웃에서 풀어놓은 닭을 매일 몇 마리를 훔칩니다. 누군가가 그에게 말하길, '그런 일은 선한 사람이 할 바가 아니다'라고 하자, 그가 대답하길, '당신이 허락하면 나는 한 달에 닭 한 마리만 훔치는 것으로 그 수를 줄이고 그런 후 내년에 이 일을 그만둘 것입니다'라고 합니다.

2절 각주

양(攘)은 여기서 『논어』 제13권 제18장과 같은 의미이다. 군자(君子)는 여기서 '선량한 사람'이다. 손지(損之)는 '그것을 줄이다' 즉 포획량을 줄이다는 뜻이다.

3. 'If you know that the thing is unrighteous, then use all despatch in putting an end to it:—why wait till next year?'

3. 斯 is used adverbially, ='at once.' 己 in all the paragraphs is the verb = 'have done with it,' 'put an end to it.'

3절

如知其非義, 斯速已矣, 何待來年.

그 일이 의롭지 않다는 것을 안다면 가장 빠른 모든 수단을 써서 끝내십시오. 어째서 내년까지 기다린단 말입니까?"

3절 각주

사(斯)는 여기서 부사로 '즉시'로 사용된다. 모든 절에서 이(已)는 동사로 '그것을 다하다', '그것을 종결하다'이다.

CHAPTER IX

CH. 9. MENCIUS DEFENDS HIMSELF AGAINST THE CHARGE OF BEING FOND OF DISPUTING. WHAT LED TO HIS APPEARING TO BE SO WAS THE NECESSITY OF THE TIME.

Compare Bk. II. Pt. I. ii. Mencius would appear from this chapter to have believed that the mantle of Confucius had fallen upon him, and that his position was that of a sage, on whom it devolved to live and labour for the world.

1. The disciple Kung-tû said to *Mencius*, 'Master, the people beyond *our school* all speak of you as being fond of disputing. I venture to ask whether it be so.' *Mencius* replied, 'Indeed, I am not fond of disputing, but I am compelled to do it.

1. 外人.—'outside men,' i. e. people in general, all beyond his school, as the representative of orthodoxy in the kingdom. 敢問何, according to the gloss in the 備旨, ='I venture to ask why you are so fond of disputing,' as if Kung一tû admitted the charge of the outside people. But it is better to interpret as in the translation. The spirit of 予豈好辯哉 seems to be better given in English by dropping the interrogation.

제9장

맹자는 논쟁을 좋아한다는 비판에 대해 자신을 옹호한다. 맹자의 논쟁적인 모습은 시대의 필요성 때문이었다.

제2권 제1편 제2장 제17절과 비교하라. 이 장에서부터 맹자는 자신이 공자의 역할을 떠맡아 성인의 위치에서 세상을 위해 살며 일해야 한다고 믿었던 것처럼 보인다.

1절
公都子曰, 外人皆稱夫子好辯, 敢問何也. 孟子曰, 予豈好辯哉, 予不得已也.

제자인 공도자가 여쭈었다. "선생님, [우리 학파] 밖의 사람들은 모두 선생님께서 논쟁을 좋아한다고 말합니다. 과연 그러한지 감히 여쭙고자 합니다." [맹자가] 대답했다. "나는 논쟁하는 것을 좋아하지 않지만, 부득이 그렇게 한다."

1절 각주
외인(外人)은 '바깥의 사람'으로, 일반적으로 나라의 대표 정파인 유가 이외의 모든 사람을 의미한다. 감문하(敢問何)는, 『비지』(備旨)의 설명을 따르면, '나는 선생님이 왜 논쟁하는 것을 그렇게 좋아하는지 감히 묻습니다'로, 마치 공도(公都)가 바깥사람들의 비난을 인정하는 것 같다. 그러나 이 부분은 번역처럼 해석하는 것이 좋다. 여기호변재(予豈好辯哉)의 참뜻은 영어에서 의문을 제거하고 번역할 때 더 명확하다.

2. 'A long time has elapsed since this world *of men* received its being, and there has been *along its history* now a period of good order, and now a period of confusion.

2. Commentators are unanimous in understanding 天下之生 not of the material world, and taking 生 as = 生民. It is remarkable, then, that Mencius, in his review of the history of mankind, does not go beyond the time of Yâo (compare Pt. I. iv), and that at its commencement he places a period not of good order (治, 4th tone), but of confusion.

2절

天下之生久矣, 一治一亂.

[인간들의] 세계가 존재하게 된 이후 오랜 시간이 지났고, [그 역사를 따라] 질서의 시기도 있었고 혼돈의 시기도 있었다.

2절 각주

주석가들은 만장일치로 천하지생(天下之生)을 물질적 세계가 아닌 것으로 보고, 생(生)을 생민(生民)으로 해석한다. 맹자가 인류의 역사에 대한 평가를 요임금 때부터 시작하고(1편 4장과 비교하라) 그 시작을 질서(治, 4성조)가 아닌 혼란의 시기에 위치시켰다는 점에 주목할 필요가 있다.

3. 'In the time of Yâo, the waters, flowing out of their channels, inundated the Middle Kingdom. Snakes and dragons occupied it, and the people had no place where they could settle themselves. In the low grounds they made nests for themselves *on the trees or raised platforms*, and in the high grounds they made caves. It is said in the Book of History, "The waters in their wild course warned me." Those "waters in their wild course" were the waters of the great inundation.

3. Mark the variations of phraseology here from Pt. I. iv. 7. 書曰,—see the Shû-ching, II. ii. 14, where for 警 we have 儆. The 'nests' were huts on high-raised platforms. In the Lî Chî, VII. Sect. I. par. 8, these are said to have been the summer habitations of the earliest men, and 營窟, the winter. 營窟= 'artificial caves,' i. e. caves hollowed out from heaps of earth raised upon the ground. 洚水 is the same as the 水逆行 above. Chû Hsî explains it by 'deep and shoreless.'

3절

當堯之時, 水逆行, 氾濫於中國, 蛇龍居之, 民無所定, 下者爲
巢, 上者爲營窟, 書曰, 洚水警余, 洚水者, 洪水也.

요임금 시대에, 물이 수로 밖으로 흘러 중국이 범람하였다. 뱀과 용이 그
자리를 차지하고 사람들이 정착할 수 있는 곳이 없었다. 낮은 지대의 사
람들은 [나무 또는 솟은 단 위에] 둥지를 만들었고, 높은 지대의 사람들은
동굴을 만들었다. 『서경』에 이르길, '거친 물길이 나에게 경고했도다.'라고
했다. '거친 물길'이란 대홍수의 물길이었다.

3절 각주

이 절과 제1편 제4장 제7절의 어구의 변화에 주목하라. '서왈'(書曰)은 『서
경』「우서(虞書)·대우모(大禹謨)」제14절을 보라. 『서경』의 경(儆)은 여기서
경(警)으로 바뀐다. '둥지'는 높이 솟은 단 위의 오두막이었다. 『예기』「예
운(禮運)」제1편 제8장을 보면, 아주 먼 옛날의 사람들은 여름에는 이곳에
서 살았고 겨울에는 영굴(營窟)에 산 것으로 전해진다. 영굴(營窟)은 '인위
적인 동굴'로 땅 위에 솟은 흙무더기를 파서 만든 동굴을 의미한다. 강수
(洚水)는 앞의 수역행(水逆行)과 동일하다. 주희는 그것을 '깊고 물가가 없
는' 것으로 설명한다.

4. '*Shun* employed Yü to reduce the waters to order. Yü dug open *their obstructed channels*, and conducted them to the sea. He drove away the snakes and dragons, and forced them into the grassy marshes. *On this*, the waters pursued their course through the country, even the waters of the Chiang, the Hwâi, the Ho, and the Han, and the dangers and obstructions which they had occasioned were removed. The birds and beasts which had injured the people also disappeared, and after this men found the plains *available for them*, and occupied them.

4. 掘地,一'dug the earth,' but with the meaning in the translation, 菹 is read by Chû Hsî *tsü*, but wrongly. With the meaning in the text, it is read *tsieh*. 水由地中行,一'the waters traveled in the middle or bosom of the earth.' i. e. were no longer spread abroad over its surface. Chû Hsî makes 地中 = 兩涯之間, 'between their banks,' but that is not so much the idea, as that the waters pursued a course to the sea, through the land, instead of being spread over its surface.

4절

使禹治之, 禹掘地而注之海, 驅蛇龍而放之菹, 水由地中行, 江淮河漢是也, 險阻旣遠, 鳥獸之害人者消, 然後人得平土而居之.

순임금이 우를 기용하여 물을 관리하게 했다. 우는 [막힌 수로를] 파고 열어 수로가 바다로 이어지게 했다. 그는 뱀과 용을 풀 덮인 늪으로 멀리 몰아냈다. [이에] 물은 경로를 따라 나라의 전역, 심지어 양자강과 회수, 황하와 한수를 통과하였고, 때때로 부딪혔던 위험과 장애는 제거되었다. 사람에게 해를 입혔던 새와 짐승들 [또한] 사라진 이후에 사람들은 평원을 [사용할 수 있음을] 알게 되었고 여기에 정착했다.

4절 각주

굴지(掘地)는 '흙을 파는 것'이지만 번역과 같은 의미가 있다. '菹'를 주희는 [저, tsü]로 읽었지만, 그것은 잘못된 해석이다. 본문을 보면 '菹'는 [자, tsieh]로 읽어야 한다. 수유지중행(水由地中行)은 '물이 땅의 중간 또는 중심으로 이동한다', 즉 이는 물이 더는 물 밖으로 멀리 퍼지지 않는다는 의미이다. 주희는 지중(地中)을 양애지간(兩涯之間), 즉 '둑 사이로'로 해석하지만, 그것보다는 물이 강 밖으로 흘러넘치는 것이 아니라 땅을 지나 바다로 흘러간다는 것을 의미한다.

5. 'After the death of Yâo and Shun, the principles that mark sages fell into decay. Oppressive sovereigns arose one after another, who pulled down houses to make ponds and lakes, so that the people *knew* not where they could rest in quiet; they threw fields out of cultivation to form gardens and parks, so that the people could not get clothes and food. *Afterwards*, corrupt speakings and oppressive deeds became more rife; gardens and parks, ponds and lakes, thickets and marshes became more numerous, and birds and beasts swarmed. By the time of *the tyrant* Châu, the kingdom was again in a state of great confusion.

5. In describing this period of confusion, Mencius seems to ignore the sageship of T'ang, and of the kings Wǎn and Wû;─especially that of T'ang, 行,─in 4ᵗʰ tone. 沛[71]), as associated with 澤, means thick marshy jungles, where beasts could find shelter. The 水 n its composition requires that we recognize the marshiness of the thickets or cover. But this account of the country down to the rise of the Châu dynasty implies that it was thinly peopled.

---

71) (역주) 레게 각주의 원문에는 '沛'가 '浦'로 되어 있어 수정했다.

5절

堯舜既沒, 聖人之道衰, 暴君代作, 壞宮室以爲汙池, 民無所安息, 棄田以爲園囿, 使民不得衣食, 邪說暴行又作, 園囿汙池沛澤多, 而禽獸至, 及紂之身, 天下又大亂.

요와 순의 죽음 이후 성인의 원리가 퇴락하게 되었다. 폭압적인 군주들이 연이어 일어나 집을 허물어 연못과 호수를 만듦으로 백성들은 어디에서 조용히 쉴 수 있을지 [알지 못했다]. 그들이 들판을 경작지로 하지 않고 정원과 공원을 만듦으로 백성들은 옷과 음식을 구할 수 없었다. [그 이후] 삿된 말과 폭압적인 행동이 더욱 만연하게 되어 정원과 공원, 연못과 호수, 덤불이 덮인 늪의 수가 더 많아지고 새와 짐승이 들끓게 되었다. [폭군] 주왕의 시대에 이르러 왕국은 다시 대혼란의 상태가 되었다.

5절 각주

이 혼란의 시기를 기술하면서 맹자는 성인인 탕왕 그리고 문왕과 무왕을 간과하고 있는 것 같다. 특히 탕왕의 성인다움을 간과하고 있다. 행(行)은 4성조이다. 택(澤)과 연관되어 포(浦)는 우거진 늪지의 정글을 의미하는데, 짐승은 이곳에서 살 수 있었다. 이곳에 물(水)이 있으려면 수풀 또는 덮개에 수분이 있어야 한다. 그러나 여기에서 주나라의 건국 전까지를 다룬 이야기를 보면 이곳의 인구수가 적었다는 암시한다.

6. 'Châu-kung assisted king Wû, and destroyed Châu. He smote Yen, and after three years put its sovereign to death. He drove Fei-lien to a corner by the sea, and slew him. The States which he extinguished amounted to fifty. He drove far away also the tigers, leopards, rhinoceroses, and elephants;￢and all the people was greatly delighted. It is said in the Book of History, "Great and splendid were the plans of king Wan! Greatly were they carried out by the energy of king Wû! They are for the assistance and instruction of us who are of an after day. They are all in principle correct, and deficient in nothing."

6. The kingdom of Yen is referred to a portion of the present district of Ch'ü-fâu(曲阜) in Yen-Châu in Shan-tung. Châo Ch'î connects 三年討其君 with 誅紂, but it seems to belong more naturally to 伐奄. Fei-lien was a favourite minister of Châu, who aided him in his enormities. Jn the 'Historical Records' Bk. IV, 秦本紀 at the beginning, he appears as 蜚廉, but without mention of his banishment and death. The place called 'a corner by the sea' cannot be determined. And it would be vain to try to enumerate the 'fifty kingdoms,' which Châu-kung extinguished. The 夷狄, in par. 11, must be supposed to have been among them. The 'tigers, leopards, &c.,' are the animals kept by Châu, not those infesting the country, as in the more ancient periods. 書曰,￢see the Shû-ching, V. xxiv. 6.

6절

周公相武王, 誅紂伐奄, 三年討其君, 驅飛廉於海隅而戮之, 滅
國者五十, 驅虎豹犀象而遠之, 天下大悅, 書曰, 丕顯哉, 文王
謨, 丕承哉, 武王烈, 佑啓我後人, 咸以正無缺.

주공이 무왕을 도와 주왕을 격파했다. 그는 엄나라를 치고 3년 뒤 그 군
주를 처형했다. 그는 비렴을 바다의 구석으로 몰아 칼로 베었다. 그가 소
멸시킨 공국이 50개에 이르렀다. 또한, 그가 호랑이와 표범 그리고 코뿔소
와 코끼리를 몰아내자 모든 백성이 크게 기뻐했다. 『서경』에 이르길, '문
왕의 계획은 크고도 빛나도다! 이를 크게 행한 것은 무왕의 힘이로다. 후
세대인 우리에게 도움과 가르침을 주시는구나. 그들은 모두 원리가 바르고
부족한 점이 전혀 없었다'라고 했다.

6절 각주

엄(奄)나라는 현재의 산동 연주의 곡부(曲阜) 지역의 한 부분을 가리킨다.
조기는 삼년토기군(三年討其君)을 주주(誅紂)와 연결하지만 벌엄(伐奄)과
연결하는 것이 더 자연스럽다. 비렴(飛廉)은 주왕의 총신으로 주왕의 극악
무도한 행위를 도왔다. 『사기』 제4권 「진본기(秦本紀)」를 보면 초기에 비
렴(蜚廉)으로 등장하지만, 그의 추방과 죽음에 대한 언급은 없다. '바다의
구석'이라 불리는 장소는 확인하기 어렵다. 주공이 소멸시킨 '50개 공국'을
열거하는 것은 헛된 일일 것이다. 제11절의 이적(夷狄)은 50개국 가운데
한 나라가 틀림없다. '호랑이, 표범 등'은 주왕이 키우던 동물들로, 앞 시
기인 고대와 달리 나라를 괴롭히는 동물이 아니다. 서왈(書曰)은 『서경』「
주서(周書)·군아(君牙)」 제6절을 보라.

7. '*Again* the world fell into decay, and principles faded away. Perverse speakings and oppressive deeds waxed rife again. There were instances of ministers who murdered their sovereigns, and of sons who murdered their fathers.

7. 作, 4th tone. 有作,一有 read as, and =又.

7절

世衰道微, 邪說暴行有作, 臣弑其君者有之, 子弑其父者有之.

[다시] 세상은 부패하고 원리는 점점 사라졌다. 뒤틀린 말과 폭압적인 행동이 다시 팽배해졌다. 군주를 살해한 신하의 사례가 있었고 아버지를 살해한 아들의 사례가 있었다.

7절 각주

행(行)은 4성조이다. '유작(有作)'에서 '유(有)'는 우(又)로 읽히는데 그 의미는 같다.

8. 'Confucius was afraid, and made the "Spring and Autumn." What the "Spring and Autumn" contains are matters proper to the sovereign. On this account Confucius said, "Yes! It is the Spring and Autumn which will make men know me, and it is the Spring and Autumn which will make men condemn me."

8. 'Spring and Autumn,'─annals of Lû for 242 years(B.C. 721~479), with Confucius's annotations, or rather, as in absurdly contended, adapted by him to express a correct judgment on every event and actor. They are composed as an sovereign would have composed them. As Confucius was a sage without the throne, if one of the sovereign sages had written annals, he would have done so, as Confucius has done. Chû Hsî quotes from the commentator Hû(胡安國): 'Chung-ni made the *Spring and Autumn*, to lodge in it the true royal laws. There are the firm exhibition of the constant duties; the proper use of ceremonial distinctions; the assertion of *Heaven*'s decree of *favour* to the virtuous; and the punishment of the guilty:─all these things, of which it may be said in brief that they are the business of the sovereign.' (Compare on Hû's language, the Shû-ching, II. iii. 7.) It was by the study of this book, therefore, that Confucius wished himself to be known, though he knew that he exposed himself to presumption on account of the sovereign's point of view from which he looked at everything in it. This is the meaning of 罪我者, 其惟春秋乎, and not 'Those who condemn me (i. e. bad ministers and prince) will do so on account of my condemnations of them in it,' which is the view of Châo Ch'î. I have dropped the interrogations in the translation.

8절

孔子懼, 作春秋, 春秋, 天子之事也, 是故孔子曰, 知我者, 其惟春秋乎, 罪我者, 其惟春秋乎.

공자께서는 이를 걱정하여 『춘추』를 지었다. 『춘추』가 담은 것은 군주 본연의 일들이다. 공자께서는 이 책에 대해 '그렇다. 사람들이 『춘추』로 인해 나를 알게 될 것이고 『춘추』로 인해 나를 비난하게 될 것이다.'라고 말했다.

8절 각주

『춘추』는 노나라 242년(기원전 721~기원전 479년) 동안을 기록한 연대기로 공자의 주석이 포함되어 있다. 공자가 모든 사건과 등장인물에 대한 올바른 판단을 표현하기 위해 사건을 개작했다는 잘못된 주장도 있다. 『춘추』는 군주가 직접 작성한 것 같은 방식으로 구성으로 되어 있다. 공자는 성인이지만 군주가 아니므로, 만약 성인군주가 이 연대기를 작성했다면 아마 공자처럼 했을 것이다. 주희는 주석가 호안국(胡安國)[72]의 말을 인용한다. '중니가 『춘추』를 지은 것은 그 안에 진정한 왕법을 담기 위해서이다. 이 책에는 일정한 의무들을 확고하게 드러내고, 의식 절차상의 차이점에 대한 바른 사용이 있고, [하늘이 명령을 내려 유덕한 자를 [사랑한다]는 주장과 그리고 죄지은 자에게 벌을 내린다는 내용이 있다. 이 모든 것은 군주의 임무라는 믿음에서 기술될 수 있는 것이었다.'(호안국의 말과 『서경』「우서(虞書)·고요모(皐陶謨)」제14절과 비교하라) 공자는 자신이 사건을 군주의 관점에서 서술하기 때문에 사람들이 그를 주제넘다고 생각할 수 있다는 것을 예상하였다. 그럼에도 공자는 바로 사람들이 이 책을 연구하여 자신을 알기를 원했다. 이것이 '죄아자, 기유춘추호(罪我者, 其惟春秋乎)'의 의미이다. 조기는 '나를 비난하는 사람들(즉 못된 대신들과 제후)은 내가 책에서 그들을 비난했기 때문에 나를 비판할 것이다'라고 해석하지만 적절하지 않다. 나는 번역에서 의문을 누락했다.

---

72) (역주) 호안국(胡安國, 1074~1138)은 중국 송나라의 학자이다. 그의 자는 강후(康侯)이고 호는 무이선생(武夷先生)으로 정이천(程伊川)을 사숙하였다.

9. '*Once more*, sage sovereigns cease to arise, and the princes of the States give the reins to their lusts. Unemployed scholars indulge in unreasonable discussions. The words of Yang Chû and Mo Tî fill the country. *If you listen to* people's discourses throughout it, *you will find that* they have adopted the views either of Yang or of Mo. *Now*, Yang's principle is—"each one for himself," which does not acknowledge *the claims of* the sovereign. Mo's principle is—"to love all equally," which does not acknowledge *the peculiar affection due to* a father. But to acknowledge neither king nor father is to be in the state of a beast. Kung-ming Î said, "In their kitchens, there is fat meat. In their stables, there are fat horses. But their people have the look of hunger, and on the wilds there are those who have died of famine. This is leading on beasts to devour men." If the principles of Yang and Mo be not stopped, and the principles of Confucius not set forth, then those perverse speakings will delude the people, and stop up *the path* of benevolence and righteousness. When benevolence and righteousness are stopped up, beasts will be led on to devour men, and men will devour one another.

9절

聖王不作, 諸侯放恣, 處士橫議, 楊朱墨翟之言盈天下, 天下之
言不歸楊, 則歸墨, 楊氏爲我, 是無君也, 墨氏兼愛, 是無父也,
無父無君, 是禽獸也, 公明儀曰, 庖有肥肉, 廐有肥馬, 民有飢
色, 野有餓莩, 此率獸而食人也, 楊墨之道不息, 孔子之道不著,
是邪說誣民, 充塞仁義也, 仁義充塞, 則率獸食人, 人將相食.

[한 번 더], 성인인 군주들은 더는 나타나지 않고 공국의 제후들은 욕망의
고삐를 풀고 있다. 관직에 기용되지 않은 학자들은 터무니없는 토론만 하
고 있다. 양주와 묵적의 견해가 온 나라에 팽배하다. 백성들이 하는 말을
[들어보면] 그들이 양주 아니면 묵적의 견해를 수용하고 있음을 [너는 알
게 될 것이다]. 양주의 원리는 '각자는 자신을 위해서'이고 군주의 [권리]
를 인정하지 않는다. 묵적의 원리는 '모든를 평등하게 사랑하는 것'으로
아버지[에게 보내야 할 특별한 애정]을 인정하지 않는다. 군주도 아버지도
인정하지 않는 것은 짐승의 상태에 있는 것이다. 공명의가 말하길, '그들
의 부엌에 살찐 고기가 있다. 그들의 마구간에는 살찐 말이 있다. 그러나
사람들은 배고픈 얼굴을 하고 들판에는 기근으로 죽어가는 이들이 있다.
이는 짐승을 데려다 사람을 잡아먹게 하는 것이다.' 양주와 묵적의 원리가
중단되지 않고 공자의 원리가 앞으로 나아가지 않는다면, 그러면 저 삿된
말들이 백성을 기만하고 인과 의로 가는 [길]을 가로막을 것이다. 인과 의
가 막히면 짐승이 사람을 잡아먹게 되고 사람이 서로를 잡아먹을 것이다.

9. 處,一the 3rd tone, applied to a virgin dwelling in the seclusion of her apartments, and here to a scholar without public employment. Yang Chû, called also Yang Shû (戍) and Yang Tsze-chü (子居), was an heresiarch of the times of Confucius and Lâo-tsze, of which last lie is said to have been a disciple. In the days of Mencius, his principles appear to have been very rife. We may call his school the *selfish* school of China (爲我,一爲, the 4th tone), as Mo's was the *transcendental*. 庖有肥肉云云,一 see Bk. I. Pt. I. iv. 4.

9절 각주

처(處)는 3성조로 집의 외딴곳에 거주하는 처녀에게 적용되는데 여기서는 공직에 있지 않은 학자를 의미한다. 양주(楊朱)는 양수(楊戍) 또는 양자거(楊子居)로도 불리는데, 공자와 노자 시대의 이교도의 창시자로 노자의 제자였던 것으로 알려져 있다. 맹자 시대에, 그의 원리들이 매우 유행하였던 것으로 보인다. 우리는 그의 학파를 중국의 [이기적인] 학파로 부를 수 있다. 위의(爲我)의 위(爲)는 4성조이다. 묵적의 원리는 [초월적]이었다. 포유비육운운(庖有肥肉云云)은 제1권 제1편 제4장 제4절을 보라.

10. 'I am alarmed by these things, and address myself to the defence of the doctrines of the former sages, and to oppose Yang and Mo. I drive away their licentious expressions, so that such perverse speakers may not be able to show themselves. *Their delusions* spring up in men's minds, and do injury to their practice of affairs. Shown in their practice of affairs, they are pernicious to their government. When sages shall rise up again, they will not change my words.

10. 爲,—4th tone. 作於其心云云,—see Bk. II. Pt. I. ii. 17.

10절

吾爲此懼, 閑先聖之道, 距楊墨, 放淫辭, 邪說者不得作, 作於其心, 害於其事, 作於其事, 害於其政, 聖人復起, 不易吾言矣.

나는 이러한 것에 경각심을 느끼고 앞장서서 예전 성인들의 가르침을 지키기 위해 양주와 묵적에 대항하고 있다. 나는 그와 같은 삿된 말을 하는 자들이 모습을 드러내지 않도록 그들의 방종한 말을 몰아내고 있다. [그들의 기만이] 사람들의 마음속에 일어나 일을 할 때 해를 끼친다. 그들이 일할 때 볼 수 있듯이 삿된 말은 통치에 해를 끼친다. 성인들이 다시 나타난다 해도 내 말을 바꾸지 않을 것이다.

10절 각주

위(爲)는 4성조이다. 작어기심운운(作於其心云云)은 제2권 제1편 제2장 제17절을 보라.

11. 'In former times, Yü repressed the vast waters *of the inundation*, and the country was reduced to order. Châu-kung's achievements extended even to the barbarous tribes of the east and north, and he drove away all ferocious animals, and the people enjoyed repose. Confucius completed the "Spring and Autumn," and rebellious ministers and villainous sons were struck with terror.

11. 兼, 'embraced,' 'comprehended,' i. e. among the fifty states referred to above. 賊子,—the parricides, mentioned in par. 7.

11절

昔者, 禹抑洪水, 而天下平, 周公兼夷狄, 驅猛獸, 而百姓寧, 孔子成春秋, 而亂臣賊子懼.

예전에 우임금이 [범람하는] 거대한 물을 제압한 후 나라의 질서가 잡혔다. 주공의 업적은 심지어 동쪽과 북쪽의 야만족에까지 뻗쳤고, 그가 모든 맹수를 몰아내자 백성들이 평온을 만끽했다. 공자가 『춘추』를 완성하자 반역자인 신하들과 도적 같은 아들들이 공포에 휩싸였다.

11절 각주

겸(兼)은 앞에서 언급된 50개 공국에 '포용되는', '포함되는' 것이다. 적자(賊子)는 제7절에 언급된 존속살인범을 가리킨다.

12. 'It is said in the Book of Poetry,

"He smote the barbarians of the west and the north;
He punished Ching and Shû
And no one dared to resist us."

These father-deniers and king-deniers would have been smitten by Châu-kung.

12. See Pt. I. iv. 13. The remark in the note there is equally applicable to the quotation here.

12절

詩云, 戎狄是膺, 荊舒是懲, 則莫我敢承, 無父無君, 是周公所膺
也.

『시경』에서 이렇게 노래했다.

> '그는 서쪽과 북쪽의 야만인들을 쳤다.
> 그는 형나라와 서나라를 응징했다.
> 누구도 감히 우리에게 대적하지 못했다.'

주공이라면 아버지를 부인하는 자와 왕을 부인하는 자를 쳤을 것이다.

12절 각주

제1편 제4장 16절의 각주에서 언급한 것은 이 절의 인용에도 동일하게 적
용된다.

13. 'I also wish to rectify men's hearts, and to put an end to those perverse doctrines, to oppose their one-sided actions and banish away their licentious expressions;—and thus to carry on the work of the three sages. Do I do so because I am fond of disputing? I am compelled to do it.

13. 詖行,一行, in 2nd tone. Compare Bk. II. Pt. I. ii. 17.

14. 'Whoever is able to oppose Yang and Mo is a disciple of the sages.'

14. This concluding remark is of a piece with the hesitancy shown by Mencius in Bk. II. Pt. I. ii, to claim boldly his place in the line of sages along with Confucius.

13절

我亦欲正人心, 息邪說, 距詖行, 放淫辭, 以承三聖者, 豈好辯
哉, 予不得已也.

나는 또한 사람들의 마음을 바로잡고 그 부정한 교리를 종식하여 그들의
일방적인 행동을 막고 방종한 표현들을 멀리 몰아내어 세 분 성인들의 일
을 계승하고 싶다. 내가 논쟁하기를 좋아해서 그리하겠느냐? 나는 부득이
그렇게 한다.

13절 각주
피행(詖行)의 행(行)은 2성조이다. 제2권 제1편 제2장 제17절과 비교하라.

14절

能言距楊墨者, 聖人之徒也.

양주와 묵적에 대항할 수 있는 자라면 누구든지 모두 성인의 제자이다.”

14절 각주
이 결론은 맹자가 제2권 제1편 제2장에서 머뭇거리며 말한 부분과 같은
맥락이다. 여기서 맹자는 자신의 위치를 공자와 같은 성인들의 반열에 있
다고 대담하게 주장한다.

CHAPTER X

CH. 10. THE MAN WHO WILL AVOID ALL ASSOCIATION WITH, AND OBLIGATION TO, THOSE OF WHOM HE DOES NOT APPROVE, MUST NEEDS GO OUT OF THE WORLD.

제10장

상대방을 인정하지 않는다고 해서 그와의 모든 관계를 단절하고 모든
의무를 회피하는 그런 사람은 세상에서 사라져야 한다.

1. K'wang Chang said *to Mencius*, 'Is not Ch'an Chung a man of true self-denying purity? He was living in Wû-ling, and for three days was without food, till he could neither hear nor see. Over a well there grew a plum-tree, the fruit of which had been more than half eaten by worms. He crawled to it, and tried to eat *some of the fruit*, when, after swallowing three mouthfuls, he recovered his sight and hearing.'

1. Kw'ang Chang and Ch'ăn Chung, called also Ch'ăn Tsze-chung (子終), were both men of Ch'î, the former high in the employment and confidence of the prince, the latter, as we learn from this chapter, belonging to an old and noble family of the State. His principles appear to have been those of Hsu Hsing (Pt. I. iv), or even more severe. We may compare him with the *recluses* of Confucius's time. Wû-ling(於, read *wû*) appears to have been a poor wild place, where Chung and his wife, like-minded with himself, lived retired. it is referred either to the district of Ch'ang-shan or that of Tsze-ch'wan in the department of Ts'î-nan. The 蠐 is a worm proper to excrementitious matter. The term here is used, I suppose, to heighten our sense of the strait to which Chung was reduced by his self-denial. 咽, read *yen*, 4th tone, =吞, 'to swallow.'

1절

匡章曰, 陳仲子, 豈不誠廉士哉, 居於陵, 三日不食, 耳無聞,
目無見也, 井上有李, 螬食實者過半矣, 匍匐往將食之, 三咽,
然後耳有聞, 目有見.

광장이 [맹자에게] 말했다. "진중자는 자기를 부정하는 참으로 순수한 사
람이 아닙니까? 그는 오릉에 살고 있었는데, 3일 동안 음식 없이 지내다
가 마침내 듣지도 보지도 못하게 되었습니다. 우물가 위로 오얏나무가 자
라고 있었는데 그 열매의 반 이상이 벌레 먹은 것이었습니다. 그는 나무
로 기어가 [열매를 조금] 먹으려고 했습니다. 입안 가득 세 번을 먹은 후
에서야 다시 보고 들을 수 있게 되었습니다."

1절 각주

광장(匡章)과 진자종(陳子終)으로도 불리는 진중자(陳仲子)는 모두 제나라
사람이었다. 광장은 높은 관직에 있으면서 제후의 신임을 받고 있었고, 진
중자는 이 장에서 우리가 알 수 있듯이 제나라의 누대 권문세가에 속했
다. 진중자의 원리는 허행(제1편 제4장 참고)처럼 보이고 훨씬 더 엄격한
것처럼 보인다. 우리는 그를 공자 시대의 [은둔자]와 비교할 수 있다. 오릉
(於陵)의 오(於)는 [외]로 발음된다. 오릉(於陵)은 가난한 불모지로 보이는
데, 뜻이 같은 진중자와 그의 아내는 이곳을 배회했다. 이곳은 천안부의
장산(長山) 또는 주촌(周村) 지역의 한 곳으로 언급된다. 조(螬)는 배설물
과 관련된 벌레인데, 여기서 이 단어를 사용한 것은 진중자의 자기부정으
로 빠지게 된 곤경을 우리가 더 잘 이해할 수 있도록 하기 위해서라고
나는 추정한다. 인(咽)은 [연]으로 발음되고 4성조이며 탄(呑), '삼키다'와
같은 의미이다.

2. Mencius replied, 'Among the scholars of Ch'î, I must regard Chung as the thumb *among the fingers*. But still, where is the self-denying purity *he pretends to*? To carry out the principles which he holds, one must become an earthworm, for so only can it be done.

2. 充 = 推而滿之, 'to carry out fully.'

2절

孟子曰, 於齊國之士, 吾必以仲子爲巨擘焉, 雖然, 仲子惡能廉, 充仲子之操, 則蚓而後可者也.

맹자가 대답했다. "제나라의 학자에서, 나는 진중자를 [손가락 중] 엄지 즉 최고로 생각한다. 그러나 여전히 [그런 척하는] 그의 자기 부정에서 순수함은 어디에 있는가? 진중자가 고수한 원리를 실행하려면 우리는 지렁이가 되어야 하고 그런 후에야 이 원리를 행할 수 있다.

2절 각주

충(充)은 추이만지(推而滿之), '완전히 실행하다'이다.

3. 'Now, an earthworm eats the dry mould above, and drinks the yellow spring below. Was the house in which Chung dwells built by a Po-î? or was it built by a robber like Chih? Was the millet which he eats planted by a Po-î? or was it planted by a robber like Chih? These are things which cannot be known.'

3. Po-î, see Analects, V. xxii, et al. Chih was a famous robber chief of Confucius's time, a younger brother of Hûi of Liû-hsiâ. There was, however, it is said, in high antiquity in the times of Hwang-tî, a noted robber of the same name, which was given to Hui's brother, because of the similarity of his course. Tâo Chih (the robber Chih) has come to be like a proper name.—As Chung withdrew from human society, lest he should be defiled by it, Mencius shows that unless he were a worm, he could not be independent of other men. Even the house he lived in, and the millet he ate, might be the result of the labour of a villain like Tâo-chih, or of a worthy like Po-î, for anything he could tell.

3절

夫蚓, 上食槁壤, 下飮黃泉, 仲子所居之室, 伯夷之所築與, 抑
亦盜跖之所築與, 所食之粟, 伯夷之所樹與, 抑亦盜跖之所樹
與, 是未可知也.

지렁이는 땅 위에서는 마른 흙을 먹고 땅 아래에서는 누런 샘물을 마신다.
진중자가 거주하는 집이 백이가 지은 것인가? 아니면 도척 같은 강도가
지은 것인가? 그가 먹는 수수가 백이가 심은 것인가? 아니면 도척 같은
강도가 심은 것인가? 우리는 이것을 알 수 없다."

3절 각주

백이(伯夷)는 『논어』 제5권 제22장 등을 보라. 도척(盜跖)은 공자 시대의
유명한 도둑의 우두머리로 유하혜(柳下惠)의 동생이다. 그러나 동일 이름
의 유명한 도둑이 먼 옛날 황제(黃帝) 시대에도 있었다. 그들의 행적이 유
사하여서 유하혜의 동생에게 도척이라는 이름이 붙여진 것으로 전해진다.
강도인 척 즉 도척은 고유명사처럼 되었다. 진중자가 인간 사회에 오염되
지 않기 위해 인간 사회에서 물러난 것에 대해, 맹자는 진중자를 실례로
들어 벌레가 아니면 다른 사람들과 떨어질 수 없다는 것을 보여준다. 심
지어 그가 사는 집과 그가 먹은 수수도 도척 같은 악한이 한 노동의 결
과일 수 있고 백이 같은 현자가 한 노동의 결과일 수 있다. 그 대상은 어
떤 것도 될 수 있다.

4. 'But,' said *Chang*, 'what does that matter? He himself weaves sandals of hemp, and his wife twists and dresses threads of hemp to sell or exchange them.'

4. 何傷,—compare 無傷 in Bk. I. Pt. I. vii. 8. 織屨,—see Pt. I. iv. 辟, read *pi*, = 績, 'to twist,' as threads of hemp on the knee. This meaning is not found in the dictionary, but Châo Ch'î explains it by 緝績 and 纑 by 練, 'to prepare for weaving.'

4절

曰, 是何傷哉, 彼身織屨, 妻辟纑, 以易之也.

광장이 말했다. "그러나, 그것이 무슨 문제가 됩니까? 그가 직접 삼으로 신을 짜고 그의 아내는 삼실을 꼬고 다듬어 그것들을 팔거나 교환합니다."

4절 각주

하상(何傷)은 제1권 제1편 제7장 제8절의 무상(無傷)과 비교하라. 직구(織屨)는 제1편 제4장을 보라. 벽(辟)은 '벽'으로 발음되고 무릎 위에서 삼실을 '꼰다'의 의미인 적(績)과 같다. 이 의미는 사전에 등재되어 있지는 않지만 조기는 이를 집적(緝績)으로, 로(纑)는 연(練), 즉 '짤 것을 준비하는 것'으로 설명한다.

5. Mencius rejoined, 'Chung belongs to an ancient and noble family of Ch'î. His elder brother Tâi received from Kâ a revenue of 10,000 *chung*, but he considered his brother's emolument to be unrighteous, and would not eat of it, and in the same way he considered his brother's house to be unrighteous, and would not dwell in it. Avoiding his brother and leaving his mother, he went and dwelt in Wû-ling. One day afterwards, he returned *to their house*, when it happened that some one sent his brother a present of a live goose. He, knitting his eyebrows, said, "What are you going to use that cackling thing for?" By-and-by his mother killed the goose, and gave him some of it to eat. Just then his brother came into the house, and said, "It is the flesh of that cackling thing," upon which he went out and vomited it.

5. 蓋,—in 4th tone, as in Bk. II. Pt. II. vi. 1. 祿萬鐘,—see Bk. II. Pt. II. x. 3. 辟,—the same as 避. 頻顣, used for 顰蹙. 鶂, read *ni*, the sound made by a goose. 是鶂鶂者,—'this cackler.'

5절

曰, 仲子, 齊之世家也, 兄戴, 蓋祿萬鐘, 以兄之祿, 爲不義之祿, 而不食也, 以兄之室, 爲不義之室, 而不居也, 辟兄離母, 處於於陵, 他日歸, 則有饋其兄生鵝者, 己頻顣曰, 惡用是鶃鶃者爲哉, 他日, 其母殺是鵝也, 與之食之, 其兄自外至, 曰, 是鶃鶃之肉也, 出而哇之.

맹자가 대답했다. "진중자는 제나라의 누대 권문세가의 사람이다. 그의 형인 진대는 합 지역에서 1만 [종]의 세금을 거두었다. 그는 형의 녹봉이 의롭지 않다고 생각하여 그것으로 먹으려 하지 않았고 마찬가지로 형의 집이 의롭지 않다고 생각하여 그 집에서 살려고 하지 않았다. 그는 형을 피하고 어머니를 떠나 오릉에 가서 살았다. 어느 날 진중자는 [그들의] 집으로 돌아왔고 어떤 사람이 그의 형에게 살아있는 거위를 선물로 보냈다. 그가 이마를 찡그리며 말하길, '저 꽥꽥이를 어디에 쓸 것입니까?'라고 했다. 그 후 그의 어머니가 그 거위를 잡아 일부를 그에게 먹으라고 주었다. 바로 그때 형이 집안으로 들어와 '그것은 저 꽥꽥이의 살점이다'라고 말하자 그는 밖으로 나가 먹은 것을 토했다.

5절 각주

합(蓋)은 4성조로 제2권 제2편 제6장 제1절과 같다. 녹만종(祿萬鐘)은 제2권 제2편 제10장 제3절을 보라. 벽(辟)은 피(避)와 같다. 빈축(頻顣)은 빈축(顰蹙)으로 사용된다. 역(鶃)은 [예]로 발음되고, 거위의 울음소리를 말한다. 시예예자(是鶃鶃者)는 '이 꽥꽥이'이다.

6. 'Thus, what his mother gave him he would not eat, but what his wife gives him he eats. He will not dwell in his brother's house, but he dwells in Wû-ling. How can he in such circumstances complete the style of life which he professes? With such principles as Chung holds, a man must be an earthworm, and then he can carry them out.'

6. 以母則不食 is expanded by Chû Hsî,—以母之食爲不義而不食, 'he considered what his mother gave him to eat not to be righteous, and would not eat it. Similarly he brings out the force of the 以 in the other clause. The glossarist of Châo Ch'î treats it more loosely, as in the translation.

6절

以母則不食, 以妻則食之, 以兄之室, 則弗居, 以於陵則居之, 是尚爲能充其類也乎. 若仲子者, 蚓而後充其操者也.

그는 어머니가 준 것을 먹으려고 하지 않았지만, 아내가 주는 것은 먹었다. 그는 형의 집에서 거주하지 않으려 했지만, 오릉에는 거주했다. 이와 같은 상황에서 어떻게 그가 자신이 공언하는 완벽한 삶을 살 수 있겠는가? 진중자가 고수하는 원리를 가지고 살려면 사람은 지렁이가 되어야 하고 그런 다음에야 그 원리를 실행할 수 있다."

6절 각주

주희는 이모즉불식(以母則不食)을 이모지식위불의이불식(以母之食爲不義而不食), '그는 모친이 먹으라고 주었던 것을 의롭지 않은 것으로 간주하여 먹으려고 하지 않았다'로 확대하여 해석했다. 이와 유사하게 주희는 다른 어구에서도 이(以)의 힘을 끌어낸다. 조기의 주석가들은 나의 번역처럼 그것을 더욱 느슨하게 해석한다.

역자 후기

제임스 레게(James Legge, 1815~1897)는 1843~1873년까지 거의 30년을 중국령 홍콩에서 선교사로 사역하면서 중국고전을 연구하고 번역하였다. 중국에 선교사로 있을 때 출판했던 역주서에는 그의 중국고전 시리즈 중에서도 특히 의미있는 『논어, 중용, 대학』, 『맹자』, 『서경』, 『시경』, 『춘추좌전』이 있다. 1873년 영국으로 돌아간 후 레게는 방대한 그의 중국고전 역주서가 유럽 사회에 미친 그동안의 깊은 공로를 인정받아 1876년 옥스퍼드 대학의 중국학의 첫 교수가 되었다. 그는 사망한 해인 1897년까지 옥스퍼드 대학 교수로 재직하면서 중국학 관련 번역과 강의를 병행하며 『도덕경』, 『장자』, 『역경』 등 평생동안 40여권의 중국고전을 번역하고 주해하였다. 특히 그의 『맹자』 역주서는 최초의 완역 영역본임에도 오늘날에도 영어권의 표준역본으로 공인되고 있다. 그의 역주와 해설은 동양연구자들이라면 반드시 읽어야 할 필독서가 되었다.

『맹자』는 내용 자체도 어렵지만 레게의 『맹자』는 19세기 영어로 번역되어 있어 몇몇 어휘와 문체가 현대 영어와 달라 오늘날의 일반 독자가 접근하기가 쉽지 않다. 레게의 『맹자』 이후 레게의 번역서를 토대로 현대 영어로 된 가독성이 높은 다른 번역가의 번역본들이 출판되었다. 그럼에도 레게의 『맹자』의 수요는 중국고전 전공자뿐만 아니라 일반 독자 사이에서도 여전히 높다. 레게의 『맹자』가 한자를 모르는 영어권 독자에게 미치는 영향력은 중국과 한국의 명망 있는 『맹자』 주석가들이 중국이나 한국에서 가지는 영향력과 비교해 볼 수 있다.

역자가 제임스 레게의 중국고전을 번역해보자는 제안을 받았을 때, 영문학으로 박사학위를 받은 후 조선 말기 한국에 사역하러 온 서양인 선교사이자 한국학 학자이자 번역가인 제임스 게일(James S. Gale, 1863~1937)의 한국 국문소설 영역과 한문소설 영역 그리고 중국고전 영역을 연구하고 있었다. 게일이 중국고전인『대학』을 영역 출판하면서 선배격인 레게의 중국고전 영역본을 언급하여 자연스럽게 레게라는 서양인 선교사이자, 중국학자, 그리고 번역가를 알게 되었다. 두 사람은 사역지는 중국과 한국으로 서로 달랐지만, 타국에서 오랫동안 사역한 공통점이 있다. 또한, 그들은 백성들을 전도하기 위해서는 그 나라의 문학과 문화와 종교를 제대로 아는 것이 필수적이라는 인식을 가졌다. 그들은 그 나라의 백성들에게 가장 큰 영향을 미친 고전들을 연구하고 영어로 번역하는 데 심혈을 기울였다. 레게와 게일의 번역서는 당대 또는 그 이후의 후배 선교사들에게 도움이 되었을 뿐만 아니라 선교사역에 종사하지 않은 일반 서양 독자들에게 동양 문화를 알리는 데 크게 이바지한 공통점이 있다.

역자가 레게의 맹자를 번역하기로 결심한 것은 중국고전을 오로지 영어 번역서로 접하는 영어권 독자가 맹자를 읽으면서 한문 원문이 영역본으로 어떻게 번역되어 유통되는지 살피면 동서양 문명의 교류와 접점을 연구할 수 있을 것이라 기대했기 때문이다. 첫 포부는 좋았지만 그 선택이 역자의 발목을 몇 년 동안 붙잡을 것이라곤 미처 예상하지 못했다. 레게의 맹자 역주를 번역하는 것은 힘든 작업이었다. 그럼에도 이 작업을 놓지 못했던 것은 레게의 맹자 역주본의 학술적 가치를 믿었고 이 영역본이 우리말로 번역되었을 때 맹자의 연구를 심화하고 다양화하는데 기여할 것이라 확신했기 때문이다.

역자는 처음에는 한문 원문을 참고하지 않고 오로지 레게의 영어 번역만을 읽고 해석하고 번역하는 데 집중했다. 그러나 레게의 번역문을 제대로 이해하기 위해서는 자연스럽게 여러 맹자 주해서와 다른 번역가들의 영역본을 참고할 수밖에 없었다. 그러면서 번역 결과에 대한 불신과 부담감이 점점 늘어나는 만큼 번역작업 기간은 점점 늘어났다. 초역 작업 후 번역의 완성도를 높이기 위해 맹자 전문가이신 한문학과 박준원 교수님이 번역에 참여하게 되었다. 박 교수님의 참여로 한문과 번역문의 상호 대비와 레게의 한문 원문의 오류를 교정하는 작업이 가능해졌다. 또한, 박 교수님께서 레게 각주에서 언급되는 여러 주석가의 인용 출처를 확인하고 많은 역주 작업을 해주셨다. 박 교수님과의 공동 작업이 아니었다면 사실상 이 책의 출판은 불가능했을 것이다.

레게의 『맹자』 구성을 살펴보면 다음과 같다. 첫 상단은 맹자의 한문 원문으로 세로쓰기로 되어있고 동한의 학자인 조기의 장과 절 구분을 따라 장과 절이 구분되어 있다. 그다음 중간 부분이 한문 원문의 번역문이다. 제일 하단에는 주석이 배치된다. 레게는 원문의 글자 풀이만으로는 의미가 부족하다고 판단하여 이를 보충해야 할 때, 또는 중국어와 영어의 문법 구조 차이로 인해 주어와 목적어 등 필요한 문장요소를 추가할 때, 이탤릭체로 일일이 표시하여 번역문에서 무엇이 추가되었는지 시각적으로 표지한다. 그래서 이탤릭체 부분에서 그의 독특한 해석을 보여주는 부분이 많다. 이렇게 추가된 문장요소나 명확한 단수와 복수는 한국어 맹자 번역서보다 원문의 의미를 구체화하고 명확하게 하는 사례가 많다. 중국고전 전공자들이 당연하게 받아들이는 용어나 개념을 레게는 명확하고 쉽게 풀어서 번역한다. 그래서 특정 중국고전 어휘에 익숙하지 않은 일반 독자에게 레게의 영역본이 어떤 문구에서는 오히려 더 쉽고 정확하게 와 닿는다. 물론 논쟁이 있는 부분을 구체화하고 명확하게 한 것이 모두 맞다고 볼 수는 없지만 하나의 해석으로 수용할 수는 있다.

우리 역자들은 레게의 한문 번역문을 우리말로 옮길 때 가능한 한 기존의 익숙한 한자어로 번역하지 않고 영어로 한자 어휘 풀이한 것을 번역에서 반영하고자 했다. 그것은 우리에게 익숙한 개념어나 어휘들이 풀어서 번역한 어휘의 경우 레게가 각주에서 한자를 제시하고 있고 해당 어휘가 영어로 어떻게 풀이되고 되는지 볼 필요가 있기 때문이다. 레게는 번역문이 수동문이면 왜 능동문이 아닌 수동문으로 번역했는지 각주로 설명하기도 했다. 그래서 우리말로 옮겼을 때 어색하더라도 레게의 의도를 살릴 필요가 있을 때는 가능한 한 직역하는 것을 원칙으로 삼았다. 그럼에도 우리 말로 옮겼을 때 문맥으로 충분히 이해 가능할 때는 주어를 생략하거나 복수형 명사를 단수로 번역하여 가독성을 높이고자 했다.

레게의 『맹자』에서 가장 주목한 부분은 그의 각주이다. 각주 부분은 각 권의 제목과 이에 대한 풀이, 그다음 각 장에 대한 풀이로 구성된다. 레게는 맹자의 원문을 토대로 각 장의 주제를 한 문장 또는 어구로 요약해서 제시한다. 그다음 각 장과 각 절에 대한 그의 주석이 달린다. 각 절의 주석에서는 특히 여러 의미를 가진 한자가 원문에서 통상적 의미와 다른 의미로 사용될 때 발음과 동의어의 한자를 제시하며 자세히 풀이한다. 다만 레게의 발음 기호가 오늘날의 한자 병음과 다르므로 인명이나 지명이 한자 없이 발음만 표기된 경우 파악하기 힘든 경우도 있었다. 레게는 각주에서 해석의 논쟁이 많은 문구에서는 조기, 주희 등의 중국 주석가 뿐만 아니라 맹자를 라틴어로 번역한 줄리앙(Stanislas Julien, 1797~1873)의 풀이를 대조하고 레게 자신은 어떤 근거에서 번역했는가를 설명한다. 그럼으로써 우리는 레게의 맹자 역주서 한 권으로 여러 주해서를 동시에 독파하게 된다.

공역자인 박준원 교수님은 이번 번역의 의미를 이렇게 평가한다. "레게의 맹자 역주의 출간을 통해서 기존의 맹자 해석서와 레게의 맹자 해석에 담긴 독특한 사유와 언어체계의 차이를 분석할 수 있는 가능성이 열렸다. 이제 우리는 기존의 성리학적 세계관에서 창출된 텍스트가 레게의 기독교적 사유체계로 어떻게 변환되어 해석되고 있는 지를 파악할 수 있을 것이다. 또한 레게가 번역한 맹자의 핵심적인 한자용어들이(性善, 仁義, 民本, 王道·覇道, 君子·小人, 浩然之氣 등) 어떠한 의미의 당시 영어용어로 구사되어서 서구의 언어 망으로 스펙트럼처럼 전파되고 있는 지를 연구할 길이 열린 셈이다."

이 책은 한국에서 출판되는 최초의 레게의 맹자 역주서이다. 역자가 미처 보지 못한 오탈자가 있을 수도 있고 잘못 이해한 부분이 있을 수도 있다. 부족한 점은 더 나은 역서로 보답할 수 있도록 하겠다. 마지막으로 항상 역자들을 독려하며 출간을 총괄 기획해주신 한국한자연구소 하영삼 소장님께 감사의 뜻을 전한다.

2021년 1월 15일
경성대학교 한국한자연구소에서 이진숙 씀

저자/역자 소개

저자

제임스 레게(James Legge, 1815~1897)

제임스 레게는 1815년 스코틀랜드에서 태어났다. 19세에 킹스칼리지 대학을 최우수한 성적으로 졸업하였다. 히브리 신학원에서 2년 신학을 공부한 후 1841년 영국런던선교회의 허가를 받고 선교사로 사역을 위해 말레시아에 갔다. 1843년 활동지를 옮겨 홍콩에서 중국 사역을 시작했다. 중국에서의 사역에 중국의 경전 연구가 필수적이라고 믿고 그곳에서 사역한 거의 30년 동안 선교활동과 중국고전 연구를 병행하였다. 중국 고전에 대한 방대하고 깊은 연구의 결과, 『중국 고전』 시리즈를 차례로 출판하였다. 대표적인 5권은 『논어, 중용, 대학』(vol. 1, 1861), 『맹자』(vol.2, 1861), 『서경』(vol.3, 1865), 『시경』(vol. 4, 1871), 『춘추좌전』(vol.5, 1872)이다. 1873년 영국으로 돌아간 후 그의 방대한 중국 고전 번역이 유럽 사회에 미친 그동안의 깊은 공로를 인정받아 1876년 옥스퍼드 대학의 중국학의 첫 교수가 되었다. 1897년까지 교수로 재직하면서 번역과 강의를 병행하며 『도덕경』, 『장자』 등 40여권의 중국 고전을 번역하였다. 1897년 사망한 후 오늘날까지도 유럽의 대표적인 중국학자이자 번역가로 평가받고 있다.

역자

이진숙

부산대학교에서 영문학으로 박사학위를 받은 후 동대학의 점필재 연구소에서 전임연구원으로 근대초기 서양인의 한국학과 한국고전소설 번역본을 연구하였다. 현재는 경성대 한국한자연구소에서 HK연구교수로 일하고 있다. 『서양인의 한국고전학 선집』(1,2)와 『외국어번역 고소설 선집』(1, 2, 3, 9, 10)을 공동 편역하였다.

박준원

경성대학교 인문문화학부 한문학과 교수, 한국학연구소 소장, 한국한자연구소 운영위원이다. 경성대학교 박물관장, 우리한문학회 회장 등을 역임했다. 성균관대학교 한문교육과를 졸업하고, 동대학원에서 박사학위를 취득했으며, 청대 경학의 고증학자인 최술과 조선후기 문인인 김려 그룹의 작가들을 연구하고 있다.

　주요논문에 「맹자사실록 연구」, 「논어여설 연구」, 「다산의 경학에 수용된 최술의 고증학」, 「최술의 공자가어 비판」, 「담정총서 연구」 등이 있고, 저역서에 『한자로 읽는 부산과 역사』(공저), 『전통시대 한자한문 학습과 교재』(공저), 『맹자사실록』, 『한국 최초의 어보-우해이어보』, 『국역 수파집』, 『논어여설』 등이 있다.